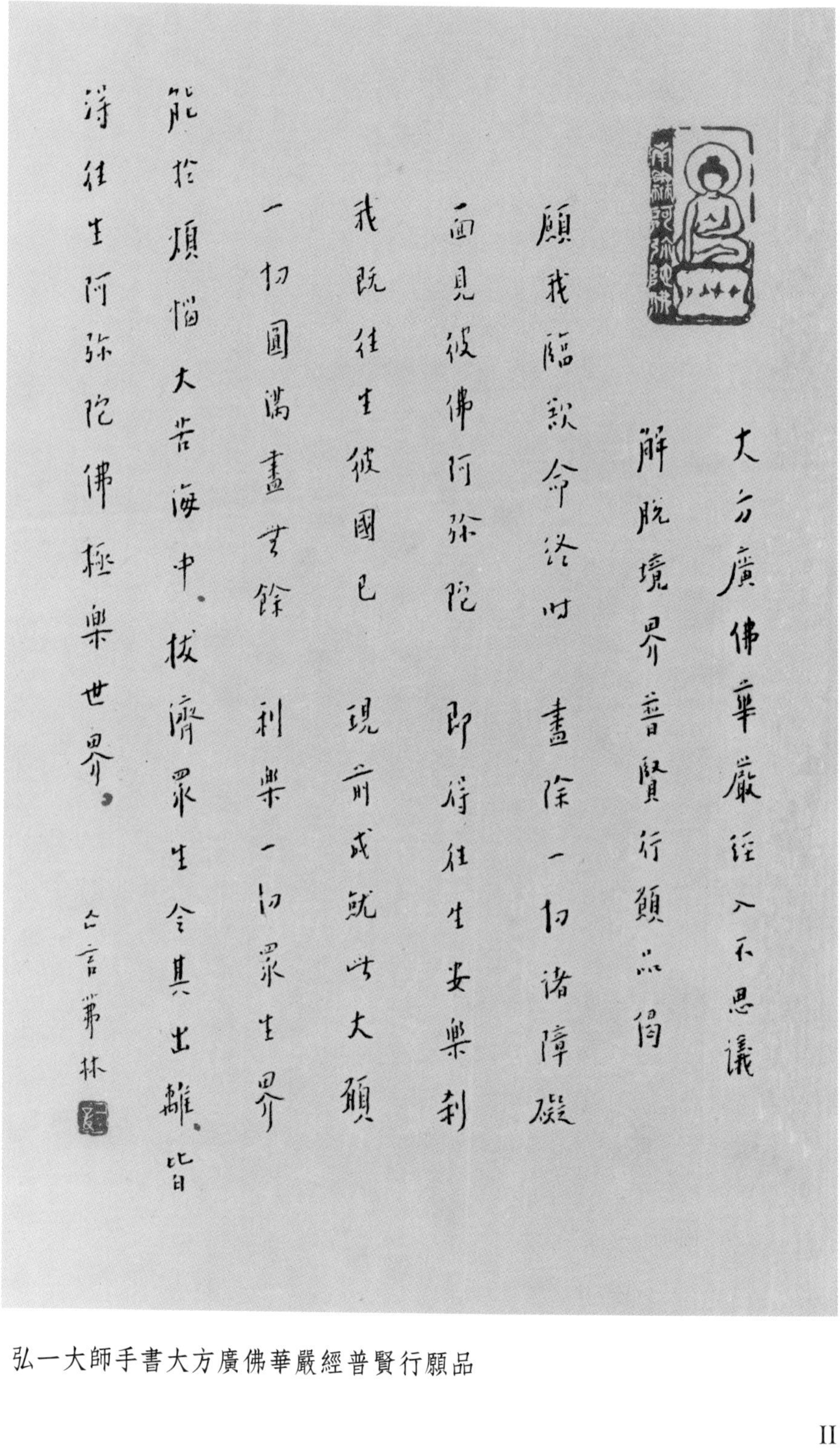
南無阿彌陀佛
大方廣佛華嚴經入不思議
解脫境界普賢行願品偈
願我臨欲命終時
盡除一切諸障礙
面見彼佛阿彌陀
即得往生安樂剎
我既往生彼國已
現前成就此大願
一切圓滿盡無餘
利樂一切眾生界
能於煩惱大苦海中，拔濟眾生令其出離，皆
得往生阿彌陀佛極樂世界。
亡言弟林

弘一大師手書大方廣佛華嚴經普賢行願品

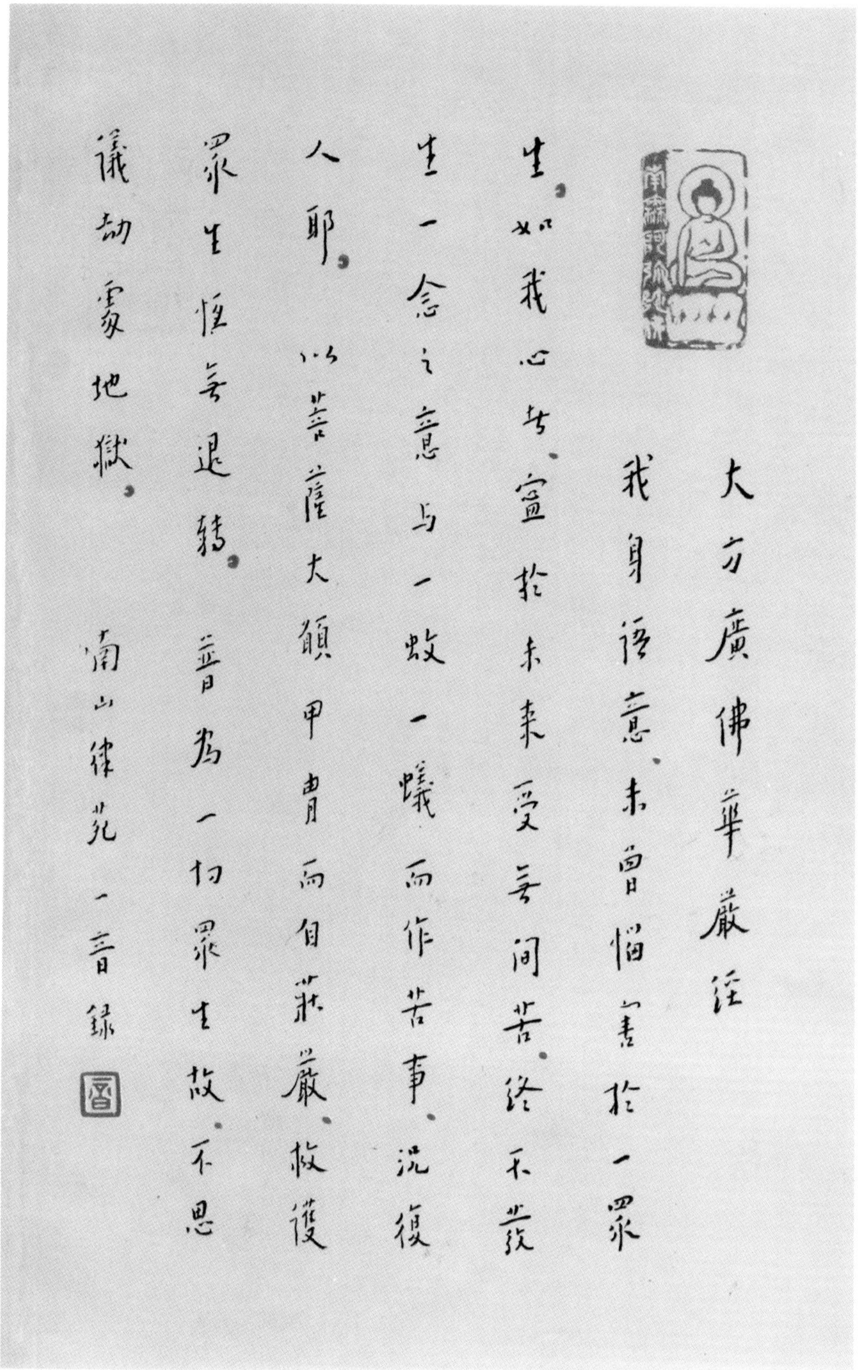
大方廣佛華嚴經
我身語意未曾惱害於一眾
生。如我心者。當於未來受無間苦。終不發
生一念之意與一蚊一蟻而作苦事。況復
人耶。以菩薩大願甲冑而自莊嚴。救護
眾生恆無退轉。普為一切眾生故。不思
議劫處地獄。
南山律苑一音錄

弘一大師手書大方廣佛華嚴經

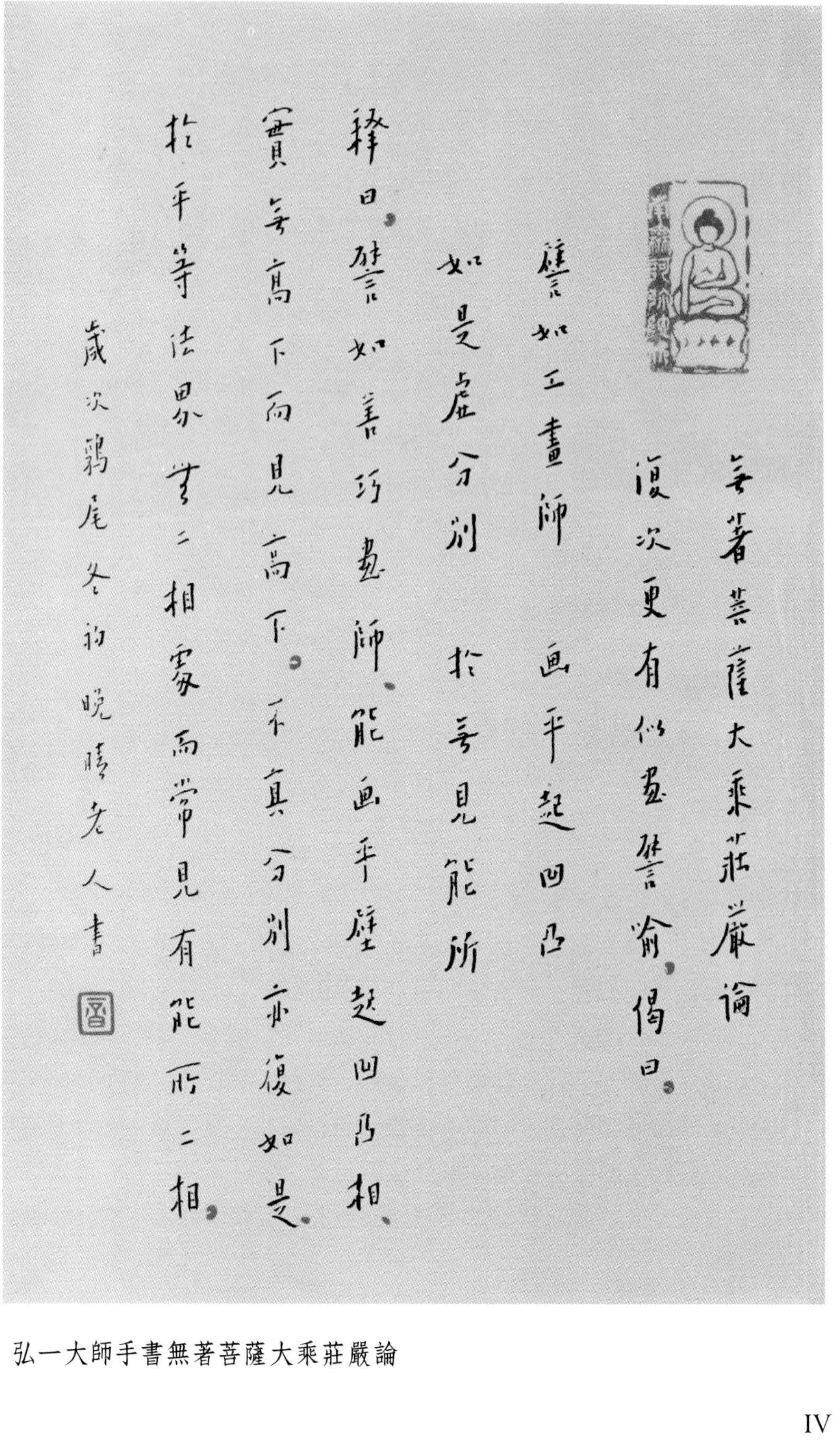
無著菩薩大乘莊嚴論
復次更有似畫譬喻偈曰。
譬如工畫師 畫平起凹凸
如是虛分別 於無見能所
釋曰。譬如善巧畫師。能畫平壁起凹凸相。
實無高下而見高下。不真分別亦復如是。
於平等法界無二相處而常見有能所二相。
歲次鶉尾冬初晚晴老人書

弘一大師手書無著菩薩大乘莊嚴論

般若波羅密多心經
觀自在菩薩行深般若波
羅密多時照見五蘊皆空
度一切苦厄舍利子色不
異空空不異色色即是空
空即是色受想行識亦復
如是舍利子是諸法空相

弘一大師手書般若波羅密多心經（頁一）　一九三三年

不生不滅不垢不淨不增
不減是故空中無色無受
想行識無眼耳鼻舌身意
無色聲香味觸法無眼界
乃至無意識界無無明亦
無無明盡乃至無老死亦
無老死盡無苦集滅道無

弘一大師手書般若波羅密多心經（頁二）

智亦無得以無所得故菩
提薩埵依般若波羅蜜多
故心無罣礙無罣礙故無
有恐怖遠離顛倒夢想究
竟涅槃三世諸佛依般若
波羅蜜多故得阿耨多羅
三藐三菩提故知般若波

弘一大師手書般若波羅密多心經（頁三）

羅蜜多是大神呪是大明呪是無上呪是無等等呪能除一切苦真實不虛故說般若波羅蜜多呪即說呪曰揭諦揭諦波羅揭諦波羅僧揭諦菩提薩婆訶

歲次癸酉贊平居士慈母謝世為寫心經一卷
冀業障消滅往生安養者 尊勝院沙門善臂題

弘一大師手書般若波羅密多心經（頁四）

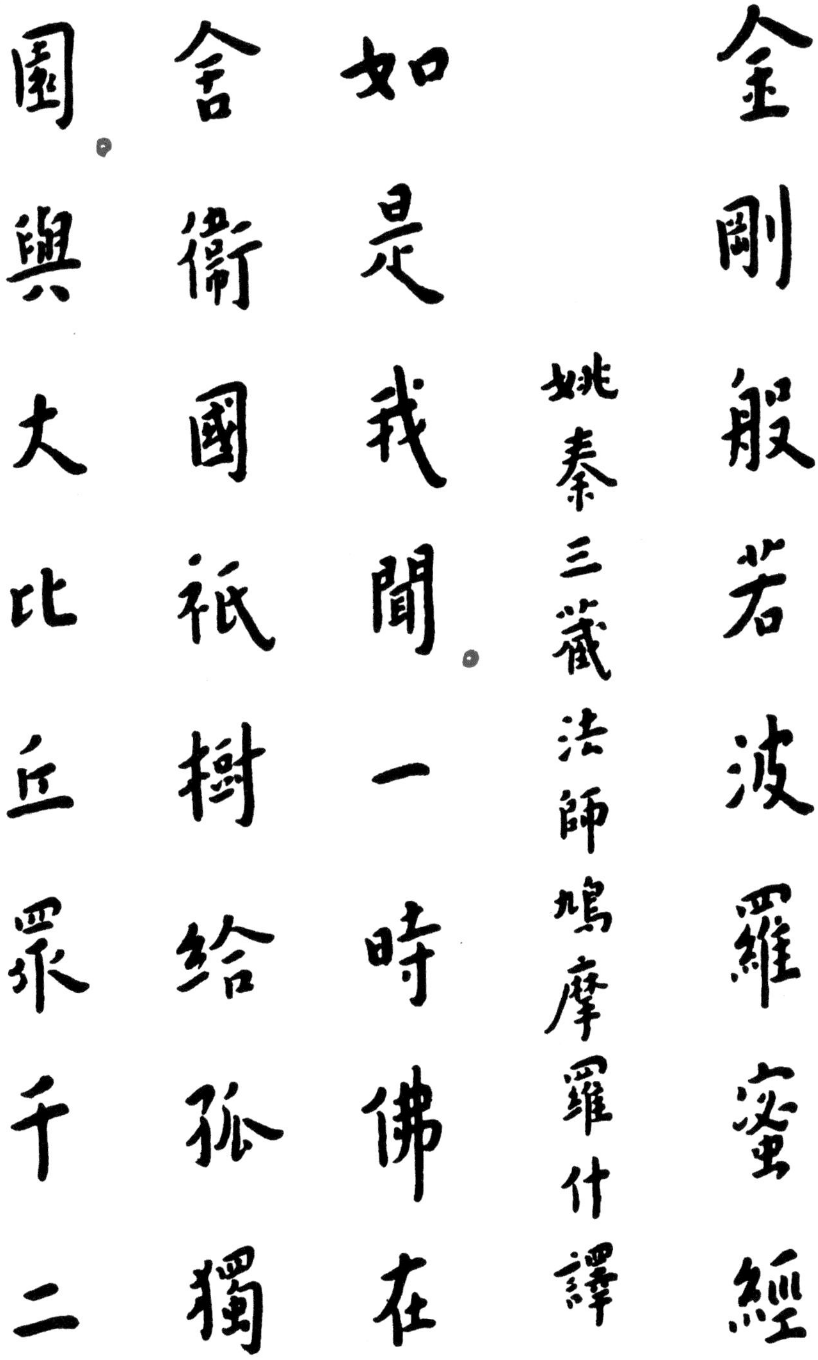
金剛般若波羅蜜經
姚秦三藏法師鳩摩羅什譯
如是我聞。一時佛在
舍衛國祇樹給孤獨
園。與大比丘衆千二

弘一大師手書金剛般若波羅蜜經（局部之一）　一九三六年

百五十人俱。尒時世
尊食時。著衣持鉢。入
舍衛大城乞食。於其
城中次第乞已。還至
本處。飯食訖。收衣鉢。

弘一大師手書金剛般若波羅蜜經（局部之二）

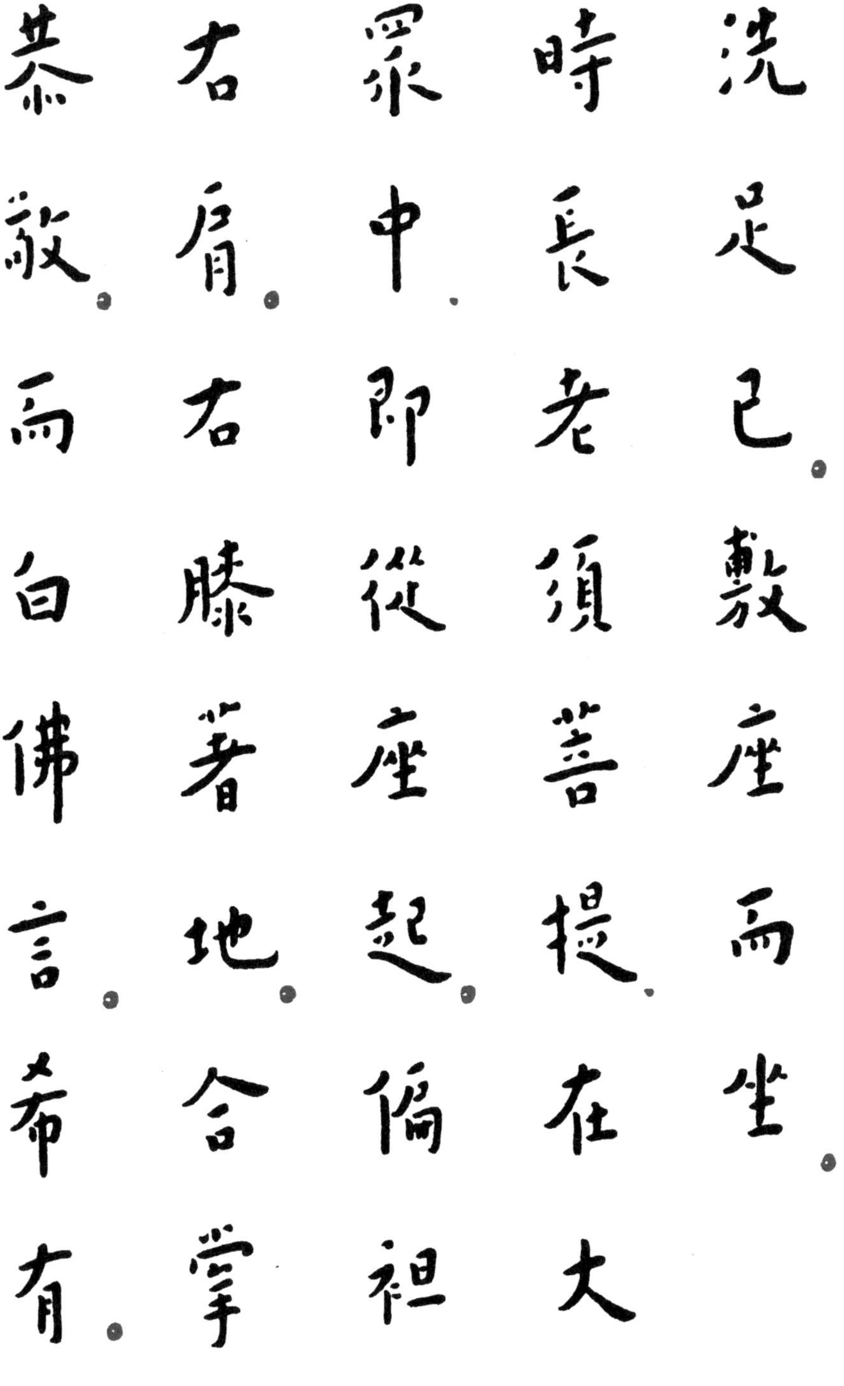

洗足已。敷座而坐。
時長老須菩提在大
眾中。即從座起。偏袒
右肩。右膝著地。合掌
恭敬。而白佛言。希有。

弘一大師手書金剛般若波羅蜜經（局部之三）

世尊。如来善護念諸菩薩。善付囑諸菩薩。世尊。善男子、善女人、發阿耨多羅三藐三菩提心、云何應住。云

弘一大師手書金剛般若波羅蜜經（局部之四）

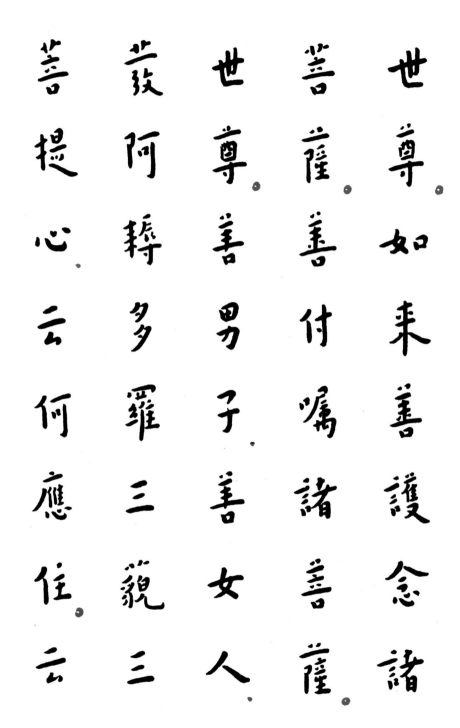

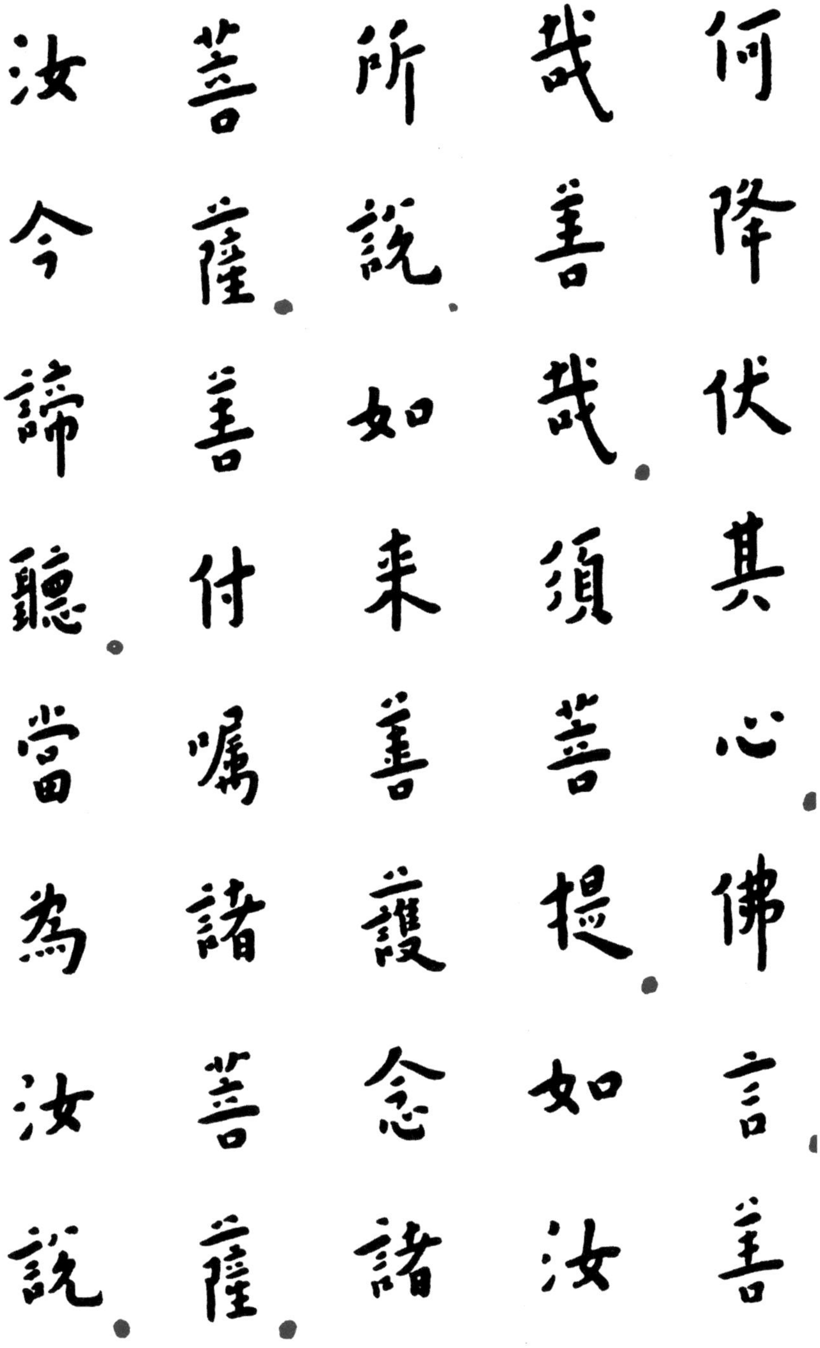
何降伏其心。佛言。善
哉善哉。須菩提。如汝
所說。如来善護念諸
菩薩。善付囑諸菩薩。
汝今諦聽。當為汝說。

弘一大師手書金剛般若波羅蜜經（局部之五）

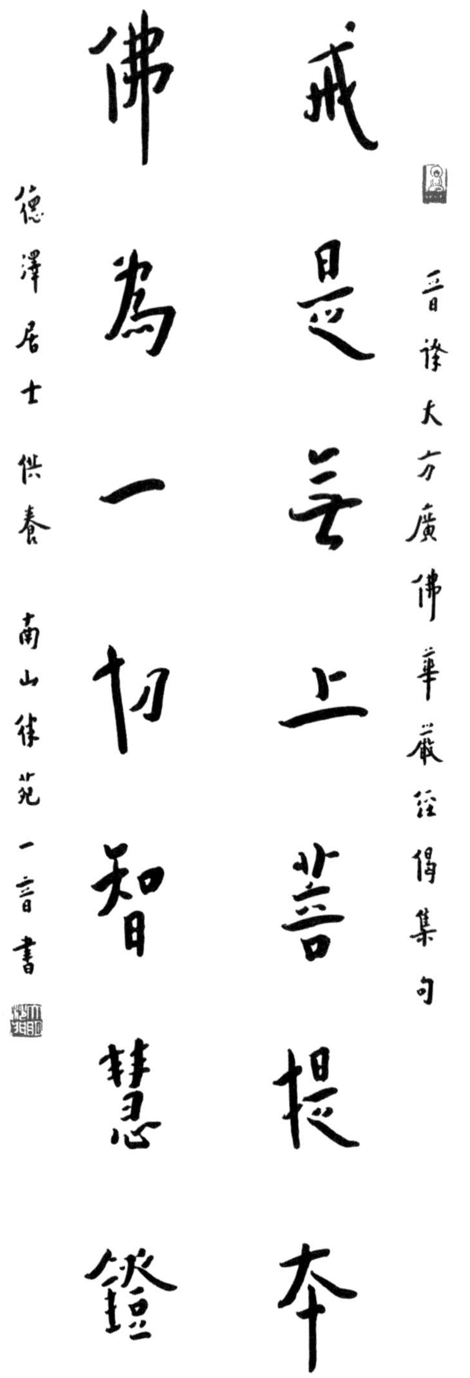
戒是無上菩提本
佛為一切智慧燈
晉譯大方廣佛華嚴經偈集句
德澤居士供養
南山律苑一音書

弘一大師書華嚴經偈集句「戒是無上菩提本，佛為一切智慧燈」

大心凡夫（弘一）

南無阿彌陀佛（李鴻梁）

佛像

臂（李鴻梁）

江東少年（李叔同）

弘一

弘一（費龍丁）

息翁晚年之作

佛像（黃寄慈）

弘一

臂

佛像

龍音（黃寄慈）

無畏（李繑）

沙門月臂（謝磊明）

弘一大師常用印章（之一）

大明沙門

吉眼（黃寄慈）

李

弘一六十以後所作

息

弘一

廣心（黃寄慈）

李廬（李叔同）

胤（弘一）

化人幻士

生謚哀公

大明草堂

音（善力）

演音（李矯）

月

弘一大師常用印章（之二）

弘一大師出家前臨魏天發神讖碑（局部）

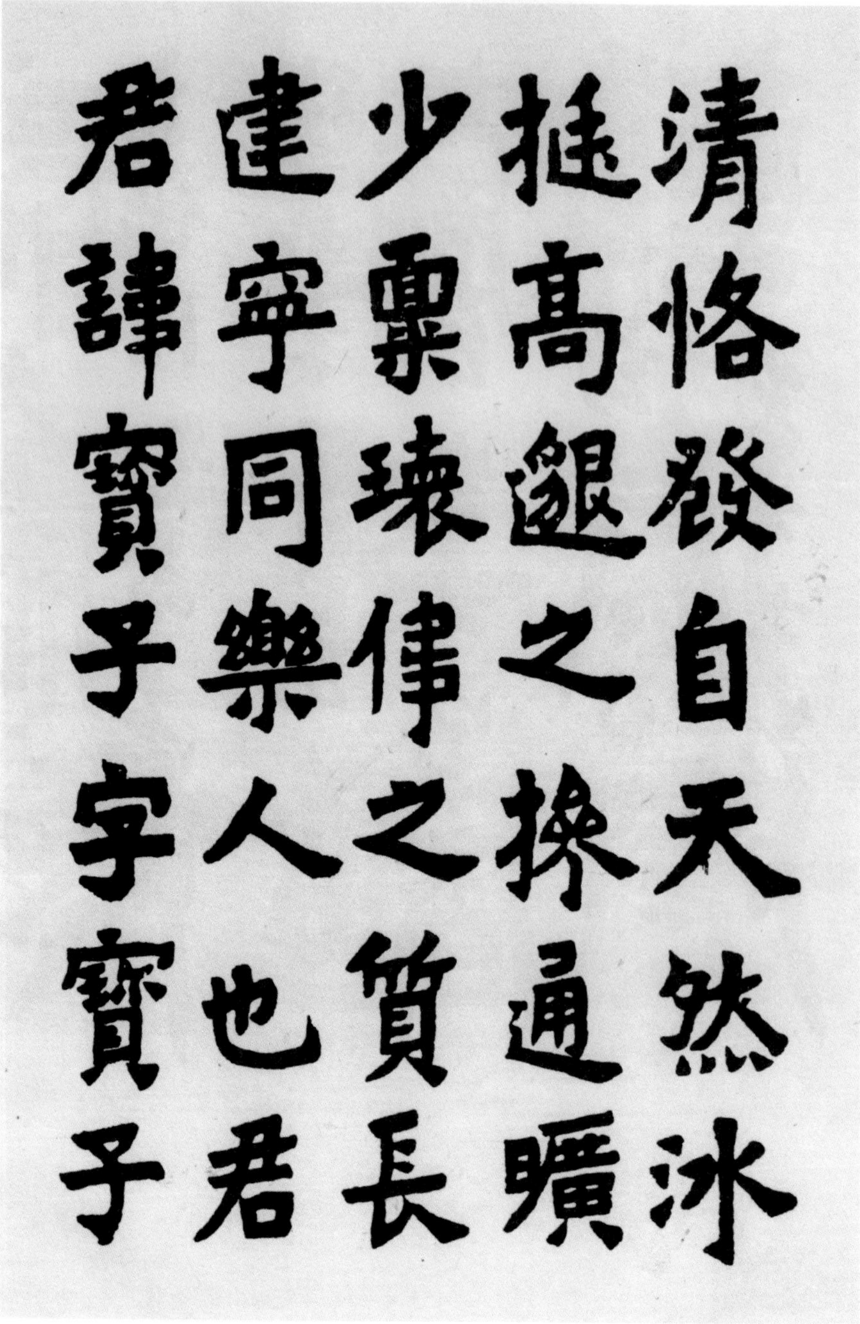

弘一大師出家前臨晉爨寶子碑（局部）

弘一大師出家前臨北魏張猛龍碑（局部）

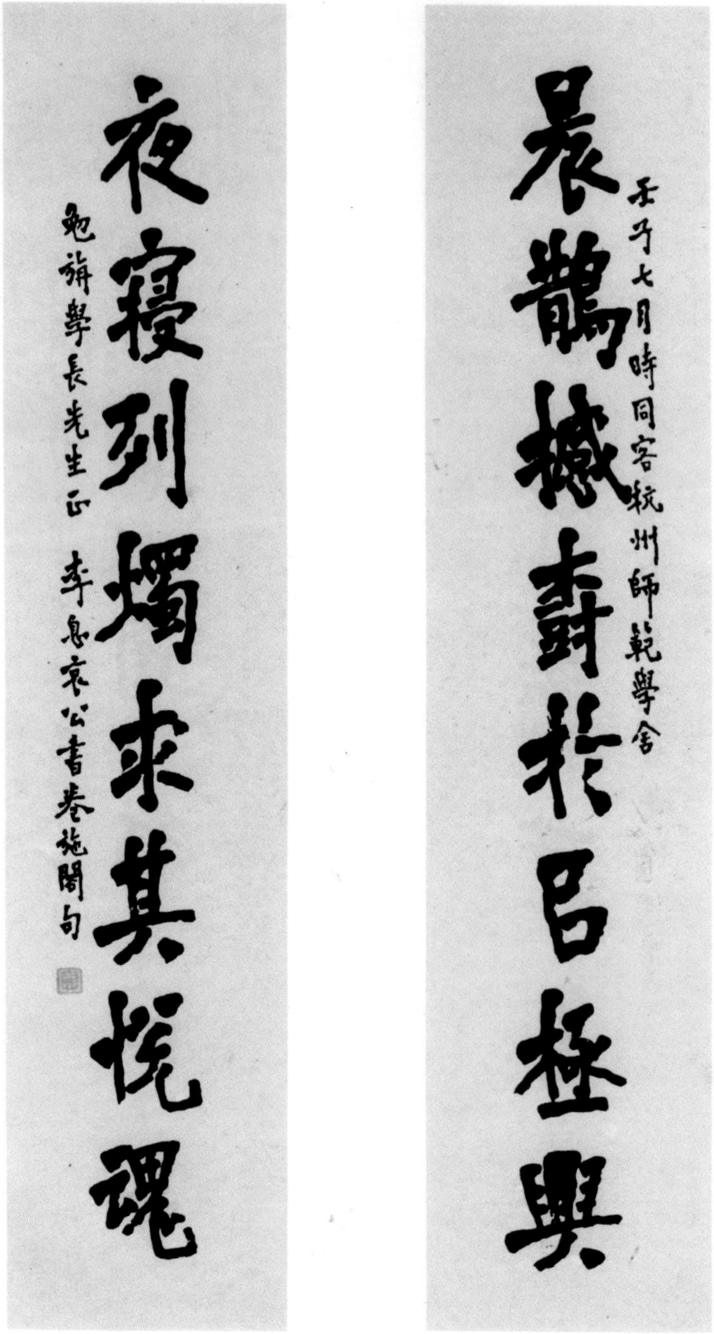

弘一大師出家前碑體楷書，書卷施閣句八言聯　一九一二年

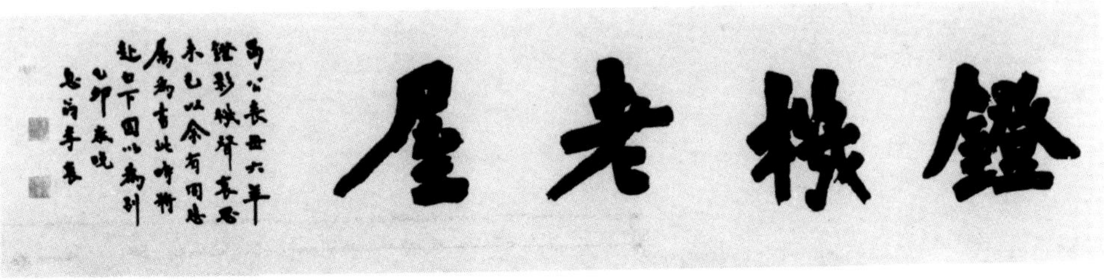

弘一大師出家前為夏丏尊書「鐙機老屋」　一九一五年

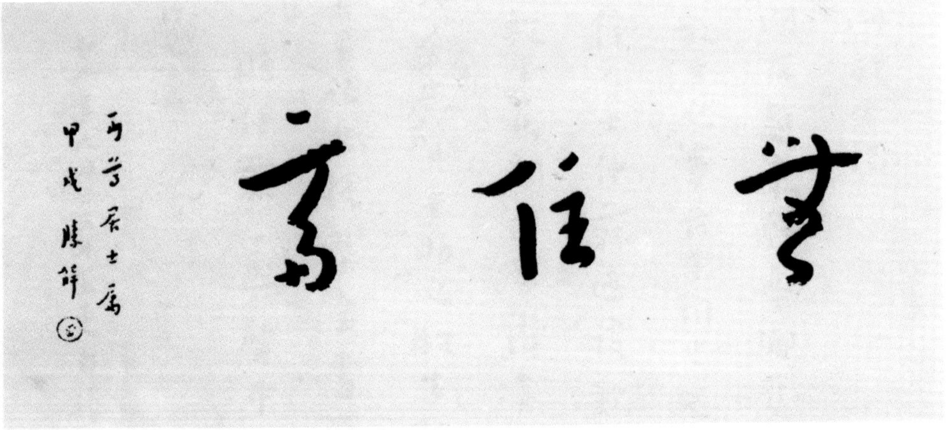

弘一大師出家後為夏丏尊題寫書齋名　一九三四年

弘一大師題字「戒定慧」

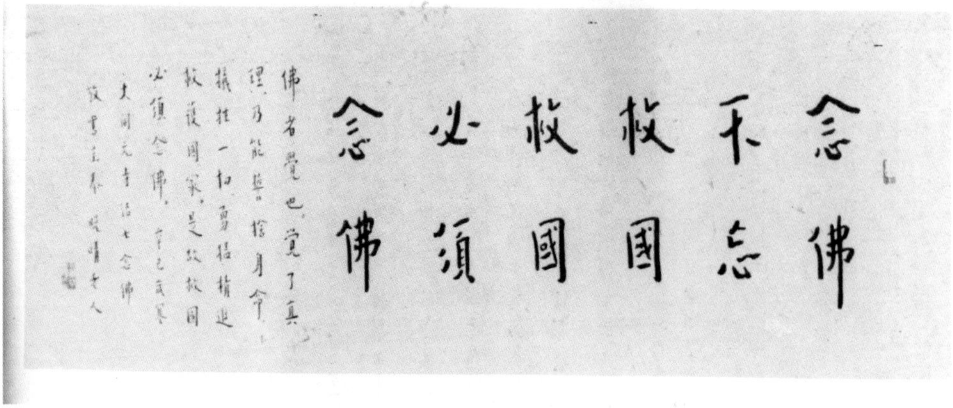

弘一大師出家後書「念佛不忘救國，救國不忘念佛」　一九四一年

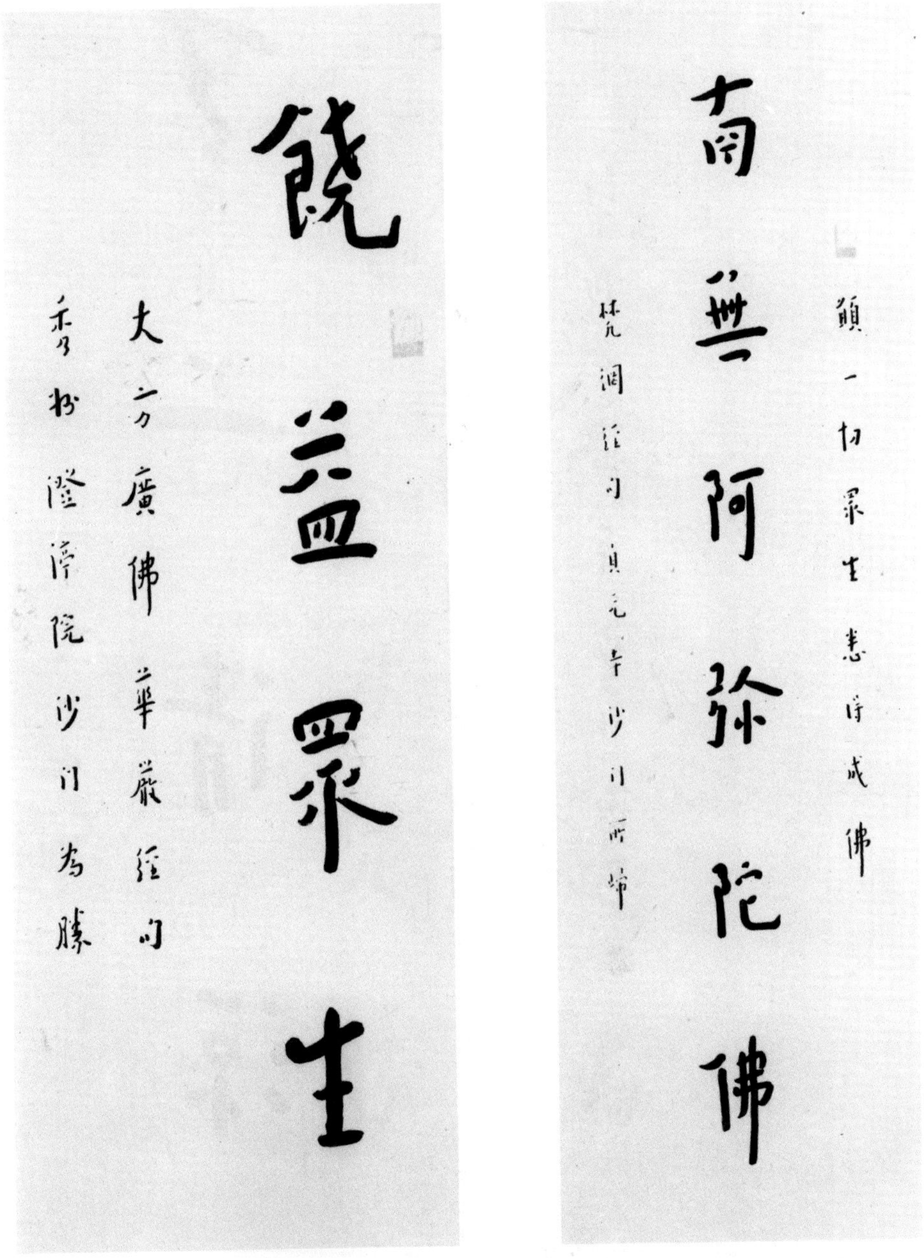

右：弘一大師書梵網經經句

左：弘一大師書大方廣佛華嚴經句

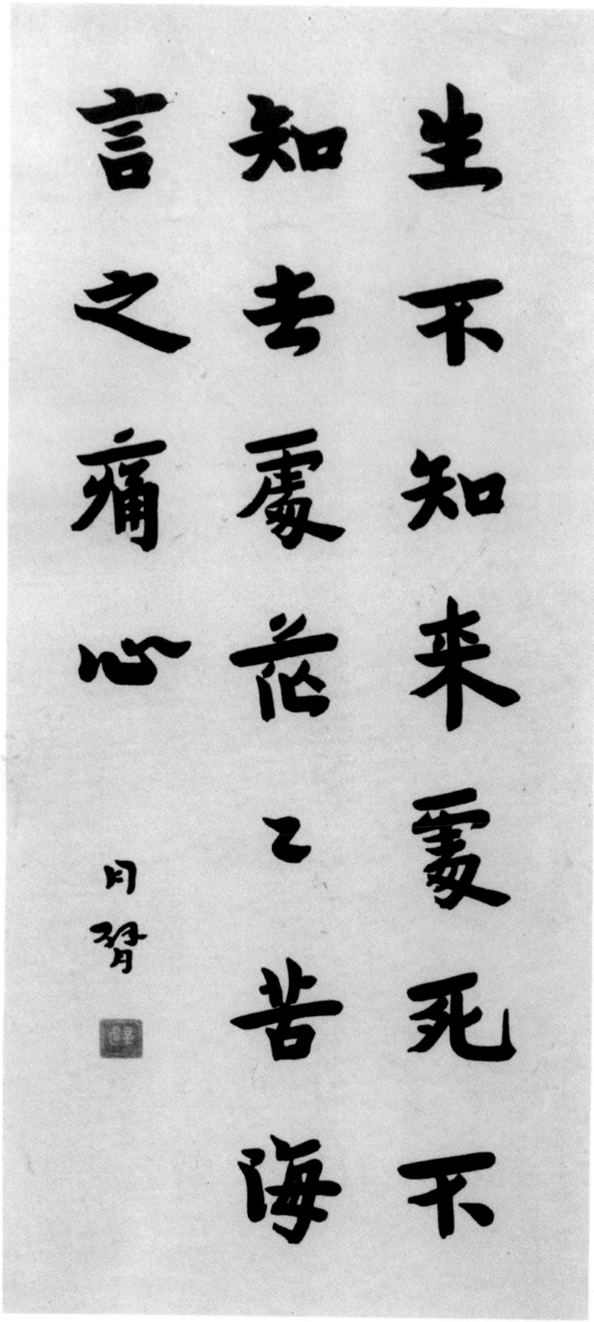

弘一大師書「生不知來處」軸

弘一大師書華嚴經集句「遠離煩惱垢 增長菩提心」　一九三〇年

弘一大師書華嚴經偈頌集句「示現生老病死患　捨離貪欲瞋恚癡」
一九三〇年

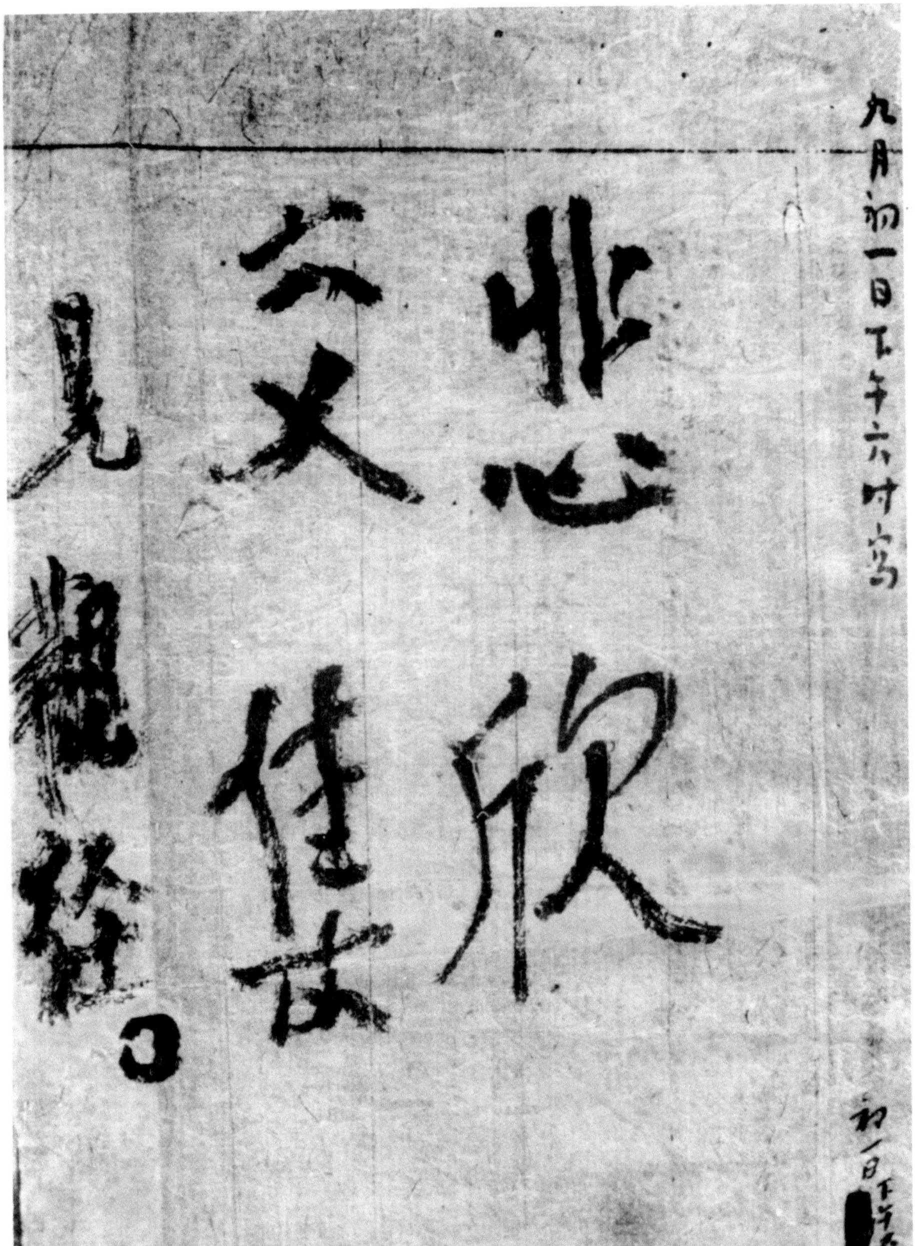

弘一大師最後書跡「悲欣交集」　一九四二年九月初一

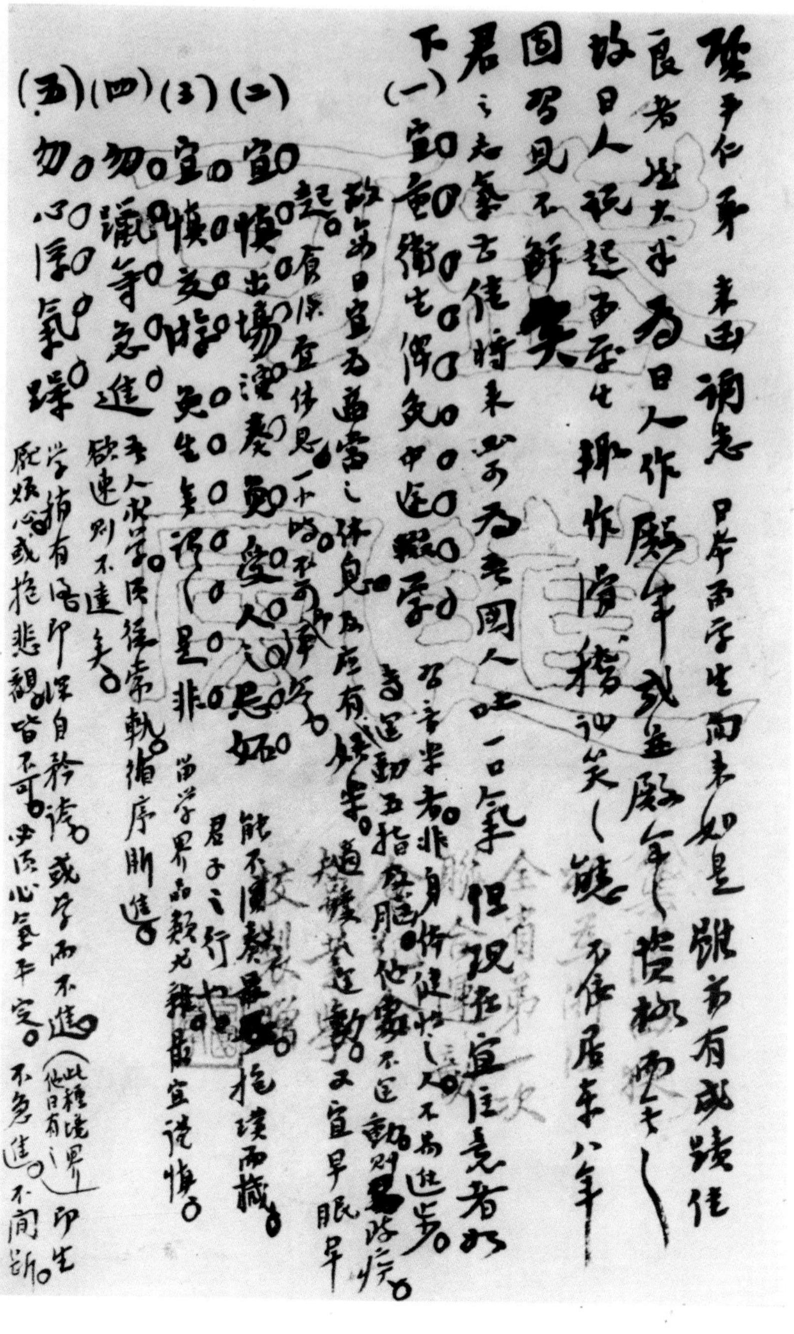

質平仁弟：來函誦悉。日本留學生而來如是，能有成績佳良者，然太半為日人作廝養，或無廝養之資格。故日人說起留學生，輒作揶揄譏笑之態。不佞居東八年，固習見不鮮矣。君之志氣甚佳，將來必可為吾國人吐一口氣。但現在宜注意者如下：

（一）宜注意衛生，俾免中途輟學。習音樂者，非身體健壯之人不易進步。常運動，五指務能靈活，他處不宜勤則易勞疾。故每日宜為適當之休息，及應有之運動。早起早眠。食後宜休息一小時，不可即練習。

（二）宜慎出場演奏，免受人之忌妬。能不演奏最好，抱璞而藏，君子之行也。當學界品類尤雜，最宜謹慎。

（三）宜慎交游，免生意外之是非。

（四）勿躁急，勿急進。吾人求學，須從常軌，循序漸進。欲速則不達矣。

（五）勿心浮氣躁。學稍有得，即深自矜誇；或學而不進，即生厭煩心，或抱悲觀，皆不可。必須心氣平定，不急進，不間斷。（此種境界，他日有之。）印生

弘一大師未出家前致劉質平書信（之一）　一九一六年，杭州

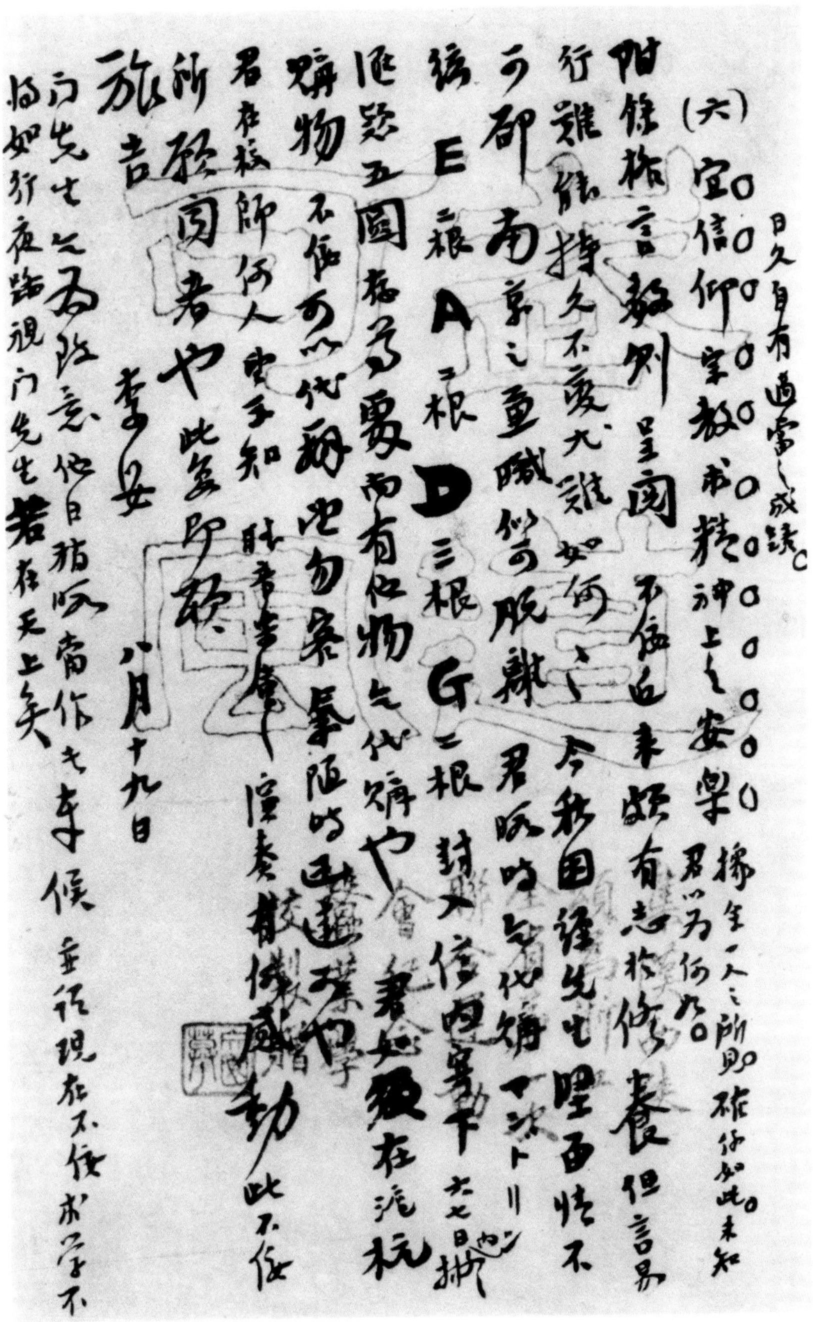
日久自有適當之成績。

（六）宜○○○○○○○○○○○○信仰宗教，求精神上之安樂。據生一人之所見，確係如此。未知君以為何如。

附錄格言數則呈閱。不值白來。頗有志於修養，但言易行難，能持久不變尤難。如何如何。今秋因經先生理西洋不可，卻南京之重職，似可脫離。君既[illegible]代購ナシトリ[illegible]

絃 E二根 A二根 D三根 G二根 封入信內寄下。六七日[illegible]

唯恐五圖者為要。而有他物之代辦也。君如在滬杭辦物不便，可以他物代辦。[illegible]君在校師何人，告手知。[illegible]勤。此不值所發問者也。此事即發。

旅吉

李息 八月十九日

門先生之高明意，他日務當作[illegible]李候。並存現在不便求學，不將如行夜路，視門先生若在天上矣。

弘一大師未出家前致劉質平書信（之二）

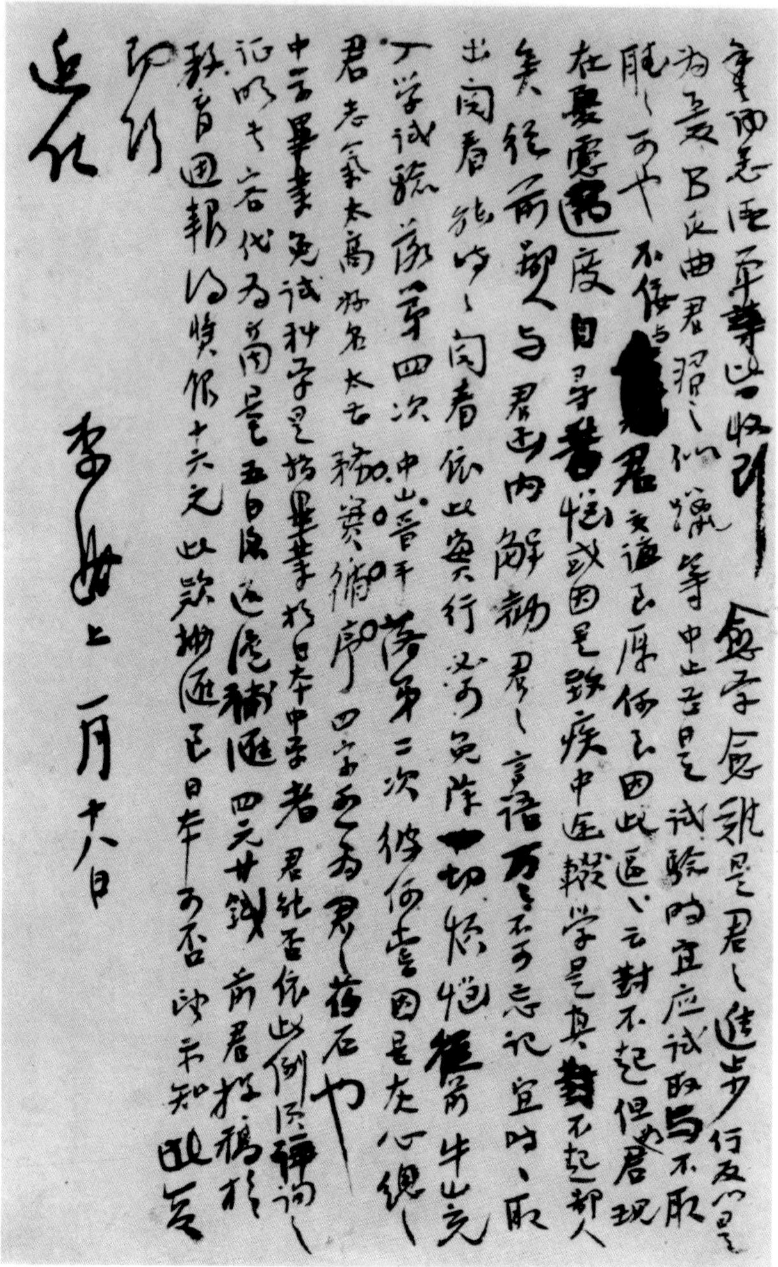

弘一大師未出家前致劉質平書信（之三）

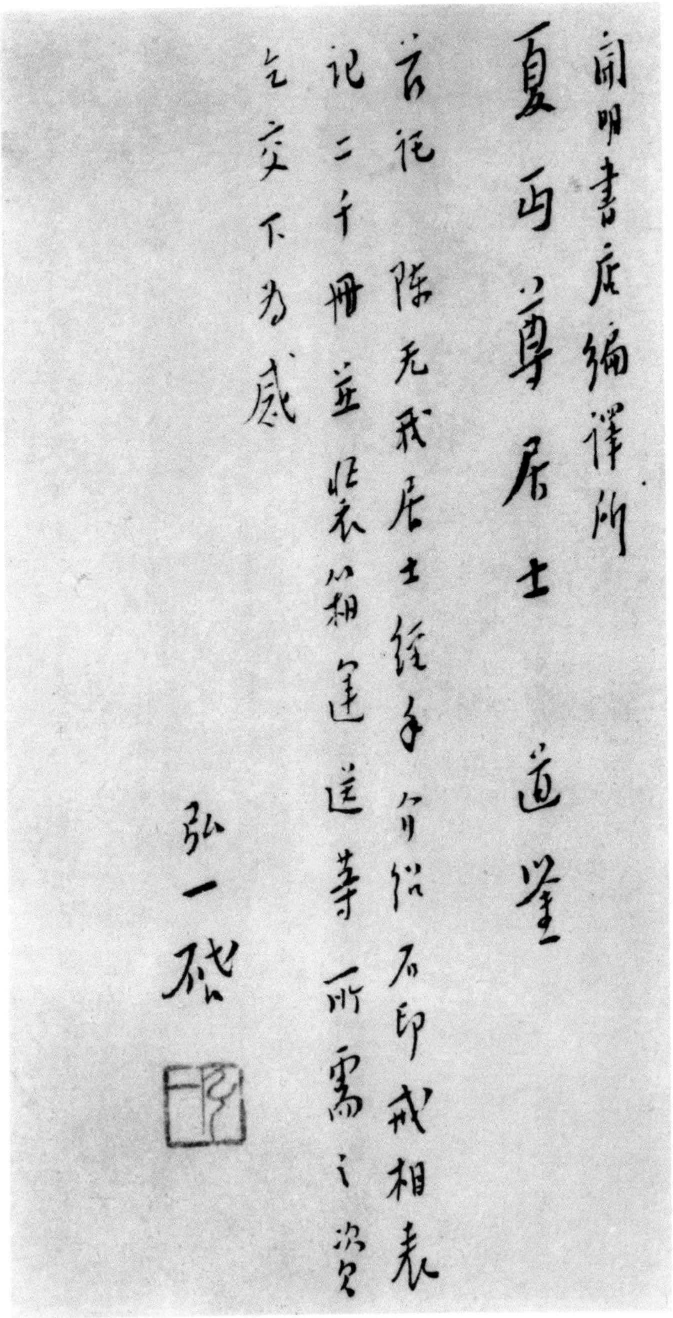
開明書店編譯所
夏丏尊居士 道鑒
前託陳無我居士經手 介紹石印戒相表
記二千冊並裝箱運送等所需之資
乞交下為感
弘一啟

弘一大師出家後致夏丏尊書信

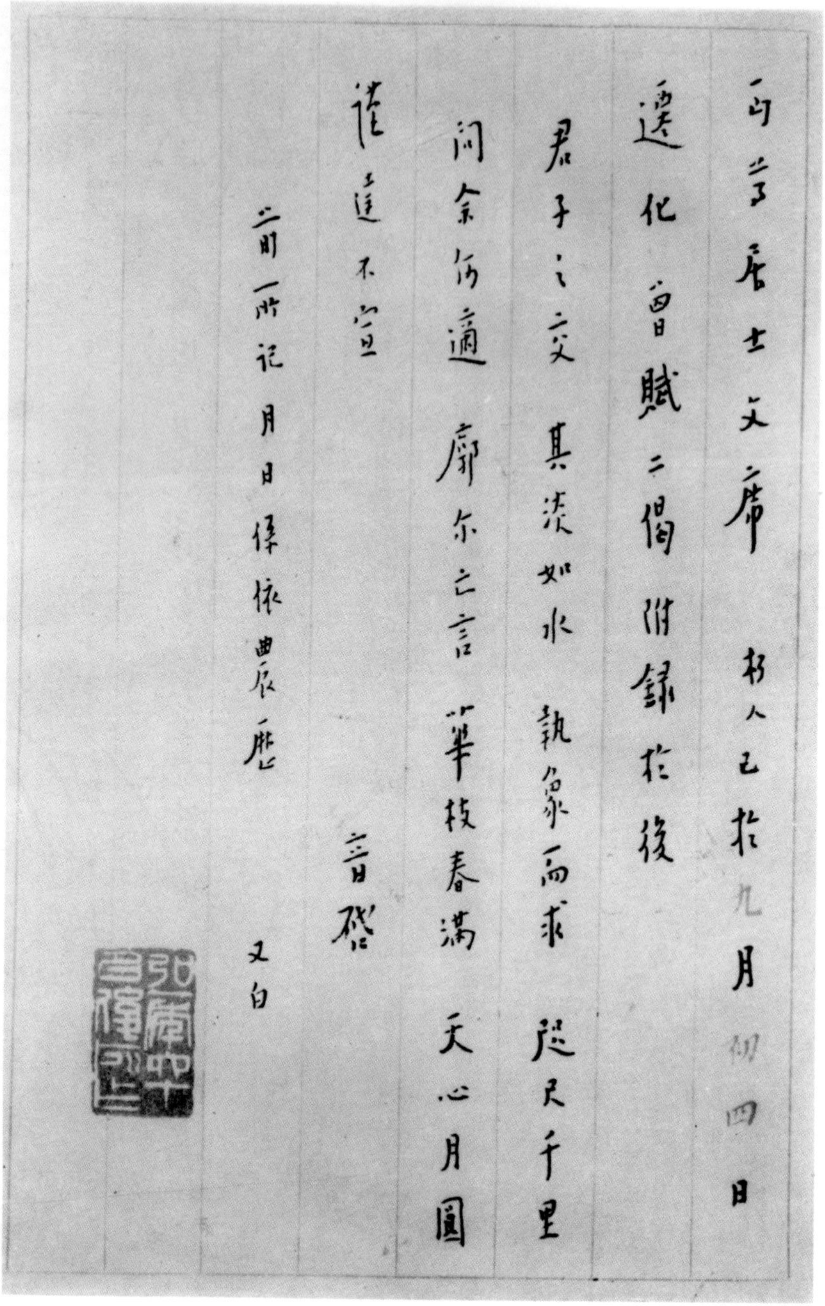
丏尊居士文席　朽人已於九月初四日
遷化　曾賦二偈附錄於後
君子之交　其淡如水　執象而求　咫尺千里
問余何適　廓尔亡言　華枝春滿　天心月圓
謹達不宣
音啓
前所記月日係依農曆　又白

弘一大師於圓寂前預寫致夏丏尊信函　一九四二年

商周國學叢刊

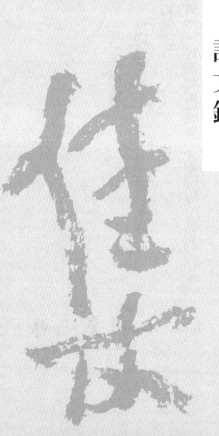

悲欣交集

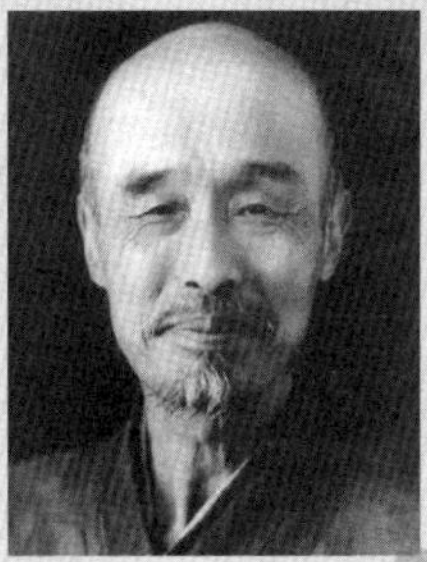

人間愛晚晴

弘一大師 詩文鈔

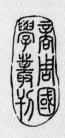

【推薦序】

生命舞台的反思

吳清友

近日因事不順，較為勞瘁，屢暗自提醒更應平心息氣，及坦然釋懷。昨夜清風徐徐，月色皎潔，星光搖曳，當公司近二十位同仁來家中小聚，並相繼於午夜離去之後，我扶窗而立，面北遠眺，沉穩的紗帽山，依然靜謐安詳。

我突然心血來潮，腦海浮現久未再讀的《弘一大師傳》，既即興則盡興，才翻開深黃色的封面，首先映入眼簾的是一段當年寫下的讀後感——

對於這個世界，我充滿了感激，感激己身的存在，擁有健康與思維，有知於生命中的笑、淚與愛，正如詩人所寫「我的存在是一個永恆的奇異，那就是生命」。

民國七十五年七月二十一日於台北

讓我驚喜的巧合是六年後的同一天凌晨，我再度結緣拜讀，慶幸能重新景仰一代高僧之自覺生命的完成。我，一個凡夫俗子，只因素來稍具閱讀嗜好，即可分享此心靈境界，真是喜悅無限。

朋友常說我看起來很嚴肅，實因生活中大部分的接觸令我感動的多、快樂的少，浮淺面的感受留不下痕跡，而深邃的境界卻需我用心用力地體驗，才得以烙印銘記。

我由涉世未深的新鮮人到看似胸有成竹的經營者，在心智與靈魂的場景裏，不論我是否勝任，越來越多重的角色扮演，似理所當然地加諸於身。

場景、劇本、題材、觀眾隨時在變，只有我這個演員不變，角色的悲歡離合，輕易地左右了我的喜怒哀樂，而觀眾的噓聲、掌聲卻不能視若無睹。每天疲於奔命在各場之間游移，縱然力求完美地想扮演每一角色，無奈的是更暴露出角色的矛盾、衝突與苦悶。經過一番內省觀照，更了悟自己既不利又不鈍，智解不通，慧解更無門。

反覆再三地細讀深思《弘一大師傳》裡，六年前閱讀時劃線的精采片段，此刻的感受是對生命的質疑勝過感激，對平淡生活的欣羡超越多采多姿的浪漫。看來我更需以謙沖來收斂信心的膨脹，以靜觀的心境來迎接另一生命階段的來臨。

（本文作者為誠品書店創辦人）

【編者序】

心生歡喜，實證悲心

曾議漢

中國歷史上我最景仰的兩個歷史人物，一個是陶淵明，一個是這本書的主角人物弘一法師。兩位生平都遭逢戰亂，陶淵明四十一歲賦歸去來回歸田園，李叔同弘一法師三十九歲虎跑定慧寺斷食靈化出家，一儒一僧，在大徹大悟之後，各自開展出無限寬廣自由的心靈天地。兩位都是開創大時代風氣的歷史人物，以拒絕走入當時歷史迷霧的舞台，回歸自身生命的真實，實迷途其未遠，以身立命，為自己為時代尋找出路，這應該就是孟子所說的「豪傑之士」。

陶淵明以極剛強的個性要回歸到田園的貧困淡泊生活，是非常艱難的，且時時受到「以心為形役」的苦惱，透過文學詩歌創作，他塑造出形象非常鮮明的五柳先生。而弘一法師則選擇遁入空門，盡棄俗務，精研佛律，淡泊念佛，戒慎護生，實證悲欣。

出家之初，他將在俗所有書籍筆硯書畫印章皆贈師友，後來范古農居士勸說：「若能以佛語書寫，令人喜見，以種淨因，亦佛事也。」法師於是以書寫佛語、佛經與眾結緣，功德無量。現在我們常見的「南無阿彌陀佛」佛號書法，就是弘一法師早年魏碑體的書跡。

書如其人，法師的書法如其人品，一味清瞿恬淨，如閒雲野鶴般靜定，筆力內斂，力量極強大，具有大無畏的精神。親近弘一法師這樣的生命導師，引領我們生命走向光明，絕對不是迷信，而是隨時給我們生歡喜心。我想我喜歡弘一法師的書法，不只是字跡線條或文字意義，而是作品背後，作者人格光明的展現，他竟然可以越時間空間的限制，點亮我們心智的光明，時時給我們靜定安穩舒泰呼吸的力量。

從弘一法師師友的回憶中，最令人印象深刻的是法師「認真」的態度，弘一法師身體力行地實踐他所認知到的生命道理，那些課本文字的道理或別人的說教，到他這裡都變成反求諸己、切身實踐的生命真理。這也是法師反覆提醒「器識為先，文藝為後」、「士先器識而後文藝」、「士應文藝以人傳，不應人以文藝傳」，強調「身體力行」。弘一法師對這句名言從認可到身體力行，從原文引用到意義引申，也反映了他的道德認識和道德實踐，經歷了不斷深化的過程，更進一步映證法師「凡事認真」的態度，以及對自己深信真理的身體力行，進而成為弘一法師的生命觀。

筆者曾於二十幾年前任帕米爾書店經理，負責主編一套陪伴年輕人成長的「成長叢書」，第一本即是《永遠的弘一法師》（上、下）。兩年中，長時間浸潤在閱讀弘一法師交往的朋友及學生的真誠回憶紀錄之中，不由得被師友學生出於無形中所熏染景仰的恭敬心。弘一法師的音容微笑，似乎已經深植入我的腦海潛意識中，一見到法師的墨寶文章，即刻生歡喜心。應商周出版的編輯團隊之邀，秉持同樣的恭敬心、歡喜心，希望能編纂一本精要的弘一大師詩文鈔。本書內容包含：卷首的大師墨寶、台灣現代佛教、學者與書畫藝術家的推介文、弘一法師師友的懷念文、法師的佛學論述演講集、文章詩詞、日記書信、編年簡譜等。我們打開弘一大師的詩文墨寶，心生歡喜，法師悲欣交集的形象，浮現眼前，無限馨香，這是弘一大師的自然德輝、人格形象的展現。

目前中國大陸方面，也非常積極出版介紹弘一法師的書，可能超過三十種以上，但歸納起來，不脫幾個原因及類型，如佛教的興盛、文藝界的喜愛、甚至愛國思想的宣傳，然後慢慢轉到佛學的研究。有些出版社直接出單行本，如《心經》的演講注解，再來是弘一法師的書法與佛像繪畫。由此可以看出隨著社會文化的逐漸進步，更多對於精神、宗教方面，或藝術與美的需求。尤其經過二十世紀的戰亂及紛爭，與近年來經濟快速發展下，社會人心遭受破壞或空虛，人心渴望正常穩定的生命價值，此時，透過弘一法師，尋找填補內心與穩定的量，就非常重要了。

藉此，很感謝與商周出版編輯團隊合作，共同策畫製作這本《人間愛晚晴——弘一大師詩文鈔》，希望能讓廣大喜愛弘一法師的讀者，能夠更全面、多元地認識弘一大師。

目錄

卷一

人間愛晚晴：記弘一大師

弘一上人史略

劉質平

先師姓李，名息，字叔同。原籍浙江平湖，清光緒六年九月二十日，生於天津。父筱樓公，以進士官吏部，年六十八而生師。母王氏，側室。當師誕生時，雀銜松枝墮其室，師出家後，常攜以自隨；圓寂時，猶懸諸床前，珍異可知。

師在俗，有兄一、妻一、子二。先世營鹽業，家素豐，後為二錢商虧負，遂貧。

師五歲失怙，十九歲奉母南下，寓上海城南草堂，肄業南洋公學。丁母憂後，東渡日本，入東京美術學校。多才藝，凡書畫、音樂、詩詞，乃至戲劇、篆刻，靡不精妙。學成歸國，任直隸模範工業學堂圖畫教員。民初，任浙江兩級師範圖畫手工專修科主任，繼任第一師範音樂教員。民七夏，在西湖定慧寺出家，雲林寺[1]剃度，與師兄弘祥、弘傘，同禮了悟和尚為師，名演音，字（號）弘一，時年三十有九。從此一代藝術大家，一變而為佛門弟子矣。

師入山初期，念佛誦經，中期宣講律學，晚期從事著述，對於佛學上之貢獻甚大。出家二十五年，不收徒眾，不主寺剎，雲遊各處，隨緣而止。民三十一年農歷九月初四日，圓寂於泉州溫陵養老院，享年六十有二。

衣

先師入山初期，學頭陀苦修行，僧衲簡樸，赤腳草履，不識者不知其為高僧也。中期身體較弱，衣服稍稍留意，多穿要放鼻紅[2]，少穿不能禦寒，因溫州氣候較暖，錫足大南門外慶福寺甚久。晚年身體更弱，乃命余代製駱駝毛襖褲（駝毛剪下，僧亦可用），以禦寒冬。泉州氣候更暖，居住適宜，圓寂於養老院，非無因也。

先師所用僧服，大都由余供奉，尺寸來函開示，照單裁製。回憶先師五十誕辰時，細數蚊帳破洞，有用布補，有用紙糊，形形色色，約有二百餘處，堅請更換不許。入閩後，以破舊不堪再用，函命在滬三友實業社，另購透風紗帳替代，為僧二十五載，所穿僧服，寥寥數套而已。

食、病

先師研究律宗，戒律甚嚴，過午不食，每日只食二次。第一次，晨六時左右，第二次上午十一時。食量勝常人，憶五十壽辰時，一次進麵二大盤，見者愕然。

先師出家後，曾生大病三次。第一次在上虞法界寺，病未痊，被甬僧安心頭陀，跪請去西安宣揚佛法，無異綁架。師被迫，允捨身，有遺囑一紙付余。余以其不勝跋涉，在甬輪上設法救回，自輪船三樓負師下，兩人抱頭大哭。寧中同事，至今傳作笑談也。

第二次病於鼓浪嶼。據師函示：「九死一生，為生平所未經歷。」由黃丙丁醫士，診治三閱月始愈。時師因著作未竣，樂於醫治。

1 雲林寺，即靈隱寺。

2 指流鼻血。

迨第三次病於泉州養老院，師則以功德圓滿，決心往西，謝絕醫藥，並預知遷化日期，曾函復師丏尊與余二人訣別云：

朽人已於九月初四日遷化，曾賦二偈，附錄於後：

君子之交，其淡如水；執象而求，咫尺千里。

問余何適，廓爾亡言；華枝春滿，天心月圓。

至人境界，固異尋常也。

曩在鎮海伏龍寺，曾與師面約：余死在師前，師為余誦《華嚴經普賢行願品》百遍，為余超度。如師往西在余前，余為師侍奉後。誰知烽火流離，無緣踐約，至今思之，惟有徒呼負負耳。

住

先師出家二十五載中，所住寺院，列表如下：

杭州：定慧寺出家，雲林寺剃度，玉泉寺居二載，本來寺、常寂光寺，各住數月。

新登：普濟寺，初出家時，住半載。

嘉興：精嚴寺，初出家時，住數月。

衢州：蓮華寺，曾到二次，住數月。

溫州：慶福寺，住最久，前後十一年。

白馬湖：晚晴院，住數月。
上虞：法界寺，前後住半載。
慈溪：金仙寺、五磊寺，住數月。
寧波：白衣寺，來往暫住。
紹興：開元寺，住一月。
鎮海：伏龍寺，住半載。
廬山：大林寺、青蓮寺，各住數月。
青島：湛山寺，住半載。
廈門：妙釋寺、萬壽巖、太平巖，各住數月。
鼓浪嶼：日光巖，前後約住一載。
泉州：大資壽寺，住半月，大開元寺、承天寺、草庵院、養老院等，住最久。

行

先師因雲遊無定，經典隨身攜帶，常用行李約五件：竹套箱二，網籃二，鋪蓋一。來往滬杭甬間，大都由余代為整理，或護送。以余兼任滬甬二處學校課垂十二年也。

先師體弱，夜間小便頻繁，溺器必需品，其口有木蓋，蓋上覆毛巾，外潔，較宜興壺尤淨，其覆巾亦白於普通面巾也。師行動時，沒裹溺器於被中，務使寬緊輕重適度。初感困難，久則慣矣。

每至一寺院，住持之尊敬招待，實所罕見。回憶法界寺然慶法師、伏龍寺誠一法師之迎接情形，至今猶使余肅然起敬。余在二寺，各住二月有徐，見其日常供養周到，體貼入微，且始終如一，完全出於至誠；而師亦處處留神，因應適宜。某次，由甬同行至松木場彌陀寺，不竟日即移住虎跑定慧寺。余故問，答以無緣，師之見機如此。

名號、邊款

先師名號甚多，在家時，除名息字叔同外，因環境變換，名號常改。幼名成蹊，字廣平；喪母後，名哀，字哀公。留東時，名岸，又字息霜。實驗斷食後，名欣，又名嬰。出家後，名演音，字弘一。至民二十二年，別署已二百有餘。余恐後世研究藝術同志，考據困難，特與先師數次函商，復經增刪。編數二百，此後筆名，在內選用，並命余為文詳述，俾後世研究藝術者，有所參考。筆名二百，列表於下：

智身	智幢	智炬	智人	智門	智燈	智眼	智藏
智境	智音	智住	智理	善月	善知	善思	善惟
善解	善愍	善了	善現	善攝	善入	善量	善臂
勝力	勝目	勝音	勝行	勝幢	勝髻	勝臂	勝鐙
勝願	勝解	勝祐	勝慧	無有	無盡	無得	無說
無厭	無等	無所	無縛	無依	無住	無作	為勝

為依 為明 為首 為導 為炬 為趣 為護 為歸
為捨 慈目 慈力 慈風 慈捨 慈月 慈現 慈燈
慈藏 大心 大山 大明 大慈 大誓 大舟 大捨
大安 如月 如眼 如說 如實 如智 如空 如理
玄入 玄會 玄明 玄策 玄門 玄榮 不著 不轉
不息 不動 髻音 髻目 髻明 髻光 一音 一相
一月 一味 實語 實智 實慧 實義 離垢 離著
離忍 離相 妙勝 妙著 妙嚴 成就 成智 成實
調順 調柔 調伏 慧幢 慧樹 慧鐙 法城 法日
法幢 月臂 月音 月鐙 德幢 德藏 念慧 念智
願門 願藏 淨地 淨眼 解脫 解縛 賢行 賢月
安住 安立 悲願 悲幢 堅固 堅鎧 難勝 難思
龍音 龍臂 真月 真義 演音 圓音 寶音 普音
辨音 等月 滿月 論月 力月 覺慧 矩慧 明慧
光明 作明 自在 信力 泓一 入玄 亡言 方廣
光網 世燈 究竟 忘己 勇說 具足 性起 殊勝
所歸 甚深 威德 相嚴 被甲 遠離 虛空 深心
莊嚴 晚晴 順理 遍照 圓滿 微妙 隨順 僧胤

增上　精進　澄淳　曇昉　雜華　焰慧　瓔珞　靈辨

先師書寫邊款，悉心研究，長幅作品，因布局關系，須將地名、山名、寺名、院名、年月、筆名，全部寫上。用印亦費准酌——一印，二印，大印，小印，朱紋，白紋，須將整個作品，詳加考慮，方始決定。

所寫地名、山名、寺名、院名，有曾住者，有未曾住者，有寺名院名意造者，有全部意造者，均與筆名同時決定。計山名地名三〇，寺名二〇，院名八〇，列表如下：

地名或山名：

江州　章安　秀州　慈水　永寧　三衢　明州　晉水

錢塘　上虞　越州　溫陵　慧水　靈苑　古浪　瑞集

淨峰　大慈　雙髻　萬壽　永嘉　會稽　長水　貝山

貝多　匡山　西安　雲居　太平　白馬

寺名：

十輪寺　靜華寺　蓮華寺　普慈寺　善濟寺　實際寺

伏龍寺　法界寺　匡山寺　梵網寺　貞元寺　定慧寺

妙釋寺　雲林寺　盧舍那寺　大方廣寺　大華嚴寺

大開元寺　大資壽寺　常寂光寺

院名：

杜多院　晚晴院　日燈院　大明院　調御院　慈力院
瓔珞院　如如院　慈風院　賢首院　靈芝院　澄停院
龍音院　慈藏院　假名院　清涼院　辨音院　湖頂院
日鐙院　尊勝院　薝蔔院　善逝院　久視院　寶雨院
大雲院　妙嚴院　金輪院　甘露院　禎明院　大業院
招提院　銀洞院　搏桑院　草庵院　叡尊院　最吉祥院
妙音勝院　無盡藏院　盧舍那院　南山律院　法藏日院
等虛空院　菩提本院　一言音院　大回向院　大莊嚴院
智慧華院　世間鐙院　法界月院　眾生海院　無上法院
眾梵行院　佛功德院　如來藏院　回向藏院　清淨行院
調御師院　決定慧院　廣大行院　普光明院　大饒益院
三世佛院　勝地行院　一切智院　光明覺院　最勝光院
日光別院　無相二昧院　廣大清淨院　圓滿菩提院
利益無盡院　蓮華最勝院　入真實法院　最勝寂靜院
十方妙音院　大誓莊嚴院　南陀石室院　天冊萬歲院
大雜華莊嚴院　無礙慧光明院

書法

先師用筆，只需羊毫，新舊大小不拘，其用墨則甚注意。民十五後，余向友人處，訪得乾隆年製二十餘錠奉獻，師於有興時自寫小幅，大幅則須待余至動筆：余在寺院，夜半聞雲板即起，盥洗畢，參與眾僧早課。早餐後，拂曉，一手持經，一手磨墨。未磨前，硯池用清水洗淨，磨是不許用力，輕輕作圓形波動，且不性急，全副精神，貫注經上，不覺間，二三小時已過，經書畢讀，而墨亦濃矣。

所寫字幅，每幅行數，每行字數，由余預先編排，布局特別留意，上下左右，留空甚多。師常對余言：字之工拙，佔十分之四，而布局卻佔十分之六。寫時閉門，除余外，不許他人在，傍恐亂神也。大幅先寫每行五字，從左至右，如寫外國文。余執紙，口報字，師則聚精會神，落筆遲遲，一點一畫，均以全力出之，五尺整幅，須二時左右。

某次師對余言，藝術家作品，大都死後始為人重視，中外一律。上海黃賓虹居士（第一流鑒賞家，現已去世），或賞識余（師自稱）文字體也。

師之書法，乃學問、道德、環境、藝術多方面之結晶。晚年作品，已臻超然境界，絕無塵俗氣，宜乎鑒賞者之傾倒也。

保存墨寶之經過

先師與余，名為師生，情深父子。回憶民元冬季，天大雪，積尺許。余適首作一曲，就正於師。經師細閱一過，若有所思，注視余久。余愧恧，幾置身無地。師忽對余言：「今晚八時三十五分，赴音樂教室，有話講。」余唯唯而退。屆時前往，風狂雪大，教室走廊，已有足跡，似有人先余而至，但教室門閉，聲息全無。余鵠立廊下，約十餘分鐘。室內電燈忽亮，門啟出師，手持一錶，言時間無誤，知汝嘗風雪之味久矣，可去也！余當時不知所以，但知從此師生之情義日深。每週課外指導二次，並介紹至美籍鮑乃德夫人處學琴。

余家貧，留東時最後數月費用，由師供給。師函有云：「余雖修道念切，絕不忍置君事於度外，可安心求學。至君畢業時，余始出家……」師恩之深如此，余不忍以一己求學之故，遲師修道之期，乃於民七夏返國，而師亦於是夏出家矣。

師恩厚，無以為報。出家後，許余供養，心稍安。民二七，余避難蘭溪，曾絕糧，後金華陷，匿深山中，但對師供養之資，均提早匯出，幸未中斷。不意數月後，師遽生西，慟哉！

先師復函，常附墨寶二束：一命余結緣，一賜余保存。二十餘年來，積品盈千，均由蘇幫張雪伯裱家裝置，字箱十二口，用獨面樟板製成，特闢一室保存。

民二十六秋，日寇擲彈海寧，勢危，朋友約暫避，頃刻間未能將全部作品天地軸裁去，整個攜出，至今成為憾事。傳其餘字件、字箱、鋼琴、藝術品、書籍及一切衣服用具等，被敵探知，由滬特放卡車三輛運走云。

余所攜字件，中間雖經日寇盜匪翻踏及水浸日晒，種種損害，但精品保存至今，一件無缺，亦不幸中之大幸也。

惟余以此不能遠出任職，絕糧蘭溪鄉間，窘甚。嗣金華陷敵，做小販糊口，迭經艱險，始能將恩師精品保存。所惜余已年老，此後保存，將成問題。若先師西畫，原送北平國立藝專保存，民十二年冬，余至北平考察藝術教育時，已知一幀無存，可歎孰甚！

今者余願將所藏先師墨寶精品，分期舉行義展，擬以得款在滬創辦叔同藝術師範學院，為師在家時之紀念。並在西湖泉州二處，建立墨寶石碑，大小四十座，為師入山後之紀念。

先師在俗，咸推為近代最偉大之藝術家。我國藝術，有今日之成績，未始非先師首倡之功也。凡文、詞、詩、歌、字、畫、音樂、篆刻乃至戲劇，無不研習，而皆盡善盡美者，實以先師為第一人。入山後，發願畢生精研戒法，幾無日不在律藏中探討精微，發揚光大，為元明清七百餘年來南山律宗復興之祖，在我國文獻史上，自有其崇高地位焉。

本文作者為近代音樂家劉質平（一八九四～一九七八），原名劉毅，字季武。為弘一大師出家前任教於杭浙江兩級師範學校時的學生，因擅長音樂，藝術科目成績出眾，深受大師器重，後留學日本，就讀東京音樂學校。留日時經濟拮据，由弘一大師解囊資助學費與生活費，直至其畢業返國。為報師恩，弘一大師出家後的生活費用，皆由劉質平供養，未曾間斷。大師圓寂後，劉質平畢生保存大師墨寶，幾乎為之捨命，曾言：「我視遺墨，比自己的生命要重。生命可以死亡，遺墨不可損失。」[3]

3 劉質平於一九六七年文革期間，遭受批判，曾寫下一份「交代材料」〈略談先師李叔同〉。

弘一法師之出家

夏丏尊

今年舊曆九月二十日，是弘一法師滿六十歲誕辰，佛學書局因為我是他的老友，囑寫些文字以為紀念，我就把他出家的經過加以追敘。他是三十九歲那年夏間披剃的，到現在已整整作了二十一年的僧侶生涯。我這裡所述的，也都是二十一年前的舊事。

說起來也許會教大家不相信，弘一法師的出家，可以說和我有關，沒有我，也許不至於出家。關於這層，弘一法師自己也承認。有一次，記得是他出家二三年後的事，他要到新城掩關去了，杭州知友們在銀洞巷虎跑寺下院替他餞行，有白衣，有僧人。齋後，他在座間指了我向大家道：

「我的出家，大半由於這位夏居士的助緣，此恩永不能忘！」

我聽了不禁面紅耳赤，慚悚無以自容。因為我當時自己尚無信仰，以為出家是不幸的事情，至少是受苦的事情，弘一法師出家以後即修種種苦行，我見了常不忍。他因我之助緣而出家修行去了，我卻豎不起肩膀，仍浮沉在醉生夢死的凡俗之中，所以深深地感到對於他的責任，很是難過。

我和弘一法師相識，是在杭州浙江兩級師範學校任教的時候。這個學校有一個特別的地方，不輕易更換教職員。我前後擔任了十三年，他擔任了七年。在這七年中我們晨夕一堂，相處得很好。他比我長六歲，當時我們已是三十左右的人了，少年名士氣息，懺除將盡。想在教育上做些實際功夫，我擔任舍監職務，兼教修身課，時時感覺對於學生感化力不足。他教的是圖畫音樂二科，這兩種科目，在他未來以前，是學生所忽視的。自他任教以後，就忽然被重視起來，幾乎把全校學生的注意力都牽引過去了。課餘但聞琴聲歌聲，假日常見學生出外寫生。這原因一半當然是他對於這二科實力充足，一半也由於他的感化力大。只要提起他的名字，全校師生以及工役沒有人不起敬的。他的力量，全由誠敬中發出，我只好佩服他，不能學他。舉一個實例來說，有一次寄宿舍裡學生失少了財物了，大家猜測是某一個學生偷的，檢查起來，卻沒有得到證據。我身為舍監，深覺慚愧苦悶，向他求教。他所指教我的方法，說也怕人，教我自殺！說：

「你肯自殺嗎？你若出一張布告，說作賊者速來自首，如三日內無自首者，足見舍監誠信未孚，誓一死以殉教育。果能這樣，一定可以感動人，一定會有人來自首。——這話須說得誠實，三日後如沒有人自首，真非自殺不可。否則便無效力。」

這話在一般人看來是過分之辭，他說來的時候，卻是真心的流露，並無虛偽之意，我自愧不能照行，向他笑謝，他當然也不責備我。我們那時頗有些道學氣，儼然以教育者自任，一方面又痛感到自己力量不夠。可是所想努力的，還是儒家式的修養，至於宗教方面簡直毫不關心的。

有一次，我從一本日本的雜誌上見到一篇關於斷食的文章，說斷食是身心「更新」的修養方法，自古宗教上的偉人，如釋迦，如耶穌，都曾斷過食。斷食能使人除舊換新，改去惡德，生出偉大的精神力量。並且還列舉實行的方法及應注意的事項，又介紹了一本專講斷食的參考書。我對於這篇文章很有興味，便和他談及，他就好奇地向我要了雜誌去看。以後我們也常談到這事，彼此都有「有機會時最好斷食來試試」的話，可是並沒有做過具體的決定。至少在我自己是說過就算了。約莫經過了一年，他竟獨自去實行斷食了，這是他出家前一年陽曆年假的事。他有家眷在上海，平日每月回上海二次，年假暑假當然都回上海的。陽曆年假只十天，放假以後我也就回家去了，總以為他仍照例回到上海了的。假滿返校，不見到他，過了兩星期他才回來。據說假期中沒有回上海，在虎跑寺斷食。我問他：「為什麼不告訴我？」他笑說：「你是能說不能行的，並且這事預先教別人知道也不好，旁人大驚小怪起來，容易發生波折。」他的斷食共三星期。第一星期逐漸減食至盡，第二星期除水以外完全不食，第三星期起，由粥湯逐漸增加至常量。據說經過很順利，不但並無痛苦，而且身心反覺輕快，有飄飄欲仙之象。他平日是每日早晨寫字的，在斷食期間，仍以寫字為常課，三星期所寫的字，有魏碑，有篆文，有隸書，筆力比平日並不減弱。他說斷食時，心比平時靈敏，頗有文思，恐出毛病，終於不敢作文。他斷食以後，食量大增，且能吃整塊的肉（平日雖不茹素，不多食肥膩肉類）。自己覺得脫胎換骨過了，用老子「能嬰兒乎」之意，改名李嬰，依然教課，依然替人寫字，並沒有什麼和前不同的情形。據我知道，這時他只看些宋元人的理學書和道家的書類，佛學尚未談到。

轉瞬陰曆年假到了，大家又離校。哪知他不回上海，又到虎跑寺去了。因為他在那裡經過三星期，喜其地方清淨，所以又到那裡去過年。他的皈依三寶，可以說由這時候開始的。據說，他自虎跑寺斷食回來，曾去訪過馬一浮先生，說虎跑寺如何清靜，僧人招待如何殷勤。陰曆新年，馬先生有一個朋友彭先生，求馬先生介紹一個幽靜的寓處，馬先生憶起弘一法師前幾天曾提起虎跑寺，就把這位彭先生陪送到虎跑寺去住。恰好弘一法師正在那裡，經馬先生之介紹，就認識了這位彭先生。同住了不多幾天，到了正月初八日，彭先生忽然發心出家了，由虎跑寺當家為他剃度。弘一法師目擊當時的一切，大大感動。可是還不就想出家，僅皈依三寶，拜老和尚了悟法師為皈依師。演音的名，弘一的號，就是那時取定的。假期滿後，仍回到學校裡來。

從此以後，他茹素了，有念珠了，看佛經，室中供佛像了。宋元理學書偶然仍看，道家書似已疏遠。他對我說明一切經過及未來志願，說出家有種種難處，以後打算暫以居士資格修行，在虎跑寺寄住，暑假後不再擔任教師職務。我當時非常難堪，平素所敬愛的這樣的好友，將棄我遁入空門去了，不勝寂寞之感。在這七年之中，他想離開杭州一師，有三四次之多。有時是因對於學校當局有不快，有時是因為別處有人來請他。他幾次要走，都是經我苦勸而作罷的。甚至於有一個時期，南京高師苦苦求他任課，他已接受聘書了，因我懇留他，他不忍拂我之意，於是杭州南京兩處跑，一個月中要坐夜車奔波好幾次。他的愛我，可謂已超出尋常友誼之外，眼看這樣的好友，因信仰而變化，要離我而去，而信仰上的事，不比尋常名利關係，可以遷就。料想這次恐已無法留得他住，深悔從前不該留他。他若早離開杭州，也許不會遇到這樣複雜的因緣的。暑假漸近，我的苦悶也愈加甚，他雖常用佛法好言安慰我，我總熬不住苦悶。有一次，我對他說過這樣的一番狂言：

「這樣做居士究竟不徹底。索性做了和尚，倒爽快！」

我這話原是憤激之談，因為心裡難過得熬不住了，不覺脫口而出。說出以後，自己也就後悔。他卻仍是笑顏對我，毫不介意。

暑假到了。他把一切書籍字畫衣服等等，分贈朋友學生及校工們，我所得的是他歷年所寫的字，他所有的摺扇及金錶等。自己帶到虎跑寺去的，只是些布衣及幾件日常用品。我送他出校門，他不許再送了，約期後會，黯然而別。暑假後，我就想去看他，忽然我父親病了，到半個月以後才到虎跑寺去。相見時我吃了一驚，他已剃去短鬚，頭皮光光，著起海青，赫然是個和尚了！笑說：

「昨天受剃度的。日子很好，恰巧是大勢至菩薩生日。」

「不是說暫時做居士，在這裡住住修行，不出家的嗎？」我問。

「這也是你的意思，你說索性做了和尚……」

我無話可說，心中真是感慨萬分，他問過我父親的病況，留我小坐，說要寫一幅字，叫我帶回去作他出家的紀念。回進房去寫字，半小時後才出來，寫的是楞嚴大勢至念佛圓通章，且加跋語，詳記當時因緣，末有「願他年同生安養共圓種智」的話。臨別時我和他約，盡力護法，吃素一年，他含笑點頭，唸一句「阿彌陀佛」。

自從他出家以後，我已不敢再毀謗佛法，可是對於佛法見聞不多，對於他的出家，最初總由俗人的見地，感到一種責任。以為如果我不苦留他在杭州，如果不提出斷食的話頭，也許不會有虎跑寺馬先生彭先生等因緣，他不會出家。如果最後我不因惜別而發狂言，他即使要出家，也許不會那麼快速。我一向為這責任之感所苦，尤其在見到他作苦修行或聽到他有疾病的時候。近幾年以來，我因他的督勵，也常親近佛典，略識因緣之不可思議，知道像他那樣的人，是於過去無量數劫種了善根的。他的出家，他的弘法度生，都是夙願使然，而且都是希有的福德，正應代他歡喜，代眾生歡喜，覺得以前的對他不安，對他負責任，不但是自尋煩惱，而且是一種僭妄了。

夏丏尊（一八八五～一九四六），浙江人。留學日本，歸國後，曾任杭州浙江省立第一師範舍監，與李叔同共事，兩人結為好友。後歷任白馬湖春暉中學、上海立達學園、濟南大學教授。晚年擔任上海開明書店總編輯。

《子愷漫畫》序

夏丏尊

新近因了某種因緣，和方外友弘一和尚聚居了好幾日，和尚未出家時，曾是國內藝術界的先輩，披剃以後，專心念佛，見人也但勸念佛，不消說，藝術上的話是不談起了的。可是我在這幾日的觀察中，卻深深地受到了藝術的刺激。

他這次從溫州來寧波，原預備到了南京再往安徽九華山去的。因為江浙開戰，交通有阻，就在寧波暫止，掛搭於七塔寺。我得知就去望他。雲水堂中住著四五十個遊方僧。鋪有兩層，是統艙式的。他住在下層，見了我笑容招呼，和我在廊下板凳上坐了，說：

「到寧波三日了。前兩日是住在某某旅館（小旅館）裡的。」

「那家旅館不十分清爽罷。」我說。

「很好！臭蟲也不多，不過兩三隻。主人待我非常客氣呢！」

他又和我說了些在輪船統艙中茶房怎樣待他和善，在此地掛搭怎樣舒服等等的話。

我惘然了。繼而邀他明日同住白馬湖去小住幾日，他初說再看機會，及我堅請，他也就忻然答應了。

行李很是簡單，鋪蓋竟是用粉破的席子包的。到了白馬湖後，在春社裡替他打掃了房間，他就自己打開鋪蓋，先把那粉破的席子丁寧珍重地鋪在牀上，攤開了被，再把衣服捲了幾件作枕。拿出黑而且破得不堪的毛巾走到湖邊洗面去。

「這毛巾太破了，替你換一條好嗎？」我忍不住了。

「哪裡，還好用的，和新的也差不多。」他把那條破手巾珍重地張開來給我看，表示還不十分破舊。

他是過午不食了的。第二天未到午，我送了飯和兩碗素菜去（他堅說只要一碗的，我勉強再加了一碗），在旁坐了陪他。碗裡所有的原只是些萊菔白菜之類，可是在他卻幾乎是要變色而作的盛饌，丁寧喜悅地把飯划入口裡，鄭重地用筷夾起一塊萊菔來的那種了不得的神情，我見了幾乎要下歡喜慚愧之淚了！

第二日，有另一位朋友送了四樣菜來齋他；我也同席。其中有一碗鹹的非常的，我說：

「這太鹹了！」

「好的！鹹的也有鹹的滋味，也好的！」

我家和他寄寓的春社相隔有一段路，第三日，他說飯不必送去，可以自己來喫，且笑說乞食是出家人的本等的話。

「那末逢天雨仍替你送去罷。」

「不要緊！天雨，我有木屐哩！」他說出木屐二字時，神情上竟儼然是一種了不得的法寶。我總還有些不安。他又說：

「每日走些路，也是一種很好的運動。」

我也就無法反對了。

在他，世間竟沒有不好的東西，一切都好，小旅館好，統艙好，掛褡好，粉破的席子好，破舊的手巾好，白菜好，萊菔好，鹹苦的蔬菜好，跑路好，什麼都有味，什麼都了不得。

這是何等的風光啊！宗教上的話且不說，瑣屑的日常生活到此境界，不是所謂生活的藝術化了嗎？人家說他在受苦，我卻要說他是享樂。我當見他吃萊菔白菜那種愉悅丁寧的光景，我想，萊菔白菜的全滋味，真滋味，怕要算他才能如實嘗得了。對於一切事物，不為因襲的成見所縛，都還他一個本來面目，如實觀照領略，這才是真解脫，真享樂。

藝術的生活，原是觀照享樂的生活。在這一點上，藝術和宗教實有同一的歸趨。凡為實利或成見所束縛不能把日常生活咀嚼玩味的，都是與藝術無緣的人們。真的藝術，不限在詩裡，也不限在畫裡，到處都有隨時可得。能把它捕捉了用文字表現的是詩人，用形及五彩表現的是畫家。不會做詩，不會作畫，也不要緊，只要對於日常生活有觀照玩味的能力，無論誰何，都能有權去享受藝術之神的恩寵。否則雖自號為詩人畫家，仍是俗物。

與和尚數日相聚，深深地感到這點。自憐囫圇吞棗地過了大半生，平日喫飯著衣，何曾嘗到過真的滋味！乘船坐車，看山行路，何曾領略到真的情景！雖然願從今留意，但是去日苦多，又因自幼未曾經過好好的藝術教養，即使自己有這個心，何嘗有十分把握！言之憮然！

正憮然間，子愷來要我序他的漫畫集。記得：子愷的畫這類畫，實由於我的慫恿。在這三年中，子愷實畫了不少，集中所收的不過數十分之一。其中含有兩種性質，一是寫古詩詞名句的，一是寫日常生活的斷片的。古詩詞名句，原是古人觀照的結果，子愷不過再來用畫表出一次，至於寫日常生活的斷片的部分，全是子愷自己觀照的表現。前者是翻譯，後者是創作了。畫的好歹且不談，子愷年少於我，對於生活，有這樣的咀嚼玩味的能力，和我相較，不能不羨子愷是幸福者！

子愷為和尚未出家時畫弟子，我序子愷畫集，恰因當前所感，並述及了和尚的近事，這是什麼不可思議的緣啊！南無阿彌陀佛！

弘一大師的遺書

夏丏尊

丏尊居士文席：朽人已於九月初四日遷化。曾賦二偈，附錄於後：

君子之交，其淡如水。執象而求，咫尺千里。

問余何適，廓爾亡言。華枝春滿，天心月圓。

謹達，不宣。

音啟

前所記月日，係依農曆。又白。

十月三十一日星期六上午，依例到開明書店去辦事。才坐下，管庶務的余先生笑嘻嘻地交給我一封信，說：「弘一法師又有掛號信來了。」師與開明書店向有緣，他給我的信，差不多封封同人公看，遇到有結緣的字寄來，最先得到的也就是開明同人。所以他有信給我，不但我歡喜，大家也歡喜的。

信是相當厚的一封，正信以外還有附件。我抽出一紙來看，讀到「朽人已於九月初四日遷化」云云，為之大驚大怪。驚的是噩耗來得突然，本星期一曾接到過他陽曆十月一日發的信，告訴我雙十節後要閉關著作，不能通信，且附了佛號和去秋九月所攝的照片來，好好地怎麼就會「遷化」。怪的是「遷化」的消息，怎麼會由「遷化」者自己報道。既而我又自己解釋，他的圓寂謠言，在報上差不多每年有一次的，「海外東坡」在他是尋常之事。這次也許因為要閉關，怕有人再去擾他，所以自報「遷化」的吧。信上「九」、「初四」三字用紅筆寫，似乎不是他的親筆，是另外一個人填上去的。算起來農曆九月初四恰是雙十節後三日，也許就在這日閉關吧。我捧著一張信紙，呆了許久，竟忘了這封信中還有附件。

大概同人見我臉色有異了。有人過來把信封中的附件抽出來看，大叫說：「弘一法師圓寂了。」這才提醒了我，急急去看附件。見一張是大開元寺性常法師的信，說弘一老人已於九月初四日下午八時生西，遺書是由他代寄的。還有一張是剪下的泉州當地報紙，其中關於弘一法師的示疾臨終經過有詳細的長篇記載，連這封遺書也抄登上面。證據擺在眼前，無法再加否認，唉，方外摯友弘一法師真已遷化，這封信是來與我訣別的，真是遺書了，不禁萬感交迸，為之泫然。

據報上記載：師於舊曆八月廿三日感到不適，連日寫字，把人家託寫的書件了訖；至廿七日已不進食物。廿八日下午還寫遺囑與妙蓮法師，以臨命終時的事相託，至九月一日上午還替黃居士寫紀念冊二種。下午又寫「悲欣交集」四字與妙蓮法師，直到初二才不再執筆，算起來不寫字的日子只有初三初四兩天。這封遺書似乎是臥病以前早寫好在那裡的，筆勢挺拔，偈語雋美，印章打得位置適當，一切絕不像病中所能做到。前一封信是陽曆十月一日發來的，和陰曆對照起來，那日是八月廿二，恰好是他感到不適的前一天。信中所說，如「將於雙十節後閉關」，「以後於尊處亦未能通信」，且特地把一張照片寄贈，諄諄囑嗣後和諸善知識親近，從現在看來，已嚴然對我作了暗示了。預知時至，這兩封信都可作為鐵證，不過後一封是取著遺書的形式罷了。

師的要在逝世時寫遺書給我，是十多年前早有成約的。當白馬湖山房落成之初，他獨自住在其中，一切由我招呼。有一天我和他戲談，問他說：「萬一你有不諱，臨終咧，入龕[3]咧，荼毗[4]咧，我是全外行，怎麼辦？」他笑說：「我已寫好了一封遺書在這裡，到必要時會交給你。如果你在別地，我會囑你家裡發電報叫你回來。你看了遺書，一切照辦就是了。」後來他離開白馬湖雲遊四方，那封早已寫好的遺書，一定會帶在身邊，不知今猶在否。猜想起來，其內容當與這次妙蓮法師所得到的差不多吧。同是遺書，我未曾得到那封，卻得到了這樣的一封，足見萬事全是個緣。

這封信不但在我個人是一個珍貴的紀念品，在佛教史上也是非常重要的文獻，值得鄭重保存的。

本文方寫好，友人某君以三十年二月澳門《覺音》社所出《弘一法師六十紀念專刊》見示，在李芳遠先生所作送別晚晴老人一文中，有這樣一段：「去秋贈余偈云，『問余何適，廓爾亡言，華枝春滿，天心月圓』，下署晚晴老人遺偈。」如此則遺書中第二偈是師早已撰就，預備用以作謝世之辭的了。又記。

3 指入棺儀式。按佛教制度，亡者浴後入龕，隨行入龕佛事。
4 梵語音譯，意為火葬。

我與弘一法師

豐子愷

弘一法師是我學藝術的教師，又是我信宗教的導師。我的一生，受法師影響很大。廈門是法師近年經行之地，據我到此三天內所見，廈門人士受法師的影響也很大，故我與廈門人士不啻都是同窗弟兄。今天佛學會要我演講，我慚愧修養淺薄，不能講弘法利生的大義，只能把我從弘一法師學習藝術宗教時的舊事，向諸位同窗弟兄談談，還請賜我指教。

我十七歲入杭州浙江第一師範，廿歲畢業以後沒有升學。我受中等學校以上學校教育，只此五年。這五年間，弘一法師，那時稱為李叔同先生，便是我的圖畫音樂教師。圖畫音樂兩科，在現在的學校裡是不很看重的；但奇怪得很，在當時我們的那浙間江第一師範裡，看得比英、國、算還重。我們有兩個圖畫專用的教室，許多石膏模型，兩架鋼琴，五十幾架風琴。我們每天要花一小時去練習圖畫，花一小時以上去練習彈琴。大家認為當然，恬不為怪，這是什麼原故呢？因為李先生的人格和學問，統制了我們的感情，折服了我們的心。他從來不罵人，從來不責備人，態度謙恭，同出家後完全一樣，然而個個學生真心的怕他，真心的學習他，真心的崇拜他。我便是其中之一人。因為就人格講，他的當教師不為名利，為當教師而當教師，用全副精力去當教師。就學問講，他博學多能，其國文比國文先生更高，其英文比英文先生更高，其歷史比歷史先生更高，其常識比博物先生更富，又是書法金石的專家，中國話劇的鼻祖。他不是只能教圖畫音樂，他是拿許多別的學問為背景而教他的圖畫音樂。夏丏尊先生曾經說：「李先生的教師，是有後光的。」像佛菩薩那樣有後光，怎不教人崇拜呢？而我的崇拜他，更甚於他人。大約是我的氣質與李先生有一點相似，凡他所歡喜的，我都歡喜。我在師範學校，一二年級都考第一名；三年級以後忽然降到第二十名，因為我曠廢了許多師範生的功課，而專心於李先生所喜的文學藝術，一直到畢業。畢業後我無力升大學，借了些錢到日本去遊玩，沒有進學校，看了許多畫展，聽了許多音樂會，買了許多文藝書。一年後回國，一方面當教師，一方面埋頭自習，一直自習到現在，對李先生的藝術還是迷戀不捨。李先生早已由藝術而昇華到宗教而成正果，而我還徬徨在藝術宗教的十字街頭，自己想想，真是一個不肖的學生。

他怎麼由藝術昇華到宗教呢？當時人都詫異，以為李先生受了什麼刺激，忽然「遁入空門」了。我卻能理解他的心，我認為他的出家是當然的。我以為人的生活，可以分作三層：一是物質生活，二是精神生活，三是靈魂生活。物質生活就是衣食。精神生活就是學術文藝。靈魂生活就是宗教。「人生」就是這樣的一個三層樓。懶得（或無力）走樓梯的，就住在第一層，即把物質生活弄得很多，錦衣玉食，尊榮富貴，孝子賢孫，這樣就滿足了。這也是一種人生觀。抱這樣的人生觀的人，在世間佔大多數。其次，高興（或有力）走樓梯的，就爬上二層樓去玩玩，或者久居在裡頭。這就是專心學術文藝的人。他們把全力貢獻於學問的研究，把全心寄託於文藝的創作和欣賞。這樣的人，在世間也很多，即所謂「知識分子」、「學者」、「藝術家」。還有一種人，「人生欲」很強，腳力很大，對二層樓還不滿足，就再走樓梯，爬上三層樓去。這就是宗教徒了。他們做人很認真，滿足了「物質欲」還不夠，滿足了「精神欲」還不夠，必須探求人生的究竟。他們以為財產子孫都是身外之物，學術文藝都是暫時的美景，連自己的身體都是虛幻的存在。他們不肯做本能的奴隸，必須追究靈魂的來源，宇宙的根本，這才能滿足他們的「人生欲」。這就是宗教徒——世間就不過這三種人。我雖用三層樓為比喻，但並非必須從第一層到第二層，然後得到第三層。有很多人，從第一層直上第三層，並不需要在第二層勾留。還有許多人連第一層也不住，一口氣跑上三層樓。不過我們的弘一法師，是一層一層的走上去的。弘一法師的「人生欲」非常之強！他的做人，一定要做得徹底。他早年對母盡孝對妻子盡愛，安住在第一層樓中。中年專心研究藝術，發揮多方面的天才，便是遷居在二層樓了。強大的「人生欲」不能使他滿足於二層樓，於是爬上三層樓去，做和尚，修淨土，研戒律，這是當然的事，毫不足怪的。做人好比喝酒：酒量小的，喝一杯花雕酒已經醉了，酒量大的，喝花雕嫌淡，必須喝高粱酒才能過癮。文藝好比是花雕，宗教好比是高粱。弘一法師酒量很大，喝花雕不能過癮，必須喝高粱。我酒量很小，只能喝花雕，難得喝一口高粱而已。但喝花雕的人，頗能理解喝高粱者的心。故我對於弘一法師的由藝昇華到宗教，一向認為當然，毫不足怪的。

藝術的最高點與宗教相接近。二層樓的扶梯的最後頂點就是三層樓，所以弘一法師由藝術昇華到宗教，是必然的事。弘一法師在閩中，留下不少的墨寶。這些墨寶，在內容上是宗教的，在形式上是藝術的——書法。閩中人士久受弘一法師的薰陶，大都富有宗教信仰及藝術修養，我這初次入閩的人，看見這情形，非常歆羨，十分欽佩！

前天參拜南普陀寺，承廣洽法師的指示，瞻觀弘一法師的故居及其手種楊柳，又看到他所創辦的佛教養正院。廣義法師要我為養正院書聯，我就集唐人詩句「須知諸相皆非相，能使無情盡有情」，寫了一副。這對聯掛在弘一法師所創辦的佛教養正院裡，我覺得很適當。因為上聯說佛經，下聯說藝術，很可表明弘一法師由藝術昇華到宗教的意義。藝術家看見花笑，聽見鳥語，舉杯邀明月，開門迎白雲，能把自然當作人看，能化無情為有情，這便是「物我一體」的境界。更進一步，便是「萬法從心」、「諸相非相」的佛教真諦了。故藝術的最高點與宗教相通。最高的藝術家有言：「無聲之詩無一字，無形之畫無一筆。」可知吟詩描畫，平平仄仄，紅紅綠綠，原不過是雕蟲小技，藝術的皮毛而已，藝術的精神，正是宗教的。古人云：「文章一小技，於道未為尊。」又曰：「太上立德，其次立言。」弘一法師教人，亦常引用儒家語：「士先器識而後文藝。」所謂「文章」、「言」、「文藝」，便是藝術，所謂「道」、「德」、「器識」，正是宗教的修養。宗教與藝術的高下重輕，在此已經明示，三層樓當然在二層樓之上的。

我腳力小，不能追隨弘一法師上三層樓，現在還停留在二層樓上，斤斤於一字一筆的小技，自己覺得很慚愧。但亦常常勉力爬上扶梯，向三層樓上望望。故我希望：學宗教的人，不須多花精神去學藝術的技巧，因為宗教已經包括藝術了。而學藝術的人，必須進而體會宗教的精神，其藝術方有進步。久駐閩中的高僧，我所知道的還有一位太虛法師。他是我的小同鄉，從小出家的。他並沒有弄藝術，是一口氣跑上三層樓的。但他與弘一法師，同樣是曠世的高僧，同樣地為世人所景仰。可知在世間，宗教高於一切。在人的修身上，器識重於一切。太虛法師與弘一法師，異途同歸，各成正果。文藝小技的能不能，在大人格上是毫不足道的。我願與閩中人士以二法師為模範而共同勉勵。

豐子愷（一八九八～一九七五），浙江人。文學家、畫家、美術家與音樂教育家，師從弘一法師，畢業後遊學日本，學習繪畫，歸國後曾任教白馬湖春暉中學、上海立達學員、浙江大學等多所學校，與弘一法師合作畫《護生畫集》，另有《子愷漫畫》等作品，並譯有《源氏物語》。本文為豐子愷於一九四八年（民國三十七年）十一月二十八日，於廈門佛學會中演講之講稿。

為青年說弘一法師

豐子愷

弘一法師於去年十月十三日在泉州逝世，至今已有五個多月。傅彬然先生曾有關於他的一篇文章登在本刊上，而我卻沉默了五個多月，至今才寫這篇文字。許多人來信怪我，以為我對弘一法師關係較深，何以他死了我沒有一點表示。有的人還來信向我要關於弘一法師的死的文字，以為我一定在發起追悼大會，或者編印紀念刊物，為法師裝「哀榮」的。其實全無此事。我接到泉州開元寺性常師打來的報告法師「生西」（就是往生西方，就是死）的電報時，正是去年十月十八日早晨，我正在貴州遵義的寓樓中整理行裝，要把全家遷到重慶去。當時坐在窗下沉默了幾十分鍾，發了一個願：為法師造像（就是畫像）一百尊，分寄各省信仰他的人，勒石立碑，以垂永久。預定到重慶後動筆。發願畢，依舊吃早粥，整行裝，覓車子。

弘一法師是我的老師，而且是我生平最崇拜的人。如此說來，我豈不太冷淡了麼？但我自以為並不。我敬愛弘一法師，我希望他在這世間久住。但我確定弘一法師必有死的一日。因為他是「人」。不過死的時日遲早不得而知。我時時刻刻防他死，同時時刻刻防我自己死一樣。他的死是我意中事，並不出於意料之外。所以我接到他死的電告，並不驚惶，並不慟哭。老實說，我的驚惶與慟哭，在確定他必有死的一日之前早已在心中默默地做過了。

我去冬遷居重慶，忙著人事及疾病，到今年一月方才有工夫動筆作畫。一月中，我實行我的前願，為弘一法師造像。連作十尊，分寄福建、河南諸信士。還有九十尊，正在接洽中，後定當續作。為欲勒石，用線條描寫，不許有濃淡光影。所以不容易描得像。幸而法師的線條畫像，看的人都說「像」。大概是他的相貌不凡，特點容易捉住之故。但是還有一個原因：他在我心目中印象太深之故。我自已覺得，為他畫像的時候，我的心最虔誠，我的情最熱烈，遠在驚惶慟哭及發起追悼會、出版紀念刊物之上。其實百年之後，刻像會模糊起來，石碑會破爛的。千萬年之後，人類會絕滅，地球會死亡的。人間哪有絕對「永久」的事！我的畫像勒石立碑，也不過比驚惶慟哭追悼會紀念刊稍稍永久一點而已。

讀了傅彬然先生的文章之後，我也想來為讀者談談，就是這篇文章。

距今二十九年前，我十七歲的時候，最初在杭州貢院的浙江省立第一師範裡見到李叔同先生（即弘一法師）。那時我是師範預科生，他是我們的音樂先生。一年中我見他的次數不多。因為他常常請假。走廊上玻璃窗中請假欄內，「音樂李師」一塊牌子常常擺著。他不請假的時候，我們上他的音樂課，有一種特殊的感覺：嚴肅，新鮮。搖過預備鈴，我們走向音樂教室（這教室四面臨空，獨立在花園裡，好比一個溫室），推進門去，先吃一驚，李先生早已端坐在講台上。以為先生還沒到而嘴裡隨便唱著喊著或笑著罵著而推進門來的同學，吃驚更是不小。他們的唱聲喊聲笑聲罵聲以門欄為界限而忽然消滅。接著是低著頭，紅著臉，去端坐在自己位子裡。端坐在自己的位子裡偷地仰起頭來看看，看見李先生高而瘦削的上半身穿著整潔的黑布馬褂，露出在講桌上，寬廣得可以走馬的前額，細長的鳳眼，隆正的鼻梁，作成威嚴的表情。扁平而闊的嘴唇兩端常有深渦，作成和愛的表情。這副相貌，用「溫而厲」三字來描寫，大概差不多了。講桌上放著點名薄、講義，以及他的教課筆記薄、粉筆。鋼琴衣解著，蓋開著，譜表擺著，琴頭上又放著一只時錶，閃閃的金光直射到我們的眼中。黑板（是上下兩塊可以推動的）上早已清楚地寫好本課內所應寫的東西（兩塊都寫好，上塊蓋著下塊，用下塊時把上塊推開）。在這樣布置的講台上，李先生端坐著。坐到上課鈴響了（後來我們知道他這脾氣，上音樂課必早到。故上課鈴響時，同學早已到齊），他站起來，深深地一鞠躬，課就算開始了。這樣地上課，不是嚴肅而新鮮的麼？

有一個人上音樂課時不唱歌而看別的書，有一個人上音樂課時吐痰在地板上，以為李先生沒看見的，其實他都知道。但他不立刻責備，等到下課後，他用很輕而嚴肅的聲音鄭重地說：「某某等一等出去。」於是這位某某同學只得站著。等到別的同學都出去了，他又用輕而嚴肅的聲音向這某某同學和氣地說：「下次上課時不要看別的書。」或者「下次痰不要吐在地板上」。說過後他微微一鞠躬，表示「你出去罷」。出去的人大都臉孔發紅，帶著難為情的表情（我每次在教室外等著，親自看到的）。又有一次下音樂課，最後出去的人無心把門一拉，碰的太重，發出很大的聲音，他走了數十步之後，李先生走出門來，滿面和氣地叫他轉來。等他轉到，李先生又叫他進教室來，進了教室，李先生用很輕而嚴肅的聲音向他和氣地說：「下次走出教室，輕輕地關門。」就對他一鞠躬，送他出門，自己輕輕地把門關了。最不易忘卻的，是有一次上彈琴課的時候。我們是師範生，每人都要學彈琴，全校有五六十架風琴及兩架鋼琴。風琴每室二架，給學生練習用；鋼琴一架放在唱歌教室裡，一架放在彈琴教室裡。上彈琴課時，十數人為一組，環立在琴旁，看李先生範奏。有一次正在範奏的時候，有一個同學放一個屁，沒有聲音，卻是很臭。鋼琴及李先生十數同學全部沉浸在亞莫尼亞[5]氣體中。同學大都

5 即阿摩尼亞，氨氣。

掩鼻或發出討厭的聲音。李先生眉頭一皺，自管自彈琴（我想他一定屏息著），彈到後來，亞莫尼亞氣散光了，他的眉頭方才舒展。教完以後，下課鈴響了。李先生立起來一鞠躬，表示散課。散課以後，同學還未出門，李先生又鄭重地宣告：「大家等一等去，還有一句話。」大家又肅立了。李先生又用很輕而嚴肅的聲音和氣地說：「以後放屁，到門外去，不要放在室內。」接著又一鞠躬，表示叫我們出去。同學都忍笑不住，未出門時先吱吱格格地響。一出門來，大家快跑，跑到遠處去大笑一頓。

李先生用這樣的態度來教我們音樂課，所以我們對於音樂課，感覺嚴肅而新鮮。同時對於李先生這人，感覺也特殊的可崇敬。他雖然常常請假，沒有一個人怨他，似乎覺得他請假是應該的。但讀者要知道，他的受人崇敬，不僅是為了上述的鄭重態度的原故；他的受人崇敬使人真心地折服，是另有背景的。背景是什麼呢？就是他的人格。他的人格，值得我們崇敬的有兩點：第一點是凡事認真。第二點是多才多藝。先講第一點：李先生一生的最大特點，是「凡事認真」。他對於一件事，不做則已，要做就非做得徹底不可。他出身於富裕之家，他父親是天津有名的銀行家。他是第五位姨太太所生。他父親生他時，年已七十二歲。他墮地後就遭父喪，又逢家庭之變，青年時就陪了他的生母南遷上海。在上海南洋公學讀書，奉母時，他是一個翩翩公子。當時上海文壇有著名的滬學會，李先生應滬學會徵文，名字屢列第一。從此他就為滬上名人所器重，而結交日廣，終以才子馳名於當時的上海。所以後來他母親死了，他赴日本留學的時候，作一首：〈金縷曲〉，詞曰：「披髮佯狂走。莽中原、暮鴉啼徹，幾株衰柳。破碎河山誰收拾，零落西風依舊。便惹得、離人消瘦。行矣臨流重太息，說相思、刻骨雙紅豆。愁黯黯，濃於酒。

漾情不斷淞波溜。恨年來、絮飄萍泊，遮難回首。二十文章驚海內，畢竟空談何有！聽匣底、蒼龍狂吼。長夜淒風眠不得，度群生、那（哪）惜心肝剖。是祖國，忍孤負？」讀這首詞，可想見他當時豪氣滿胸，有不可一世之概。他出家時把過去的照片統統送我，我曾在照片中看見過當時在上海的他：絲絨碗帽，正中綴一方白玉，曲襟背心，花緞袍子，後面掛札胖辮子，底下緞帶扎腳管，雙梁頭厚底鞋子，頭抬得高，英俊之氣，流露於眉目間（讀者恐沒有見過上述的服裝。這是光緒年間上海最時髦的打扮。問你們的祖父母，一定知道）。真是當時上海一等的翩翩公子。這是最初表示他的特性：凡事認真。他立意要做翩翩公子，就徹底的做個翩翩公子。

後來他到日本，在日本看見明治維新的文化，就渴慕西洋文明。他就放棄了翩翩公子的態度，改做一個留學生。他入東京美術學校，同時又入音樂學校。這些學校都是模仿西洋的，所教的都是西洋畫和西洋音樂。李先生在南洋公學時英文學得很好，到了日本，就買了許多西洋文學書。他出家時曾送我一部殘缺的原本《莎士比亞全集》，他對我說：「這書我從前細讀過。有許多筆記在上面，雖然不全，也是紀念物。」由此可想見他在日本時，對於西洋藝術全面進攻，繪畫、音樂、文學、戲劇都研究。後來他在日本創辦「春柳劇社」，糾集留學同志，共演當時西洋著名的悲劇《茶花女》（小仲馬著）。他自己把腰束小，把髮拖長，粉墨登場，扮作茶花女。這照片，他出家時也送給我，一向歸我保藏，直到抗戰時為兵火所毀，現在我還記得這照片：鬈髮，白的上衣，白的長裙拖著地面。腰身小到一把，兩手舉起托著後頭。頭向右歪側，眉峰緊蹙，眼波斜睇，正是茶花女自傷命薄的神情。另外還有許多演劇的照片，不可勝記。這春柳劇社後來遷回中國，李先生就脫出，由另一班人去辦，便是中國最初的「話劇」社。由此可以想見李先生在日本時，是徹頭徹尾的一個留學生。我見過他當時的照片，高帽子，硬領，硬袖，燕尾服，史的克[6]，尖頭皮鞋，加之長身，高鼻，沒有腳的眼鏡夾在鼻梁上，竟活像一個西洋人。這是第二次表示他的特性：凡事認真。學一樣，像一樣。要做留學生，就徹底的做個留學生。

他回國後，在上海出版界（當時有名的《太平洋報》，李先生曾為作畫）。住了不久，就被南京高等師範請去教圖畫音樂。後來又就杭州的浙江兩級師範學校（就是我就學的浙江第一師範的前身。李先生從兩級師範一直教到第一師範）之聘，同時教兩地兩校，每月中半個月住南京，半個月住杭州，兩校都請助教，他不在時由助教代課。這時候，李先生已由留學生變為「教師」。這一變，變得更徹底：漂亮的洋裝不穿了，卻換上灰粗布的袍子，黑布的馬褂，布底鞋子。金絲邊眼鏡也換了黑的銅絲邊眼鏡。他是一個修養很深的美術家，所以對於儀表很講究，雖然布衣，形式卻很稱身，色澤常常整潔。他穿布衣，全無窮相，而另具一種樸素的美。你可想見，他是扮過茶花女的，身材生得非常窈窕。穿了布衣，仍是一個美男子。「淡妝濃抹總相宜」，這詩句原是描寫西子的，但拿來形容我們的李先生的儀表，也最適用。今人侈談「生活藝術化」，大都好奇立異，非藝術的。李先生的服裝，才可稱為生活的藝術化。他一時代的服裝，表出著一時代的思想與生活。各時代的思想與生活判然不同，各時代的服裝也判然不同。布衣布鞋時代的李先生，與洋裝時代的李先生，曲襟背心時代的李先生，判若三人。這是第三次表示他的特性。我二年級時，圖畫歸李先生教。他教我們木炭石膏模型寫生。同學一向描慣臨畫，起初無從著手。四十餘人中，竟沒有一個人描得像樣的。後來他範畫給我們看，畫畢把範畫揭在黑板上。同學們大都看著黑板臨摹。只有我和少數同學，依他的方法從石膏模型寫生。我對於寫生，從這時候開始發生興味。我到此時，恍然大悟，那些粉本原是別人看了實物而寫生出來的。我們應該也要直接從實物寫生入手，何必臨摹他人，依樣畫葫蘆呢？於是我的畫進步起來。有一晚，我為級長的公事，到李先生房間裡去報告。報告畢，我將退出，李先生喊我轉來，又用很輕而嚴肅的聲音和氣地對我說：「你的圖畫進步快。我在南京和杭州兩校教課，沒有見過像你這樣進步快速的人。你以後可以……」當晚這幾句話，便確定了我的一生。可惜我不記得年月日時，又不相信算命。如果記得，而又迷信算命先生的話，算起命來，這一晚一定是我一生中一個重要關口，因為從這晚起，我打定主意，專門學畫，把一生奉獻給藝術，直到現在沒有變志。從這晚以後，我對師範學校功課忽然懈怠，常常逃課學畫。以前學期考試聯列第一，此後一落千丈，有時竟考末名。幸有前兩年的好成績，平均起來，畢業成績猶得第二十名。這些關於我的話，現在不應詳述。且說李先生自此以後，與我接近的機會更多。因為我常去請教畫又請教日本文。因此以後的李先生的生活，我所知道的更為詳細。他本來常讀性理的書，後來忽然信了道教，案上常常放著道教的經書。那時我還是一個毛頭青年，談不到宗教。李先生除繪事外，並不對我談道。但我發見他的生活日漸收縮起來，像一個人就要動身赴遠方時的模樣。他常把自己不用的東西送給我。後來又介紹我從夏丏尊先生學日本

6 上海方言，枴杖的意思。原為英語 stick。

文，因他沒有工夫教我，他的朋友日本畫家大野隆德、河合新藏、三宅克已等到西湖來寫生時，他自己帶了我去請他們吃一次飯，以後就把這些日本人交給我，叫我引導他們（我當時已能講普通應酬的日本話），他自己關起房門來研究道學。有一天，他決定入大慈山去斷食，我有課事，不能陪去，由校工聞玉陪去。數日之後，我去望他。見他躺在床上，面孔瘦減，但精神很好，對我講話，同平時差不多，他斷食共十七日，由聞玉扶起來，攝一個影，影片上端由聞玉題字：「李息翁先生斷食十七日後之像，侍子聞玉題。」這照片後來製成明信片分送朋友。像的下面用鉛字排印著：「某年月日，入大慈山斷食十七日，身心靈化，歡樂康強——欣欣道人記。」李先生這時候已由「教師」一變而為「道人」了。學道就斷食十七日，也是他凡事認真的表示。

但他學道的時候很短。斷食以後，不久他就學佛。他自己對我說，他的學佛是受馬一浮先生的指示的。出家前數日，他同我到西湖玉泉去看程中和先生。這程先生原是當軍人的，現在退伍，住在玉泉，正想出家為僧。李先生同他談得很久。後來，不多日，我陪大野隆德到玉泉去投宿，看見一個和尚坐著，正是這位程先生。我想稱他「程先生」，覺得不合。想稱他法師，又不知道他的法名（後來知道是弘傘），一時周章得很。我回去對李先生講了，李先生告訴我，他不久也要出家為僧，就做弘傘的師弟。我愕然，不知所對。過了幾天，他果然辭職，要去出家。出家的前晚，他叫我和同學葉天底、李增庸三人到他的房間裡，把房間裡所有的東西送給我們三人。第二天，我們三人送他到虎跑。我們回來分得了他的「遺產」，再去望他時，他已光著頭皮，穿著僧衣，儼然一位清癯的法師了。我從此改口稱他為「法師」。法師的僧臘（就是做和尚的年代）二十四年。這二十四年中，我顛沛流離，他一貫到底，而且修行功夫愈進愈深。當初修淨土宗，後來又修律宗。律宗是講究戒律的。一舉一動都有規律，做人認真得很。這是佛門中最難修的一宗，數百年來，傳統斷絕，直到弘一法師方才復興，所以佛門中稱他為「重興南山律宗的一代高僧」。修律宗如何認真呢？一舉一動，都要當心，勿犯戒律（戒律很詳細，弘一法師手寫一部，昔年由中華書局印行的，名曰《四分律比丘戒相表記》）。舉一例說：昔年我寄二卷宣紙去，請弘一法師寫佛號，宣紙很多，佛號所需很少，他就要來信問我，餘多的宣紙如何處置，我原是多備一點，由他隨意處置的，但沒有說明，這些紙的所有權就模糊，他非問明不可。我連忙寫回信去說，餘多的紙，贈與法師，請隨意處置。以後寄紙，我就預先說明這一點了。又有一次，我寄回件郵票去，多了幾分，他把多的幾分寄還我。於是以後我寄郵票也就預先聲明：餘多的郵票送與法師。諸如此類，俗人馬虎的地方，修律宗的人都要認真。有一次他到我家，我請他籐椅子裡坐。他把籐椅輕輕搖動，然後慢慢地坐下去，起先我不敢問。後來看他每次都如此，我就啟問。法師回答我說：「這椅子裡頭，兩根籐之間，也許有小蟲伏著。突然坐下去，要把它們壓死，所以先搖動一下，慢慢地坐下去，好讓它們走避。」讀者讀到這話，也許要笑。但請勿笑，這是做人認真至極的表示。模仿這種認真的精神去做社會事業，何事不成，何功不就？我們對於宗教上的事情，不可拘泥其「事」，應該觀察其「理」。

如上所述，弘一法師由翩翩公子一變而為留學生，又變而為教師，三變而為道人，四變而為和尚。每做一種人，都十分認真，十分像樣。他的做人，好比全能的優伶，起老生像個老生，起小生像個小生，起花旦又很像花旦……，都是「凡事認真」的原故。以上已經說明了李先生人格上的第一特點。

李先生人格上的第二特點是「多才多藝」。西洋文藝批評家批評德國的歌劇大家華葛納爾（Wagner）[7]有這樣的話：「阿普洛（Apollo，文藝之神）[8]右手持文才，左手持樂才，分贈給世間的文學家和音樂家。華葛納爾卻兼得了他兩手的贈物。」意思是說，華葛納爾能作曲，又能作歌，所以做了歌劇大家。拿這句話批評我們的李先生，實在還不夠用。李先生不但能作曲，能作歌，又能作畫，作文吟詩，填詞，寫字，治金石，演劇。他對藝術，差不多全般皆能。而且每種都很出色。專門一種的藝術家大都不及他，要向他學習。作曲和作歌，讀者可在開明書店出版的《中文名歌五十曲》中窺見。這集子中載著李先生的作品不少，每曲都膾炙人口。他的油畫，大部分寄存在北平美專，現在大概還在北平。寫實風格而兼印象派筆調，每幅都很穩健、精到，為我國洋畫界難得的佳作。他的詩詞文章，載在從前出版的南社文集中，典雅秀麗，不亞於蘇曼殊。他的字，功夫尤深，早年學黃山谷，中年專研北碑，得力於張猛龍碑尤多。晚年寫佛經，脫胎化骨，自成一家，輕描淡寫，毫無煙火氣，他的金石，同字一樣秀美。出家前，他的友人把他所刻的印章集合起來，藏在西湖上西泠印社的石壁的洞裡。口用水泥封好，題著「息翁印藏」四字。他的演劇，前已說過，是中國話劇的鼻祖。總之，在藝術上，他是無所不精的一個作家。藝術之外，他又曾研究理學（陽明、程、朱之學，他都做過工夫，後來由此轉入道教，又轉入佛教的），研究外國文……，李先生多才多藝，一通百通。所以雖然只教我音樂圖畫，他所擅長的卻不止這兩種。換言之，他的教授圖畫音樂，有許多其他修養作背景，所以我們不得不崇敬他。借夏丏尊先生的話來講：他做教師，有人格作背景，好比佛菩薩的有「後光」。所以他從不威脅學生，而學生見他自生畏敬，從不嚴責學生（反之，他自己常常請假），而學生自會用功。他是實行人格感化的一位大教育家。我敢說：自有學校以來，自有教師以來，未有盛於李先生者也。

青年的讀者，看到這裡，也許要發生這樣的疑念：李先生為什麼不做教育家，不做藝術家，而做和尚呢？

是的，我曾聽到許多人發這樣的疑問。他們的意思，大概以為做和尚是迷信的、消極的、暴棄的，可惜得很！倘不做和尚，他可在這僧臘二十四年中，教育不少的人才，創作不少的作品。這才有功於世呢！

這話。近看是對的，遠看卻不對。近看，用低淺的眼光，從世俗習慣上看，辦教育，製作品，實實在在的事業，當然比較和尚有功於世。遠看，用高遠的眼光，從人生根本上看，宗教的崇高偉大，遠在教育之上。但在這裡須加重要聲明：一般所謂佛教，千百年來早已歪曲化而失卻真正佛教之本意。一般佛寺裡的和尚，其實是另一種奇怪的人，與真正的佛教毫無關係。因此世人對佛教誤解，越弄越深。和尚大都以念經做道場為營業。居士大都想拿佞佛來換得世間名利恭敬，甚或來生福報。還有一班戀愛失敗、經濟破產、作惡犯罪的人，走投無路，遁入

7　即德國作曲家威廉・李查・華格納（Wilhelm Richard Wagner, 1813～1883），作品以歌劇聞名。

8　指希臘神話中的光明之神阿波羅。

空門，以佛門為避難所。於是乎，未曾認明佛教真相的人，就排斥佛教，指為消極、迷信，而非打倒不可。歪曲的佛教應該打倒；但真正的佛教，崇高偉大，勝於一切。——讀者只要窮究自身的意義，便可相信這話。譬如：為什麼入學校？為了欲得教養。為什麼欲得教養？為了要做事業。為什麼要做事業？為了要滿足你的人生欲望。再問下去：為什麼要滿足你的人生欲望？你想了一想，一時找不到根據，而難於答覆。你再想一想，就會感到疑惑與空虛。你三想的時候，也許會感到苦悶與悲哀。這時候你就要請教「哲學」，和他的老兄「宗教」。這時候你才相信真正佛教高於一切。

所以李先生的放棄教育與藝術而修佛法，好比出於幽谷，遷於喬木，不是可惜的，正是可慶的。

弘一法師逝世後第一百六十七日作於四川五通橋旅舍

李叔同先生的文藝觀——先器識而後文藝

豐子愷

李叔同先生，即後來在杭州虎跑寺出家為僧的弘一法師，是中國近代文藝的先驅者。早在五十年前，他首先留學日本，把現代的話劇、油畫和鋼琴音樂介紹到中國來。中國的有話劇、油畫和鋼琴音樂，是從李先生開始的。他富有文藝才能，除上述三種藝術外，又精書法，工金石（現在西湖西泠印社石壁裡有「叔同印藏」），長於文章詩詞。文藝的園地，差不多被他走遍了。一般人因為他後來做和尚，不大注意他的文藝。今年是李先生逝世十五周年紀念，又是中國話劇五十周年紀念，我追慕他的文藝觀，略談如下：

李先生出家之後，別的文藝都摒除，只有對書法和金石不能忘情。他常常用精妙的筆法來寫經文佛號，蓋上精妙的圖章。有少數圖章是自己刻的，有許多圖章是他所贊善的金石家許霏（晦廬）刻的。他在致晦廬的信中說：

> 晦廬居士文席：惠書誦悉。諸荷護念，感謝無已。朽人剃染已來二十餘年，於文藝不復措意。世典亦云：「士先器識而後文藝」，況乎出家離俗之侶；朽人昔嘗誡人云：「應使文藝以人傳，不可人以文藝傳」，即此義也。承刊三印，古穆可喜，至用感謝……

這正是李先生文藝觀的自述，「先器識而後文藝」，「應使文藝以人傳，不可人以文藝傳」，正是李先生的文藝觀。

四十年前我是李先生在杭州師範任教時的學生，曾經在五年間受他的文藝教育，現在我要回憶往昔。李先生雖然是一個演話劇，畫油畫、彈鋼琴、作文、吟詩、填詞、寫字、刻圖章的人，但在杭州師範的宿舍（即今貢院杭州一中）裡的案頭，常常放著一冊《人譜》（明劉宗周著，書中列舉古來許多賢人的嘉言懿行，凡數百條），這書的封面上，李先生親手寫著「身體力行」四個字，每個字旁加一個紅圈，我每次到他房間裡去，總看見案頭的一角放著這冊書。當時我年幼無知，心裡覺得奇怪，李先生專精西洋藝術，為什麼看這些陳貓古老鼠，而且把它放在座右，後來李先生當了我們的級任教師，有一次叫我們幾個人到他房間裡去談話，他翻開這冊《人譜》來指出一節給我們看。

> 唐初，王（勃）、楊、盧、駱皆以文章有盛名，人皆期許其貴顯，裴行儉見之，曰：士之致遠者，當先器識而後文藝。勃等雖有文章，而浮躁淺露，豈享爵祿之器耶……（見《人譜》卷五，這一節是節錄《唐書‧裴行儉傳》的）

他紅著臉，吃著口（李先生是不善講話的），把「先器識而後文藝」的意義講解給我們聽，並且說明這裡的「顯貴」和「享爵祿」不可呆板地解釋為做官，應該解釋道德高尚，人格偉大的意思。「先器識而後文藝」，譯為現代話，大約是「首重人格修養，次重文藝學習」，更具體地說：「要做一個好文藝家，必先做一個好人。」可見李先生平日致力於演劇、繪畫、音樂、文學等文藝修養，同時更致力於「器識」修養。他認為一個文藝家倘沒有「器識」，無論技術何等精通熟練，亦不足道，所以他常誡人「應使文藝以人傳，不可人以文藝傳」。

我那時正熱中於油畫和鋼琴技術，這一天聽了他這番話，心裡好比新開了一個明窗，真是勝讀十年書。從此我對李先生更加崇敬了。後來李先生在出家前夕把這冊《人譜》連同別的書送給我。我一直把它保藏在緣緣堂中，直到抗戰時被炮火所毀。我避難入川，偶在成都舊攤上看到一部《人譜》，我就買了，直到現在還保存在我的書架上，不過上面沒有加紅圈的「身體力行」四個字了。

李先生因為有這樣的文藝觀，所以他富有愛國心，一向關心祖國。孫中山先生辛亥革命成功的時候，李先生（那時已在杭州師範任教）填一曲慷慨激昂的《滿江紅》，以誌慶喜：

> 皎皎昆侖，山頂月、有人長嘯。看囊底、寶刀如雪，恩仇多少！雙手裂開鼷鼠膽，寸金鑄出民權腦。算此生、不負是男兒，頭顱好。　荊軻墓，咸陽道。聶政死，屍骸暴。盡大江東去，餘情還繞。魂魄化成精衛鳥，血花濺作紅心草。看從今一擔好河山，英雄造。

李先生這樣熱烈地慶喜河山的光復，後來怎麼捨得拋棄這「一擔好河山」而遁入空門呢？我想，這也彷彿是屈原為了楚王無道而憂國自沉吧！假定李先生在「靈山勝會」上和屈原相見，我想一定拈花相視而笑。

一九五七年清明過後

秋江共渡

奚淞

民國二十九年，秋後的一日清晨，少年李芳遠初聞雞啼，便一骨碌翻身起床，衝薄寒出門，奔向東溪岸邊的渡頭去了。

這是我在懷念弘一法師的文集中〈送別晚晴老人〉裡提到的情景。作者李芳遠是弘一的晚輩、朋友，也是徒弟。那年，弘一在福建永春的普濟巖閉關，專心整理《南山三大律部》兼養病。而後，李芳遠得悉法師即將乘舟南下，移駐靠近泉州的安南靈應寺，便打算往江邊送法師一程。

舟行沿江有中途休歇站。那日早晨，李芳遠估計法師搭舟經過的時辰，趕向渡頭會晤一面。他在文中寫道：「渡頭木橋上正值江上濃霧迷漫。接著，霑衣欲濕霧雨濛濛的下著，我徬徨江岸，遠看滔滔而來的碧浪……」

等著等著，十七歲的李芳遠幾乎以為去遲了，法師的船早已經過渡頭，往下游去了。然而，「在失望的剎那，江頭蘆花叢裡，突然露出孤帆來。我想必定是渡法師的！」

霎時間，舟帆破雪白的蘆花叢而現，李芳遠忍不住高聲歡叫，招呼船靠渡頭。

船上果然坐著弘一法師，在雨霧中露出一襲僧衣下削瘦的身姿。這年他六十一歲，多病的他，此時離圓寂只剩兩年光景了。從李芳遠的眼中看「法師近來老態日甚，似雪的長髯，瘦得如蒼松般」。

正驚怔於法師的老態，電光石火間船已泊岸，但見法師笑著立起身來，雙手合十，朝渡頭木橋上的少年朗聲念了一句：「阿彌陀佛！」

追憶當時情景，李芳遠寫道：「這聲音清冷輕快，使我全身發抖，莫敢仰視。」

為送師一程，李芳遠登上船，準備到下一站冷水村渡頭再告別。上了船的他本來準備了一肚子話，想趁這難得的機遇與法師說。可是弘一已斂淨相遇驚喜的光輝，回復蒼淡的僧人容顏。法師也對他說了幾句話，文中記「除勸念佛，速得了脫生死外，別無他語」。

「雖然在先曾想出好多事，備作談話資料，可是到那境界，卻都煙消雲散了……弘一法師更閉了眼睛，微動著口唇。我知道他在念佛，更不好打擾……」

「……唯有靜坐凝神地聽著船過淺處，與石子相擦發出叉、叉、叉的聲音。」

讀李芳遠的〈送別晚晴老人〉一文，使相隔半世紀後的我，似也在秋日江上與法師同舟共渡，靜聽了舟行摩擦淺渚的聲音。

對後世人如我，與其說弘一法師是可理解的，不若說是可感覺的一種存在。無論從早期李叔同「長亭外、古道邊，芳草碧連天」的歌謠，或晚期弘一那秀潤、淡泊的抄經書法，都能感受到一份特殊的人格情味。至於早歲倡新劇、開中國畫裸體模特兒之風，以西洋音樂入曲，光彩四射的一代才子，如何竟遁入極重簡苦的佛教律宗境界，以唸佛往生為所至盼，其中的轉變，就不是那麼容易想通的了。

弘一圓寂後，李芳遠在〈哭亡師〉一文中，寫弘一「早歲遭父喪，悲愴無依，由是浪跡煙花，寄情聲色，與名妓謝秋雲、歌郎金娃娃為藝事深交。東渡後，與曾孝谷等，於藤澤淺二郎指導下，創立春柳社。其間排演西洋名著，尤以小仲馬《茶花女》一戲，師自飾瑪格麗特，聲騰日本……」。

我記得曾看過一幀攝於一九〇七年，李叔同在春柳社演劇反串「茶花女」的相片。相片中他著洋裝，戴卷長假髮，傾側容顏似透露出歡場中不能自抑的倦怠。

從各個角度看，早年的李叔同都是極端重情愛美的人。與佛法的無常、苦、空觀相較，小仲馬的茶花女世界，便是執情如命的不斷輪迴了。

能想像李叔同是在那一幕戲中麼？或許是在伯爵的毫華宅第中，一群酒肉朋友尋歡逐樂的場面裡罷。華燈初上，酒足飯飽、音樂奏起，大夥狂歌競舞，紅衫翠袖翻滾如潮。眾中歡笑的瑪格麗特忽然嗆咳不止。她以帕掩嘴，手提舞裙，如一朵風雨中辭枝飄零的大白花，獨自往闃暗的化妝室翻尋藥丸。只有亞蒙悄悄跟進去了……

又或者是戲近尾聲，隨愛人的遠離，瑪格麗特也病危，躺在床上喘喘然將死。臥房外，聚集的討債者正打紙牌逍遣時間，以等她一斷氣即搬走值錢家具細軟，好送拍賣場。此時，命若游絲的瑪格麗特忽聞情人亞蒙將來探病。她立即掙扎欲起，想重新盛裝打扮，與亞蒙攜手共遊。但她終於力不能支，瞪目而逝。

正與瑪格麗特生前在拍賣場搶購亡友遺物一般，她死後的遺物又將在拍賣場出售。巴黎歡場的笙歌賡續，瑪格麗特與亞蒙的幽靈也當化作新鮮的血肉泡沫，在熱鬧翻滾的人海中聚了又散、散了又聚，永無了時。

想像李叔同曾經在日本演出過這樣動情的戲劇角色，再想他十年後在杭州虎跑寺的削髮成僧的模樣，就像是天南地北、併不攏來的畫面。

當時關心的朋友想勸阻他出家，問他：「出家要做什麼呢？」

他答：「不做什麼。」

又問：「你這麼多情的人，能忍心拋下妻子骨肉於不顧？」

當時李叔同有住在天津的妻子及兩個孩子，還有留日歸國攜回的日本姬妾，住在上海。面對這問題，李叔同的回答是：「就當我是患虎列拉[9]，病死了罷。便又能怎麼樣呢？」

對於重視倫理親情的中國人來說，即使為此而不喜歡、不贊成李叔同的出家，也是很應該的了。

讀李叔同於民國五年才在虎跑寺試驗斷食十七日的紀錄，他像是追求健康長生之道的人；沒想到，才相隔一、二年後，他卻在同一寺廟出了家。從此藏盡鋒芒、褪盡華采，見人無他言，但勸念佛往生。也有人對此激烈變化深表不解，問他何以如此，他輕簡答道：「全仗宿緣。」

所謂前生宿緣，是不可思議的。然而，翻看弘一前半生留下的殘跡，卻分明可以看出他少年的極端敏銳和因之引發的感傷。二十三歲時，他以詩贈上海名妓謝秋雲：

> 風風雨雨憶前塵，悔煞歡場色相因；十日黃花愁見影，一彎眉月懶窺人。冰蠶絲盡心

9 即霍亂。

先死，故國天寒夢不春；眼界大千皆淚海，為誰惆悵為誰顰？

這是在演「茶花女」之前的他，對人間情感的幻滅性就已有如此詩句。至於「眼界大千皆淚海」一句，頗像佛陀的言語。世尊曾說：「放眼看世世代代輪迴生命所積的淚水，比大海還深。」說宿緣，李叔同的多情善感，便也正就是佛緣了。

人們但以情盛為美，歌之詠之，無邊藝術華采由此而出，人文由此興，至於千古淚海，設若不是有兩千五百年前佛陀開示解脫門，人們也別無抉擇，唯有浮沉、輪迴其中了。

記得一個禪宗故事說，有人因求道而深山獨行，不小心摔落千丈懸崖。幸虧他兩手亂攀亂抓之際，忽然抓住了峭壁上的一根弱枝，於是上不著天、下不著地的暫時附命於此。他吊掛樹枝上，心急如焚，忽見上方山道有人經過。再仔細看，那不正是佛陀嗎？他於是大叫：「佛陀，救我！」佛陀俯身，研究了一下他的處境，然後淡然說：「你就撒手了吧！」

故事到此為止。對於解脫門中的「捨」字，這故事所呈現的臨危撒手，就像是個黑色笑話。但「不捨」是能思能讀的世間法，「捨」是不可思議的出世法。沒有經過捨棄身命考驗的人，大概只能把這故事當笑談。

弘一法師在出家後，想來不只是對親人宣布「就當我患虎列拉病死」，他對自己世間曾擁有的一切也一併深深埋葬。經此一捨，他進入難以言語思辨的境域中去了。

二十五年沉默簡淨的僧人生活，圓寂後遺留下一件補釘多達二百二十四個的僧衣，弘一法師終於成了近代傳奇。

近年，隨著佛學的盛行，坊間精印的弘一墨跡越來越容易看見。淡雅的字跡，抄寫的無非是經文偈句。透過字體呈現的人格溫暖，便也誘導人們去認識古來流傳的佛法。

赴大陸南方一遊，我發現在歷經文革除四舊活動後，多少廟宇文物遭毀壞、僧尼遭驅散。然而，人們都還記得弘一、談起弘一，在近年佛教的復興活動中，弘一的字聯往往被鐫刻在尚未完全蓋好的新寺廟梁柱門楣，彷彿成了新生佛教的護法門神。

回頭看晚年的弘一法師簡樸沉默，但勤寫書法結緣，真也達到了他誓捨身命、宏護佛法的期許，想來他的「捨」，其實也藏了不捨與慈悲。

欣賞弘一的書法，可以感受到斯人的臨近。我想：有幸與法師生活在同一世紀，就彷彿是同船共渡了一程。正如當年少年李芳遠清晨聞雞起床，赴東溪渡頭送別晚晴老人的經驗一般。

有許多問候，有許多待解的疑惑，但在船上卻忽然一句話都說不上來了。坐在法師旁邊，但聞船聲、水聲、念佛聲，像是無窮無盡……

冷水村渡頭到了。李芳遠只能送師這一程，得要趕緊登岸了。他匆忙跳上木橋，回首向師告別，但見一片枯葉似的扁舟已載法師沒入迷漫江霧中。

這是少年李芳遠最後一次送別弘一法師。法師有法師的路，少年有自己漫長的人生；但畢竟與師同船共渡一程，再想想：法師究竟在船上開示了些什麼呢？

懷著景仰已久的心，我赴福建清源山拜謁弘一法師的靈骨塔。在塔前，我默唸兩行弘一書寫的聯句，內容其實與當年法師在船上告訴李芳遠的相同：

萬古是非渾短夢，
一句彌陀作大舟。

本文作者為知名畫家、作家，台灣藝專美術科畢業，留學法國巴黎美術學院習畫。多年來深尋佛法，表現於繪畫作品中。曾出版《光陰十帖——話說光陰》、《姆媽，看這片繁花》、《給川川的札記》等多部作品。

廓爾亡言的弘一大師

蔡冠洛

一天傍晚，有個從上海來的朋友說：「弘一法師圓寂了，上海各報都登載這個消息。」這使我立刻感到人生的無常，一旦與世長辭，素來相知的，哪能不悲從中來呢！何況弘一法師對於我佛法的啟示，更特別有著深切的期望的。我雖然一無所成，而他老人家那種殷殷諄囑的態度，常使我感激涕零，不能忘懷，現在他圓寂了，竟不能和他老人家再見一面，思之淚下。但我終不信這個消息是確實的，到了第三天，接到了夏師上海寄來的信，內裡說：

弘一法師於舊曆九月初四日下午八時在泉州圓寂矣，預知時至，有遺書與余相訣，為賦二偈。……聞臥牀僅三日，此遺書當成於臥病之前。……

法師圓寂的消息，竟這樣的被證實了。但一面又想到佛法對於生命是並不怎樣貪戀著的，他認人生只是一個成佛生天的階段，所以有「人身難得，佛法難聞」的話，像法師的深解義趣，二十多年來精勤清修，沒一天的放逸，而臨到危難或疾病的時候，修持更來得急切，他常常對人說：「那一回病痛，實在給我不少的進益。」而且就是平常時候，也不肯忘記危難或病痛時候的景象。幾年前，他在福建山中的一個草庵裡生了一場大病，那草庵的時鐘是不準的，要遲慢一點鐘，以後他到別的地方，都把時鐘開遲一點，人家問他這鐘為什麼這樣遲，他說：「這是草庵鐘。」他生怕遇著安逸的日子，生了放逸心，妨礙了他勤求佛道的志願，所以名聞利養，是他最不喜歡領受的，屢次閉關和朋友謝絕通訊，也是這個緣故。他到處隨緣清修，不避危難。廿六年北方戰事爆發，他在青島湛山寺，報上的消息，青島已成了軍事上的爭點了，形勢十分緊急，有錢的人都紛紛南下，輪船致於買不到票子，我就急急的寫信去請他提早南來，上海有安靜的地方，可以卓錫[10]，但他的來信卻說：

惠書誦悉，厚情至為感謝。朽人前已決定中秋節乃他往，今若因難離去，將受極大之譏嫌，故雖青島有大戰爭，亦不願退避也，諸乞諒之。

這種堅毅的態度，完全表出他的人格了，是無論何人見了都要為之感動不置的。

當「秋色來天地，燈火倍相親」的當兒，他依著預定的時期，離開了青島。信上說，過滬時大約暫住新北門外的一個小棧房。

但是那時黃浦灘上已變成了炮火的孔道，新北門外正是最危險的地方，我就寫信去告訴他，非住別的安全地帶不可。但是他來了，仍舊住在那棧房裡，徹夜的聽著炮聲，毫沒有恐懼的樣子，倒要往福建。問他老人家什麼時候可來上海，他說：要看機緣，或者就在西方相見。

此後來信又說：衰老日至，但願早生安養耳。……

他到廈門，又值變亂，他怕我和夏師掛念他，來信說：

廈門近日情形，仁等當已知之，他方有諄勸余還居避難者，皆已辭謝，決定居住廈門，為諸寺院護法，共其存亡。必俟廈門平靜，乃能往他處也。知勞遠念，謹以奉聞。

其實那時看到報上的消息，我已寫信去勸請他移居了。不久，又得到他的復信，甚而至於說：

惠書誦悉，時事未平靖前，仍居廈門，倘值變亂，願以身殉，古人詩云：「莫嫌老圃秋容淡，猶有黃花晚節香」。謹復不具。

這可以看到法師對於生命並沒有懷戀的意思，而且願意早脫娑婆，往生西方。現在讀他的遺偈：「華枝春滿，天心月圓。」已明明白白的道出他廓然無礙的境界，更明明白白的證明他「戒乘俱急」，已經得到無上妙果了，這又使我覺得歡喜。

至於我和弘一法師見面，是在他初出家的一年，他將赴新登貝山掩關，杭州的朋友學生知道了，一道在一個庵裡設齋，也有送他佛經，送他詩句的。我跟著加入裡面，但並沒有和他說話，只見他握著念珠，跟著一般和尚繞著佛像念經，丁丁的銅盞聲，很有韻律的傳入耳中，覺得清涼愉快，和街道上的嘈雜聲一比，真是「一在天之上，一在地之下」了。

大約是第三年吧，我在紹興第五師範教書，弘一法師從白馬湖到紹興來，同事李鴻梁、孫選青是他在杭州第一師範的學生，邀我一道到船埠去接他。船到了，一一的見了面，他的一襲行李，外面包的是破爛不堪的草薦，網籃裡的木製面盆，已褪去了原有的紅色，真想不到名盛一時，以西洋畫奏庇亞諾[11]擅長的李叔同先生，竟會儉樸得這樣；而且他對這些破敗的東西，

10 指僧人居留。
11 指鋼琴。

還愛惜得如同珍寶，不肯輕易丟棄。我知道他是過慣豪奢生活的，又見過他演茶花女時很豔美的假扮照相，真想不到，他會儉樸得這樣。俗語說：「出家是大丈夫事，公侯將相所不能為。」但是拋撇妻孥，捨棄田宅，還不怎樣難，而把多年熏習，具有深造，像他的愛好繪畫，善奏樂曲的習氣，也一概拋去，專心一志的求他所希望的涅槃，這絕不是一般人所能做得到的。

他這回到紹興，在城南的一角野裡叫做草子田頭小庵裡住了好多天。我們休假日，終是跑去見他的，但並沒和他多說話，往往是面對面的默然坐著。那時雖然有許多的問題，或是關於人生的，或是關於佛法的，很想請教一些，而對著他那副真誠的態度，和慈祥而帶著微笑的顏面，似乎覺得一切已解決了，已明白了，這已是人生應有的態度，佛法終極的趨向，已不必別有所求，如果落了言詮，反而虧損了這具體而現實的道範了。以後每回見面，他總是「廓爾亡言」，因想世尊在靈山會上，不立語言文字，拈花示眾，就是最美滿的一個法會。

但我那時正在研究唯識學，常常有些疑問，要想質正於高僧善知識，苦於沒有機緣。有一回，聽得杭州某法師開堂講經，並許聽眾提出所要討論的問題，我便於聽講之後，提出我的疑問：「世尊在因地，為了傷害了一隻鷹，竟至受盡苦報，但為什麼又說，念阿彌陀佛的名號，就得帶業往生呢？理可通得，事卻有礙，請求開示。」而那位法師，雖然對我說了很多的話，總不能解決我橫在心中的疑問。有一天，在法師面前提出這場公案了。法師聽了，只是微微的一笑，並不回答什麼話。後來他要離開紹興往溫州去，就送了我一幅預先寫好的橫披，前面是「南無阿彌陀佛」的六個大的篆字，篆字後面，是許多蠅頭般大的細字，寫的是明朝靈峰蕅益大師、雲棲蓮池大師等的法語，卻是對準這個問題而下的鍼砭，現在把重要的幾段，鈔在下面。

佛為初機之人，必深談理性，欲其以理融事，不滯於事也。若為深位菩薩，必廣談事相，欲其以事攝事，不滯於理也。不滯於事，則一事通達一切名理，事理無礙；不滯於理，則一事通達一切事名，事事無礙。（以上靈峰蕅益大師法語）

理是從事的上而產生出來的，必有事理圓融，才算無欠無餘，這因為佛法原不是什麼戲論，只要能夠動聽，就算成功，也不是什麼政治宣傳，只問需要什麼，就主張什麼。像梁漱溟的談佛法，就是因著當前環境的需求來立論的，什麼西洋文化，印度文化，中國文化，最適宜的是什麼文化，這樣談佛法，曾不知和佛法相去幾千萬里，類乎政治的設施，不能不以民族國家為限域，就是把這思想擴充至極，也是以人乘為本位，而不是佛乘為本位的。佛法自當以佛乘為本位，他所談的，是真相，是實相。也不是一種的擬議，而是「法爾」如是的。所以他的實相，很不容易用語言文字來詮釋，因為語言文字本身就是極不完全的東西。那時我不免墮入「理障」，輕視事相，讀佛經常常把序分忽略過去，至於談理的部分，就喜歡細細玩味，所以世親無著以及此土窺基圓測的著述，總是不離案頭的東西。現在得了法師的啟示，便如找到一條「拂迹入玄」的捷徑，比之分別神識，詮釋名相，確乎好得多了。老子說：「為學日益，為道日損。」學是為人的，道是為己的，自己覺悟才能覺人，這又有先後輕重的分別，而並不是對唯識淨土有所軒輊。我佛說教，判分八時，正如醫生應病與藥，絕不能執定一個藥方來治許多病的，必得法法投機，才能盡普渡眾生的宏願，於此就可見法師啟示我的苦心了。

又這下面，是積極教我念佛的幾段法語：

我勸你咬釘嚼鐵，信得西方，及切切發願持戒修福，以資助之。無禪有淨土，萬修萬人去，但得見彌陀，何愁不開悟，此千古定案，汝不須疑。（靈峰蕅益大師法語）

著事而念能相繼，不虛入品之功。執理而心實未明，反受落空之禍。（蓮池大師法語）

以後他常常和我通信，指示我讀佛書的次第，——就是佛學的次第。因為這裡可以看出法師超凡入聖的途徑來，我就把法師指示我的信札，依著前後，抄在下面。

書悉，讀《淨土十要》竟，專研華嚴疏鈔甚善。彭二林《華嚴念佛三昧論》，應先熟讀，論僅十數紙，詮義甚精。……

兩書誦悉，《懸談》八冊，昨夕亦賚至，今郵《奉疏》鈔十一冊，又《往生論注》一冊，亦併假與仁者研尋。楊仁山居士謂修淨業者，須窮研三經一論，論即《往生論》也。鸞法師注，至為精妙，楊居士謂支那蓮宗著述，以是為巨擘矣。附奉上《行願品》一冊，敬贈與仁者讀誦，並希檢受。《華嚴懸談》，文學古拙，頗有未易瞭解處，宜參閱宋鮮演

《華嚴談玄決擇》（共六卷，初卷佚失，今存五卷，收入《續藏經》中），及元普瑞《華嚴懸談會玄記》（四十卷，常州刻經處刊行，共十冊）。反覆研味，乃能明瞭。

此外阿彌陀經各種著述，法師教我讀明朝蓮池大師的《疏鈔》，舉其最重要的，大略如是。我就依著他的指示，逐一誦讀，雖然覺得心安理得，而迫於營生，雜念縈遶，要做到事理圓融，悲智雙修的境界，卻是相差很遠。何況《華嚴》一部大經，唐譯凡八十卷，佛說經的時候，也有小機未入，如聾如啞的話，在諸經之中，《華嚴》開演最早，後賢比之太陽初出，先照高山，鈍根眾生要理會它，又談何容易呢。就是《清涼》、《懸談》大疏，也詞句古質，義理玄奧，一字一句都得細細研味，方能瞭然於胸中，但我讀它，正如一槳一櫓的小船，漂入茫茫無際的海洋中，雖然景象萬千，無不足以賞心悅目，實在有不能一一賞會的感想。一面苦於少有讀書的時間，一面又想把八十卷的文字和《懸談》、《疏鈔》都讀完，便不能不任明珠瑪瑙，錯落眼前，這是何等的可惜，又是何等的喜悅呢。又法師對《華嚴經》的著述信上有這樣的批評：

仁者若欲窮研《華嚴》，於《清涼疏鈔》外，復應讀唐智儼《搜玄記》及賢首《探玄記》。《清涼疏鈔》多宗賢首遺軌，隨首復承智儼之學脈，師資綿續，先後一揆。三師撰述，並傳世間，各有所長，寧可偏廢，乃或故為軒輊，謂其青出於藍，尋繹斯言，蓋非通論，前賢創作者難，後賢依據成章，發揮光大，亦惟是纘其遺緒耳，豈果有異於前賢者耶。至若慧苑《刊定記》反戾師承，別闢徑路，賢宗諸德，並致攻難，然亦未妨虛懷翫索，異議互陳，併資顯發，豈必深惡而痛絕耶。春寒甚深，手僵墨凝，言豈盡意。

其實不管怎麼大的一部書，只要找出它的要點來，便如大洋的船，得到了指南針了。但賢哲的著述，有的解釋文義，有的發揮義理，如分而談，不作一客氣語，便是上乘的著作，此中全要憑自已的眼光去別擇，不過像這麼大的一部經，後賢的著述又那麼多，要一部一部的讀完他，才能分別孰得孰失，不是很費工夫麼。法師的批評，實在是讀《華嚴》的一盞明燈，至少可作一種參考的資料。

佛經文義煩複，從姚秦道安以後，多分其文句，段落，一如現在的列表，使長篇大文，節次章目，一目瞭然，這方法再好也沒有了。法師教我讀華嚴疏時，也不廢科文，而對時賢刻經，刪去科文，頗致非難，信上說：

《華嚴經疏》科文十卷，未有刻本，日本《續藏經》第八套第一冊有此科文，他日希仁者至戒珠寺檢閱。疏鈔科三者，如鼎足不可闕一。楊居士刻經疏，每不刻科文，厭其繁瑣，蓋未嘗詳細研審也。鈔中難略舉科目，然或存或略，意謂讀疏者，必對閱科文，故不一一具出也。今屏去科文而讀疏鈔，必至茫無頭緒。北京徐居士刻經，悉依楊居士之成規，亦不刻科，所刻南山律宗三大部，為近百冊之巨著，亦悉刪其科文。朽人嘗致書苦勸，彼竟固執舊見，未肯變易，可痛慨也。

讀《華嚴疏鈔》與科文對照讀之，則起落分明，不致茫無頭緒，所謂「科者，斷也，禾得斗而知其數，經得科而義自明」。不過後世如河西憑江東瑤，以至光宅，不免隨義立品，自分章節，而且愈分愈細，那又未免太過了。曇鸞法師說：「細科煙颺，雜礪塵飛。」就是對分科太細而說的。

法師曾有一個大願，想把現行本的《華嚴經》下二十年的功夫，重新來「釐會」、「修補」和「校點」一下，再刊版流行，這因為現行本《華嚴疏鈔》，多有節略的地方，文義不相銜接的也不少，還有因當時校對不能精細，訛字奪文也不能免。他是華嚴宗的大師，這繁重的事業，自然只有他來擔任了。當時有這麼的一封信給我。

書悉，近與傘法師發願重釐會（今之會本，為明嘉靖時妙明法師所會，彼時清涼排定之科文久佚，妙師臆為分配，故有未當處）。修補（妙明會本，後有人刪節，甚至上下文義不相銜接，龍藏仍其誤，今流通本又仍龍藏之誤，以上據徐居士考訂之說）校點《華嚴疏鈔》，傘法師願任外護，並排版流布之事。朽人一身任「釐會」、「修補」、「校點」諸務，期以二十年卒業。先科文十卷，次懸談，次疏鈔正文。朽人老矣，當來恐須乞仁者賡續其業，乃可完成也。此事須秋暮自廬山返杭後再與傘師詳酌，若決定編印，尚須約仁者來杭面談一切。

可惜這麼重要的工程，終以因緣不具，沒有實行，但他的大體，卻在他送給我的一部《華嚴疏鈔》的首幾葉裡，注著細密的字迹，得其見一斑了。

說來真慚愧，法師對我是懷著深切的期望的，他後來還寫了一大幅的日課，教我禮誦《華嚴》，一共有好幾千字，這因為讀佛經，並不像讀別的書，讀了就算。每部經的流通分，常常提起禮拜誦讀的功德也是應該注意的。除寫好日課寄給了我以外，又在信札上加以詳細的說明，這便可見出法師對我的殷重心了。

仁者禮誦《華嚴》，於明年二月十五日，即釋迦牟尼佛涅槃日始課，最為適宜，……自是日始課者，紹隆佛種，擔荷大法義也，仁者勉旃。

茲郵奉日課一葉，并懸談八冊，希收受。日課中說明甚簡，茲略補記如下。

禮敬之前，應先於佛前焚香供養，（能供花尤善。）偈贊所書者，為舉其一例，所誦之偈贊，可以隨時變易，以己意選擇，《華嚴經》中偈文，悉可用也。誦《華嚴經》用疏鈔本亦可，若欲別請正本，以杭州昭慶慧空經房之本最善（句讀稍有外誤脫落，但訛字甚少，若大字摺本，即俗稱梵本者，校對尤精）。三歸依亦應延聲唱誦，依此課程行持，約須一小時三十分，初行之時，未能熟悉者，至多亦不逾二小時。每日讀《華嚴經》一卷之外，並可以己意別選數品深契己機者，作為常課，常常讀誦（或日日誦，或分數日誦。）朽人讀《華嚴》日課一卷之外，又奉《行願品別行》一卷為日課，依此發願，又別寫錄《淨行品》、《十行品》、《十迴向品》（初迴向及第一迴向章）作為常課，每三四日或四五日輪誦一遍，附記其法，以備參考。

現在把它錄在這裡，海內總不少禮誦華嚴的，就當以此為法（再參閱法師《華嚴集聯三百》末後所附《華嚴經讀誦研習入門次第》）。但他是淨土宗的大師，為什麼要從一大部的

《華嚴經》裡去討根源呢？這因為華嚴每會，雖然有很多的事相，很多的妙義，而善財遍參知識，於證齋諸佛之後，普賢菩薩為說十大願王，令皆迴向往生西方極樂世界，圓滿佛果，可見《華嚴經》和淨土三經始終還是一貫的。在灰胡爾巴顏喀拉山尋到長江的源頭，自然比認岷山為長江的源頭來得徹底，這似乎和印光法師是不同的，所以一種學問，結論雖然一般，而求得的方法，竟可各各不同，正如二加二為四，二乘二為四，六減二也為四一般，因著求得的方法不同，而每個四的含義，便不當等量齊觀。「皮球落在地上了」，出在小孩子的口中，和出在牛頓的口中，一定是不同的。英國哲學家羅素自己說他的哲學結論，並沒特別，而從心的分析物的分析來求這個結論，是和人家不同的，也是一樣的意思。這可見不論是形上學、形下學，方法總應當尊重的吧。

弘一法師的法派，和明朝蕅益大師最相近，也最重尊，對他所著《靈峰宗論》，嘗摘其警策的議論，刊為《寒笳集》，今原稿在可園，實有六經注我，我注六經的景象。有了這，似乎不必自己著作了。他為蕅益大師立了一個牌位，常以香花供養，這牌位在他離開白馬湖晚晴山房的一年，託了姓楊的朋友，連明朝鐵華軒所製的鉢和經論手寫本等，一概寄存在可園裡，現在還保存著。當時他的來信說：

> 惠書具悉，寄存之書共三十包，其中大部之書，有晉唐譯《華嚴經》、賢首《探玄記》、大本《起信論疏解彙集》等，是等諸書，朽人他日倘有用時，當斟酌取返數種，若命終者，即以此書贈與仁者，以志遺念。

這些書有的已由法師來取還，大部分則保存在可園裡。我很想在園裡造屋數間，前面種些白楊綠柳，雜花異卉，至於桃李佳果種之十數年，已是合抱的大木了。這園佔了四十畝的地面，碧流迴環，遠隔囂塵，是頗適宜靜修的。屋中就陳列法師的遺墨法物，作為永久的紀念。無如世亂如麻，成功的希望很少，每回想到，也不禁為之長嘆。

他又是一時的律學大師，律為三藏三學之一，不論那一宗派都應該恪守的。此土從唐朝南山道宣依五部律中之四分律，弘通戒律，後人尊為律宗，所謂「四分律宗」就是，可是到了現在，已經衰落極了，不但沒有講律的大師，就是能夠依遵普通戒律的也很少很少。法師對這非常傷痛，所以一力研求戒律，想把南山已墜的法緒重振起來。他近年在福建開《行願品華嚴大意》、《地藏菩薩本願經》，而大部分時間，則為僧眾講律學，而他自己始終守著過午不食的戒律，就是結夏，自恣，也無不以律為歸。他著有《四分律比丘戒相表記》，分別開遮，條例極為明白，間注大德警句，可使讀者深省，實為出家僧尼必備的要籍。他親自書寫，親自畫表，非常精工，原稿在可園。這《戒相表記》出版時，法師寄來一部，他的信上有這麼的幾句話：

> 拙述四分律比丘戒相表記，今已石印流布，是書都百餘大頁，費五年之力編輯，並自書寫細楷，是屬出家比丘戒律，在家人不宜閱覽，但亦擬贈仁者及李居士各一冊，以志紀念，開卷之時，不須研味其文義，唯賞翫其書法則無過矣。

法師書法極有工力，上規秦漢篆隸，而天發神讖張猛龍龍門二十品諸碑，更是法乳所在。

但出家以後，漸漸脫去模擬形迹，也不寫別的文字，只寫佛經、佛號、法語，晚年把《華嚴經》的偈句，集成楹聯三百，有人請他寫字，總是寫著這些聯語和偈句的，用筆更來得自然，於南派為近，但以前學北碑的功夫，終不可掩，因之愈增其美了。據他自己說，生平寫經寫得最精工的，要算十六年在廬山牯嶺青蓮寺所寫的《華嚴經十迴向品初迴向章》，含宏敦厚，饒有道氣，比之黃庭。太虛法師也推為近數十年來僧人寫經之冠。法師寄來時也極珍重，信上說：

此經如石印時，乞敦囑石印局萬不可將原稿污損，須格外留意，其籤條乞仁者書寫。

後來《華嚴經集聯三百》印成，來信又說：

邇來目力大衰，近書《華嚴集聯》，體兼行楷，未能工整。昔為仁者所書華嚴初迴向章，應是此生最精工之作，其後無能為矣。

我最愛他近十年中所寫的字，純用豪端，體兼行楷，功力全在「淡」字和「拙」字，而卻愈拙愈妙，愈談愈有趣。現在他已脫去人寰，這些遺墨也只有日見其少了。

我和一法師還有一段法緣，是請他為世界書局編輯《佛學叢刊》，原擬分輯出版，繼續的出他四輯六輯，可是第一輯出版不久，戰事發生，連保藏著的紙型也被毀滅了，這是很可惜的。當時每輯的內容，大都由法師擬定，看下面的來信：

……如第一輯所選者以短，易解，切要，有興味，有銷路為標準，但如此類之佛書，實不可多得，故第二輯以下，須另編輯，且擬每輯變換面目，以引起讀者之興味也。第二輯擬專收音所編輯者三十種（或舊編者如《寒笳集》等，此外新編，由一人負責）。第三輯擬專收佛教藝術，余可以編輯數種，此外由同人分任，共三十種，所預定者，大致如是。第一輯所收者，經論雜著之部類略備，第二輯多為警策身心，刬除習氣之作，第三輯為佛教藝術，以後若續出者，每次變換面目，每兩年出一輯。

這是他預定的計畫，現在已沒有實現的可能了。總之，法師是富於天才的人，生平多有藝能，書畫以外，鐵筆也很擅長，但我們要知道，他是最不喜歡使才的，出家以後，便取向上一著，力學苦行，以求涅槃，雖然是一些小小的事，也不肯掉以輕心，大有「造次必於是，顛沛必於是」的景象，當拙不當巧，就是他老人家偉大的地方，這一點是我們應該明白的。《大乘入楞經》說：「一切法因緣生。譬如種子為因，雨露農夫為緣，因緣和合，才能生出穀粒來。法師現在雖然圓寂，而我和法師，既有這樣的殊勝因緣，漸次熏習，攝入八識，成為種子，引起現行，現行互為因果，加增上緣，他日或得自靜其心，淨念相繼，臨命終時，覲見彌陀，以毋負法師的囑咐，這就是我自己應該勉勵自己的吧。

蔡冠洛（一八九〇～一九五五），字丐因，號可園，浙江人，著名清史學家，教育家。曾就讀浙江兩級師範優質史地科，後赴日留學，畢業於東京帝國大學，一九二〇年認識弘一法師，為莫逆之交。弘一法師圓寂後，與夏丏尊合力編輯《弘一大師永懷錄》

弘一大師的書法不是書法

李蕭錕

「書法不是書法，書法是一種修行。」

這句話形容弘一大師的書法，最適切不過了。

檢視並諦觀弘一法師的書法，無論是剃度出家之前，或剃度出家之後，弘一大師執筆的當下，其深層的心理狀態都同時反應出一種專注凝神的「心靈對話」；跟自己世俗的我對話，也跟自己父母未生我之前的我對話，最後，則是自己父母未生前的我（姑且叫做「初心」）跟世俗的我對話，世俗的我愈少，則心靈深處的我，亦即「初心」，愈能彰顯，愈明澈見性。

出家之前的李叔同，執筆的當下，他並沒有意識到自己在修行，但作品顯示出高度的情緒約制，矜持、內斂、樸質、敦厚，藉臨摹古人的字帖，一筆一畫，調整自己的心性，向內向裏，保持　對的寧靜與清淨，是一種非自覺性的修行。

出家之後的李叔同成為弘一法師，是一位名符其實的修行者，這段時間整個書法的風格演變，呈現漸進式的「非書之書」；即將書寫的經驗法則或者說是將過去學習書法中的「法」慢慢地拋開，將書法的世俗審美觀脫去它的造作，亦即將世俗的我拋開，使之更趨進於無法的純然「初心」，尤其是到了出家後的中晚期，弘一大師從自覺到半自覺，最後，「只是書寫」，三個過程，書法已不再是書法，書法或書寫只不過是一種手段或藉口，寓佛於書，藉書弘道，已是實質的修行實踐了，這當然是因為出家修行的自覺性使然，為了度眾，書寫佛經或禪語弘法，其書寫過程正是一種全然地修行行為，此時的書法更無一點煙火味，筆畫更趨於圓融、趨於平和、趨於安適；字裏行間，可以清楚地看到，一位慈悲的菩薩行者，微笑對著眾生，無私的悲憫之情。

中國書法的特質在於「當下即是」，亦即書寫者在書寫的剎那，既完成所有的過程，不能重來，不能修改，更不可能複製，因此形成一種「唯一性」或是「獨一性」的創作特質，在特定的時間和空間裡完成，無法取代。而因書寫者獨一的或個別的個性，書寫形成一種絕對的「自性顯影」；書寫者當時的情緒反應、心理狀態、性格特質，乃至過去的人生經驗，都如實地曝光顯影，無所遁形，正所謂「字如其人」。

弘一大師的書法也不例外，年輕時讀四書五經，學習儒家的思想，緊守著儒家的教條，凡事謹言慎行，道德意識強烈，強調「德重於才」，規範自己也勸戒他人，先　識而後文藝，應使文藝以人傳，而不可人以文藝傳，道德、人品、修養重於一切、超乎藝術，此時，品德操守便成了衡量作品的標準，這當然是一種修行，光是從出家之前，年輕時代臨寫的魏碑作品，便能看出這種孔氏的風範，李叔同寫的張猛龍碑，雖說是臨摹，但並沒有張猛龍碑的剛毅堅挺，有的盡是一種謙柔溫厚；起收筆也沒有張猛龍碑的方硬陽剛，像個勇夫，李叔同則是稜角脫盡，儼然君子，即便是他臨摹極致方筆的代表北魏「龍門廿品」，李叔同也是有自己的詮釋，較之原碑更密不透風，但起收筆圓渾敦實，多了儒者的修為，這是一種性格涵養的必然，他早已是個修行者，是儒家思想下的服膺與實踐者，李叔同書寫的當下，這有形無形的規範，指使他成就並實踐他心目中理想儒者，理想書法美的標準；透過書寫，實踐他的理想儒者人格特質之美，這當然是一種修行了。

後來的剃度出家，遁入空門，弘一大師選擇最接近儒家思想，有着嚴　行儀、警策規矩的律宗，也並不意外了。只是，這個時期，因為身份的轉換，身肩弘法的大任，荷擔釋氏家業的大任，除了自我修行，還要藉書法度化眾生，刻意地且自覺地從過去　嚴密實的結體結構，變為鬆　舒朗；筆法上，除去少數較正式的少字警語對聯或格言條幅斗方，一般的尺牘信札，也由出家前的粗厚圓實，轉為輕細飄逸的風格，這即是弘一大師出家後，自我修行後「嚴以律己，寬以待人」的體會，自我修行的自律嚴苛，屬於自己的自我要求，不應加諸於別人身上，與眾生結緣的書法作品，應是自在而法喜充滿的。所以，中晚時期的作品，線條呈現曲弧形，收筆處挑起，像　書的燕尾而更形溫婉，一幅垂手入廛的大乘行者畫像，撲面而來；我們可以看到一位大願悲行的菩薩，對著芸芸眾生，撫藉慰平苦海的傷口，那麼親切感人，這難道不是修行過後的大澈大悟，如同十牛圖解中，大乘佛教的終極關懷。

這樣的大澈大悟後的圓融柔適，自在無礙，更是弘一大師最具代表性的經典書風，也是大師在世時最膾膾炙人口的傳世瑰寶。

書法如果只是著重書寫的技法，書史不可能造就偉大的書家；書法如果只是書寫時的簡單行為，中國書法的大江長河不會千百年持續奔騰飛躍；偉大的書法史是因為代有才人，代有偉大的書寫者行止坐臥無時無地的自我觀照，自我省視，將修行得來的一點體會，投射在那無垠的白紙宇宙，轉化為動容的書寫，中國書法才得以流傳千百年而不墜！。

「應使文藝以人傳，而不可人以文藝傳。」

書法不是書法，書法是一種修行。

弘一大師的書法不是書法，弘一大師的書法是有著度 的大悲大愛，弘一大師一位偉大修行者的化身。

本文作者為著名藝術家，一九九六年獲得中華文化藝術薪傳獎書法類首獎。曾任華梵大學美術系創系主任、臺北藝術大學美術系專任副教授。專精色彩學、水墨畫、篆刻、油畫，於禪畫、書法深契心地。

弘一大師出家後何以獨鍾書藝

杜忠誥

弘一大師原名李叔同，別署甚多，他是中國近代史上難得一見的奇人。他出生在一個官宦世家，五歲失怙，依母及兄長大。國學根柢深厚，擅古詩詞及傳統金石、書、畫。十九歲因同情康、梁之變法主張，曾刻「南海康君是吾師」自用印一方以見志。翌年，戊戌政變失敗，乃攜眷奉母，避地滬上。二十一歲出版《李廬印譜》，並自為序。其後，目睹國事日非，滿腔熱血，無處抒發，也曾寄情聲色，以詩酒自遣。

二十六歲丁母憂，喪事料理妥當後，即東渡日本留學。並與學友創立春柳社演藝部，參與「茶花女」、「黑奴籲天錄」等西洋歌劇之公演。三十二歲歸國後，曾在城東女學及浙江兩級師範學校任教，主授國文、音樂及圖畫。也曾主編《太平洋報．畫報》等刊物。直到三十九歲出家以前，對於俗家的各種藝術門類，不僅多所涉獵，並且表現都極為出色，其藝術才華之穎異傑出，在當時也是少有的。剃度後則諸藝盡疏，唯書法一藝不廢。

書寫佛典，流傳於世，自利利他

弘一大師一旦了達無常，離俗出家，其生命重心已然由藝術境界升進到宗教境界，由生命情采的「藝」之展露，轉變而為對於心靈慧命的「道」之追求。這種由絢爛而頓歸平淡，「智及」兼能「仁守」的徹底了悟、徹底放下，若非具有超絕的慧力是做不來的。他在此一反省觀照之下，對於他曾經付出真生命、真感情，嘔心瀝血從事過的各種藝術項目，一概斷然捨棄，固不免令人驚愕，但那也還是勢所必然，理有可解的。因為藝術對於人生的終極價值，原在於藉由藝術的實踐（含欣賞與創作），來幫助人們去認識生命的真實與意義，從而對於生活周遭的一切事物，也都能夠用一種「溫柔敦厚」，咀嚼玩味的心情，去「如實觀照領略」，如此方為「真解脫、真享樂」。

這樣說來，弘一大師雖然放棄了各種藝術的創作活動，並沒有放棄藝術的精神。只不過是將原本對藝術美的狹義追求，擴充、提升為廣義之藝術生活之貫徹而已。如純以世俗的眼光看來，似乎是消極地放下了；若從另一個角度上思考，毋寧說他是更加積極地提起來了。唯在此中，卻單單留下書藝一項不廢，這卻不免令人費解。到底書法藝術具有怎樣獨特的審美魅力，能讓弘一大師如此鍾情？

眾所周知的，書法藝術是在中華文化的土壤上生發、茁壯起來的一朵奇葩，它以一種最單純的表現形式——黑與白之分，蘊含著生命中最真實，最豐富，也最複雜的內在心靈結構之美。

當代美學家李澤厚曾說：「書法由接近於繪畫雕刻，變而為可等於音樂和舞蹈。……運筆的輕重、疾澀、虛實、強弱、轉折、頓挫、節奏韻律，淨化了的線條如同音樂旋律一般，它們竟成了中國各類造型藝術和表現藝術的靈魂。」

美學家宗白華也說：「中國書法是節奏化了的自然，表達著深一層的對生命形象的構思，成為反映生命的藝術。」

學貫中西的大文豪林語堂說：「書法提供給了中國人民以基本的美學……如果不懂得中國書法及其藝術靈感，就無法談論中國的藝術。」又說：「在書法上，也許祇有在書法上，我們才能夠看到中國人藝術心靈的極致。」

由這幾位前輩學者對於書藝的精闢談論，已足可讓人感受到書法藝術在中華傳統文化中的角色與地位為如何了。

當然，弘一大師出家以後，一切以道業為重，他不只想要求得一己心靈生命的徹底解脫，同時也深具宏願，發菩提心，要普濟群生。在諸藝盡疏的情況下，書法因其以文字為表現媒材的特殊性能，很自然成為他與信眾結緣，進而接引渡化的極好資糧。他曾在其《李息翁臨古法書》自序中說：「夫耽樂書術，增長放逸，佛所深誡。然研習之者，能盡其美，以是書寫佛典，流傳於世，令眾生歡喜受持，自利利他，同趣佛道，非無益矣。」這一段話，便是很好的註腳。

我們且看弘一大師出家後所寫的作品，幾乎是「非佛語不書」。即使有些作品書寫的題材並非佛教經文或偈頌之類，但其文字內容都是古聖先賢的嘉言懿行，都能有益於世道與人心。使人在觀賞其藝術表現形式美的同時，多少也能受到作品題材的文字內容之啟發。如他在寫贈朱自清的一幅華嚴經偈集聯，上款竟然率直寫道「佩弦居士受持讀誦」，其意用已至為顯豁。不過，他這種藉著書藝獨有的文字功能，來提攜人心，陶冶性靈的志行傾向，早在出家前便已露端倪，只是不若出家後之精誠與純粹而已。

寫字是面對自我的修行

書法這門藝術，其所展現的形態雖是屬於視覺的，但其內在的時間性格極強，書寫時前後筆畫之間，具有一個特定的時間序列，瞬間一次完成的要求度很高，基本上不容許重複描摹或塗改。但作為一個書家，要能具備此種謀定而動、沉穩篤定的筆墨駕馭能力，非經長期的實踐與錘鍊不為功。再說，書法所使用的這管柔軟的毛筆，要能隨心所欲地操控它，說難不難，說易也並不那麼容易。書寫時用筆的快慢、頓挫、提按、轉折，結體的疏密、開合、揖讓、向背，稍有閃失，便不能恰到好處，「止於至善」。成功的甜頭難嚐，而失敗的挫折感卻隨時可遇。你若起瞋動氣，不但於事無補，反而會使情況更糟。除非你因此惱羞成怒而棄絕它、逃避它，否則，除了面對現實，依照一定的客觀規律，再試再練，再思考、再調整、再改進以外，實在沒有別的更好辦法。總之，寫毛筆字就是讓你沒脾氣。就在這裡「動心忍性，增益其所不能」，在這裡修行。這就跟宗教家守戒修定的苦行沒有什麼兩樣。因此，練習書法實在是面對自我，向自己的習氣挑戰的絕妙法門。

就書法的創作面看，點畫線條是其藝術表現的唯一語言符號，而點畫線條的力感、運動、節奏、旋律等，則全在筆毫與紙張之磨擦抵拒中，隨著時間之推移而展現。由於毛筆既柔軟又富彈性的特質，書寫時隨著心念意識活動的起伏，筆下會立即產生相應的筆鋒運行軌跡，進行首尾俱全，巨細靡遺的忠實記錄。西漢楊雄曾稱書法為「心畫」，這確實是一種極殊勝的發現。借用現代醫學的名詞說，書法作品便是別有意味的「心電圖」了。同時，這種由筆端與紙面的抵拒態勢所傳導出來的輕微曼妙之力，其強弱大小的變化，也能透過書者手指的末梢神經去「感覺」，而為心靈主體所清楚把握。能如此寫字，筆者名之為「寫有感覺的字」。事實上，「寫感覺的字」跟「做有感覺的人」同樣重要。也唯有如此，方有體用一如，打成一片之可能。此種「感覺」雖無形象可捕捉，卻是真實的存在。它是一種「雖在父兄，不能以移子弟」，可以感受而難以言傳的存在，完全要靠書寫者個人去體取把握才行。毛筆書寫的此一特性，實與老子《道德經》上「視之不見，聽之不聞，摶之不得」、「惟恍惟惚」、「不可致詰」等有關形而上「道」體之描述相似。也因此在禪道盛行的唐代，書論家們多稱書法為「書道」，這絕非偶然。

此外，在濡墨揮毫之際，心體的起用與顯相，因果之間，既是如此的如影隨形，剎那立見。倘能隨時對照著筆端所幻化出來的點畫形體之搭配組合、揖讓向背等，進行必要的修正與調整，不只在書藝本身的表現能力會日起有功，獲得進益。同時，對於外在事物，也能不斷提高其透過現象去把握本質的洞察力，而內在的心靈氣質，在此自能得到進一步的澡雪與昇華。人生無論為學或為道，其是否能夠德日進而業日廣，關鍵在於生命的照察與反省能力的有無及其強弱。像這種剎那之間便見果報的毛筆書寫活動，不僅很容易讓人感悟到主體生命存在的時間本質即是永恆，也為人類生命的反思、轉化與圓成，提供了一個絕佳的進展模式。這對於人心靈慧的覺照與涵養，實在大有裨益。故書法在形式上看雖是藝術的，在其實踐活動中，卻也蘊含著濃厚的宗教意味。

以上所論述的這些書藝本身所含具的性格、功能及其審美特質，與弘一大師對於所追求的人生理想境界之開拓，非但絲毫不相違礙，甚至還是兩相輔成，相得益彰的。

弘一大師書藝讀後

杜忠誥

弘一大師是中國近代史上少見的奇僧，他生當傳統的舊封建社會日漸解體、現代民主新潮風起雲湧的鼎革之際，一生充滿傳奇故事。在他三十九歲剃度以前，不論在詩詞、書畫、金石、音樂、油畫、戲劇等各方面，都有極傑出的表現，真是一位藝術氣息濃厚的文人。出家以後，除了在初出家後不久，「結習未忘」（弘一大師自嘲語），手製自用印數方以外，對於所有那些他曾經付出多少生命情感，嘔心瀝血從事過的各種藝術項目，則一概斷然捨棄，唯獨書法不廢。這固然可以說是大師對於書法情有獨鍾，其實，也未嘗不跟書法這門傳統藝術本身所獨具的審美價值及其社會功能密切相關。正由於他的這一「由博返約」的結果，其書藝創作在整個書法史上，竟然樹立了一個非常特殊的典型。

弘一大師藝術的特殊，與其說是形式上的，毋寧說是內涵上的。觀賞弘一大師的字，的確是一種很奇特的審美體驗。他的每一件作品，乍看之下，只會讓人感受到平實溫和，絕無氣勢逼人的強烈震撼。但也就在這平實親和的畫幅與觀賞者心目中的交會中，往往就被作品中散發出來的一股祥靜而神祕的力量所攝受，捨不得將目光移開。

士先器識而後文藝

弘一大師出家後在寫給許晦廬居士的一封信中，曾經引用唐人裴行儉的話說：「士先器識而後文藝。」平時對於藝文界的朋友，也常勸誡他們要「應使文藝以人傳，不可人以文藝傳」。事實上，個人生命的真正存在價值，必須在整體社會中方能顯現出來。其所以令人尊崇敬愛，主要不在於他的才華或名位，而在於他的人品和修養，文學家、藝術家也不例外。

民國二十六年，他五十八歲時，曾應閩南僧俗信眾的要求，在廈門南普陀寺養正院講了一回〈談寫字的方法〉，對於德重於才的文藝觀點曾有進一步的闡發。在演說中，他就毫不客氣地指出：「出家人字雖然寫得不好，若是很有道德，那麼他的字是很珍貴的，結果卻是能夠『字以人傳』。如果對於佛法沒有研究，而且沒有道德，縱能寫得很好的字，這種人在佛教中是無足輕重的了。他的人本來是不足傳的，即能『人以字傳』，這是一樁可恥的事，就是在家人也是很可恥的。」話鋒原只是指向出家人說的，可最後補上的一句——「就是在家人也是很可恥的」，這卻不免令我們這些長年「耽樂書術」（弘一大師句）的人聽來備覺怵目驚心，格外提高驚覺。這些話不應該只看作是他以一個宗教家的本位立場所提出的議論，而實在是有其對於人類生命的本質意義，經過了既深邃又全面的觀照反省後，所發出來的獅子吼和海潮音。他一方面高揚中國傳統文化中一貫的「德成而上，藝成而下」之重德主張，同時也不忘隨機點醒正在從事文學藝術創作的朋友，慎勿因為自己在某方面的才華有了一點成就，便驕矜忘形而致迷悖失德，掉落了所謂「文人無行」的歷史坑坎中。在他成長的那個時代說出這樣的話來，固自有其沉痛的針砭深意在，由此也讓人深深感受到他那「昌明佛法、潛挽世風」的悲願之切了。特別是在今天這個人人習於矯偽而缺少真誠，更缺乏面對自我與自我超越自覺能力的後現代社會，弘一大師的這些話，益發具有暮鼓晨鐘、振聾發聵的警世作用。

不過，儘管他是如此的強調文人知識分子人品道德的重要，他並未反對文學和藝術的創作，本始所先，末終所後，弘一大師對這個是清明在躬，毫不含糊的。這由他一生所開展出來的整個生命形態，便足以說明一切。在弘一大師身上，藝術與道德，不僅沒有互相矛盾或互相衝突，相反的，卻是兩相輔成，裡外如一的，無疑已達到了高度的調和與巧妙的統一，這即使在整個中國文藝史上恐怕也是極少有的。孔子說：「志於道，據於德，依於仁，游於藝。」若以此來衡量的話，弘一大師絕對是標準的儒門弟子。自小按部就班地接受四書、五經等儒家文化薰陶的他，後來雖然剃度了，出家後並且嚴持戒律，勤修梵行，儼然佛門龍象。但在骨子裡，卻仍然是非常「儒家」的。也許，這正是弘一大師之所以為弘一大師吧！

碑書樸厚，帖書靈動，合而為一

弘一大師的書法作品，神斂鋒藏，一筆不苟，給人以一種渾金璞玉般，絕無煙火氣的感覺，讓人感了，鄙吝都消，矜躁俱平。大師生前的朋友陳祥耀自述說，他常在情緒昏擾散漫、需要恢復安適時，倚藉著臨寫老人的字而達到收束「放心」的功效。他並且對於弘公書作何以具此神效有所分析，而提出了四點理由加以說明：一、老人向有才不外露的本性；二、出家後嚴諷奉律的修養；三、對己對人對物，全出誠敬，一點不稍放逸的胸懷；四、創作時整個精神凝會在極端悠然恬然、覺得一切無不圓滿、此心無不自得的寧泰境界中。以上這些都分析得極深刻、極切當，若非跟弘一大師有過多次接觸並深入觀察，是不容易說得出來的。惟其所提的四點，大致上均只就創作心理上說。單憑這些，充其量只能說明創作者所具備的內在藝術修養條件，還無法真正說明像弘一大師這種特殊的外在藝術形象何以產生。實則，任何藝術家創造的藝術形象，追根究底，都不外是藝術家的人格生命特質及其藝術修養，透過一定物質藝術手段外化而成的。其中主要關鍵，仍離不開實際的創作實踐之表現技巧與方法。

弘一大師書藝築基的青少年時代，正當清末民初的碑學書風盛行之際。他基本上接受了自阮元以下，特別是康有為的崇碑抑帖之碑學思想。他走的雖然是雄渾樸厚的碑路，卻不像其他同走碑書路線的學書者那樣決絕，只是一味地學碑。綜觀弘一大師一生整個藝術創作，是以碑書的樸厚一路為主，又兼能攝取帖書飄逸靈動的養分，以活絡自家筆下碑書的氣血。所以走的雖是碑路，卻絲豪沒有一般碑路書家極難逃免的刻板雕琢習氣，終能在中國書法史上獨樹一幟，別開生面。

以碑路與帖路來區分書風，雖嫌其不能周密、不夠科學，但藉它來說明一些書法現象，也滿切合的。歷來以二王為中心的帖路書風，所使用的書寫工具，基本上多以剛毫（如狼毫、兔毫）或兼毫為主。因為那種飄灑流動、遒勁秀美的帖書風味，不用剛毫（或兼毫）便不容易表現。至於由清朝乾隆、嘉慶以後才興起的以臨習秦漢南北朝碑版為主的碑路書風，那種雄健樸厚、古拙奇逸的碑書筆趣，也唯有使用羊毫筆方能表現，所謂「毫柔則奇怪生焉」。弘一大師的傳世墨跡，大致可分為莊重體和率意體兩大類，率意一類，包括日常書信用的行草書和文章著述時用的楷行書，這一類墨跡大致以實用性為主，毛筆大抵是隨緣取用，雖仍多為羊毫，但也不排除或有使用兼毫之可能；至於莊重一類，則幾乎一概羊毫筆書寫，創作時態度也比較嚴謹，字體則涵蓋篆、隸、草、楷書。但留傳墨跡中隸書作品絕少，篆書及行草書次之，仍以楷書為大宗。楷書體中，又有碑體楷書和帖體楷書及碑帖合參之分。在碑體楷書裡，成體最早的是大家所熟知胎乳於「張猛龍碑」的那一體（此體又分前、後兩期，前期在二十來歲便已展現，風格近於「張猛龍碑」碑陽正文；後期在三十七、八歲以後，漸化方為圓，風格則近於「張猛龍碑」碑陰文字）。此體大約到了他五十歲以後，鋒穎刊盡，圓勁英偉，脫胎換骨，已是純然自家本色。帖體楷書（即《護生畫集》中之字體）成體較晚，大致也在四十九歲前後；而其返虛入渾，爐火純青，完全成熟，則在五十七、八歲間，也即是一般所見弘一大師晚年常寫的，那種酥酥綿綿，看來似乎全不用力，實則又似有一股不可撓拔的接地之力蘊蓄其中的作品。其點畫質地極精微、極細韌，晶瑩剔透，教人看了清涼舒暢，心生歡喜。

其實，弘一大師的作品，大約在四十至四十五、六歲之間，不論碑體、帖體、或大小字，都曾經歷過一些大的變動，算是產前的陣痛期。曾被印光大師指為「斷不可用」以寫經的書札體，正是此一階段的書跡，其他此一時期的各式作品，大體都不免有幾分躁動之氣。可見弘一大師的學書歷程，也曾經歷多重寒徹骨的坎坷境地，並不是那麼順利的。

書法不別於佛法

弘一大師實際書寫時，行筆落墨的速度極為緩慢，這在其書法藝術形象的形成過程中，也扮演著重要角色，是一個絕對不容忽視的關鍵因素。

弘一大師的學生劉質平，在一篇題為〈弘一法師遺墨保存及其生活回憶〉的文章中，曾詳細記述他陪侍弘公書寫《佛說阿彌陀經》十六條屏的經驗。他說：「寫時閉門，除余外，不許他人在旁，恐亂神也。……余執紙，口報字，師則聚精會神，落筆遲遲，一點一畫，均以全力赴之。五尺整幅，須二小時左右方成。」這一件長一五〇公分，寬五二公分，足足「用十六天寫成」的大作品，在近年海峽兩岸出版的幾種紀念專輯中都有刊載，每屏各寫六行，每行二十個字。據此我們可以大致推知，原作每字字格約在七公分見方，寫這樣大小的字，一屏（一二〇字）要花兩個小時，平均每個字得寫上一分鐘。且別小看這一分鐘，諸位感興趣的話，不妨提筆試寫一段看看（別忘了要用羊毫筆），平均每個字要是能夠寫上三、四十秒鐘，就很了不起，很讓人佩服了。然後方知弘一大師這種寫經時的行筆速度，真如春蠶吐絲，簡直緩慢得出奇，緩慢得令人難以思議。降伏、克制自己到此一境地，若非具有甚深禪定功夫的人，是絕對做不來的。

漢代揚雄曾將書法作比「心畫」，這的確是極殊勝的發現，用現代的術語，便是所謂「心電圖」。書法的點畫，隨著筆端鋒勢的運動與發展，忠實地記錄書家書寫當下心思情感的起伏與變化。事實上，任何具有相當用筆經驗的人，也都不難從弘一大師的書跡中，看出其運筆速度是極緩慢的。不過，有了劉質平上述現身說法，就更加具有說服力了。

根據筆者平日的觀察，一般人作書，十個有九個半是寫得偏快的。我自己也常為寫出的作品躁氣未除而深感慚愧。每次看過弘一大師的字，總不免要提醒自己，應當再「減速慢行」才好。然而，此事真是說的容易啊！多年以來雖然字都沒能寫好，但內心卻始終服膺業師半僧老人「書法不別於佛法」之說。當然，字能寫得緩慢，固然需要有相當的涵養，但能把字寫得像弘一大師這樣緩慢，而不使點畫神情呆滯，且能表現出如此淳樸的韻味、恬靜的意態和高曠的氣象，這才真正令人由衷敬佩，歡喜讚嘆！

當然，弘一大師的行筆慢，自然也跟他用羊毫筆寫字有關。羊毫筆的內勁遠不及狼毫筆之剛強，書寫時為求線質的樸厚勁澀，行筆速度自然要放慢些。但使用羊毫應只是弘一大師這種靜逸古穆書風形成的必要條件之一，而非其充分條件。如謂不然，古今以來同樣用羊毫筆寫字的人何其多，何以唯有弘一大師能開發出此種藝術形象奇特的「弘一體」呢！

離開思量分別，達到藝術的最上乘境界

近代美學家朱光潛在論「詩的隱與顯」時，曾說：「詩的最大目的在抒情，不在逞才。」又說：「情勝於才的，仍不失其為詩人之詩；才勝於情的，往往流於雄辯。」雖是論詩，移以論書也頗覺適切。事實上，以弘一大師才氣之高邁，卻能如此的謙撝自抑，生命表現得如此渾淪含茹，特別是展現在書藝創作上的，真堪為古今以來書家中「情勝於才」的典範。如單就以筆的沉潛篤實程度上說，歷代知名的僧人大書家如智永、懷素、八大或日本江戶時代的良寬，乃至於一些以道藝相發見稱的居俗大書家，如蘇東坡、黃山谷、黃道周等人的作品，若拿來與弘一大師的作品並列比觀，他們的作品便不免顯得英氣太露，有幾分「逞才」，有幾分「雄辯」的意味了，其餘更不消說。於此可見，弘一大師書藝作品的攝受能量之強大與豐富了。若以拳術為喻，其他書家所詣雖互有高下，打的多半是外家拳；而弘一大師則打的是太極內家拳（黃山谷書亦有幾分太極拳成分）。甚至同是太極高手的于右老作品，與弘一大師比較起來，似又顯得弘一大師的內家功夫要稍勝一籌。

在前已述及弘一大師在南普陀寺的那一場演講會上，他曾自問自答地借用《法華經》上的一句話「是法非思量分別之所能解」，而改動一字作「是字非思量分別之所能解」，以說明書藝所能達到的最高境界。他並且作了進一步的申說：「世間無論哪一種藝術，都是非思量分別之所能解的。即以寫字來說，也是要非思量分別，才可以寫得好的；同時要離開思量分別，才可以欣賞藝術，才能達到藝術的最上乘的境界。」今天我們仔細觀賞了弘一大師的書藝作品，又拜讀了他對於藝術的創作與欣賞的論述文字，深深覺得，用上引的這一段弘一大師所講的話，來讚頌弘一大師的書藝成就，應該是再適切不過了。

本文作者為著名書法家，兼擅行、草、隸、篆、楷等多種書體，其作品曾榮獲中山文藝獎、國家文藝獎等多項肯定。曾撰述多本書法創作專輯。本文出自散文集《池邊影事》。

兩法師

葉紹鈞

在到功德林去會見弘一法師的路上，懷著似乎從來不曾有過的潔淨的心情；也可以說帶著渴望，不過與希冀看一齣著名的電影劇等的渴望並不一樣。

弘一法師就是李叔同先生，我最初知道他在民國初年。那時上海有一種《太平洋報》，其藝術副刊由李先生主編，我對於所載的書畫篆刻都中意。以後數年，聽人說李先生已出了家，在西湖某寺。遊西湖時，在西泠印社石壁上見李先生的「印藏」。去年子愷先生刊印《子愷漫畫》，丐尊先生給他作序文，說起李先生的生活，我才知道得詳明一點；就從這時起，知道李先生現稱弘一了。

於是，不免向子愷先生詢問關於弘一法師的種種。承他詳細見告。十分感興趣之餘，自然來了見一見的願望，便向子愷先生說起了。「好的，待有機緣，我同你去見他。」子愷先生的聲調永遠是這樣樸素而真摯的。以後遇見子愷先生，就常常告訴我弘一法師的近況：記得有一次給我看弘一法師的來信，中間有「葉居士」云云，我看了很覺慚愧，雖然「居士」不是什麼特別的尊稱。

前此一星期，飯後去上工，劈面來三輛人力車。最先是個和尚，我並不措意。第二是子愷先生，他驚喜似地向我顛頭。我也顛頭，心裡便閃電般想起「後面一定是他。」人力車夫跑得很快，第三輛車一霎往後時，我見坐著的果然是個和尚，清癯的臉，頷下有稀疏的長髯。我的感情有點激動，「他來了！」這樣想著，屢屢回頭望那越去越遠的車篷的後影。

第二天，便接到子愷先生的信，約我星期日到功德林去會見。

是深深嘗了世間味，探了藝術之宮的，卻回過來過那種通常以為枯寂的持律念佛的生活，他的態度應是怎樣，他的言論應是怎樣，實在難以懸揣。因此，在帶著渴望的似乎從來不曾有過的潔淨的心情裡，更摻著一些惝怳[12]的分子。

走上功德林的扶梯，被侍者導引進那房間時，近十位先到的恬靜地起立相迎。靠窗的左角，正是光線最明亮的地方站著那位弘一法師，帶笑的容顏，細小的眼裡眸子放出晶瑩的光。丏尊先生給我介紹之後，教我坐在弘一法師的側邊。弘一法師坐下之後，便悠然地數著手裡的念珠。我想一顆念珠一聲阿彌陀佛吧。本來沒有什麼話要同他談，見這樣更沉入近乎催眠狀態的凝思，言語是全不需要了。可怪的是在座一些人，或是他的舊友，或是他的學生，在這難得的會晤頃，似應有好些抒情的話同他談，然而不然，大家也只默然不多開口。未必因僧俗殊途，塵淨異致，而有所矜持吧。或者，他們以為這樣默對一二小時，已勝於十年的晤談了。

晴秋的午前的時光在恬然的靜默中經過，覺得有難言的美。

隨後又來了幾位客，向弘一法師問幾時來的，到什麼地方去那些話。他的回答總是一句短語；可是殷勤極了，有如傾訴整個的心願。

因為弘一法師是過午不食的，十一點鐘就開始聚餐。我看他那曾經揮灑書畫彈奏音樂的手

12 形容迷糊不清的樣子。

鄭重地夾起一莢豇豆來，歡喜滿足地送入口裡去咀嚼的那種神情，真慚愧自己平時的亂吞胡咽。

「這碟子是醬油吧？」

以為他要醬油，某君想把醬油碟子移到他面前。

「不，是這位日本的居士要。」

果然，這位日本人道謝了，弘一法師於無形中體會到他的願欲。

石岑先生愛談人生問題，著有人生哲學，席間他請弘一法師談一點關於人生的意見。

「慚愧，」弘一法師虔敬地回答，「沒有研究，不能說什麼。」

以學佛的人對於人生問題沒有研究，依通常的見解，至少是一句笑話。那末，他有研究而不肯說麼？只看他那殷勤真摯的神情，見得這樣想時就是罪過。他的確沒有研究。研究云者，自己站在這東西的外面，而去爬剔，分析，檢察這東西的意思。像弘一法師，他一心持律，一心念佛，再沒有站到外面去的餘裕。哪裡能有研究呢？

我想，問他像他這樣的生活，覺得達到了怎樣的一種境界，或者比較落實一點。然而健康的人不自覺健康，哀樂的當時也不能描狀哀樂；境界又豈是說得出的。我就把這意思遣開；從側面看弘一法師的長髯以及眼邊細密的皺紋，出神久之。

飯後，他說約定了去見印光法師，誰願意去可同去。印光法師這名字知道得很久了，並且見過他的文鈔，是現代淨土宗的大師，自然也想見一見。同去者計七八人。

決定不坐人力車，弘一法師拔腳便走，我開始驚異他的步履的輕捷。他的腳是赤了的，穿一雙布縷纏成的行腳鞋。這是獨特健康的象徵呵。同行的一羣人，哪裡有第二雙這樣的腳！

慚愧，我這年輕人常常落在他的背後。我在他背後這樣想：——

他的行止笑語，真所謂純任自然的，使人永不能忘。然而在這背後卻是極嚴謹的戒律。丏尊先生告訴我，他嘗嘆息中國的律宗有待振起，可見他的持律極嚴的。他念佛，他過午不食，都為的持律。但持律而到非由「外鑠」的程度，人便只覺他一切純任自然了。

似乎他的心非常之安，躁忿全消，到處自得；似乎他以為這世間十分平和，十分寧靜，自己處身其間，甚而至於會把它淡忘。這因為他把所謂萬象萬事劃開了一部分，而生活在留著的一部分內之故。這也是一種生活法，宗教家藝術家大概採用。並不劃開了一部分而生活的人，除庸眾外，不是貪狠專制的野心家，便是社會革命家。

他與我們差不多處在不同的兩個世界。就如我，沒有他的宗教的感情與信念，要過他那樣的生活是不可能的。然而我自以為有點了解他，而且真誠地敬服他那種純任自然的風度。哪一種生活法好呢？這是愚笨的無意義的問題。只有自己的生活法好，別的都不行，誇妄的人卻常常這麼想。友人某君曾說他不曾遇見一個人他願意把自己的生活與這個人對調的，這是躊躇滿志的話。人本來應當如此，否則浮漂浪蕩，豈不像沒舵之舟。然而某君又說尤緊要的是同時得承認別人也未必願意與我對調。這就與誇妄的人不同了；有這麼一承認，非但不菲薄別人，且能致相當的尊敬。彼此因觀而化移的事是有的。雖然各有其生活法，究竟不是不可破的堅壁；所謂聖賢者轉移了什麼什麼人就是這麼一回事。但是板著面孔專事菲薄別人的人絕不能轉移了誰。——

到新聞太平寺，有人家借這裡治喪事，樂工以為弔客來了，預備吹打起來。及見我們中間有一個和尚，而且問起的也是和尚，才知道誤會，說道：「他們都是佛教裡的。」

寺役去通報時，弘一法師從包袱裡取出一件大袖的僧衣來（他平時穿的，袖子同我們的長衫袖一樣），恭而敬之地穿上身，眉宇間異樣地靜穆。我是喜歡四處看望的，見寺役走進去的沿街的那房間裡，有個軀體碩大的和尚剛洗了臉，背部略微傴著，我想這一定就是。果然，弘一法師頭一個跨進去時，便對這和尚屈膝拜伏，動作嚴謹且安詳。我心裡肅然。有些人以為弘一法師當是和尚裡的浪漫派，看這樣可知完全不對。

印光法師的皮膚呈褐色，肌理頗粗，表示他是北方人；頭頂幾乎全禿，發著亮光；腦額很闊；濃眉底下一雙眼睛這時雖不戴眼鏡，卻同戴了眼鏡從眼鏡上面射出眼光來的樣子看人；嘴唇略微皺癟：大概六十左右了。弘一法師與印光法師並肩而坐，正是絕好的對比，一個是水樣的秀美，飄逸，而一個是山樣的渾樸，凝重。

弘一法師合掌懇請了，「幾位居士都歡喜佛法，有曾經看了禪宗的語錄的，今來見法師，請有所開示，慈悲，慈悲，慈悲。」

對於這「慈悲，慈悲」，感到深長的趣味。

「嗯，看了語錄。看了什麼語錄？」印光法師的聲音帶有神祕味。我想這話裡或者就藏著機鋒吧。沒有人答應。弘一法師便指石岑先生，說這位居士看了語錄的。

石岑先生因說也不專看哪幾種語錄，只曾從某先生研究過去相宗的義理。

這就開了印光法師的話源。他說學佛須要得實益，徒然嘴裡說說，作幾篇文字，沒有道理；他說人眼前最緊要的事情是了生死，生死不了，非常危險；他說某先生只說自己才對，別人念佛就是迷信，真不應該。他說來聲色有點嚴厲，間以呵喝。……

弘一法師再作第二次的懇請，希望於儒說佛法會通之點給我們開示。

印光法師說二者本一致，無非教人父慈子孝兄友弟恭等等。不過儒家說這是人的天職，人若不守天職就沒有辦法。佛家用因果來說，那就深奧得多。行善便有福，行惡便吃苦：人誰願意吃苦呢？——他的話語很多，有零星的插話，有應驗的故事，從其間可以窺見他的信仰與歡喜。他顯然以傳道者自任，故遇有機緣，不憚盡力宣傳；宣傳家必有所執持又有所排抵，他自也不免。弘一法師可不同，他似乎春原上一株小樹，毫不愧怍地欣欣向榮，卻沒有凌駕旁的卉木而上之的氣概。

在佛徒中間，這位老人的地位崇高極了，從他的文鈔裡，見有許多的信徒懇求他的指示，彷彿他就是往生淨土的導引者。這想來由於他有很深的造詣，不過我們不清楚。……

弘一法師第三次「慈悲，慈悲」地請求時，是說這裡有言經義的書，可讓居士們「請」幾部回去。這「請」字又有特別的味道。

房間的右角裡，裝釘作似的，線裝和平裝的書堆著不少，不禁想起外間紛紛飛散的那些宣傳品。由另一位和尚分派，我分到黃智海演述的《阿彌陀經白話解釋》，大圓居士說的《般若波羅密多心經口義》，李榮祥編的《印光師嘉言錄》三種。中間《阿彌陀經白話解釋》最好，詳明之至。

於是弘一法師又屈膝拜伏，辭別。印光法師顛著頭，從不大敏捷的動作上顯露他的老態。

待我們都辭別了走出房間，弘一法師伸兩手，鄭重而輕捷地把兩扇門拉上了。隨即脫下那件大袖的僧衣，就人家停放在寺門內的包車上，方正平帖地把它摺好包起來。

弘一法師就要回到江灣子愷先生的家裡，石岑先生、予同先生和我便向他告別。這位帶有通常所謂仙氣的和尚，將使我永遠懷念了。

……………

一九二七年一〇月八日作

據說，佛家教規，受戒者對於白衣是不答禮的，對於皈依弟子也不答禮；弘一法師是印光法師的皈依弟子，故一方敬禮甚恭，一方顛頭受之。

一九三一年六月一七日記

葉紹鈞，即葉聖陶（一八九四～一九八八），著名作家，受五四運動（即新文化運動）影響，畢生推動文學運動提倡使用白話文。曾任上海商務印書館編輯，後任開明書店編輯，與夏丏尊等人共事。

弘一律師

內山完造

夏丏尊先生來，這已是十年前某天的事了。他「呀」地打過招呼，就坐下來，加入到漫談群中。

「想介紹一個人和你相見，如果我有電話來，請就到……」我就道謝約定。隔了數天，電話果然來了，地點是北京路的功德林。我到那裡的時候，客已全部到齊，只在等待我了。我道了遲到之歉，加入座中去。

一張長方形的桌子，兩邊並坐著十來個人，右排上首有一個和尚和夏先生相向坐著，其他列席的大半是在我書店中[13]常進出的熟人，可謂是一個無拘束的集合。夏先生先將這位和尚向我介紹，我才知道他是弘一律師，清癯如鶴，語音如銀鈴，此外我就無話可表達當時的印象了。

午餐當然是素席，老實說，我的知道功德林，這是第一次。餐畢以後，又談了好多時候，聽到了許多的事情。

據說，弘一律師俗姓李，名岸，又名哀，字叔同，曾留學東京，學洋畫於上野之美術學校，又在音樂學校學洋琴。在留學時生活曾大大改變，早浴、和服、長火缽，諸如此類的江戶

---

13 內山書店，一九一七年由內山完造與其妻在上海北四川路魏盛里創立，並辦起「文藝漫談會」的藝文沙龍，魯迅、郁達夫等人皆為會中主力。

趣味，也曾道地地嘗過呢。

又據說，他曾是中國戲劇革命先驅「春柳劇社」之主幹，在東京公演過《茶花女遺事》等劇。直至今日為止，油畫的造詣尚無出他之右者。留學回國以後，在浙江杭州師範學校任教繪畫音樂，後來以種種因緣出家為僧，多年來行雲流水，居無定所。這次是從溫州到久別的上海來的。

我用日本話談講，看他神情，似乎一一都懂得，但他自己卻像個全把日本話忘記了的樣子。夏先生拿出一本律師所著的善本名叫「四分律比丘戒相……」的書來，說要將此書三十冊交給我，代為分贈希望者。我於此道一無所知，只好道著謝答應下來，這時律師說：

「還有一種叫《華嚴經疏論纂要》的書，正在印刷中。這書只印二十五部，想把十二部送給日本方面，將來出書以後，也送到尊處，拜託你。」

他這樣說，我也只好答應照辦。我雖門外漢，聽到印數只有二十五部，就知道是相當鉅大的書籍。二十五部之中有半數送給日本，那末送給哪一個機關呢，我問他。他說：「一切託你。」在繼續談話之中，他說：

「在中國恐不能長久保存，不如送到日本去。」

據說，律師曾在福州鼓山發見這古刻的板子，這板子在現存的經典中，是很古的東西，日本的大正大藏經裡也沒有收入的，由此可見這經典的珍貴了。

我談到傍晚才回去。次日，弘一律師與夏先生及另外二三個朋友同到我店中來，內人也見到他，於他去後曾說：「聽到他的話聲，見到那崢嶸的頭角，就知道是一位高僧。」

數日以後，從夏先生那裡送來了《四分律比丘戒相表記》三十五部。我就把它掛號分別寄贈到東西京兩大學以及大谷、龍谷、大正、東洋、高野山等各大學的圖書館去。

西京大學圖書館裡有一個僧籍的司書，寫信來，稱這書是貴重的文獻，希望能得到一部，於是又寄了一部去，以後各方面常有來索取的，合計共送去了一百七十餘部。

此後由夏先生居間，弘一律師和我通過好幾次信，贈過我好幾張法書，可是現在我連明信片都沒有一張，因為全被朋友討去了，他送給我的字幅也被內地的人拿走了。

光陰如箭，不覺過了兩年。一天，友人高岩勘次郎和一個畫家同到我店中來，這畫家叫武井猗蘭子，在日本俱樂部創有畫社，是一個從西洋畫轉向到日本畫的人。

從前上海有一家武井洋行，經營雜糧輸出，規模頗大。後來老闆死了，就此停業。這位畫家，正是武井洋行的小主人。他性情相當特別，至今還未娶妻，在上野寬永寺中借屋一間，營著獨身生活。其所作之畫也不同凡俗，饒有枯澀之趣。

事有湊巧，這位武井畫家在上野美術學校時和弘一律師是同學，他聽到我談起弘一律師的事，說：

「記得的，那時有一個中國留學生和我鄰席，大家描著同一的模特爾[14]，所謂弘一律師者一定就是他。」

我因此奇緣，就以快將送到的《華嚴經疏論纂要》十二部的分配問題和他商量，請他指

14　即模特兒。

導。他回東京以後，和田中文求堂主人及寬永寺管長共同協議，替我決定了贈送的範圍，記得是下列十五處。

東京帝國大學	京都帝國大學	大正大學	東洋大學
大谷大學	龍谷大學	京都東福寺	黃檗山萬福寺
比偓山延曆寺	高野山大學	大和法隆寺	上野寬永寺
京都妙心寺	（失記）	（失記）	

在其中選定十二處，把書冊用箱裝了，乘友人王君往大阪之便，託帶至神戶裝火車運去。後來東福寺挽了我的老友中原氏託設法取得一部，我就寫信給弘一律師代為請求，他叫廈門南普陀寺某居士補送了一部來，由我用小包郵便發送至東福寺。妙心寺也挽友人藤井和尚來託求一部，我於是再寫信向弘一律師商量，好久以後，出於意外的由天津某居士寄來了一部，聲明是受弘一律師的委託代寄的。受人委託，總算有以應付，我也很歡喜。

以後弘一律師又寄來一部，信上說，留在手頭恐不能永久保存，叫我代為放在適當的地方。翻開來看，這是他自己閱讀的一部，仔細地加著朱筆的圈點。這確是很好的紀念品，因為沒有人來要，就暫時留了下來。

不久，「九一八事變」發生了，我拋了商品與財產，避難到本國去。西京市外小倉村，是個產茶的地方，記得有一天，我散步到了黃蘗山萬福寺，作閑寂的清遊。在掛有大木魚的接待處與一個好像是值日師的和尚閒談，無意中談到那部《華嚴經疏論纂要》的事，且和他作約，如果回滬時書還存在，就贈給寺中。那和尚聽到我如此說，就急急走進去，過了一會，恭敬地著了法衣捧出茶來，那種前倨後恭的樣子，當時曾叫我苦笑難禁呢！

事變一經終結，我仍回上海，幸而店中無恙（第二次上海事變時我也曾拋棄了一切避難到本國，後來也幸而沒有遭受什麼損失）。我就依約把那部書用小包寄贈給黃檗山，寺中收到後有謝信寄來。我把各處的謝信集在一起轉給弘一律師，這段贈書的公案總算就此結束。

後來《中外日報》上曾有關於這事的記載，因之又有一處想得此書，託人來請求，我就毅然拒絕了。

此後，我與弘一律師老沒相會之機會，只替他代向日本購求過幾次經典，可是第二次事變一起，連這點都不可能了。

不知他近來住在何處，一定仍在苦修吧，每一想起，他的面貌彷彿在我眼前，但願他平安無恙，但願久別重逢的日子快些到來。

我草此文的几前，掛著弘一律師寫給我的直幅，直幅上這樣的寫著：

一切有為法，如夢幻泡影

如露亦如電，應作如是觀

金剛般若波羅蜜經偈

完造居士供養　沙門一音

我對這字幅注視，窗外但聞瑟瑟的寒雨。

內山完造（一八八五～一九五九），旅居中國上海的日本商人，為當時內山書店的老闆，與魯迅等人交好。本文由夏丏尊譯自《上海霖雨》一書。

弘一法師與我

黃福海

我初次見弘一法師，是在泉州承天寺，那時是二十八年冬季某一天的下午。法師問了我姓名與來歷後，很欣慰地領我進他的禪房去坐。禪房矮小，光線幽暗，房內布置整齊妥貼，大多東西都呈著清潔的淡灰色。這裡沒有一點灰塵，也無一點聲音。法師面部清癯，兩眼若開若閉，口含慈祥的笑，在正襟危坐著，態度莊肅，顯露慈威。在這樣嚴淨環境中，像一位道地的活菩薩。把一個素來行動浪漫不羈的我，噤得規規矩矩不敢亂動，不敢做一聲，又捨不得就辭出，只是木偶般地坐著，眈眈地望著他。大約這時法師看出我這個孩子的尷尬相，遂笑嘻嘻地以爽快而輕鬆的語氣對我打話說：「我會寫字，你要我寫字嗎？」

見過法師的第二天清晨，我選買了四個一樣大的凳子，低著頭，躡著腳，悄悄地將凳子捧進法師禪房。法師隨即離座起立。我一聲不響輕輕地將凳子放在旁邊小桌上，並堆成一個金字塔形。法師不像世俗人那樣的說「謝」，或謙拒不納，而以長者的口吻說聲：「你還買凳子請我啊？」

臨走，法師送我早已為我寫好的一卷字，當時我一面心奇法師寫字的迅捷，毫無一點世俗書家因循及驕傲的習氣，一面恭恭敬敬地雙手捧過字卷；大約因了過分的歡喜感激，我竟忘卻說謝了！

法師答應我和他去攝一張紀念照片，我低著頭跟隨法師以輕捷的步子向照相館走去，正走之間，他忽然步履轉慢；我擡頭看見前面遠處走著個矮和尚。法師指著他的背影，用低微的聲音對我說：「這位就是承天寺的大和尚，他歲數比我大，出家比我早，是佛門中的老前輩；所以我這時要走慢一點，不能走到他的前頭。」

在照相鏡前，法師雙手揑著佛珠，立定不動。我請問：「怎麼樣照才好？」他很客氣地答：「隨便。」我與照相師布置背景，調適光線，又請問：「這樣照如何？」他答：「就這樣好。」

法師過後在相片上提了幾句：「乙卯二月二十日與黃柏（我的別號）賢首同寫影於清原。時年六十，將往永春山習靜（印）。」

我在石獅子，有一天張人希君來說：「法師已由永春來了。」我一聽到這話，很為歡喜。隨即問他住在什麼地方。

「住在本區檀林鄉福林寺。剛才我就是去皈依法師來的。」

「皈依！要叩頭，要守五戒的啊？」我問。

「是的，法師說：穿著洋裝，鞠躬也就可以。又說：先守不飲酒不邪淫兩戒，其餘慢慢的來……我順便告訴他說你在石獅呢。他問你的住處，還說與你已有好久不見了。」

我及於次日從百忙中抽出一點時間，獨自跑到福林寺。由傳貫師領我上樓，法師正憑著欄杆，左手捧著一本經，面對東面一個水塘在遠眺。他轉首見我來，隨即邀我進客室。先說給我一點他的近況，又問我來石獅的原委，以及我離開江蘇省的年數；隨後彼此默默地對坐了一個很長的時間。我終於耐不住靜默，遂向法師告辭。

過了幾天，法師託人帶來贈我的一幅小中堂；上寫韓偓絕詩兩首，詩為：「炊煙縷縷鷺鷀棲，藕葉枯香插野泥。有個高僧入圖畫，把經吟立水塘西。」「江海扁舟客，雲山一衲僧，相逢兩無語，若個是難能。」前一首詩，似為法師寫照；後一首詩，正是彼此相逢時之素描！

一個小和尚遞來書件一大卷，說是法師送給我的。我急忙地撕去封皮打開看……奇怪？除書件外，還附了許多大小寬直不等的白紙條。小和尚說：「這是你從前送去許多的紙張，裁了書寫後，所剩下來的零碎紙條，法師將它附還你。」又聽小和尚說：「我曾看見法師在垃圾堆上拾得一些小布條，寶貝似的帶回去，洗乾淨了留著補綴破衣裳。」咦！法師竟連一點廢紙碎布，都捨不得拋棄呀！

我曾大膽這樣地請問：「法師！你雖是出了家不願再談藝術，但在我心目中老是認定法師是一位老藝術家。」法師聽到這裡，很客氣地應了一聲：「不敢當。」我接著說：「我始終從藝術觀點來瞻仰法師。法師在所著《佛法十疑略釋》一書中，論佛法非迷信、非宗教、非哲學等等，獨未說到佛法非藝術；我可不可以這麼說：佛門中的生活，就是藝術的生活呢？」法師點點頭說：「各人的觀點不同，也可以這麼說。」

一次我做了一個不速之客，未經通報，直接地進晚晴室見法師。他正在寫字，一見我來正要放下筆，我很快地迎上去說：「法師！你莫客氣，仍請寫字，容我在旁邊看。」法師便順我的意思仍舊寫字。我幫著按紙，定睛細看他的用筆和按指。法師一面寫，一面說：「我寫字，好像在擺圖案；其實寫字不背圖案的法則。」我乘機說：「我很喜歡學法師的字體，曾將法師從前贈給我的一部珂羅版印的《金剛經》（原底本為法師親筆所書），作帖臨摹，已經臨了好久，可是寫得總是不像。」法師擡起頭，用慰勉的語氣，將筆指著我說：「我看過你的字，寫得與我很相近！」

我很愛聽法師講話。他聲音的高低，正合鋼琴上C調的音。他講話，語調自然，表情肫摯，咬字清晰，國音準確。當他講話時，我好像聽到一位老劇人念臺詞。他每句話中的每一個詞，好像經過洗煉，而合於修辭學的某種辭格。他好像按著六個W講出每一句話。就是說：他在何時，何地，對何人，為什麼說，怎樣說法，說出什麼話。法師有時沉默無言，讓空中的風，草中的蟲，或樹上的蟬……講話給我聽。

這一次，怎麼地突然間來了一個惡消息說法師有病，不知究竟是什麼病，我心中很急。羅元慶君以為他是瘧疾，便買了十二粒奎寧丸交與我，我又憑著臆想買了幾種藥，連同羅君的奎寧丸用紙包在一起，不吃午飯，趕緊地送到溫陵院去，見法師面部略瘦，站立還有精神，心中竊喜！隨即放開紙包，將各藥呈奉。法師收了別的藥，獨不收羅君的奎寧丸，他說：「這藥目下是很貴的，我不是瘧疾，請帶還羅居士轉施別人！」我見法師堅不肯收，便這樣說：「既羅居士送來，請法師收下一半吧！」法師順我的請求，收下六粒。其餘六粒，我回來時交還羅君，豈料羅君不等我把法師的意思講明，便責備我說：「你為什麼不請法師一齊收下！」

過了兩天，仍在病中的法師將已收下的六粒奎寧丸，託人贈送給承天寺裡一個患瘧疾病的小和尚服了。

「弘一法師圓寂！」當三十一年陰曆九月初五日，從《泉州日報》報來這個惡耗時，我目瞪報紙好久，不禁一陣心酸。我拋開被眼淚浸濕的報紙，隨去換上一身素服，若有所失地走到香店，買了一束貢香拿在手裡，俯首走到溫陵院。院子裡的氣象淒清慘淡。晚晴室的外門鎖著，我從室的東邊玻璃窗，望見窗內向西吉祥臥的法師遺體。我燃香插於窗外土中，便就地向窗內行三個頂禮，以送法師的永別！時妙蓮師拿來一個字卷給我，口吃吃地說道：「這，這，這是法師在病，病，病中為你寫的一幅座右銘。法師在病，病，病終前一天交，我，囑，囑我在他歸西後，等，等，等你來時轉交與你！」

我恭敬地接過，又含淚向窗內一拜，以表謝忱。我即將字卷拿去裱褙，現在懸於室中，作為永久之紀念物。我常常面對著這幅紀念物痴痴地望，默默地想。

黃福海（一九一一～一九九五），江蘇揚州人，別號黃柏。一九三八年追隨弘一法師學習書法，長期精研書藝。

我的老師弘一法師李叔同

李鴻梁

瀟灑豪放的佳公子

「三郎沉醉打球回」，這是用晁以道的《明皇打球圖》詩句刻的一方圖章。照這句子看起來，我們立刻會想到用這方印章的主人，一定是一位瀟灑豪放的遍遍濁世佳公子。是的，的確是一位瀟灑豪放的公子。不過我們萬想不到這位公子到後來，會拋棄一切去做一個赤腳穿草鞋、睏破席子的苦行頭陀。他就是中興南山律宗的弘一法師，也就是我的恩師李叔同先生。

法師少年時，也曾走馬章臺，與坤伶楊翠喜、名妓謝秋雲、歌郎金娃娃往還很密，但這不過是無可奈何中，要想「愁萬斛，來收起。……休怒罵，且遊戲」而已。這兩句詞，就是當時法師贈金娃娃的〈金縷曲〉裡的句子。我們更可以在他將去日本時，留別祖國的一首〈金縷曲〉詞裡，看出他的抱負。

金縷曲

披髮佯狂走。莽中原、暮鴉啼徹，幾株衰柳。破碎河山誰收拾？零落西風依舊。便惹得、離人消瘦。行矣臨流重太息，說相思、刻骨雙紅豆。愁黯黯，濃於酒。　漾情不斷淞波溜。恨年來、絮飄萍泊，遮難回首。二十文章尺海內，畢竟空談何有？聽匣底、蒼龍狂吼，長夜淒風眠不得，度群生、那惜心肝剖！是祖國，忍孤負？

法師在日本還創辦過劇社——「春柳社」，登過舞臺，而且飾的還是女角，如《黑奴籲天錄》中的愛美柳夫人，《茶花女》中的女主角等。據說飾愛美柳夫人，他自己花了百多元的服裝費，並且還犧牲了本來留著的鬍鬚，因此王正廷特為在臺上向大家報告，名噪一時。日本戲劇雜誌《芝居》中有一位松居松翁寫了一篇《對於中國戲劇的懷念》的文章，評論法師說：「中國的俳優，使我佩服的，便是李叔同君。當他在日本時，在樂座上演《椿姬》（即《茶花女》）一劇，實在非常之好。不，與其說這個劇團好，寧可說就是這位飾椿姬（茶花女）的李君演得非常好……尤其是李君的優美婉麗，絕非日本的俳優所能比擬，……我當時看過以後，頓時又回想到孟瑪德小劇場所見裘菲列表演的椿姬，不覺感到十分興奮，竟跑到後臺去與李君握手為禮了。……雖然後來這個劇團消滅了，但也有許多受他默化的留學生們，立刻拋棄了學業，回國去從事新劇運動的。可知李叔同君，確是在中國放了新劇的烽火。但他現在卻以皈依佛門，棲隱於杭州湖畔，謝絕塵俗，倘使自椿姬以來，李君仍在努力這種藝術，那麼豈容梅蘭芳、尚小雲輩馳名於中國劇界？……」這篇評論在當時是有代表性的。後來，當我成了他的學生時，法師還送了我兩張他化妝茶花女的照片。當時我幾乎笑了出來，這樣莊嚴的李先生，竟會裝成那裊娜的西洋女子，其腰之細，真叫人吃驚，就是西洋女子，恐怕也要減食餓肚以後才能束成這樣的細腰呢。

嚴肅的名教師

後來等到在杭州兩級師範任了教課以後，他忽然變為一個很嚴肅的教師了。灰布衣衫，黑布短褂，平底鞋，先後判若兩人。在學校裡很少見他的面，就是同事房間裡好像也不很走動的，教員休息室裡也不常去。到上課時，總是挾了書本去上課，下課直接回到房間。走路很迅速，不左右顧盼。冬天衣服穿得很少，床上被子也很薄，嚴冬並不生火。後來法師告訴我，他的身體不適宜多穿衣服，烤火更是有害，所以他晚年喜住在閩南，就是這個緣故。這個我很能領會，因為我自己也是如此，晚間多蓋一點，就很容易傷風。

法師初到校時，在未上課以前，已經有多數學生的姓名他都能叫得出來。當初我們很是驚奇，後來經過研究，才知道法師早已把我們的學籍簿拿去仔細地默認過了。由此一端，就可以推知他對於教學的認真。又如我們每次上美術史時，法師總是預先把各時代、各名家的代表作，搜集起來，附記在紙條上，在桌上堆了一大堆。還有在那時候（一九一二年）學校裡恐怕還沒有什麼教學進度表這類的東西吧？但是法師在每學期未開學以前，已早把本學期所教的內容和順序詳細編定，預告我們了。

起初法師是教我們西洋畫和美術史的，後來經我們再三要求，才兼任音樂。在第一次上音樂課時，發了一張問題表，問我們音樂學過幾年？想學到怎樣程度？等等。有一樁事情，覺得很奇怪，就是我們從來也沒有聽見他自己預備過琴，但是他能按照我們的程度，漸漸地高深起來，即使我們平時有什麼疑難的曲節去問他，他總能立刻把指法彈給我們看。而且他彈琴是十分嚴格的，無論附點、切分音、休止符、強弱等等都非常注意，非常準確。我們每週「還」新曲的時候，結果使他滿意的，他就在本子上寫一個「佳」或「尚佳」、「尚可」等字樣。否則，他立刻立起來，用天津腔的上海話對你說：「曼好，曼好，不過狄葛浪好像有點勿大里對。」或說「還可以慢一點，狄葛浪還要延長一點」等等。這時候，你不必嚕囌，嚕囌也沒有用，他絕不再講第二句話，你還是趕快退出來，再練你的，到下一週和新曲子一同再彈給他聽。所以同學們對他都非常敬畏。你說他嚴厲吧，他倒是很客氣的，你說他客氣吧，可是有時候又有點兒不大好講話。雖然他滿面慈祥，但是見了他總是有點翼翼然。這不單是學生，就是同事中對法師也是非常敬畏。有一次我們有幾個同學擁到日本教師本田利實先生的房間裡，要求他給我們每人寫一幅書法屏條。可是他那裡文具不完備，他不肯寫，我們請他到法師的寫字間裡去寫，他連說不好。後來探知法師出去了，他才答應，不過叫我們放哨似的在扶梯上、走廊上、房門口，都站了人，如法師回來須立刻通知他。我們說：「李先生絕不會因此發惱的。」他說：「在李先生面前是不可以隨便的。李先生的道德文章固然不必說，連日本話也說得那樣漂亮，真了不起！」等到字寫好了，我們就誑他說：李先生來了。他就立刻狼狽地逃到自己房間裡去了。我們不覺大笑起來。

法師差不多每星期六必去上海一趟，星期日下午回校，從來不請假。法師愛吃糖果和水果，每次從上海來，一定帶點來。他也常常寫條子來叫我去吃的。有一天也是星期日晚上，又見聞玉（這是專服侍他的工友，法師的飯，也是他做的，法師在虎跑斷食後照片上的題字，還是他寫的呢），遞給我一張條子。我以為又叫我去吃點心了，但是這天我因為陪了幾個朋友，喝了一點酒，有點不好意思去見他。於是問同學：我的臉紅不紅？「還好！」這個「還」字總有點不大妥當，但是先生的命令，又不得不去，躊躇了一下，結果只得硬著頭皮去，等到走到法師的房門口，遲疑了些時，只得鼓起勇氣提起手輕輕地敲了一下，我很清楚聽見法師在房間說：「進來！」只得小心翼翼地推開了門，輕輕地挨了進去，法師正在書架旁，好像在找什麼書，見了我，就問：「你沒有什麼事嗎？給我整理一下畫好嗎？」他就領我到隔壁一間他平時寫字的房間裡，指著一隻已經打開的木箱說：「這是從上海新運來的，你給我整理一下。」並且關照我有幾張畫要撿出來的。我見裡面都是去了木框的一卷一卷的油畫，都是法師自己的作品，在這些畫中間，發現多張是同一模特兒的。——後來據夏丏尊先生說，這就是日籍的師母。這批畫後來等法師將要出家時，都贈送給北京國立美術學校了。我得了一張十五號的畫，畫的是以大海為背景的一個扶杖老人，意態有點像米勒的《晚禱》，不過色彩比較淡靜，調子也比較柔和，這是法師在日本東京美術學校裡的第一張油畫習作。這張畫，後來在抗日戰爭時期與其他書畫文物，全數被紹興城區三十五號主任漢奸胡耀樞搶去了。最使我心痛的，是法師歷年來寫給我的二三十封的信札、七八十條佛號，以及對聯條幅等墨寶。後來有人在漢奸胡耀樞家看到過曾經法師和馬一浮先生題跋的敦煌唐人寫經，被小孩撕毀在地上任人踐踏，其他可知！

繪畫、書法和音樂

法師在校時，臥室的隔壁一間同樣的房間，是專供他寫字用的，裡面空床上堆滿了素紙卷，屋角地板上擺滿了裝墨汁的茶杯瓶罐等。但法師不常到那間房去，大約要到學期快終了時，他才叫聞玉磨了大量的墨汁，然後關起門來寫上幾天，有時叫我去替他蓋圖章，或拉紙頭。法師對於寫字是很用功的，就是後來出了家，也一日都不間斷的。不過平常練字他是在臥室裡進行的。這種平日練字的成績有幾大包，後來大部分歸夏丏尊先生收藏，曾由開明書店刊印過一部分，我也得到一部分，但不幸亦被紹興城區三十五號漢奸搶去了。

當時在校時，我們訂造過兩條船——西湖划子，落成的一天，我們在湖上餐聚，表示慶祝；下午就舉行船賽。因為太高興了，夏丏尊先生竟掉到水裡去了，他是因下船時，立腳不穩，撲下水去的，所以上半身先下去，法師急忙拖住了他的一隻腳，但夏先生的身體太重，哪裡拖得動，又因船身太小。大家更不便行動，後來經大家喊叫起來，法師才放了手，再由大家把他拉上來，結果丟了一隻金錶，皮袍不用說，全濕透了。

因為那時純正的西洋畫，在國內很少見，我們到西湖上去寫生，雖然早有公函到警察廳去通知過，但還常常會受到干涉，總以為你在私自測繪地圖，他們從來也沒有看到過搭起三腳架畫畫的。例如有一次，我與張聯輝到運司河下去寫生，遇到了警察，他先問聯輝：「你是哪裡人？」聯輝回答是：「東陽。」警察立刻現出驚異的臉色說：「你為什麼到中國來私自測繪地圖？最好請你同我到局裡去一趟。」我知道他是弄錯了，就對警察說：「他是我們浙江省金華東陽縣人，我們是兩級師範的學生，我們校裡早有公函到警廳去照會過的了，怎麼你們還不知道？」但那個警察始終堅持著要我們同他到局裡去。其實去一趟也沒有什麼關係，最多不過打個電話去請校裡證明一下就行，但總想能就此說清楚了，可以避免跑一趟的麻煩。後來幸而來了個憲兵，總算知識比較高一點，所以他走攏來問清楚了以後，就同警察說：「他們是學校裡出來畫風景畫的。」警察至此才沒有話說，走開了。還有一次，我獨自到蘇州去寫生，下了火車，就受到警察的檢查，他看到了油畫顏料很奇怪，因為那時還沒有像牙膏這類裝鉛管的東西，所以他一定要擠出來，擠了一點出來，他還不信，再三解說，總歸無效，愈說愈加深他的懷疑，一定要統統擠出來，後來直鬧到站長室，總算解說清楚。因此我們預備開一次含有教育意義的展覽會，畫的種類愈多愈好，讓大家見識見識。以木炭、水彩、油畫為主，其他色粉筆、色鉛筆以及圖案用器畫等等，大致都有一點。法師自己是大約五十號的人像一張，陳列在參考部裡的。

當時國內的畫具，除乾製的水彩顏色，象牌鉛畫紙以外，什麼也沒有。因此我們的畫具，都必須到外國去買的。石膏模型更不必說，連木炭也是從日本買來的。所以我們除了學校整批去買來然後發給以外，想自己買一點是不可能的。我記得法師的一盤色粉筆，就是我替他用完的，鋼筆畫的顏色墨水，買來還未用過，也是我首先替他開用的。

有一天，我在木炭畫教室裡，沒有注意到後面正在改畫的法師，而走到石膏模型前去看說明卡，因此擋住了法師的視線，他說：「跑開！」聲音有點不大禮貌，也許他是無意的。但在我聽起來，有點不自然，當時我年少氣盛，就走到自己的位置上，把畫板故意敲了一下，以示不快，不久就出來了。等到中飯後，那個工友聞玉遞來一張條子說：「李先生請你去。」我立刻覺到，這一定是為了上午的事，所以心裡不免有點惴惴，但不去又不行。等到走進法師的房門，看見夏丏尊先生正在與他閒談，這時我真有點急了。然而法師一見了我，並沒有改變常態，立刻就站了起來，把我領到隔壁房間裡，隨手把門關上，我想不知將有怎樣嚴厲的教訓呢。哪知出於意料，法師輕輕地對我說：「你上午有點不舒服嗎？下次不舒服請假好了。」他又隨手把門拉開，又對我說：「你去吧，沒有別的事。」我就慢慢地走出來，我聽到他仍舊回到自己的房裡時，我就一溜煙似地跑回自修室。這時心上起了一種說不出的矛盾心理，一方面如同得了大赦似的放心，輕鬆愉快；同時心裡又有一種慚愧的內疚，如同大石一般地壓在心頭，雖然拿了一本書在看，然而看了半天，不知看了些什麼，一直等到同學喊我去上課，我才醒了過來，擡頭一看，人已走光了。從此有好幾天，慚愧得不敢和法師當面講話。

還有一次，我從圖畫教室裡出來，隨便高聲地直呼其名問：「李叔同到哪裡去了？」哪知法師立刻從教室隔壁的小房間裡走了出來，我一看到他還沒有露出全身以前，已經從扶梯上連滾帶跳地逃了下來。但是我耳朵裡聽見法師並不兩樣，仍很自然地在問：「什麼事？」然而我已汗透小衫了。憑良心講，我從來沒有直呼其名，就是到他出家直到現在，還是叫他李先生，不知道為什麼，那時這樣神經錯亂地失了常態！直到現在想起來，還覺得臉孔熱辣辣的。

後來組織了一個漫畫會，每人每週繳作品最少四張，每月展覽一次，請法師蒞臨指教。我們出過一本板畫集（木刻集），自己刻，自己印，自己裝訂。法師刻了一幅模仿小孩畫的人像。還出過一期《白陽》的雜誌，完全由法師一個人編成。由他拉稿、編輯，關起房門來抄寫。法師命我畫裴多芬[15]和拉斐[16]兒像以及自畫像各一幅。我們還在西湖西泠印社柏堂舉行過一次沒有聽眾的音樂會。除了我們同班的演奏者外，並不邀請任何一個客人，但是氣氛嚴肅，秩序井然，完全依照目錄進行。我參加了一個風琴獨奏，一個獨唱和一個伴奏。

15　即德國鋼琴家貝多分的舊時音譯。
16　指義大利畫家拉斐爾。

我們是在一九一五年（民國四年）畢業的。法師就在這一年暑假到日本去洗溫泉浴，臨行時給我的信，大致是教我處世要「圓通」，否則不能與世相水乳。因為我那時只二十一歲，而生性憨直，鋒芒太露。所以法師第一次給我寫的對聯是：「拔劍砍地，投石沖天。」條幅是「豪放」二大字，旁係小字七絕一首。他是九月間回國的。回國前打了個電報叫我到南京高等師範（即東南大學前身），去代法師的課。因為我那時對於教學毫無經驗，年齡又這樣輕，驟然去教同等程度的學校，心裡頗有點忐忑不定。但是見到法師，他馬上拿出本學期的教學進度給我看，並且告訴我那邊校裡的一切情形。同時交給我一串鑰匙，還關照我，臥室與教員休息室很遠，每天早晨必須把自己的表與鐘樓的大鐘對準，號聲有時候聽不清楚。如有事外出，叫車子回校時，一定要和車夫說清楚拉到教員房，否則頭門離教員房是很遠的。每逢吃飯時，要記住，每人兩雙筷子，兩隻調羹，如覺不便，可以關照廚房，把飯單獨開到自己房間裡來的。還有那個管理房間的工友叫「□□」，你須注意等等。最後交給我兩封介紹信：一封是給學校的，一封是給一個法師的朋友、當時在南京道尹公署任視察的韓亮侯先生的。這天我就在法師處吃的晚飯，臨走時，他送了我一把從日本帶回來的絹面摺扇，一面寫的是天發神讖碑，一面是龍門三種（後來不幸失落在上海電車上了），另外還送了我一隻日本溫泉鄰近瓷廠出品的底下雕刻一個鬼臉的三腳杯。

第二天早晨，我剛起來，法師就到旅館（城站旅館）裡來看我了，邀我去吃點心，然後送上火車，一直到開車信號發出後才離別。

後來我在南師時，韓亮侯先生談起他與法師認識的經過。據說，有一天他在日本的一個音樂會裡，發見一個衣服襤褸的座客，他想這種資產階級的西洋人的音樂會裡，怎麼會有這樣一個人呢？後來等到散場時，相互招呼之後，這人還邀請韓先生到他寓所去坐坐，那時韓先生為好奇心所驅，就跟了他走，不多一會到了一所很講究的洋房，他住在二樓，一進房，吃了一驚，滿壁都是圖書，書架上擺著許多藝術意味的小玩意兒，屋角上還有一架鋼琴，這真把韓先生弄糊塗了。當時我聽韓先生講，也好像在聽浪漫派小說，這個襤褸人，就是法師，後來他換了筆挺的西裝，邀請韓先生到外面去吃飯。

韓先生還告訴我說，有一個朋友約翌日去看法師，到了時候去，法師閉門不納，說是昨天約定的是今天上午十點鐘，那末現在已是十點三十分過了，因此我有別的事了。改天再見罷。

從嘗試斷食到披剃為僧

一九一六年我結婚的時候，法師送了我四件衣料。這一年的夏季，我接到法師的信，告訴我他將去虎跑實行斷食的事，說他很想一試，但苦無機會，想不到竟會實行起來了。後來大約過了二十多天，法師來信了，趕快拆開，裡面還附有他斷食後的半身相片，兩手捧著經本，展開在胸前，他本來面容清癯，現在更其瘦削了。信中敘述斷食的經過：第一週是半斷食，就是漸減食量，第二週是全斷食，只飲泉水，第三週一反第一週的順序而行之，結果良好。還說到陪他去的工友聞玉，在他斷食期向，常常唱些曲子，因此頗不寂寞云。後來我到上海去看他，那時法師仍住在海倫路，這個地方我去過好幾次，是一上一下的房子，除靠壁的書架以外，還有一架可以旋轉的方形兩層書架，擺在進門的右角，上面有一個圓盆，裡面栽著松竹梅三友，半盆泥土低陷下去處鋪上了些細粒的白石，法師說，這是代替水的。法師本來清癯到像一隻鶴，現在竟成了一枝竹了，但精神很好。後來講到斷食，法師說，全斷食開始的一、二天，雖然有時想吃東西，但到後來也就不想了，所難受的倒是須飲大量的泉水。當時心地非常清涼，感覺特別靈敏，能聽人所不能聽到的，悟人所不能悟到的……後來法師邀我同到外面去吃飯，走到一家菜館，他叫了好多菜，我就問：「還有那幾位客？」他說：「就是我們兩個，並沒有別的客人。」我說：「要不了這許多菜。」他說：「你能喝酒的，我雖然不能喝，可是我懂得喝酒的趣味。」法師就向堂館要了一斤黃酒。等到菜上來了，他用調羹吃菜，吃了很多的，還吃了三碗飯。我就提出了忠告。法師說，他現在胃口很好，照胃口還可以吃兩碗飯呢。臨走時送了我一本他在斷食期間所寫的，只有三寸高二寸寬的日本天理教經典。

一九一七年夏，我到杭州去拜訪法師，那時他房間裡已供養著佛像，凳上已設著大蒲團了。

法師是在一九一八年七月十三日，披剃於杭州虎跑大慈寺的，法名演音，號弘一。我於後數日從無錫回來去看他，但被寺僧阻住了說：「法師不見客。」無論怎樣懇求，總是不可以，「無論什麼人，一概不見，這是法師親口關照的。」說起來真慚愧，我沒有立雪那樣功夫，竟與寺僧鬧起來了。因此法師在前面邊上的一個小門開出來問：「什麼事？」一看到我，就向眾僧道歉：「對不起，他是我的學生。」一面叫我進去。

法師的頭髮當然已經剃光，穿了一件夏布的和尚衣，赤腳草鞋，已經完全是個苦行頭陀了。我的鼻子忍不住酸起來了！法師關照我，以後去時，須預先約定日期時間，以免再受阻難。後來談到經濟，法師說，他現在每月只要四、五角錢已足，衣服自己洗，除買郵票以外，可以不用錢，所以一時還不需要。臨別時，法師拿出一張毛邊紙給我，紙上寫的四字「老實念佛」，款題「戊午六月六日，演音」。法師在《我在西湖出家的經過》一文中說：「於七月十三日那一天，相傳是大勢至菩薩的聖誕，所以就在那天落髮。」查民國七年七月十三日即陰曆六月六日[17]，所以這張字是法師在落髮的那天寫的。他送給我時還說圖章沒有，以前的圖章統統送到西泠印社去了（後來法師寫信來叫我刻過幾方名印和佛像）。我拿了這張字，只得默默地退了出來。從此我有好幾天，吃飯不知其味。後來這張字付裱時，裱畫鋪要我先付錢，因為這樣一張毛邊紙，又沒有圖章，還以為我和他們開玩笑。

一九一九年，我到玉泉去看法師，房子很好，可惜鬧一點，走廊如同街道，遊客絡繹不絕，但法師的房門開著，靜坐著在看書，我站在他的桌旁約有五分鐘之久，他才抬起頭來。法師說，這地方很不好，常常有人來找他，所以不久仍想回虎跑去。後來他到後房（後房門口離地不高處貼著「脫履」二字的一張長方形白紙，所以進去須脫履），去拿了最近寫的字給我看，內中有兩張：一張是橫幅，寫著「孝順」二大字，後有小字長跋；還有一小張是展開了的同治年間的木版彩印函筒，上面寫了一首七絕，都題上了我的名字。並且還讚揚說我近來的書法大有進步。

一九二〇年夏，法師要到新登貝山去掩關，前一天，是弘傘法師在銀洞橋某庵剃度，同往

17　按《弘一大師全集》中編者按，此為謬誤。弘一法師出家為民國七年農曆七月十三，即國歷八月十九日。

貝山護關。當時馬一浮、范古農、堵申甫等者先生也都來相送，法師為我題了肖像「鴻梁道影」。第二天我們送到錢江輪船上，直到解纜而別。

一九二二年春，法師來上海，我那時在藝術專科任教，有一天，我們要求他寫字，他答應了，但囑我們不要給別人知道。因此我們立刻派出許多人，從樓門起直到大門，沿路都站了人，以免不速之客的闖入。有一同學問法師：「如現在有人請法師作畫，怎樣？」師微笑。我說：「倘有人來請畫，也可以，日後等他來取時，仍將原素紙還他，教他自己去看，看得出什麼就是什麼。」師大笑。後與師合攝一影，我捧著書侍立於旁，後因背景不好，所以用油畫顏料把背景塗去，但現在這相片亦不知去向了。是年四月二十一日為太師母六旬冥誕，師為寫「南無地藏菩薩摩訶薩」二幅寄我，後以一幅轉贈蔡丏因供養。

有一次我到招賢寺去，法師恐怕又被阻攔，早在山門前等著了。所以我們非遵守約定時間不可，否則去遲了使法師久等過意不去。去早了，或又遭到麻煩。法師同我說：「你來得很巧，今天寺裡吃『羅漢菜』，很有緣，你在這裡吃中飯。」後來他引我到大殿上去，商量修改佛像，因為原雕刻佛相不夠莊嚴，法師想修改一下。

等到吃飯的時候，我們到另一間屋子裡，見桌上擺著六碗菜，法師換上了破衣，他指著桌上兩碗同樣的菜對我說：「這就是羅漢菜，很有趣味。」又說明了另外四色不同樣的菜，是弘傘師特為我來而添的。可見他們平日裡是只有一樣菜的。所謂羅漢菜者，是蠶豆、長豇豆、茄子等等用白水煮成加上一點鹽的一種什錦菜。或是因為它的內容複雜故名。這種菜因各物都能保存它原有本味，倒也滿有意思的。所以法師吃得津津有味，胃口亦不弱，吃了三碗飯，飯後閒談，後來還玩了類似升官圖那樣的佛教遊戲。臨走時，法師還送了我幾個他從山上拾來的野乾果和一部日本版《佛像新集》，計兩冊。並囑我畫千手觀音及文殊、普賢像各一幅，預備影印。

一九二四年陰曆四月，我三十初度，師為我寫《普賢行願品偈贊》一本，自永嘉賜寄。

三次紹興之行

師蒞紹興，先後共計三次，第一次是在一九二四年秋天。按林子青編《弘一大師年譜》中引蔡冠洛的《廓爾亡言的弘一大師》中說：「我和弘一法師見面是在他將赴新登貝山掩關的一年（民國九年）……大約是在第三年吧（民國十二年），我在紹興第五師範教書……」這是不對的，因為十二年春我還在廈門集美學校教書，在那年秋季，才應紹興五中、五師之聘，翌年秋，才兼長縣女師職。所以法師第一次蒞紹是在民國十三年，這是不會錯的。並且我還記得，師在若耶溪上讚美過紅葉，所以是在秋天無疑。第二次在民國二十年秋，因為有一次我們在寺裡吃飯，有一樣菜，法師特別指出是鳳仙花梗，所以在深秋了。第三次，大約是在民國二十一年上半年。

那年我雖住在女師，但在五師還留有臥室，室在龍山南麓，窗外樹木伸手可觸，小鳥常常飛來桌上，窺人讀書，尚可住得，故法師初到即住於此。學校離我家不遠，飯食由我家送去的。他說：「菜太好了，我們出家人，不應當吃這樣的菜。」因此只得由四色減到二色，但他還嫌精，後來因附小學生在下面鬧得厲害，所以住了沒幾天就搬到城東草子田頭普慶庵裡去了。因為這庵是童姓家庵，地近城郭，很是僻靜。師在此住了半個多月，寫了三百張佛號。一百張存蔡丏因處，二百張分存孫選青處與我處，囑分贈有緣者。曾名其室為：「千佛名室。」師又在庵中發現太平天國碑，惜係還魂碑，故字迹不易辨認（因碑係舊碑改鐫，舊碑原文既未完全磨滅，而改刻之新文又不十分深刻，故文字重疊模糊），此碑後移立於龍山越王殿下，於抗戰期間，殿屋碑碣俱毀，唯此碑尚獨立於瓦礫堆中。那時還與法師同遊過平水顯聖寺，寺為越中名刹之一。

一九二八年春，夏丏尊先生來函，並附有劉質平等具名的《為弘一法師築居募款啟》及捐冊，後又接到法師來信，大意是他不願意用募捐方式為他造居室，並且還說他早有信致夏居士，萬不可有此舉動，使他於心不安。當時我還以為法師是客氣話，直到後來見到他時，才知道法師對此事，確非所願。

一九二九年九月二十日為法師五十壽辰，我在一星期前，趕把數年前命畫的多面千手觀音菩薩像畫好，於十九日下午趕到白馬湖（春暉中學在白馬湖，經亨頤任校長）。「晚晴山房」，這就是募捐而建的，是建築在一個小山的東麓的三間平屋，緣數十級石階而上，二間前面有走廊，尚亮敞，或因時間關係，建築很草率。在法師的詞色間，亦可以推知其不愜意，且因募捐事，更非其所願，所以他後來很少在此居住。翌日午餐，經子淵（亨頤）先生請吃麵。

一九三〇年春，一日，門房送進一張名片，並且說是一個年紀很輕的和尚要見我。過了一會兒，就進來了一個大約二十多歲，伶俐倜儻的和尚，見面後立刻遞過法師的介紹信，才知道他是要想來學畫佛像的。問他從前所學的，他就在袖中拿出一卷習作來，畫的是墨蘭，字雖不怎樣，也還不俗。後來談到住的問題，我答應替他設法。

第二天，法師就有快信來，說某僧前來學畫，希予以方便，但他的通訊處切勿告知，信尾還附一句：「此信閱後毀去。」當時我覺得很奇怪，我想或者為了避免某僧糾纏的麻煩，不得已而由此也未可知。後來才知道某僧喜出入豪門，交結權貴，實無意於書畫，故法師遠之。不過我這次違了老師的命令，並沒有把信燒掉。

一九三一年秋，法師第二次蒞紹，是住在晉王右軍舍宅的戒珠寺，曾同遊陸放翁讀書處——快閣，在閣上為法師攝一像，又與丐因三人合攝一影，法師在我家午餐後為先母題像（像於抗戰中帶到麗水石牛與其他衣物寄存於處中校醫項叔平家，後聞亦遭劫）。一日飯後，法師出舍利一粒，色微黃，質堅逾金石，說是虎跑元照法師荼毗後撿得的。

法師第三次蒞紹，大約是在一九三二年春季，住開元寺最後一進。當時寺中說此屋已劃入警察局範圍，但係法師來信指定的，故不得不再與警察局商量，借得後仍由寺中進出。在此曾為法師攝二像。一日閒談間，談及他前住鄉間某寺時，某晚盜來搜索全寺，到法師窗口用電筒照射，時法師臥在床上，忽覺桌上鬧鐘已停，因此盜似無所覺，或以為空房，所以不久就去了。但等到盜去後，鬧鐘又復走動了。因法師平時常聽鐘聲念佛，所以他對於鐘聲特別注意。所說頗有點神話味。

法師這次來紹，住的日子最少，想不到也是最後一次。去後約半月，寄來了一大包字，內中有一副對子是給我的，另外兩副是給我的兩個小孩的，句子都是前在紹興時教我自己在法師所集的《華嚴經集聯三百》內選定的，此外還有小字一條，七言聯一副，要我送交開元寺孫某居士的。那時我兩腳患濕氣，步履非常艱難，但是老師的命令，又非去不可，於是只得扶杖出校門，叫了車子，到了開元寺，可是石門檻足有二尺多高，這真有點平地上的蜀道之感了。好容易一跛一拐地走了進去，但遍問無著，後來有一個老和尚用嘴向門口一努，我回過頭去一看，是一個坐在條凳上三十多歲似乎看門一樣的人。我就走過去問明了姓名，然後鄭重地把紙包交給了他，並且說明這是弘一法師送給他的書法，不料他並沒有什麼表示，我到這裡實在有點為這幾張字可惜！

「猶有黃花晚節香」

以後法師常駐錫閩南，發心宏宣南山律學。一九三三年法師在泉州城外發現晚唐詩人韓偓墓，後廣洽師惠寄法師在墓前的留影。

一九三七年夏季，法師曾到青島湛山寺講律學，等到抗日戰起，我很憂急，而且謠言不一，不過法師來信都說平安。直到初冬仍回閩南，但當時廈門情形也非常緊張，我寫信去勸他還是回到浙東來暫住比較安全，可是他不願他往，願以身殉教。並且還引古人詩「莫嫌老圃秋容淡，猶有黃花晚節香」句以自豪。後見報，知廈門已淪陷，不知法師究竟怎樣，後幸接讀法師來信，才知道他於淪陷前四天已到漳州弘法，故能幸免於難云。

到了一九三九年以後，戰事愈益擴大，紹中屢次遷移，因此漸漸失卻了聯繫。

一九四二年春，紹興小雲樓寺來信說，寄存於寺中的弘一法師的字畫及其他書畫、書籍等，都被紹興三十五號漢奸胡耀樞運走了。

後日寇又進攻金華，我那時率領了紹中學生百餘人撤退到宣平，離日寇雖然還有四五十里，但他流竄不定，所以在崇山峻嶺間還是在東逃西避。大約在十一月間的某一天，大杭（我的大兒子）拿了一張舊報紙跑來對我說弘一法師圓寂了。我不信，以為又是謠言，忙拿了舊報紙來看，記載比較詳細，說法師於十月十三日（壬午九月初四日）午後八時圓寂於福建泉州。後來從各處探聽的結果，漸漸地證實了這不幸的消息。

第二年我替臨中（浙東第二臨時中學）到溫州大當去找尋準備撤退的教舍，被溫州師範拉住，從此就在泰順的莒岡住下來，在這年的夏季，接到了在泉州編印的《弘一法師生西紀念刊》了。

一九四六年從溫州回來，開元寺已改為專員公署了，戒珠寺亦大半房屋供給小學做校舍了，只有草子田頭的普慶庵還躲在角落裡入定似地保留著，小雲樓寺也依然無恙。但家裡如遭火災一樣被洗劫一空。

一九四八年秋九月十四日迎法師靈骨於招賢寺。靈骨由菲律賓劉勝覺居士從福建方向請來，現在建塔於虎跑山南麓。記至此眼已潤濕、模糊，再不能勉強續寫了。

師一生，如姜敬廬（丹書）老師說：法師早年是才子；中年是藝術家，是名教師；晚年又是一代高僧。是的，師年輕時，如他將赴日本留學別祖國的〈金縷曲〉中所說：「二十文章驚海內……」其他如詩詞、書畫、篆刻、音樂、戲劇等，除雕塑以外，在藝術領域中，差不多包括了全部，而且無一不精。等到回國任教以後，濃極返淡，又成了一個謹嚴肅穆、以身作則的名教師。到了皈依佛門後，又是一個甘守枯寂、勤學苦修、使七百餘年已失真脈的南山律宗正法光大的中興人物。

我幸列門牆，承師像父母般教導愛護提攜。師曾與堵申甫老師說：「鴻梁有點像我。」師出家後，還三次蒞紹，但我呢？蹉跎至今，而一事無成；人已老，想起來流汗、慚愧，無可言矣！

先生為什麼出家？

無論識與不識，對於李叔同先生的出家，無有不驚奇的。這裡專就這個問題談談我個人的看法。

在一般人看來，先生是一個富家子，又是一個藝術家，又是名教師。而且他與日本籍師母的愛情也很好。在我們畢業的那年先生還伴同她回娘家去洗溫泉浴。先生出家不久，她還到杭州來探訪過他。現在突然地出了家，當然覺得奇怪，究竟為的是什麼事？

這事引起了人們的猜疑和推測。有的說，先生厭世咧；有的說，先生繁華生活過膩了，想去嘗試嘗試恬淡的生活咧；還有些人以為先生的生活好變，從公子變為藝術家，又變為教師，現在又變為和尚，將來難保不再變，可能還會還俗。

但是對於非常人，非常事，我們若全憑常情常識去推斷是不一定會得出正確的結論來的。所以一直到現在，大家對於先生的出家，還像是個謎。假使我們能夠從先生的思想等各方面去細細地分析，那就對他的出家，是不難了解的。

先生早年對革命是非常熱烈的，他不但吟道：「度群生，那惜心肝剖！是祖國，忍孤負？」而且在另一首〈滿江紅〉詞中也寫道：「看囊底寶刀如雪，恩仇多少？雙手裂開鼷鼠膽，寸金鑄出民權腦，算此生，不負是男兒，頭顱好。」你看何等悲壯，何等熱烈，他為祖國，為群生，不惜犧牲自己的生命。

等到滿清政府推翻，民國成立，終算革命成功了。但是目睹當時情形，從前異族執政固然不好，現在同族上臺，也好不了多少。軍閥爭權，各踞一方，連年戰火，生靈塗炭。藝術家處在這樣的惡濁的、悲慘的世界裡，在那時候很可以躲進他自己的象牙之塔，不聞不問，過他們逍遙自在的生活。但是先生要「度群生，哪惜心肝剖」！那有什麼辦法呢？用什麼手段呢？再起來革命吧，力量單薄。那末怎麼辦呢？於是苦悶，徬徨……

先生的沉默寡言，就是他內心的表現。在具名為火頭僧的《弘一律師在湛山》一文中引先生的話說：「……記得我年小時住在天津，整天在指東畫西淨說人家不對。那時我還有一位老表哥，一天，他用手指指我說：『你先試試你自個……！』」可見他年輕時是喜歡說話的，所以沉默不是他原來的個性，是吁嗟默默，無言可說！這種沉默正是他無時無刻不為尋找改變這個罪惡世界的途徑和方法而苦悶。

先生以為造成這樣悲慘罪惡的社會，完全是由於人們無窮的物質欲望和狹隘的自我執著所致。若欲根除此害，就非喚起人們的覺醒，把狹隘的小我擴大起來，博愛群生，普及物類不可。從「度群生不惜心肝剖」出發，為了為群生謀利，他是不惜自我犧牲的。但在他的階級局限下，尋找來尋找去，最後尋找到的途徑與方法，卻就是自己甘願吃大苦，以苦行僧的意志和行動作現身說法，以達到移風易俗的目的，以救度群眾出於這個惡濁世界。自然這只能是個幻想。

從前先生因患胃病，東西不能多吃。我有一次同他吃飯，他只吃了淺淺的鬆鬆的二小碗，大約不到三兩米。後來他在美國雜誌上看到斷食可以強胃；日本也有同樣的理論。所以先生在一九一六年到虎跑去嘗試斷食。以後，他在思想上發生了大大的變化，領會到人只要清靜寡欲，確能增進智慧。先生在此以前，似乎並不接近佛教思想，因為在這期間，他還在寫日本天理教經典，他後來送我的一本很小的天理教經，就在這時候寫的。但先生並不是天理教徒，寫這些或許是日本師母的關係。而且先生之所以要到虎跑去斷食，完全是為了虎跑有好泉水（因在斷食期間，須飲大量的泉水。先生曾經對我說，不吃東西，沒有什麼，倒是每天必須飲五磅泉水，真有點受不了），並不因虎跑有佛寺的關係而去的。可是這次斷食以後，他的佛教思想漸漸地濃厚起來了。在學校宿舍裡也掛起佛像來了，蒲團、數珠等也都有了。這大概在虎跑時看了些佛經。正當他苦悶、徬徨的時候，看到了這樣博愛平等、捨己救人的思想理論。這與蘇軾初看到莊子，歎嘆說「吾昔有見於中，口未能言，今見是書，得吾心矣」同樣情形吧。因此先生在《我在西湖出家的經過》一文中說過，大意是：「夏居士說，像這樣，倒不如索性出了家做和尚去。」恰巧，先生是個實行家，如斷食要七天完全不吃東西，在一般人無論如何不敢去嘗試的，而先生說幹就幹，照理，在斷食期間，每天必須經過醫生的檢查，如有問題須立刻中止，否則有生命的危險。但先生不顧一切要去實踐了。結果勝利了。這就鼓勵他要進一步去實行度群生的計畫，這責任更重，誓願更大，當然一聽到夏丏尊這樣說，就立刻行動起來了。

在佛教中，「律宗」是比「禪宗」要嚴得多、難得多、清規戒律也多得多的。翩翩佳公子出身的他，卻選擇了「律宗」出家，已很不容易；不但如此，他還以更大的毅力，從研究「律宗」入手，使之重振起來。先生編著了《南山律在家便覽》、《四分律比丘戒相表記》等重要律部書籍。在廈門創設律學院，講演律學。到青島等處去宣宏律學，使七百餘年已失真脈的南山律宗，發揚光大。先生在抗日戰爭時廈門形勢十分危急的時候，他還在律學院說教，他願以身殉教，還引「莫嫌老圃秋容淡，猶有黃花晚節香」句以自豪。

他放棄了安適的生活，拋妻別子，穿破衲，咬菜根，過苦行頭陀的生活，完全是想用「律宗」的佛教信仰，去喚醒那沉淪於悲慘惡濁的醉夢中的人群。——儘管這注定要失敗，但我們不能離開時代的背景、離開先生的經歷，苛求於他。

一九六二年八月

李鴻梁（一八九五～一九七二），字孝友，近代著名畫家，為弘一大師在浙江兩級師範學校任教時的學生，深受器重。

白馬湖的春天

尉天驄

說起白馬湖的春天，就不能不說起夏丏尊先生所寫的〈白馬湖之冬〉。白馬湖在浙江省上虞縣，是有名的春暉中學所在地。那裡雖是地處江南，冬天的情味卻非常濃厚。夏先生說：「在我過去四十餘年的生涯中，冬的情味嘗得最深刻的，要算十年前初居白馬湖的時候了。十年以來，白馬湖已成一個小村落，當我們移居的時候，還是一片荒野。春暉中學的新建築巍然矗立於湖的那一面，湖的這一面的山腳下是小小的幾間新平屋，住著我和劉君心如兩家。此外兩、三里內沒有人煙。一家人於農曆十一月下旬，從熱鬧的杭州移居於這荒涼的山野，宛如投身於極帶中。」在那嚴寒的冬天，夏丏尊先生為什麼要帶著家人從熱鬧的杭州移居到那麼一個荒涼的山野呢？這是只有了解當時知識分子的心態才能夠明白的。我們知道，「清末民初之際，正是中國民族運動過程中改革、革命、反革命、新文化運動的時代，也是中國希望和幻滅的時代。……辛亥以前，一般青年希望民國成立再造中國的命運。結果。『莽操尸位』，一切成功。如果僅僅袁世凱之徒倒行逆施，其事尚下。然而一般新人物或革命志士，在清末已有變節者。至於民國，尤多趨於寡廉鮮恥，成為勢利之徒。一種幻滅與絕望之情襲擊當時的知識界。如是中國文學之『感傷主義時代』。所謂南社即此感傷主義之集嘖，而所謂鴛鴦蝴蝶，也就是這感傷主義成為定型以後的綽號。……醇酒婦人，是『雅俗共賞之事。在一個社會腐敗與絕望時代，尤其如此。不過在若干知識分子多了一樣東西，這便是古希臘或中古波斯人所謂的

『酒，女人，詩』。而在中國，又多一樣東西，那便是『酒，女人，詩，佛』。」（引自胡秋原〈兩法師〉一文）到了五四以後，特別在北伐前後的大動亂之際，當人們連「酒，女人，詩，佛」都求之不易的時候，這種感傷主義除了孕育出一種極端的頹廢外，還為中國青年掀起一股虛無的革命狂潮，關於前者，我們可以舉出無名氏[18]為代表。在他的〈金色的蛇夜〉裡，一開始就藉著一幅以「末日」為名的繪畫來描繪當時有東方巴黎之稱的上海：

「你這幅畫叫什麼題目？」

「末日！」畫家說：「又叫彭貝的毀滅！」

「這幅畫其實不叫『末日』，也不叫『彭貝的毀滅』，應該叫『我們的時代』！畫家的學生解釋道。

畫家在一旁解釋：「我主要畫：毀滅的溶漿已經奔騰爆發了，這世界還在做最後的跳舞，最後的荒淫！人們已看見死亡，人們卻不阻攔死亡，人們只在死亡陰影裡作最後的沉醉。……世界在毀滅，中國在跳舞。只要你一出門，就會發現，在這個東方巴黎城裡，多少個『謀殺』在跳舞，『享樂』在跳舞，『無恥』在跳舞，『欺騙』在跳舞，『荒淫』在跳舞……」

「你敢肯定，這個世界正站在毀滅邊緣上麼？」

18 卜寧（一九一七～二〇〇二）的筆名，現代小說作家。

聽到這句話，畫家……立刻激動起來，他陰沉而憤怒的道：

「颱風在從海上捲來！印度地震了！四川煤礦井崩塌了！德國國會大火了！西班牙革命了！巴黎大罷工了！北滿紅軍大炮演習了！意大利軍火運到匈牙利了！倫敦海德公園饑餓行列遊行示威了！在世界大畫布上，唯一塗抹的顏色，我也只能用『死亡』做油彩。普遍的饑餓！鎗聲！失業！洪水！死亡已代替生命，佔領這個世界。在每一條大街上，每一個小巷裡，每一座房子中，你都會發現空氣似的，發現死亡。災民區裡，每一片肚子變成空桶，你去拍拍，可以發出巨大迴聲。空桶裡只許裝水與氧氣，此外是憤怒和絕望。加農炮火光代替太陽光，普照中國人民。都市在無恥。鄉村也在無恥。每個人家裡只剩下最後的財產：絕望！」

「你這麼悲觀嗎？」

「夠悲觀，倒是幸福的。今天真相是：連悲劇對人們都是過分享受的奢侈品了。因為，悲觀究竟還需要情緒、觀念、時間，是有閒的產物。大炮響了，千百萬人血肉橫飛，這些死者能悲觀嗎？旱災來了，人們蝗蟲樣搶吃榆樹葉、榆樹皮、和草根、觀音土，這些人能悲觀嗎？這個時代沒有悲觀，只有毀滅。毀滅不需要你有任何觀念和情緒，只許你兩件事：腐爛和死！」

這種憤怒除了在頹廢無望之際引導人們走向墮落外。另一條道路則是「吾與汝偕亡」的同歸於盡。這方面我們可以以巴金的〈滅亡〉中的杜大心為代表。他因為不滿軍閥某戒嚴司令的殘暴，決定捨棄愛情和友情，以個人的生命去換取戒嚴司令的性命，小說的結果是這樣的：

戒嚴司令並沒有死，幾天以後就恢復了健康。他勃然大怒，說商會會長溝通敵人暗害他，就把商會會長扣留起來。結果商會會長報效了五十萬軍餉，買回了自己的自由。

戒嚴司令並沒有死。他正在慶幸因了杜大心的一顆子彈，他得五十萬現款，他的幾個姨太太也添了不少首飾。然而杜大心的頭卻早已化為臭水，從電桿上的竹籠中滴下來，使得行人掩鼻了。

而就在這種希望與絕望交織的年代，更有一些人由於驚訝世局的變幻，便將整個生命湮沒於忘卻之中。郁達夫《遲桂花》中那個知識分子則生便是一個例子，起先他是一個具有濃重浪漫色彩的人，然而由於現實的挫敗，便使得他以十年漫長的時間蟄居於與外界整個隔絕的故鄉，不看報紙，也不與人通信，不與外界接觸，連自家的婚姻也絕口不提；這樣長久地與外界隔絕之後，漸漸地身心的創傷平復了，母親也將衰敗的家整頓得略有眉目，長久不做的茶葉也恢復了製作。這樣，在他過了四十歲以後，當母親提起婚事之時，他也只有無可無不可地予以接受；而就在他進城添置結婚物品時，才發現外面的世界已經大大地改變了。而這些小說，整個便是在這種無可奈何的氣氛中，讓人感到不知何去何從。

然而，在這種境遇中，我們卻看到另一批人，不怨天，不尤人，不求名利，腳踏實地地從事教育的工作，那就是春暉中學的一群。其主持人是活躍於上海企業界的陳春瀾、經子淵先生。他們大多是五四時代的知識分子，處於那個令人有著無限感傷的年代，曉得非從廣大的群眾教育著手不足以徹底達成革新的工作，於是他們出錢出地，選擇了那白馬湖作為理想實驗的地方，他們在那裡辦了一所春暉中學，依照他們的所學在那裡付諸實踐。那雖是一所簡陋的學校，但執教的都是知名之士，夏丏尊、葉紹鈞、朱自清、豐子愷、劉薰宇、俞平伯……便是其中的一部分。在那新開拓的白馬湖邊，雖然談不上多少物質生活，但那裡所培育出來的文化氣息，隨著他們的另一出版機構——開明書店的成立，已擴大到江南一帶地區，「開明」原是從西方Enlightenment（一般譯為啟蒙或啟明）而來，所以工作的重點便放在青少年和兒童的教育上，除了透過函授方式出版國文講義、英文講義、數學講義、繪畫講義外，還出版《開明中學生》、《開明少年》、《婦女雜誌》、《兒童雜誌》、《英文月刊》、《國文月刊》……等六個刊物。在這種學校教育和文化出版的相互配合下，沒有幾年，就已產生了普遍的影響；後來京滬一帶的有名書局（如商務印書館、中華書局等）和有名報刊（如申報等）的編輯人才，便很多是從春暉中學和開明書店培植出來的。

了解到那個年代知識分子的心態，也許我們就可以領會到，在那荒涼的白馬湖邊，那群默默的耕耘者懷抱著怎樣的喜悅了。夏丏尊先生回憶那段生活說：「現在白馬湖到處都是樹木了，當時尚一株樹都未種，月亮與太陽都是整個兒的從山上起直要照到山下為止。在太陽好的時候，只要不颱風，那真和暖得不像冬天，一家人都坐在庭間晒日，甚至於吃午飯也在屋外，像夏天的晚飯一樣。日光晒到那裡，就把椅凳移到那裡。忽然寒風來了，只好逃難似的各自帶了椅凳逃入屋中，急急把門關上。」就在這種回憶中，中國人慣有的安詳和耐力，已讓人透過那股寒風感到另一種無以言說的溫馨，為什麼呢？因為就在嚴寒中，已經讓人因為有著泉湧而來的希望而在生命中展現了一個燦爛的春天。

本文作者尉天驄，曾任政治大學中文系所教授，《筆匯》月刊、《文學季刊》、《中國論壇》、《文季》季刊等刊物主編，現為政大中文所、臺文所名譽教授。

弘一法師在白湖

釋亦幻

弘一法師在白湖前後住過四次，時隔十載，詳細我已記不起來。大概第一次是在十九年的孟秋，以後的來去，亦多在春秋佳節。他因為在永嘉得到我在十八年冬主持慈谿金仙寺的消息，他以為我管領白湖風月了，堪為他的煙雨同伴，叫芝峰法師寫一封信通知我要到白湖同住。隔不多久，他就帶著他的小籐篋，華嚴宗注疏，和道宣律師的很多著作惠臨。我見到他帶來的衣服被帳，仍都補衲成功，倒並沒有感覺什麼出奇或不瞭解。這犬儒主義式的行腳僧的姿勢，我在廈門已司空見慣了。只是這麼老也孑然一身過雲遊生涯，上下輪船火車，不免不便，我心中曾興起不敢加以安慰的憂忡。

我現在畢竟記不清楚了，《清涼歌集》與《華嚴集聯三百》，是哪一本先在白湖脫稿的。我只記得他常對我稱讚芝峰法師佛學的淹博，要我把《清涼歌集》寄給他作成注解合併付梓，想利用善巧方便來啟迪一般學生迴心向佛，而種植慧根。現在開明書店出版的《清涼歌集》後附《達怡》一篇，就是芝峰法師的手筆。

弘一法師此時的工作，我記得好像是為天津佛經流通處校勘一部《華嚴注疏》，一部靈芝《羯摩疏濟緣記》。同時他在白湖所研究的佛學，是華嚴宗諸疏。每日飯後，必朗誦《普賢行願品》數卷迴向四恩三有，作為助生淨土的資料。法師是敬仰蓮池、蕅益、靈芝諸大師的，我揣想他的佛學體系是以華嚴為境，四分戒律為行，導歸淨土為果。我與他居隔室，我那時真有些孩子氣，好偷偷地在他的門外聽他用天津方言發出誦經的音聲，字義分明，鏗鏘有韻節，能夠搖撼我的性靈，覺得這樣聽比自己親去念誦還有啟示的力量，我每站上半天無疲容。當時我想起印度的世親菩薩本信小乘，因聽到他的老哥——無著菩薩在隔室誦《華嚴十地品》就轉變來信仰大乘的故事，我真想實證到，六祖大師聽到人念《金剛經》澈悟了向上一著的功夫！我哪裡曉得我會沉淪到此刻，還是一個不能究通半點已躬下事的愚人，慚愧，令我不敢思想去教化什麼人。

是年十月十五日，天台靜權法師來金仙寺宣講《地藏經》、《彌陀要解》。弘一法師參加聽法，兩個月沒有缺過一座。靜師從經義演繹到孝思在中國倫理學上之重要的時候，弘師恆當著大眾哽咽泣涕如雨，全體聽眾無不愕然驚懼，座上講師亦弄得目瞪口呆，不敢講下去。後來我才知滾熱的淚水是他追念母愛的天性流露，並不是什麼人在觸犯他傷心。因為確實感動極了，當時自己就寫了一張座右銘：「內不見有我，則我無能；外不見有人，則人無過。一味癡呆，深自慚愧；劣智慢心，痛自改革。」附上的按語是：「庚午十月居金仙，侍靜權法師講席，聽地藏菩薩本願經，深自悲痛慚愧，誓改過自新，敬書靈峰法訓，以銘座右。」我平生硬性怕俗累，對於母親從不關心，迨至受到這種感動，始稍稍注意到她的暮年生活。中間我還曾替亡師月祥上人撫慰了一次他的八十三歲煢獨無依、晚景蕭條到極點的老母。弘師對我做過這樣浩大的功德，他從沒有知道。

胡宅梵居士的《地藏經白話解》就在弘一法師的指導下編寫成書的。我想天下必定有許多如我之逆子，會被這部通俗注解感化轉來，對於劬勞的母親孝敬備至。靜權法師曾發誓以後專講地藏、彌陀兩本經，我希望到天台山去請他講經的人，能夠永遠體會這二位大師的宏法志願。佛教本是以感化社會為責任，現代登座談玄的大德，徒涉博覽，落於宋學漢學家的空泛窠臼，實是失卻佛教本來面目，應得迅速地來改變他們的作風。

經筵於十一月二十日解散，時已雨雪霏霏，朔風刺骨地生寒。白湖凍冰厚寸許，可以供人賽跑，文字上工作什麼都做不成功了。弘一法師體質素弱，只好離開白湖，歸永嘉的「城下寮」去。我送他坐上烏篷船過姚江，師情道誼，有不禁黯然的感傷。此別直至明年春光嫵媚的三月，他始由甌江返抵白馬湖的法界寺和晚晴山房兩處少住，旋歸白湖。贈我紹興中學舊友李鴻梁他們替他攝的照片與剪影多幀。那時他的著作是靈峰大師的年譜。後來他在《現代僧伽》上看到閩院學生燈霞，發表一篇《現代僧青年的模範大師》，就是捧出一位蕅益大師的道德學問，足為現代青年僧的模範。他對此文認為滿意，因此那篇年譜便沒有寫完。後來編選蕅益大師的言論成一冊《寒笳集》，或許就是這工作的變相了。

那一年正是弘一法師五十歲。有一天，他在談笑中說到，春天在上虞白馬湖的晚晴山房——是朋友醵貲造給他住的一座樸素別墅——春暉中學師生聯合經子淵、夏丏尊諸先生要為他舉行祝嘏[19]，他在被包圍之下，就出個題目，要大家買水族動物放生。他說他事後回思起來倒還怪有趣。我順著這話腳，就要求他在我們白湖留個紀念，他默上半晌說：「這樣吧！趁這四眾雲集聽經的機會，我們就在大殿裡發個普賢行願吧！」當時那張發願的儀式單，完全出於他的精心結構書寫，我保管了許多年，今亦散佚。那時我只有二十八歲，諸位法師強要我站在主持席上搭起紅祖衣領眾，大殿兩邊站著靠兩百個四眾弟子，東序靜安長老任維那[20]，西序靜權法師炳瑞長老為班首，弘一法師卻站在我的背後拜凳上，要跟著我頂禮，頡之頏之，好像新求戒弟子，叫我只是面紅耳赤地赧然發寒怔，流冷汗，覺到長老們亦會滑稽。午餐，我還清楚地記著，諸位法師圍坐在一桌吃飯，因為是罕遇，反把空氣變得太嚴肅了。胃口一點都勿開，沒有把菜吃完就散席。我統計這次的聚餐，說話只有寥寥兩三個請字，但相互合掌致敬之動作，倒有數十次之多呢。故我無以名之，曾名之為「寂寞的午餐」。後來弘一法師責怪我不應該這樣鋪張的，我想回答他：「你不知一般和尚的習慣，是做過功課必定要吃的！」但我耐住未發聲。

弘一法師在白湖講過兩次律學。初次就在十九年經期中，所講三皈與五戒，課本是用他自著之《五戒相經箋要》，講座就設在我讓給他住的丈室，他曾給它起名為「華藏」。書寫篆文橫額。下面附著按語：「庚午秋晚，玄人晏坐此室讀誦《華嚴經》，題此以志。」因為偏房說法的緣故，只有桂芳、華、顯真、惠知和我五人聽講。靜權法師很懇切地要求參加，被他拒絕了。第二次是在廿一年的春天，他突然從鎮北的龍山回到白湖，說要發心教人學南山律，問我還有人肯發心嗎？我欣悅得手舞足蹈，就以機會難得，規勸雪亮、良定、華雲、惠知、崇德、紀源、顯真諸師都去參預學習，我自己想做個負責行政的旁聽生，好好地來辦一次律學教育。有一天上午，弘一法師邀集諸人到他的房內，我們散坐在各把椅子上，他坐在自己睡的床沿

19 指祝壽。
20 佛教寺院中的職稱，在早晚課上擔任起腔唱誦、敲引磬領眾的工作。

上，用談話方式演講一會「律學傳至中國的盛衰派支狀況，及其本人之學律經過」。後來就提出三個問題來考核我們學律的志願：一、誰願學舊律（南山律）？二、誰願學新律（一切有部律）？三、誰願學新舊融貫通律（此為虛大師提出，我告訴他的）？要我們填表答覆。我與良定填寫第三項，雪亮、惠知填寫第二項，都被列入旁聽，只有其他三人，因填寫第一項，他認為根性可學南山律，滿意地錄取為正式學生了。

這團體有否什麼名稱我忘記了。教室是他親自選定在方丈大樓。因陋就簡到極點，沒有作任何之布置，僅排列幾張方桌成直線形，彷彿道爾頓制[21]的作業室。他每日為學生講述四分律二句鐘，學生一天光陰，都熟讀熟背來消磨。他又禁止人看書籍報章，並且大小便等亦須向他告假，我因為主持白湖未久，百務須自經心，沒登樓恭聞。聽說只講到四波羅夷、十三僧伽婆尸沙，二不定，就中輟了，時間計共十五日。中輟的原因是什麼？和他為什麼要自動發心講律？原因我一點都不明白。據我的推測，他是為一時的熱情所衝動，在還他的宿願而已。

這講座亦曾訂過章程，但經弘師半月之內三改四削，竟至變到函授性質，分設於龍山、白湖兩地，倒有些像流動施教團的組織，可是仍只存個名義。崇德、華雲二生，奉命移住龍山半月返白湖，云是復有別種原因，弘一法師要走了。

寫到此處要浮起我更沉痛的回憶。在「九一八」那年的秋天，弘師想在距離白湖十五里路的五磊寺創辦南山律學院，我應主持桂芳和尚之約，同赴上海尋找安心頭陀，到一品香向朱子橋將軍籌募開辦費，當得壹千元由桂芳和尚攜甬。因為這大和尚識見淺，容易利令智昏，樹不起堅決的教育信念，使弘師訂立章程殊多棘手。兼之南山律學院，弘師請安心頭陀當院長，因為他到過暹羅，他在滬來信堅決要仿效暹羅僧實行吃缽飯制度[22]，說是朱子橋將軍他們都歡喜這樣做，這更使弘師感到注重形式的太無謂，故等到我回白湖，事情莫名其妙地老早失敗了，弘一法師亦已喬遷寧波佛教孤兒院。現在白衣寺的頭門前，還掛著一塊弘師自己寫的「南山律學院籌備處」招牌，就是那個時期的歷史產物。關於這件事，我曾與岫廬合寫過一篇《南山律學院曇花一現記》，發表於《現代佛教》上誌痛。所以我上面說弘一法師第二次回到白湖講律的動機，全出於還願性質，在教育上無多大意義，乃指此事而言之。

弘一法師移住龍山，這時係屬第二次。他與龍山伏龍寺的監院誠一師認識，為我介紹，初次去時記由胡宅梵居士送去的。這會復往宿止的重大原因，或許就為每日講律使他感到累贅，不能如向之悠然可為自己工作。若說學生們還有什麼使他認為行為有缺點，這未免太失察。我已述說過，學生他們甚至於大小便都不能自由行走，封禁書報不准翻閱，這些條件都能做到實行二週了，誘而教之來彌補知識的貧乏，應屬有望。

弘一法師究竟為什麼又來一次退心律學教育呢？不久的後來，他寄給我一封很長的信，大意是要我徹底地來諒解他的過犯，他現在已感到無盡的慚愧和冒失云。並且說他在白湖講律未穿大袖的海青，完全荒謬舉動，違反習慣，承炳瑞長老慈悲糾正，甚感戴之。這些話我知道他得自龍山海印師之舉似，但確實出之於炳長老之口。「宏法各有宗風，法師胡為而歉然」呢？

21 指一九二〇年，在美國麻薩諸塞州的道爾頓中學（Dalton High School）所實行的一種個別化教學法。
22 源自南傳佛教傳統，由信徒夾菜放入比丘的缽中，比丘從缽中吃飯。

我這麼寫信答他。

弘一法師要朝我懺悔，現在始明白知道全為了一點讀書方法問題。事情是這樣的：他要我圈讀《四分律行事鈔資持記》，並囑我以分科判工作，雖然不是十分正式，但我對他的話句句擬實行的。我一向讀書浪漫的色彩很濃鬱，有如漫遊名山勝境，隨處會流連忘返。所以我常拿著一本中國哲學史，一年半載讀不完，一本西洋哲學史或文藝思潮，我曾痛恨，原作在中國翻譯得實在太少了，叫我讀起來枯燥寡味，老是東採西找補充讀物，不肯隨便放過。現在我最贊成讀書要先讀外國文的主張，意思是表示我在武院跟過名教授陳達、史一如諸先生，讀英日文功課，因為貪懶，此刻做學問工具不夠，精神上有無限的痛苦，想以這心領身受的刺激，來警惕朋友。

話回到讀書問題上來說：靈芝大師《資持記》本為疏釋道宣律師的《行事鈔》之作。如訓詁家之解經有時把《行事鈔》的文義支離破裂得端緒紛披，雖然淹博，初學讀之很難引起盎趣。但弘一法師因為過於崇拜他了，禁止我們拿鈔來讀，反使我們時興「數典忘祖，多岐亡羊」之感。我禁不住學律反而要來破戒，到他房內攜出《行事鈔》參閱，啊！這舉動引惹他不滿了。善知識的教誡，理由純粹出於熱望學人的深造，我是為求知而研究學問的，我敢回口什麼嗎？我喜樂地把那本書仍庋藏到書櫥，決定用加倍的腦力來實驗法師的嚴峻教授法效率，決定以深入來報答法師誨人不倦的殷勤！經過這教訓起，我已能坦然寧心地仔細翻覽南山各種鈔疏了，我現在對律學能略略懂得一點，就得力於此時。我能夠徹底認識佛陀對弟子的慈悲，與哀憫弟子的苦衷，願堅決地為中國佛教整理而奮鬥，做一個忠實的佛教徒，也在此時才志願堅韌起來。他為我做過這麼大的功德，他哪裡會知道。

所以，當他寫那封信來時，我告訴他我已不是黃口小兒了，我沒有半點覺得你有對我不起之處。我以後更想受到你大善知識手中的惡辣楗椎，希望你永遠不嫌我的愚蠢，好好地教育我成材。而我一句未分辨到上次為什麼有這叛逆行為。

弘一法師在房中教我讀律部著作，我總坐在他的坐椅上，他自己卻拿另外一把椅子坐在我的左邊，要我逐字逐句，義意分明，音韻平仄準確地，從容緩慢地先來讀一遍，然後他講給我聽。這種好似良師復好似嚴父的教育，我恐怕自此再不會有機會受到，我想到這裡，真眼酸欲淚。平常我們寫信給師長輩說「長坐春風」，說來似乎甚容易，其實天下究有幾個人能夠受到這種愛的教育呢？

弘一法師好欣賞每本著作的文字。據我的觀察，他的興趣是沉溺在建安正始之際。對於詩亦一樣。不過他不喜歡尖艷，他好陶潛和王摩詰一派的沖淡樸野。他有一冊商務國學叢書本的右丞詩，曾用許多圈點，並且裝上一個很古雅的線裝書面，給人猜不出是什麼書，而且常和那本長帶身邊的古人格言在一起。我想魯迅翁亦很好六朝文學，如他抄編的那本《古小說鈎沉》，弘師見到必很高興。這是一本魯迅翁在北平紹興會館時代修養文學而抄集的書，待等《吶喊》出版受到中國文化界熱烈地歡迎，不得不把作風就此改變。而弘師呢？他出家後第一部著作，是仿效道宣律師的文字寫成之《四分律戒相表記》。這書出版後，頗受到世界佛學家之稱許（如日本文化界接到這書後，寄回的謝啟有數十種，今都保存在白湖）。所以他不肯把寫作的工具輕易掉換，就越發沉溺於魯迅翁初期之所嗜不欲自拔。他們兩個在文學上的天才，大抵不相頡頏，不同處就在於轉變問題。

有一次，弘一法師突如其來地問我：「道宣律師的文字好處在哪裡？」我那時欣賞文學的能力很低，批評文學的詞句又沒有，我偶然勉強地說出一個「拙」字，又恐不大妥當，連忙加上是幽澀意義的解釋，他便說：「你讀南山道宣律師的著作進步必定會很迅速。」現在我曉得他是在誘導我。

總之，我們從弘師本身看起來，他那時的生活是樸素閒靜地講律、著作、寫經，幽逸得無半點煙火氣。倘使從白湖的天然美景看起來，真是杜工部詩上的：「天光直與水相連。」中間站著一位清癯瘦長的梵行高僧，芒鞋藜杖。遠岸幾個僧服少年，景仰彌堅！

釋亦幻（?～一九七八），號梅翁，筆名出定僧。童年出家，曾在慈溪金山寺、寧波延慶寺任住持。

一代高僧弘一大師

釋慧觀

弘一大師「律紹南山」、「教宗賢首」、「行在彌陀」，永垂典範。菩薩以行為貴。弘一大師之示現，尤重身教。於行門方面，「持戒念佛」盛德，芳型長存。

弘一大師還將持戒、念佛融入全部生命、生活之中。為南山律宗祖師，持戒精嚴；亦為彌陀淨土真子，已經修證念佛三昧，成就不可思議功德。

故，本文重點在「律紹南山」、「行在彌陀」；「教宗賢首」略提一筆；入山出家，稍述遠因、近因；至於在俗之事，則以年表摘錄明之。

仰止一代高僧，雖不能至，心嚮往之。

書香世家

弘一大師，出生於一八八〇年（清光緒六年[23]）農曆九月二十日。原籍浙江平湖。俗姓李，父名世珍，號筱樓，同治間進士，曾官吏部主事，母王氏。長兄早逝；仲兄名相岡，長師十二歲。大師行三，幼名成蹊。

五歲，父筱樓先生卒，家人延僧誦經。六、七歲，從仲兄受教。九歲，從師受業。十三歲

23 本文原無民國紀年，為使讀者便於對應、理解當時歷史背景與狀況，故增補之。

開始臨摹篆帖。十八歲，與俞氏結婚，同年入天津縣學，改名文濤，字叔同。

十九歲，戊戌政變失敗後，奉母攜眷南遷上海，加入城南文社，詩賦為一時之冠。二十二歲，考入南洋公學經濟特科班，從蔡元培受業，改名李廣平。二十三歲發生罷課風潮，南洋公學散學。二十六歲，創辦「滬學會」，提倡辦補習班，改良風俗，撰〈祖國歌〉，歌頌祖國，一時流行全國。四月，母王太夫人逝世，扶柩回津，提倡喪禮改革，易名李哀，字哀公。秋，東渡日本留學。

二十七歲，考入東京美術學校，改名岸。二十八歲組織「春柳社」，為中國話劇團體之始。為國內徐淮水災賑災，公演《茶花女遺事》，六月，又公演《黑奴籲天錄》。三十二歲，三月畢業歸國，任教天津高等工業學堂。

三十三歲，至上海任《太平洋報》副刊輻輯，兼任城東女學音樂、國文教師。創立「文美會」，同時加入「南社」。秋，《太平洋報》停辦，應經亨頤之聘，至杭州浙江省立第一師範學校，擔任圖畫、音樂教員。改名李息，字息翁。三十五歲，組「樂石社」。三十六歲，兼任南京高等師範圖畫，音樂教員。三十七歲，冬，入西湖虎跑定慧寺斷食，自覺「身心靈化」，後開始素食、看經、禮佛，改名李嬰。

入山出家

弘一大師於一九一八年（民國七年）農曆七月十三日，在虎跑寺依了悟和尚出家。大師為國內有名之藝術家、教育家，為什麼毅然決然出家？

夏丏尊在大師六十歲祝壽紀念文上，寫〈弘一法師之出家〉。敘述大師出家前一年陽曆年假，獨自去實行斷食；斷食回來，曾去訪過馬一浮先生；馬居士介紹彭居士去虎跑寺住，不久就出家，大師目擊大大感勤，就皈依三寶；後來就茹素、念佛、看經了，打算以居士資格住虎跑寺修行。夏丏尊說：「這樣做居士，究竟不徹底，索性做了和尚，倒爽快！」大師真的把一切書籍衣物分贈友生，到虎跑寺出家。夏丏尊因此學佛，體悟大師是過去無量數劫種了善根的。他的出家，他的弘法度生，都是夙願使然，都是希有的福德，應代他歡喜，代眾生歡喜。

弘一大師於一九三七年（民國二十六年），五十八歲，應「越風社」之邀，口述〈我在西湖出家的經過〉。提及大師和夏丏尊躲避學校一位名人來演講，到湖心亭上去吃茶。丏尊對大師說：「像我們這種人，出家做和尚倒是很好的。」大師聽到這句話，覺得很有意思。這可說是大師出家的一個遠因。民國五年農曆十一月底，到虎跑寺斷食。看到出家人那種生活，很歡喜而且羨慕起來了。這次虎跑寺斷食，可說是大師出家的近因。民國六年下半年就吃素了，冬天請了許多經，房裡也供起佛像來。年假去虎跑寺過年，發心出家。七年正月十五日受三皈依。承夏丏尊的勸，趕緊於七月十三日出了家。

律紹南山

南山律者，唐道宣律師居終南山，後世因稱其撰述曰南山律。南山以《法華》、《涅槃》諸義，而釋通《四分律》。貫攝兩乘，囊包三藏，遺編雜集，攢聚成宗。其撰述最著者，為《四分律刪繁補闕行事鈔》（略云《事鈔》）、《四分律含註戒本疏》（釋南山所集《含註戒本》，略云《戒疏》）、《四分律隨機羯磨疏》（釋南山所集《隨機羯磨》，略云《業疏》），世稱為「南山三大部」。北宋元照律師居錢塘靈芝寺，中興南山律宗。撰《資持記》以釋《事鈔》，撰《行宗記》以釋《戒疏》，撰《濟緣記》以釋《業疏》。

一、**掩關撰述　專精戒律**

弘一大師初出家時，即讀《梵網合註》，續讀《靈峰宗論》，乃發起學律之願。九月受比丘戒時，馬一浮居士貽以《毗尼事義集要》及《傳戒正範》，披翫周環，悲欣交集，因發學戒之願。

一九二一年（民國十年）正月，大師披尋四分律，以戒相繁雜，記誦非易，思撮其要，列表志之。至一九二四年（民國十三年）八月，《四分律比丘戒相表記》完成，歷時四年餘。並以工整楷書付梓，是為大師出家以後最大之著作。此書乃出家法師必讀寶典。

大師晚年亦為在家居士整理《南山律在家備覽略編》，使居士也有研習南山律之殊勝因緣，進而學戒持戒。

二、**過午不食　誦戒安居**

提起弘一大師，大家都知道他過午不食。溫洲慶福寺寂山長老還因為護持大師，而將全寺午齋提早，大師感動厚待，以師禮敬之。傳為佳話。

大師自己過午不食，也隨喜讚歎學律諸師過午不食。並推崇蕅益大師〈非時食戒十大益論〉。生西那年更撰〈持非時食戒者應注意日中之時〉，強調過午不食，須在日正中以前食，日中依真太陽中天為準，非依鐘錶之十二點為準。

倓虛大師憶弘一大師，提及湛山寺整個叢林接受弘一大師教化，平常過午不食，黑白半月誦戒，四月十六結夏安居……大師走後，仍照規矩行持。

弘一大師提倡「半月誦戒」，在湛山寺還擬定〈說戒法略例〉，供後人參循。又，大師去湛山寺，即是應倓虛大師之請，前往「結夏安居」講律。大師注重結夏安居，影響至深，目前僧眾已蔚為風氣。

三、弘揚南山　承先啟後

一九三一年（民國二十年）大師五十二歲，撰〈學南山律誓願文〉，於佛前發願：

「願從今日，盡未來際，誓捨身命，擁護弘揚南山律宗。願以今生，盡此形壽，悉心竭誠，熟讀窮研南山鈔疏及靈芝記。精進不退，誓求貫通。編述表記，流傳後代。冀以上報三寶深恩，下利華日僧眾。……」

大師自此校正、標圈「南山三大部」，補寫科文，編著別錄、表記……除撰述之外，亦盡心盡力講律，教導後學。

一九三三年（民國二十二年）正月，開始在廈門妙釋寺講律。大師言此為宏律第一步。大師還參用新教授法講律。自己圈點律書，亦教學律諸師圈點。五十五歲時，並表示願以殘年致力於教導後學。

一九三五年（民國二十四年），更擬謝絕一切緣務，專編律書。曾致函廣洽法師，云每日標點研習「南山律」約六、七小時。可見大師極盡心力在流傳戒法。

五十六歲誕辰，大師敬書「誓作地藏真子，願為南山孤臣」一聯，以自策勵，銘諸座右。

一九三七年（民國二十六年）元旦，大師五十八歲，有一「講《羯磨》聯」為：

「願盡未來，普代法界一切眾生，備受大苦。
誓捨身命，弘護南山四分律教，久住神州。」

大師曾於一九三三年（民國二十二年），在開元寺尊勝院擬「南山律苑」聯：

「南山律教，已七百年湮沒無聞，所幸遺編猶存海外。
晉水僧園，有十數眾弘傳不絕；能令正法再住世間。」

圓寂那年，大師將上下聯各改了幾個字，成為：

「南山律教，已八百年湮沒無傳，何幸遺編猶存東土。
晉水僧園，有十數眾承習不絕，能令正法再住世間。」

可見他對南山律教，如何承先啟後矣。

四、閉門思過　不求名利

大師極注意改過遷善，亦曾修習一百二十日懺儀。一九三三年（民國二十二年），五十四歲，在廈門妙釋寺講〈改過實驗談〉。分總論與別示二門。總論分學、省、改。別示舉十條：一虛心、二慎獨、三寬厚、四吃虧、五寡言、六不說人過、七不文己過、八不覆己過、九聞謗不辯、十不瞋。略引古代聖賢名言，以說明自己五十年來之改過實驗。

一九三六年（民國二十五年），五十七歲，大師決定將「老法師、法師、律師」等尊號取消，要閉門思過，標點南山三大部。一九三七年（民國二十六年），五十八歲，大師擬埋名遁世，終其天年，不願墮名聞利養窟中，辜負出家本志。在南普陀佛教養正院講〈南閩十年之夢影〉，提到覺得自己德行十分欠缺，起了「二一老人」的名字。取「一事無成人漸老，一錢不值何消說」之意，作為閩南居住十年最好的紀念。

五、以戒為師　清淨三業

大師在〈受十善戒法〉中，提及：一救護生命不殺生、二給施資財不偷盜、三遵修梵行不婬欲、四說誠實言不妄語、五和合彼此不兩舌、六善言安慰不惡口、七作利益語不綺語、八常懷捨心不慳貪、九恒生慈愍不瞋恚、十正信因果不邪見。

他不斷改過遷善，除了不殺生，還正面作到了救護生命等。可謂三業清淨，十善具足。以救護生命為例。大師與豐子愷、李圓淨合作之《護生畫集》，便是無緣大慈、同體大悲之充分流露。《護生畫集》依大師之囑出版六集，功德無量。

一九二九年（民國十八年）或為一九三〇年，由太虛大師作詞、弘一大師作曲之〈三寶歌〉完成，是為千古絕唱。一九三〇年（民國十九年）太虛大師贈偈弘一大師，言：「聖教照心，佛律嚴身，內外清淨，菩提之因。」弘一大師精嚴持戒，提高僧格，使佛法常住，三寶增光。

大師三業清淨，是謂菩薩持戒波羅蜜。

六、圓滿編輯　乘願再來

一九三五年（民國二十四年），大師致函囑託李圓淨再版《四分律比丘戒相表記》，書後印有「南山律苑叢書出版預告」，計十五種之多。

以後幾年，時局不寧，李圓淨便常常請求大師將律部諸書提早完成。大師打算把《在家備覽》先行脫稿。一九四〇年（民國二十九年）致函，中云：「朽人近年已來，精力衰頹，時有小疾。編輯之事，僅可量力漸次為之。若欲圓滿成就其業，必須早生極樂，見佛證果，迴入娑婆，乃能為也。古德云：『去去就來』，迴入娑婆，指顧間事耳。……吾人修淨土宗者，以往生極樂為第一標的。其現在所有講經撰述等種種弘法之事，皆在其次。時節到來，撒手便行。決不以弘法事業未畢，而生絲毫貪戀顧惜之心。朽人以上所云編輯諸事，不過姑作此想。經云：『人命在呼吸間』，固不能逆料未來之事也。……」

教宗賢首

弘一大師《華嚴經》造詣深刻。一九三一年（民國二十年），曾書《華嚴集聯三百》及撰〈華嚴經讀誦研習入門次第〉。

大師自晉譯《華嚴經》偈頌中集輯百聯，自唐譯中集輯百聯，自唐貞元譯《華嚴經普賢行願品》偈頌中集輯百聯。卷末別述〈華嚴經讀誦研習入門次第〉，教示讀誦、研習宜並行之。讀誦樂簡者，宜讀〈普賢行願品〉或兼讀〈淨行品〉，以上二種，奉為日課；若欲讀全經者，宜讀唐譯；若有餘力者，兼讀晉譯。

大師云：「惟願後賢見集聯者，更復發心，讀誦研習華嚴大典。以茲集聯為因，得入毗盧淵府，是尤余所希冀者焉。」

行在彌陀

弘一大師初出家，即精進修行。每日禮佛、念佛、誦經……深念生死事大，未敢放逸。用功一段時間，他想要閉關，一心念佛。

一、**掩關念佛　修證三昧**

第一次掩關念佛，為一九二〇年（民國九年）七月十三日至中秋節後，在新城貝山。

大師「擬謝絕人事，一意求生西方，當來迴入娑婆，示現塵勞，方便利生，不廢俗事」。

但以事緣未具，不能久居，中秋節後，即移居衢州蓮花寺。未久，又回杭州。第二次掩關念佛，為一九二一年（民國十年）三月至一九二三年（民國十二）二月，在溫州慶福寺。

此次杜門索居，「研治毗尼，迴向安養」。

研治毗尼，大師撰述了一生最大之著作《四分律比丘戒相表記》；迴向安養，大師「一心念佛，將以二載，圓成其願」，其願乃修證念佛三昧。

弘一大師掩關念佛，深受印光大師影響。

印光大師致弘一大師函，云：

「座下勇猛精進，為人所難能。又欲刺血寫經，可謂重法輕身，必得大遂所願矣。光願座下先專志修念佛三昧，待其有得，然後行此法事。……」

「刺血寫經一事，且作緩圖。當先以一心念佛為要。恐血耗神衰，反為障礙矣。……但得一心，法法圓備矣。」

「接手書，知發大菩提心，誓證念佛三昧，刻期掩關，以期遂此大願。光閱之不勝歡喜。……關中用功，當以不二為主。……」

弘一大師一九二四年（民國十三年）舊二月，於慶福寺致王心湛函云：

「朽人於當代善知識中，最服膺者，惟光法師。前年致書陳情，願厠弟子之列，法師未許。去歲阿彌陀佛聖誕，於佛前然臂香，乞三寶慈力加被，復上書陳請，師父遜謝。逮及歲晚，乃再竭誠哀懇，方承慈悲攝受，歡喜慶幸得未曾有矣。」

二、書寫佛號　廣結善緣

大師出家後，文藝之事悉多放下，仍存書法。以佛號、佛法書寫，令人喜見，以種淨因，亦弘法利生，功德無量。

如：入山前，書寫「阿彌陀佛」直幅贈楊白民；將往新城掩關念佛，手書「南無阿彌陀佛」洪名，並摘錄澫益大師警訓，贈夏丏尊；出關後，致劉質平函，云曾寫佛號，廣結善緣，及如須佛號贈人，希以時告知，即可寫奉；為亡友崔旻飛迴向，其中一項功德是寫「阿彌陀佛」名號四十八葉，分贈道侶；居上虞紹興時，與同學舊侶晤談者甚眾，為寫佛號六百餘葉，普結善緣，亦希有勝行；為《護生畫集》題字書寫，自言乃佛菩薩慈力冥加，不可思議，擬畫集寫畢，便不再措意於詩文，唯偶寫佛菩薩名號及書籤，用結善緣而已。……

大師手書佛號，收錄於《弘一大師全集》[24]第九冊書法卷。亦可參見《弘一法師翰墨因緣》[25]，及其他弘一大師書法墨寶之書籍等。大家可發心選輯，流通佛號，見每幅佛號起歡喜心，也將每句佛號念出功德。

三、闡揚淨土　但勸念佛

一九二五年（民國十四年）夏丏尊於〈子愷漫畫序〉云：「和尚未出家前，曾是國內藝術

24 《弘一大師全集》，福建人民出版社，二〇一〇年。

25 《弘一法師翰墨因緣》，雄師圖書股份有限公司，一九九七年。

界的先輩，披剃以後，專心念佛，見人也但勸念佛，不消說，藝術上的話是不談起了的。」

弘一大師於書簡、演講中，隨緣盡力闡揚淨土法門。例如：

1. 開示「獲證三昧我執消除」

云：「若一心念佛，獲證三昧，我執自爾消除。……」、「大乘之人，須發菩提心（心、佛、眾生三無差別）。依是自利利他，直至成佛。……」

2. 推崇《印光法師文鈔》

曾為題詞並敍：「是阿伽陀，以療群疚。契理契機，十方宏覆。曾願見聞，歡喜信受。聯華萼於西池，等無量之光壽。」

3. 演講〈人生之最後〉

對〈人生之最後〉有妥善的安排和規畫。病重時、臨終時、命終時、薦亡等事、臨終助念會等，均有愷切之教示，高瞻遠矚，不可思議。

4. 別輯《阿彌陀經義疏擷錄》

大師披尋靈芝律師《阿彌陀經義疏》，隨力敷講，別輯《義疏擷錄》。大師發現，《義疏》善契初機。初學若以之下手，再修學《疏鈔》、《圓中鈔》、《要解》，必更循序漸進，融會貫通。

5. 撰設〈淨宗問辨〉

於淨土法門，設置問答，剖析至詳。

6. 書寫「苦樂對覽表」

宋慈雲懺主說二土修行難易十種，大師以苦樂對之，列表；《阿彌陀經》云無有眾苦但受諸樂，大師以八苦與極樂世界之樂對之，列表。見此表者，能不「欣往西方、厭離娑婆」耶？

四、護法殉教　念佛救國

弘一大師一心念佛，修證三昧，以不可思議功德，悲智雙運地平息滅佛、捨身殉教、念佛救國。

1.平息滅佛

一九二七年（民國十六年），南京、浙江推行「闢佛」政策。大師在常寂光寺掩關，慨然出關身任護持。諸人為大師之威儀悲願所攝，滅法之事遂息。

2.捨身殉教

一九三七年（民國二十六年）抗日戰爭爆發，大師先在青島，後經上海，回至廈門。然後又在閩南泉州、惠安、漳州、廈門等處隨緣弘法。無時無刻不準備為護佛門以身殉教。

日寇入後，大師正在青島湛山寺。題室「殉教」。中秋節後，才在大眾依依不捨之下南返。臨別大眾請他開示，他送大家：「最懇切最能了生死的一句話，就是——南無阿彌陀佛。」

在廈門，大師為寺院護法，引古詩「莫嫌老圃秋容淡，猶有黃花晚節香」策勉。

之後，大師有〈為紅菊花說偈〉：

「亭亭菊一枝，高標矗勁節，云何色殷紅？殉教應流血。」

3.念佛救國

一九四一年（民國三十年）泉州開元寺結七念佛，大師為書「念佛不忘救國，救國必須念佛」警語，並題記說明。充分流露出大師精進念佛，又救國救民之修行。

五、早求生西　雖存如歿

弘一大師一心念佛，早求生西。只從他的書簡中，便屢屢可見。略例如下：

1.長期掩室，求早生西方

大師在一九二五年（民國十四年）十一月曾回杭州小住，於虎跑寺致蔡丏因函：

「明春或往溫州，為長期之掩室，冀早生安養。」四十六歲之齡，有此決定。

2.娑婆甚苦，求早生西方

大師第一次赴閩回溫州，於慶福寺致夏丏尊函：「……此次旅途甚受辛苦。……近來余深感娑婆之苦，欲早命終往生西方耳。」

3.衰老之相，求早生西方

大師第二次赴閩回溫，致夏丏尊函：「……不久即正式閉關，不再與世人來往矣。……以後他人如向仁者或子愷詢問余之蹤跡者，乞以『雖存如歿』四字答之。……余現在無大病，惟身心衰弱，又手顫、眼花、神昏、臂病不易舉，凡此皆衰老之相耳，甚願早生西方。……」五十一歲而不再與世人來往，真是身在娑婆，神棲淨土。

4.內外病症，求早生西方

大師最嚴重的一次大病，一九三五年（民國二十四年）十一月底發病，病重時，還留遺囑給侍者傳貫法師：「放下一切，專意求生西方。……」

此外，「朽衰日甚，宿願所致，自慚涼德……」等，均求早生西方。

六、預知時至　悲欣交集

弘一大師已修證念佛三昧，又求早生西方，便能對往生極樂「深信切願以待時」。在他的書簡中，也陸續吐露出「不久往生」之「消息」。如：

1.老態日增，不久往生

一九三八年（民國二十七年）致豐子愷函：「朽人年來老態日增，不久即往生極樂。……猶如夕陽，殷紅絢彩，隨即西沉。」

2.今將西逝，須俟迴入

有一封「遺書」致性願法師：「今將西逝，須俟迴入娑婆，再為晤談。……後學迴入後，仍可來普濟居住，與諸緇素道侶相聚首也。」

3.遺囑遺偈，悲欣交集

葉青眼居士敘述：「公之盛德莊嚴，見之於臨終之際。……」並記載大師於一九四二年（民國三十一年）農曆八月十五、十六日講經；八月二十三、二十五、二十六日三天，還照常寫字；二十七日整天斷食，醫藥悉被拒絕；二十八日叫妙蓮法師到臥室寫遺囑；二十九日囑臨終助念等事；三十日整天不開口，獨自默念佛號；九月初一日下午寫「悲欣交集」；初三日示不如念佛利益，及乘願再來度生；初四日下午八時正，吉祥西逝。又，一九四二年（民國三十一年）舊九月，於泉州溫陵養老院，致夏丏尊函：

「丏尊居士文席：

朽人已於（九）月（初四）日遷化。曾賦二偈，附錄於後：

君子之交，其淡如水。執象而求，咫尺千里。

問余何適，廓爾亡言。華枝春滿，天心月圓。

謹達，不宣。

前所記月日，係依農曆。又白。

音啟」

此函與致劉質平函相同。遺書中第二偈，是大師早已撰就，預備用以作謝世之辭。若據李芳遠所記，則大師在一九三九年（民國二十八年），六十歲夏天，即已撰就此遺偈。

「悲欣交集」是什麼心情呢？「華枝春滿，天心月圓」又是什麼境界呢？

念佛人念到一心不亂，證得念佛三昧，在臨命終前，與西方淨土、阿彌陀佛相應，會是怎樣不可思議之心境啊！

本文作者慧觀法師，現任西蓮淨苑編輯、書記、僧教組長，西蓮教育基金會、智諭老和尚教育紀念基金會、僧伽醫護基金會董事、弘一大師紀念學會常務理事兼顧問、弘一大師・豐子愷研究中心特約研究員。本文出自《弘一大師持戒念佛之典範》（弘一大師紀念學會，二〇一二年）。

一卷二一

華枝春滿，天心月圓：佛學論述

佛學文章選

弘一大師的佛法思想體系，是以華嚴為境，四分律為行，導歸淨土為果。他研究的是華嚴，修持弘揚的是律行，崇信的是淨土法門。出家後為弘揚佛法，四處奔走演講，其編寫的文稿用詞親切生動，經常融入自身的經歷與想法，容易感動讀者，具有深刻的啟發性。

我在西湖出家的經過

杭州這個地方，實堪稱為佛地，因為那邊寺廟之多，約有兩千餘所，可想見杭州佛法之盛了。

最近「越風社」要出關於《西湖增刊》，由黃居士來函，要我做一篇《西湖與佛教之因緣》，我覺得這個題目的範圍太廣泛了，而且又無參考書在手，短期間內是不能做成的。所以現在就將我從前在西湖居住時，把那些值得追味的幾件零碎的事情來說一說，也算是紀念我出家的經過。

我第一次到杭州，是光緒二十八年七月（本篇所記的年月，皆依舊曆）。在杭州住了約莫一個月光景，但是並沒有到寺院裡去過。只記得有一次到湧金門外去吃過一回茶而已，同時也就把西湖的風景，稍微看了一下子。

第二次到杭州時，那是民國元年的七月裡。這回到杭州倒住得很久，一直住了近十年，可以說是很久的了。

我的住處在錢塘門內，離西湖很近，只兩里路光景。在錢塘門外，靠西湖邊有一所小茶館，名景春園，我常常一個人出門，獨自到景春園的樓上去吃茶。當民國初年的時候，西湖那邊的情形，完全與現在兩樣。那時候還有城牆及很多柳樹，都是很好看的。除了春秋兩季的香會之外，西湖邊的人總是很少，而錢塘門外，更是冷靜了。

在景春園的樓下，有許多的茶客，都是那些搖船抬轎的勞動者居多。而在樓上吃茶的就只有我一個人了，所以我常常一個人在上面吃茶，同時還憑欄看看西湖的風景。

在茶館的附近，就是那有名的大寺院——昭慶寺了。我吃茶之後，也常常順便地到那裡去看一看。

當民國二年夏天的時候，我曾在西湖的廣化寺裡面住了好幾天，但是住的地方，卻不是在出家人的範圍之內，那是在該寺的旁邊，有一所叫做痘神祠的樓上。痘神祠是廣化寺專門為著要給那些在家的客人住的。當時我住在裡面的時候，有時也曾到出家人所住的地方去看看，心裡卻感覺得很有意思呢！

記得那時我亦常常坐船到湖心亭去吃茶。

曾有一次，學校裡有一位名人來演講。那時，我和夏丏尊居士兩人，卻出門躲避而到湖心亭上去吃茶了！當時夏丏尊曾對我說：「像我們這種人，出家做和尚倒是很好的。」那時候我聽到這句話，就覺得很有意思，這可以說是我後來出家的一個遠因了。

到了民國五年的夏天，我因為看到日本雜誌中，有說及關於斷食方法的，謂斷食可以治療各種疾病。當時我就起了一種好奇心，想來斷食一下。因為我那個時候，患有神經衰弱症，若實行斷食後，或者可以痊癒亦未可知。要行斷食時，須於寒冷的季候方宜，所以我便預定十一月來作斷食的時間。

至於斷食的地點呢？總須先想一想，考慮一下，似覺總要有個很幽靜的地方才好。當時我就和西泠印社的葉品三君來商量，結果他說在西湖附近的地方，有一所虎跑寺，可作為斷食的地點。那麼，我就問他，既要到虎跑寺去，總要有人來介紹才對，究竟要請誰呢？他說：有一位丁輔之，是虎跑寺的大護法，可以請他去說一說。於是他便寫信請丁輔之代為介紹了。因為從前那個時候的虎跑，不是像現在這樣熱鬧的，而是遊客很少，且十分冷靜的地方啊。若用來作為我斷食的地點，可以說是最相宜的了。

到了十一月的時候，我還不曾親自到過，於是我便託人到虎跑寺那邊去走一趟，看看在哪一間房裡住好？看的人回來說，在方丈樓下的地方，倒很幽靜，因為那邊的房子很多，且平常的時候都是關起來，遊客是不能走進去的。而在方丈樓上，則只有一位出家人住著而已。此外並沒有什麼人居住。等到十一月底，我到了虎跑寺，就住在方丈樓下的那間屋子裡了。

我住進去以後，常常看到一位出家人在我的窗前經過，即是住在樓上的那一位，我看到他卻十分歡喜呢！因此就時常和他來談話，同時他也拿佛經來給我看。

我以前雖然從五歲時，即時常和出家人見面，時常看見出家人到我的家裡念經及拜懺。而於十二三歲時，也曾學了放焰口[26]，可是並沒有和有道的出家人住在一起，同時也不知道寺院中的內容是怎樣，以及出家人的生活又是如何。這回到虎跑寺去住，看到他們那種生活，卻很歡喜而且羨慕起來了！

我雖然在那邊只住了半個多月，但心裡頭卻十分地愉快，而且對於他們所吃的菜蔬，更是歡喜吃。及回到了學校以後，我就請傭人依照他們那種樣的菜煮來吃。

這一次，我到虎跑寺去斷食，可以說是我出家的近因了。及到民國六年的下半年，我就發心吃素了。

在冬天的時候，我即請了許多的經，如《普賢行願品》、《楞嚴經》、《大乘起信論》等很多的佛經，而於自己的房裡，也供起佛像來，如地藏菩薩、觀世音菩薩等等的像，於是亦天天燒香了。

到了這一年放年假的時候，我並沒有回家去，而是到虎跑寺裡面去過年了。我仍舊住在方丈樓下。那個時候，則更感覺得有興味了。於是就發心出家，同時就想拜那位住在方丈樓上的出家人作師父。他的名字是弘祥師，可是他不肯我去拜他，而介紹我拜他的師父。他的師父是在松木場護國寺裡面居住的。於是他就請他的師父回到虎跑寺來。而我也就於民國七年正月十五日受三皈依了。

我打算於此年的暑假來入山。而預先在寺裡面住了一年後，然後再實行出家的。當這個時候，我就做了一件海青，及學習兩堂功課。在二月初五日那天，是我的母親的忌日，於是我就先於兩天以前到虎跑去，在那邊誦了三天的《地藏經》，為我的母親迴向。到了五月底的時候，我就提前先考試，而於考試之後，即到虎跑寺入山了。

到了寺中一日以後，即穿出家人的衣裳，而預備轉年[27]再剃度的。及至七月初的時候，夏丏尊居士來，他看到我穿出家人的衣裳但還未出家，他就對我說：「既住在寺裡面，並且穿了出家人的衣裳，而不即出家，那是沒有什麼意思的，所以還是趕緊剃度好。」

我本來是想轉年再出家的，但是承他的勸，於是就趕緊出家了。便於七月十三日那一天，

26 指佛教中誦經度脫亡魂，施食餓鬼的儀式。
27 明年。

相傳是大勢至菩薩的聖誕，所以就在那天落髮。

落髮以後，仍須受戒的。於是由林同莊君的介紹，而到靈隱寺去受戒了。

靈隱寺是杭州規模最大的寺院，我一向對著它很歡喜的。我出家以後，曾到各處的大寺院去看過，但是總沒有像靈隱寺那麼的好。八月底，我就到靈隱寺去。寺中的方丈和尚卻很客氣，叫我住在客堂後面雲香閣的樓上。

當時是由慧明法師做大師父的。有一天我在客堂裡遇到這位法師了，他看到我時，就說起既是來受戒的，為什麼不進戒堂呢？雖然你在家的時候是讀書人，但是讀書人就能這樣地隨便嗎？就是在家時是一個皇帝，我也是一樣看待的。那時方丈和尚仍是要我住在客堂樓上，而於戒堂裡面有了緊要的佛事時，方命我去參加一兩回的。

那時候我雖然不能和慧明法師時常見面，但是看到他忠厚篤實的容色，卻是令我佩服不已的。

受戒以後，我仍回到虎跑寺居住。到了十二月底，即搬到玉泉寺去住。此後即常常到別處去，沒有久住在西湖了。

曾記得在民國十二年夏天的時候，我曾到杭州去過一回。那時正是慧明法師在靈隱寺講《楞嚴經》的時候。開講的那一天，我去聽他說法，因為好幾年沒有看到他，覺得他已蒼老了不少，頭髮且已斑白，牙齒也大半脫落。我當時大為感動，於拜他的時候，不由淚落不止。聽說以後沒有經過幾年工夫，慧明法師就圓寂了。

關於慧明法師一生的事迹，出家人中曉得的很多，現在我且舉幾樣事情，來說一說。

慧明法師是福建汀州人。他穿的衣服毫不考究，看起來很不像法師的樣子，但他待人是很平等的。無論你是大好佬[28]或是苦惱子[29]，他都是一樣地看待。所以凡是出家在家的上中下各色各樣的人物，對於慧明法師是沒有一個不佩服的。他老人家一生所做的事固然很多，但是最奇特的，就是能教化「馬溜子」（馬溜子是出家流氓的稱呼）了。寺院裡是不準這班馬溜子居住的。他們總是住在涼亭裡的時候為多，聽到各處的寺院有人打齋的時候，他們就會集了趕齋去（吃白飯）。在杭州這一帶地方，馬溜子是特別來得多。一般人總不把他們當人看待，而他們亦自暴自棄，無所不為的。但是慧明法師卻能夠教化馬溜子呢。那些馬溜子常到靈隱寺去看慧明法師，而他老人家卻待他們很客氣，並且布施他們種種好飯食、好衣服等。他們要什麼就給什麼。而慧明法師有時也對他們說幾句佛法，以資感化。

慧明法師的腿是有毛病的。出來入去的時候，總是坐轎子居多。有一次他從外面坐轎回靈隱時，下了轎後，旁人看到慧明法師是沒有穿褲子的，他們都覺得很奇怪，於是就問他道：「法師為什麼不穿褲子呢？」他說他在外面碰到了馬溜子，因為向他要褲子，所以他連忙把褲子脫給他了。關於慧明法師教化馬溜子的事，外邊的傳說很多很多，我不過略舉了這幾樣而已。不單那些馬溜子對於慧明法師有很深的欽佩和信仰，即其他一般出家人，亦無不佩服的。

因為多年沒有到杭州去了。西湖邊上的馬路洋房也漸漸修築得很多，而汽車也一天比一天

28 上海方言，指有本事、有能力的大人物。

29 上海方言，指命運不濟的可憐人。

地增加，回想到我以前在西湖邊上居住時，那種閑靜幽雅的生活，真是如同隔世，現在只能託之於夢想了。

本文為弘一大師口述，高勝進筆記，原刊登於一九三七年的《越風》增刊一集。

人生之最後

歲次壬申十二月，廈門妙釋寺念佛會請余講演，錄寫此稿。於時了識律師臥病不起，日夜愁苦。見此講稿，悲欣交集，遂放下身心，屏棄醫藥，努力念佛。並扶病起，禮大悲懺，吭聲唱誦，長跽經時，勇猛精進，超勝常人。見者聞者，靡不為之驚喜讚嘆，謂感動之力有如是劇且大耶。余因念此稿雖僅數紙，而皆撮錄古今嘉言及自所經驗，樂簡略者或有所取。乃為治定，付刊流布焉。弘一演音記。

緒言

古詩云：「我見他人死，我心熱如火，不是熱他人，看看輪到我。」人生最後一段大事豈可須臾忘耶。今為講述，次分六章，如下所列。

一、病重時

當病重時應將一切家事及自己身體悉皆放下。專意念佛，一心希冀往生西方。能如是者，如壽已盡，決定往生。如壽未盡，雖求往生而病反能速癒，因心至專誠，故能滅除宿世惡業也。倘不如是放下一切專意念佛者，如壽已盡，決定不能往生，因自己專求病癒不求往生，無由往生故。如壽未盡，因其一心希望病癒，妄生憂怖，不惟不能速癒，反更增加病苦耳。

病未重時，亦可服藥，但仍須精進念佛，勿作服藥癒病之想。病既重時，可以不服藥也。余昔臥病石室，有勸延醫服藥者，說偈謝云：「阿彌陀佛，無上醫王，捨此不求，是謂癡狂。一句彌陀，阿伽陀藥，捨此不服，是謂大錯。」因平日既信淨土法門，諄諄為人講說。今自患病何反捨此而求醫藥，可不謂為癡狂大錯耶。若病重時痛苦甚劇者，切勿驚惶。因此病苦，乃宿世業障。或亦是轉未來三途惡道之苦，於今生輕受，以速了償也。

自己所有衣服諸物，宜於病重之時，即施他人。若依《地藏菩薩本願經‧如來贊嘆品》所言供養經像等，即彌善矣。

若病重時，神識猶清，應請善知識為之說法，盡力安慰。舉病者今生所修善業，一一詳言而贊嘆之，令病者心生歡喜，無有疑慮。自知命終之後，承斯善業，決定生西。

二、臨終時

臨終之際，切勿詢問遺囑，亦勿閑談雜話。恐彼牽動愛情，貪戀世間，有礙往生耳。若欲留遺囑者，應於康健時書寫，付人保藏。

倘自言欲沐浴更衣者，則可順其所欲而試為之。若言不欲，或噤口不能言者，皆不須強為。因常人命終之前，身體不免痛苦。倘強為移動沐浴更衣，則痛苦將更加劇。世有發願生西之人，臨終為眷屬等移動擾亂，破壞其正念，遂致不能往生者，甚多甚多。又有臨終可生善道，乃為他人誤觸，遂起瞋心，而牽入惡道者，如經所載阿耆達王死墮蛇身[30]，豈不可畏。

臨終時，或坐或臥，皆隨其意，未宜勉強。若自覺氣力衰弱者，盡可臥床，勿求好看勉力坐起。臥時，本應面西右脅側臥。若因身體痛苦，改為仰臥，或面東左脅側臥者，亦任其自然，不可強制。

大眾助念佛時，應請阿彌陀佛接引像，供於病人臥室，令彼矚視。

助念之人，多少不拘。人多者，宜輪班念，相續不斷。或念六字，或念四字，或快或慢，皆須預問病人，隨其平日習慣及好樂者念之，病人乃能相隨默念。今見助念者皆隨己意，不問病人，既已違其平日習慣及好樂，何能相隨默念？余願自今以後，凡任助念者，於此一事切宜留意。

又尋常助念者，皆用引磬、小木魚。以余經驗言之，神經衰弱者，病時甚畏引磬及小木魚聲，因其聲尖銳，刺激神經，反令心神不寧。若依余意，應免除引磬、小木魚，僅用音聲助念，最為妥當。或改為大鐘、大磬、大木魚，其聲宏壯，聞者能起肅敬之念，實勝於引磬、小木魚也。但人之所好，各有不同。此事必須預先向病人詳細問明，隨其所好而試行之。或有未宜，盡可隨時改變，萬勿固執。

三、命終後一日

既已命終，最切要者，不可急忙移動。雖身染便穢，亦勿即為洗滌。必須經過八小時後，乃能浴身更衣。常人皆不注意此事，而最要緊。惟望廣勸同人，依此謹慎行之。

30 出自《眾經撰雜譬喻·卷一》，阿耆達王一身功德，因臨終時一念瞋志，遂墮於蛇道。

命終前後，家人萬不可哭。哭有何益，能盡力幫助念佛，乃於亡者有實益耳。若必欲哭者，須俟命終八小時後。

頂門溫暖之說，雖有所據，然亦不可固執。但能平日信願真切，臨終正念分明者，即可證其往生。

命終之後，念佛已畢，即鎖房門。深防他人入內誤觸亡者。必須經過八小時後，乃能浴身更衣（前文已言，今再諄囑，切記切記）。因八小時內若移動者，亡人雖不能言，亦覺痛苦。

八小時後著衣，若手足關節硬，不能轉動者，應以熱水淋洗。用布攪熱水，圍於臂肘膝彎。不久即可活動，有如生人。

殮衣宜用舊物，不用新者。其新衣應布施他人，能令亡者獲福。

不宜用好棺木，亦不宜做大墳。此等奢侈事，皆不利於亡人。

四、薦亡等事

七七日內，欲延僧眾薦亡，以念佛為主。若誦經拜懺焰口水陸等事，雖有不可思議功德，然現今僧眾視為具文，敷衍了事，不能如法，罕有實益。《印光法師文鈔》中屢斥誡之，謂其惟屬場面，徒作虛套。若專念佛，則人人能念，最為切實，能獲莫大之利矣。

如請僧眾念佛時，家族亦應隨念。但女眾宜在自室或布帳之內，免生譏議。

凡念佛等一切功德，皆宜迴向普及法界眾生，則其功德乃能廣大，而亡者所獲利益亦更因之增長。

開弔時宜用素齋，萬勿用葷，致殺害生命，大不利於亡人。出喪儀文，切勿鋪張。毋圖生者好看，應為亡者惜福也。七七以後，亦應常行追薦，以盡孝思。蓮池大師謂年中常須追薦先亡。不得謂已得解脫，遂不舉行耳。

五、勸請發起臨終助念會

此事最為切要。應於城鄉各地，多多設立。飭終津梁中有詳細章程，宜檢閱之。

六、結語

殘年將盡，不久即是臘月三十日，為一年最後。若未將錢財預備穩妥，則債主紛來，如何抵擋。吾人臨命終時，乃是一生之臘月三十日，為人生最後。若未將往生資糧預備穩妥，必致手忙腳亂呼爺叫娘，多生惡業一齊現前，如何擺脫。臨終雖恃他人助念，諸事如法。但自己亦須平日修持，乃可臨終自在。奉勸諸仁者，總要及早預備才好。

慈說

歲在娵訾十月，余求三衢，居大中祥符，始識江山毛居士。爾後復歸蓮花寺，居士時復損書咨詢佛法，並乞梵名。命名曰慈，字曰慈根。爾將入山埋遁，居士哀戀，請釋名字之義，以志念焉。經論言慈者數矣，夫舉一途，亦其大趣。《華嚴經‧修慈分》云：「凡有眾生，為求菩提，而修諸行。願常安樂者，應修慈心，以自調伏。如是修習於念念中，常具修行六波羅密。速得圓滿，無上正覺。」《梵網經》云：「若自殺，教人殺，乃至一切有命者，不得故殺。是菩薩應起常住慈悲心、孝順心，方便救護一切眾生。」《觀無量壽經》云：「上品上生者，有三種眾生，當得往生。一者，慈心不殺，具諸戒行。」夫如來制戒，不殺為首。而上品上生，亦首云不殺。故知修慈心者，戒殺為先。居士勖哉，善弘其事，以是勤勤自勵，並以告誡他人。守茲一行，戴荷終身。斯謂不負其名矣。並示偈曰：「慈者德之本，慈者福之基。云何修慈心？應先戒殘殺。」若人聞是說，至誠心隨喜。離苦受諸樂，往生安養國。永寧晚晴院沙門論月撰。

弘一大師演講選

弘一大師出家後，不遺餘力振興南山律宗的同時，也廣結善緣，四處雲遊弘法。弘法範圍之廣闊，演講內容之宏博，言詞深入淺出，卻能表達出深刻的教理，充滿真知灼見，容易感染聽者。今日透過弘一大師演講的內容，我們仍可以感受到大師指導學佛、做人與處世的道理。

佛法大意

我至貴地，可謂奇巧因緣。本擬住半月返廈。因變、住此，得與諸君相晤，甚可喜。先略說佛法大意。

佛法以大菩提心為主。菩提心者，即是利益眾生之心。故信佛法者，須常抱積極之大悲心，發救濟一切眾生之大願，努力做利益眾生之種種慈善事業。乃不愧為佛教徒之名稱。若專修淨土法門者，尤應先發大菩提心。否則他人謂佛法是消極的、厭世的、送死的。若發此心者，自無此誤會。

至於做慈善事業，尤要。既為佛教徒，即應努力做利益社會之種種事業。乃能令他人瞭解佛教是救世的、積極的。不起誤會。

或疑經中常言空義，豈不與前說相反。

今按大菩提心，實具有悲智二義。悲者如前所說。智者不執著我相，故曰空也。即是以無我之偉大精神，而做種種之利生事業。

若解此意，而知常人執著我相而利益眾生者，其能力薄、範圍小、時不久、不徹底。若欲能力強、範圍大、時間久、最徹底者，必須學習佛法，瞭解悲智之義，如是所作利生事業乃能十分圓滿也。故知所謂空者，即是於常人所執著之我見，打破消滅，一掃而空。然後以無我之精神，努力切實作種種之事業。亦猶世間行事，先將不良之習慣等一一推翻，然後良好建設乃得實現也。

今能瞭解佛法之全系統及其真精神所在，則常人謂佛教是迷信是消極者，固可因此而知其不當。即謂佛教為世界一切宗教中最高尚之宗教，或謂佛法為世界一切哲學中最玄妙之哲學者，亦未為盡理。

因佛法是真能

- 說明人生宇宙之所以然。
- 破除世間一切
  - 謬見，而與之正見
  - 迷信，而與之正信
  - 惡行，而與之正行
  - 幻覺，而與之正覺
- 包括世間各教各學之長處，而補其不足。
- 廣被一切眾生之機，而無所遺漏。

不僅中國，現今如歐美諸國人，正在熱烈的研究及提倡。出版之佛教書籍及雜誌等甚多。故望已為佛教徒者，須徹底研究佛法之真理，而努力實行，俾不愧為佛教徒之名。其未信佛法者，亦宜虛心下氣，盡力研究，然後於佛法再加以評論。此為余所希望者。

以上略說佛法大意畢。

又當地信士，因今日為菩薩誕，欲請解釋南無觀世音菩薩之義。茲以時間無多，惟略說之。

南無者，梵語。即皈依義。

菩薩者，梵語，為菩提薩埵之省文。菩提者覺，薩埵者眾生。因菩薩以智上救佛法，以悲下化眾生，故稱為菩提薩埵。此以悲智二義解釋，與前同也。

觀世音者，為此菩薩之名。亦可以悲智二義分釋。如《楞嚴經》云：「由我觀聽十方圓明，故觀音名遍十方界。」約智言也。如《法華經》云：「苦惱眾生一心稱名，菩薩即時觀其音聲，皆得解脫，以是名觀世音。」約悲言也。

本文為戊寅年（一九三八年，民國二十七年）六月十九日於漳州七寶寺的演講內容。時大師五十九歲。

佛法十疑略釋

欲挽救今日世道人心，人皆知推崇佛法。但對於佛法而起之疑問，亦復不少。故學習佛法者，必先解釋此種疑問，然後乃能著手學習。

以下所舉十疑及解釋，大半採取近人之說而敘述之，非是講者之創論。所疑固不限此，今且舉此十端耳。

一、佛法非迷信

近來知識分子，多批評佛法之迷信。

我輩詳觀各地寺廟，確有特別之習慣及通俗之儀式，又將神仙鬼怪等混入佛法之內，謂是佛法正宗。既有如此奇異之現象，也難怪他人謂佛法是迷信。

但佛法本來面目則不如此，絕無崇拜神仙鬼怪等事。其儀式莊嚴，規矩整齊，實超出他種宗教之上。又佛法能破除世間一切迷信而與以正信，豈有佛法即是迷信之理。

故知他人謂佛法為迷信者，實由誤會。儻能詳查，自不至有此批評。

二、佛法非宗教

或有人疑佛法為一種宗教。此說不然。

佛法與宗教不同，近人著作中常言之，茲不詳述。應知佛法實不在宗教範圍之內也。

三、佛法非哲學

或有人疑佛法為一種哲學。此說不然。

哲學之要求，在求真理，以其理智所推測而得之某種條件即謂為真理。其結果，有一元、二元、唯心、唯物種種之說。甲以為理在此，乙以為理在彼，紛紜擾攘，相非相謗。但彼等無論如何盡力推測，總不出於錯覺一途。譬如盲人摸象，其生平未曾見象之形狀，因其所摸得象之一部份，即謂是為象之全體。故或摸其尾便謂象如繩，或摸其背便謂象如床，或摸其胸便謂象如地，雖因所摸處不同而感覺互異；總而言之，皆是迷惑顛倒之見而已。

若佛法則不然。譬如明眼人能親見全象，十分清楚，與前所謂盲人摸象者迥然不同。因佛法須親證「真如」，了無所疑，絕不同哲學家之虛妄測度也。

何謂「真如」之意義？真真實實，平等一如，無妄情，無偏執，離於意想分別，即是哲學家所欲了之宇宙有之真相及本體也。夫哲學家欲發明宇宙萬有之真相及本體，其志誠為可嘉。但太無方法，致罔廢心力而終不能達到耳。

以上所說之佛法非宗教即哲學，僅略舉其大概。若欲詳知者，有南京支那內學院出版之《佛法非宗教非哲學》一卷，可自詳研，即能洞明其奧義也。

四、佛法非違背於科學

常人以為佛法重玄想，科學重實驗，遂謂佛法違背科學。此說不然。

近代科學家持實驗主義者，有兩種意義：

1. 是根據眼前之經驗，彼如何即還比如何，毫不加以玄想。

2. 是凡經驗不足恃，即用人力改進，以補通常經驗之不足。

佛家之態度亦爾，彼之「戒」、「定」、「慧」三無漏學，皆是改進通常之經驗。但科學之改進經驗重在客觀之物件，佛法之改進經驗重在主觀之心識。如人患目病，不良於視，科學只知多方移置其物以求一辨，佛法則努力醫治其眼以求復明。兩者雖同為實驗，但在治標治本上有不同耳。

關於佛法與科學之比較，若欲詳知者，乞閱上海開明書店代售之《佛法與科學之比較研究》。著者王小徐，曾留學英國，在理工專科上迭有發現，為世界學者所推重。近以其研究理工之方法，創立新理論解釋佛學，因著此書也。

五、佛法非厭世

常人見學佛法者，多居住山林之中，與世人罕有往來，遂疑佛法為消極的、厭世的。此說不然。

學佛法者，固不應迷戀塵世以貪求榮華富貴，但亦絕非是冷淡之厭世者。因學佛法之人皆須發「大菩提心」，以一般人之苦樂為苦樂，抱熱心救世之弘願。不唯非消極，乃是積極中之積極者。雖居住山林中，亦非貪享山林之清福，乃是勤修「戒」、「定」、「慧」三學以預備將來出山救世之資具耳。與世俗青年學子在學校讀書為將來任事之準備者，甚相似。

由是可知謂佛法為消極厭世者，實屬誤會。

六、佛法非不宜於國家之興盛

近來愛國之青年，信仰佛法者少。彼等謂佛法傳自印度，而印度因此衰亡，遂疑佛法與愛國之行動相妨礙。此說不然。

佛法實能輔助國家，令其興盛，未嘗與愛國之行動相妨礙。印度古代有最信仰佛法之國王，如阿育王、戒日王等，以信佛教，而統一興盛其國家。其後婆羅門等舊教復興，佛法漸無勢力，而印度國家乃隨之衰亡，其明證也。

七、佛法非能滅種

常人見僧尼不婚不嫁，遂疑人人皆信佛法必致滅種。此說不然。信佛法而出家者，乃為僧尼，此實極少之數。以外大多數之在家信佛法者，仍可婚嫁如常。佛法中之僧尼，與他教之牧師相似，非是信徒皆應為牧師也。

八、佛法非廢棄慈善事業

常人見僧尼唯之弘揚佛法，而於建立大規模之學校、醫院、善堂等利益社會之事未能努力，遂疑學佛法者廢棄慈善事業。此說不然。

依佛經所載，布施有二種，一曰財施，二曰法施。出家之佛徒，以法施為主，故應多致力於弘揚佛法，而以餘力提倡他種慈善事業。若在家之佛徒，則財施與法施並重，故在家居士多努力做種種慈善事業，近年以來各地所發起建立之佛教學校、慈兒院、醫院、善堂、修橋、造涼亭乃至施米、施衣、施錢、施棺等事，皆時有所聞，但不如他教仗外國慈善家之財力所經營者規模闊大耳。

九、佛法分是分利

近今經濟學者，謂人人能生利，則人類生活發達，乃可共享幸福。因專注重於生利。遂疑信仰佛法者，唯是分利而不生利，殊有害於人類，此說亦不免誤會。

若在家人信仰佛法者，不礙於職業，士農工商皆可為之。此理易明，可無庸議。若出家之僧尼，常人觀之，似為極端分利而不生利之寄生蟲。但僧尼亦何嘗無事業，僧尼之事業即是弘法生利。儻能教化世人，增上道德，其間接直接有真實大利益於人群者正無量矣。

十、佛法非說空以滅人世

常人因佛經中說「五蘊皆空」、「無常苦空」等，因疑佛法只一味說空。若信佛法者多，將來人世因之而消滅。此說不然。

大乘佛法，皆說空及不空兩方面。雖有專說空時，其實亦含有不空之義。故須兼說空與不空兩方面，其義乃為完足。

何謂空及不空。空者是無我，不空者是救世之事業。雖知無我，而能努力做救世之事業，故空而不空。雖努力做救世之事業，而絕不執著有我，故不空而空，如是真實了解，乃能以無我之偉大精神，而做種種之事業無有障礙也。

又若能解此義，即知常人執著我相而做種種救世事業者，其能力薄、範圍小、時間促、不徹底。若欲能力強、範圍大、時間久、最徹底者，必須於佛法知空義十分了解，如是所作救世事業乃能圓滿成就也。

故知所謂空者，即是於常人所執著之我見打破消滅，一掃而空。然後以無我之精神，努力切實作種種之事業。亦猶世間行事，先將不良之習慣等一一推翻，然後良好之建設乃得實現。信能如此，若云犧牲，必定真能犧牲；若云救世，必定真能救世。由是堅堅實實，勇猛精進而做去，乃可謂偉大，乃可謂徹底。

所以真正之佛法，先須向空上立腳，而再向不空上作去。豈是一味說空而消滅人世耶！

以上所說之十疑及釋義，多是採取近人之說而敘述其大意。諸君聞此，應可免除種種之誤會。

若佛法中之真義，至為繁廣，今未能詳說。惟冀諸君從此以後，發心研究佛法，請購佛書，隨時閱覽，久之自可洞明其義，是為余所厚望焉。

本文為戊寅年（一九三八年，民國二十七年）十月六日，在晉江安海金墩宗祠的演講記錄。

佛法學習初步

佛法宗教大概，前已略說。或謂高深教義，難解難行，非利根上智不能承受。若我輩常人欲學習佛法者，未知有何法門，能使人人易解，人人易行，毫無困難，速獲實益耶？

案佛法寬廣，有淺有深。故古代諸師，皆判「教相」以區別之。依唐圭峰禪師所撰《華嚴原人論》中，判立五教：

一、人天教；二、小乘教；三、大乘法相教；四、大乘破相教；五、一乘顯性教。

以此五教，分別淺深。若我輩常人易解易行者，唯有「人天教」也。其他四教，義理高深，甚難了解，即能了解，亦難實行。故欲普及社會，又可補助世法，以挽救世道人心，應以「人天教」最為合宜也。

人天教由何立耶？常人醉生夢死，謂富貴貧賤吉凶禍福皆由命定，不解因果報應。或有解因果報應者，亦唯知今生之現報而已。若如是者，現生有惡人富而善人貧，惡人壽而善人夭，惡人多子孫而善人絕嗣，是何故歟？因是佛為此輩人，說三世業報，善惡因果，即是人天教也。今就三事業報及善惡因果分為二章詳述之。

一、三世業報

三世業報，現報、生報、後報也：

一、現報：今生作善惡，今生受報。

二、生報：今生作善惡，次一生受報。

三、後報：今生作善惡，次二、三生乃至未來多生受報。

由是而觀，則惡人富、善人貧等，絕不足怪。吾人唯應力行善業，即使今生不獲良好之果報，來生、再來生等必能得之。萬勿因行善而返欲逆境，遂妄謂行善無有果報也。

二、善惡因果

善惡因果者，惡業、善業、不動業此三者是其因，果報有六，即六道也。

惡業善業，其數甚多，約而言之，各有十種，如下所述。不動業者，即修習上品十善，復能深修禪定也。今以三因六果列表如下頁：

- 一、惡業
  - 上品……地獄道
  - 中品……畜生道
  - 下品……鬼　道
- 二、善業
  - 下品……阿修羅道
  - 中品……人　道
  - 上品……欲界天
- 三、不動業
  - 次品……色界天
  - 上品……無色界天

（欲界天、色界天、無色界天）——天

（地獄道……天）——六道

今復舉惡業、善業別述如下：惡業有十種。

1. 殺生
2. 偷盜
3. 邪淫
4. 妄言
5. 兩舌
6. 惡口
7. 綺語
8. 慳貪
9. 瞋恚
10. 邪見

造惡業者，因其造業重輕，而墮地獄、畜生、鬼道之中。受報既盡，幸生人中，猶有餘報。今依《華嚴經》所載者，錄之如下。若諸「論」中，尚列外境多種，今不別錄。

1. 殺生：短命、多病。
2. 偷盜：貧窮，其財不得自在。
3. 邪淫：妻不貞良，不得隨意眷屬。
4. 妄言：多被誹謗，為他所誑。
5. 兩舌：眷屬乖離，親族弊惡。

6.惡口：常聞惡聲，言多諍訟。
7.綺語：言無人受，語不明了。
8.慳貪：心不知足，多欲無厭。
9.瞋恚：常被他人求其長短，恆被於他人之所惱害。
10.邪見：生邪見家，其心諂曲。

善業有十種。下列不殺生等，止惡即名為善。復依此而起十種行善，即救護生命等也。

1.不殺生，救護生命。
2.不偷盜，給施資財。
3.不邪淫，遵修梵行。
4.不妄言，說誠實言。
5.不兩舌，和合彼此。
6.不惡口，善言安慰。
7.不綺語，作利益語。
8.不慳貪，常懷捨心。
9.不瞋恚，恆生慈悲。
10.不邪見，正信因果。

造善業者，因其造業輕重而生於阿修羅、人道、欲界天中。所感之餘報，與上所列惡業之餘報相反。如不殺生則長壽無病等類推可知。

由是觀之，吾人欲得諸事順遂，身心安樂之果報者，應先力修善業，以種善因。若唯一心求好果報，而絕不肯種少許善因，視為大誤。譬如農夫，欲得米穀，而不種田，人皆知其為愚也。

故吾人欲諸事順遂，身心安樂者，須努力培植善因。將來或遲或早，必得良好之果報。古人云：「禍福無不自己求之者。」即是此意也。

以上所說，乃人天教之大義。

唯修人天教者，雖較易行，然報限人天，非是出世。故古今諸大善知識，盡力提倡「淨土法門」，即前所說之「佛法宗教大概」中之「淨土宗」。今無論習何教者，皆兼學此「淨土法門」，即能獲得最大之利益。「淨土法門」雖隨宜判為「一乘圓教」，但深者見深，淺者見淺，即唯修人天教者亦可兼學，所謂「三根普被」也。

在此講說三日已竟。以此功德，惟願世界安寧，眾生歡樂，佛日增輝，法輪常轉。

本文為（一九三八年，民國二十七年）十月八日在晉江安海金墩祠演講紀錄，弘一大師於此地連講三日，分別為〈佛法十疑略釋〉、〈佛法宗派大概〉，與本文〈佛法學習初步〉。

佛教之簡易修持法

我到永春的因緣，最初發起，在三年之前。性願老法師常常勸我到此地來，又常提起普濟寺是如何如何的好。

兩年以前的春天，我在南普陀講律圓滿以後，妙慧師便到廈門請我到此地來。那時因為學律的人要隨行的太多，而普濟寺中設備未廣，不能夠收容，不得已而中止。是為第一次欲來未果。

是年的冬天，有位善興師，他持著永春諸善友一張請帖，到廈門萬石巖去，要接我來永春。那時因為已先應了泉州草庵之請，故不能來永春。是為第二次欲來未果。

去年的冬天，妙慧師再到草庵來接。本想隨請前來，不意過泉州時，又承諸善友挽留，不得已而延期至今春。是為第三次欲來未果。

直至今年半個月以前，妙慧師又到泉州勸請，是為第四次。因大眾既然有如此的盛意，故不得不來。其時在泉州各地講經，很是忙碌，因此有延擱了半個多月。今得來到貴處，和諸位善友相見，我心中非常的歡喜。自三年前就想到此地來，屢次受了事情所阻，現在得來，滿其多年的夙願，更可說是十分的歡喜了。

今天承諸位善友請我來演講。我以為談玄說妙，雖然極為高尚，但於現在行持終覺了不相涉。所以今天我所講的，且就常人現在即能實行的，約略說之。

因為專尚談玄說妙。譬如那飢餓的人，來研究食譜，雖山珍海味之名，縱橫滿紙，如何能夠充飢。倒不如現在得到幾種普通的食品，即可入口。得充一飽，才於實事有濟。

以下所講的，分為三段。

一、深信因果

因果之法，雖為佛法入門的初步，但是非常的重要，無論何人皆須深信。何謂因果？因者好比種子，下在田中，將來可長成為果實。果者譬如果實，自種子發芽，漸漸地開花結果。

我們一生所作所為，有善有惡，將來報應不出下列：

桃李種：長成為桃李——作善報善。

荊棘種：長成為荊棘——作惡報惡。

所以我們要避凶得吉，消災得福，必須要厚植善因，努力改過遷善，將來才能夠獲得吉祥福德之好果。如果常作惡因，而要想免除凶禍災難，哪裡能夠得到呢？

所以第一要勸大眾深信因果，了知善惡報應，一絲一毫也不會差的。

二、發菩提心

「菩提」二字是印度的梵語，翻譯為「覺」，也就是成佛的意思。發者，是發起，故發菩提心者，便是發起成佛的心。為什麼要成佛呢？為利益一切眾生。須如何修持乃能成佛呢？須廣修一切善行。以上所說的，要廣修一切善行，利益一切眾生，但須如何才能夠徹底呢？須不著我相。所以發菩提心的人，應發以下之三種心：

1. 大智心：不著我相。此心雖非凡夫所能發，亦應隨分觀察。

2. 大願心：廣修善行。

3. 大悲心：救眾生苦。

又發菩提心者，須發以下所記知之四弘誓願：

1. 眾生無邊誓願度：菩提心以大悲為體，所以先說度生。

2. 煩惱無盡誓願斷：願一切眾生，皆能斷無盡之煩惱。

3. 法門無量誓願學：願一切眾生，皆能學無量之法門。

4. 佛道無上誓願成：願一切眾生，皆能成無上之佛道。

或疑煩惱以下之三願，皆為我而發，如何說是願一切眾生？這裡有兩種解釋：一就淺來說，我也是眾生中的一人，現在所說的眾生，我也在其內。再進一步言，真發菩提心的，必須徹悟法性平等。絕不見我與眾生有什麼差別，如是才能夠真實和菩提心相應。所以現在發願，說願一切眾生，有何妨耶！

三、專修淨土

既然已經發了菩提心，就應該努力地修持。但是佛所說的法門很多，深淺難易，種種不同。若修持的法門與根器不相契合的，用力多而收效少。倘與根器相契合的，用力少而收效多。在這末法之時，大多數眾生的根器，和那一種法門最相契合呢？說起來只有淨土宗。因為泛泛修其他法門的，在這五濁惡世，無佛應現之時，很是困難。若果專修淨土法門，則依佛大慈大悲之力，往生極樂世界，見佛聞法，速證菩提，比較容易得多。所以龍樹菩薩曾說，前為難行道，後為易行道，前如陸路步行，後如水道乘船。

關於淨土法門的書籍，可以首先閱覽者，《初機淨業指南》、《印光法師嘉言錄》、《印光法師文鈔》等。依此就可略知淨土法門的門徑。

近幾個月以來，我在泉州各地方講經，身體和精神都非常疲勞。這次到貴處來，匆促演講，不及預備，所以本說得未能詳盡，希望大眾原諒。

本文為己卯年（一九三九年，民國二十八年）四月十六日於永春桃源殿演講內容，由李芳遠記錄。法師時年六十歲。

青年佛徒應注意的事項

養正院從開辦到現在，已是一年多了。外面的名譽很好，這因為由瑞金法師主辦，又得各位法師熱心愛護，所以能有這樣的成績。

我這次到廈門，得來這裡參觀，心裡非常歡喜。各方面的布置都很完美，就是地上也掃得乾乾淨淨的，這樣，在別的地方，很不容易看到。

我在泉州草庵大病的時候，承諸位寫一封信來，——各人都簽了名，慰問我的病狀；並且又承諸位念佛七天，代我懺悔，還有像這樣別的事，都使我感激萬分！

再過幾個月，我就要到鼓浪嶼日光巖去方便閉關了。時期大約頗長久，怕不能時時會到，所以特地發心來和諸位敘談敘談。

今天所要和諸位談的，共有四項：一是惜福，二是習勞，三是持戒，四是自尊，都是青年佛徒應該注意的。

一、惜福

「惜」是愛惜，「福」是福氣。就是我們縱有福氣，也要加以愛惜，切不可把它浪費。諸位要曉得，末法時代，人的福氣是很微薄的；若不愛惜，將這很薄的福享盡了，就要受莫大的痛苦，古人所說「樂極生悲」，就是這意思啊！我記得從前小孩子的時候，我父親請人寫了一副大對聯，是清朝劉文定公的句子，高高地掛在大廳的抱柱上，上聯是「惜食，惜衣，非為惜財緣惜福」。我的哥哥時常教我念這句子，我念熟了，以後凡是臨到穿衣或是飲食的當兒，我都十分注意，就是一粒米飯，也不敢隨意糟掉；而且我母親也常常教我，身上所穿的衣服當時時小心，不可損壞或污染。這因為母親和哥哥怕我不愛惜衣食，損失福報，以致短命而死，所以常常這樣叮囑著。

諸位可曉得，我五歲的時候，父親就不在世了！七歲我練習寫字，拿整張的紙瞎寫，一點不知愛惜，我母親看到，就正顏厲色的說：「孩子！你要知道呀！你父親在世時，莫說這樣大的整張的紙不肯糟蹋，就連寸把長的紙條，也不肯隨便丟掉哩！」母親這話，也是惜福的意思啊！

我因為有這樣的家庭教育，深深地印在腦裡，後來年紀大了，也沒一時不愛惜衣食；就是出家以後，一直到現在，也還保守著這樣的習慣。諸位請看我腳上穿的一雙黃鞋子，還是民國九年在杭州時候，一位打念七佛的出家人送給我的。又諸位有空，可以到我房間裡來看看，我的棉被面子，還是出家以前所用的；又有一把洋傘，也是民國初年買的。這些東西，即使有破爛的地方，請人用針線縫縫，仍舊同新的一樣了。簡直可盡我形壽受用著哩！不過，我所穿的小衫袴和羅漢草鞋一類的東西，卻須五六年一換。除此以外，一切衣物，大都是在家時候或是初出家時候製的。

從前常有人送我好的衣服或別的珍貴之物，但我大半都轉送別人。因為我知道我的福薄，好的東西是沒有膽量受用的。又如吃東西，只生病時候吃一些好的，除此以外，從不敢隨便亂買好的東西吃。

惜福並不是我一個人的主張，就是淨土宗大德印光老法師也是這樣，有人送他白木耳等補品，他自已總不願意吃，轉送到觀宗寺去供養諦閑法師。別人問他：「法師！你為什麼不吃好的補品？」他說：「我福氣很薄，不堪消受。」

他老人家——印光法師，性情剛直，平常對人只問理之當不當，情面是不顧的。前幾年有一位皈依弟子，是鼓浪嶼有名的居士，去看望他，和他一道吃飯，這位居士先吃好，老法師見他碗裡剩落了一兩粒米飯；於是就很不客氣地大聲呵斥道：「你有多大福氣，可以這樣隨便糟蹋飯粒！你得把它吃光！」

諸位！以上所說的話，句句都要牢記！要曉得：我們即使有十分福氣，也只好享受二三分，所餘的可以留到以後去享受；諸位或者能發大心，願以我的福氣，布施一切眾生，共同享受，那更好了。

二、習勞

「習」是練習，「勞」是勞動。現在講講習勞的事情：

諸位請看看自已的身體，上有兩手，下有兩腳，這原為勞動而生的。若不將他運用習勞，不但有負兩手兩腳，就是對於身體也一定有害無益的。換句話說：若常常勞動，身體必定康健。而且我們要曉得：勞動原是人類本分上的事，不唯我們尋常出家人要練習勞動，即使到了佛的地位，也要常常勞動才行。現在我且講講佛的勞動的故事：

所謂佛，就是釋迦牟尼佛。在平常人想起來，佛在世時，總以為同現在的方丈和尚一樣，有衣缽師、侍者師，常常侍候著，佛自己不必做什麼。但是不然，有一天，佛看到地下不很清潔，自己就拿起掃帚來掃地，許多大弟子見了，也過來幫掃，不一時，把地掃得十分清潔。佛看了歡喜，隨即到講堂裡去說法，說道：「若人掃地，能得五種功德。……」

又有一個時候，佛和阿難出外遊行，在路上碰到一個喝醉了酒的弟子，已醉得不省人事了；佛就命阿難抬腳，自己抬頭，一直抬到井邊，用桶汲水，叫阿難把他洗濯乾淨。

有一天，佛看到門前木頭做的橫楣壞了，自己動手去修補。

有一次，一個弟子生了病，沒有人照應。佛就問他說：「你生了病，為什麼沒人照應你？」那弟子說：「從前人家有病，我不曾發心去照應他；現在我有病，所以人家也不來照應我了。」佛聽了這話，就說：「人家不來照應你，就由我來照應你吧！」就將那病弟子大小便種種污穢，洗濯得乾乾淨淨；並且還將他的床鋪，理得清清楚楚，然後扶他上床。由此可見，佛是怎樣的習勞了。佛絕不像現在的人，凡事都要人家服勞，自己坐著享福。這些事實，出於經律，並不是憑空說說的。

現在我再說兩樁事情，給大家聽聽：《彌陀經》中載著的一位大弟子——阿㝹樓陀，他雙目失明，不能料理自己。佛就替他裁衣服，還叫別的弟子一道幫著做。

有一次，佛看到一位老年比丘眼睛花了，要穿針縫衣，無奈眼睛看不清楚，嘴裡叫著：「誰能替我穿針呀！」佛聽了立刻答應說：「我來替你穿。」

以上所舉的例，都足證明佛是常常勞動的。我盼望諸位，也當以佛為模範，凡事自己動手去做，不可依賴別人。

三、持戒

「持戒」二字的意義，我想諸位總是明白的吧！我們不說修到菩薩或佛的地位，就是想來生再做人，最低的限度，也要能持五戒。可惜現在受戒的人雖多，只是掛個名而已，切切實實能持戒的卻很少。要知道：受戒之後，若不持戒，所犯的罪，比不受戒的人要加倍的大，所以我時常勸人不要隨便受戒。至於現在一般傳戒的情形，看了真痛心，我實在說也不忍說了！我想最好還是隨自己的力量去受戒，萬不可敷衍門面，自尋苦惱。

戒中最重要的，不用說是殺、盜、淫、妄，此外還有飲酒、食肉，也易惹人譏嫌。至於吃菸，在律中雖無明文，但在我國習慣上，也很容易受人譏嫌的，總以不吃為是。

四、自尊

「尊」是尊重，「自尊」就是自己尊重自己。可是人都喜歡人家尊重我，而不知我自己尊重自己；不知道要想人家尊重自己，必須從我自己尊重自己做起。怎樣尊重自己呢？就是自己時時想著：我當做一個偉大的人，做一個了不起的人。比如我們想做一位清淨的高僧吧，就拿《高僧傳》來讀，看他們怎樣行，我也怎樣行，所謂：「彼既丈夫我亦爾。」又比方我想將來做一位大菩薩，那末，就當依經中所載的菩薩行，隨力行去。這就是自尊。但自尊與貢高不同；貢高是妄自尊大，目空一切的胡亂行為；自尊是自己增進自己的德業，其中並沒有一絲一毫看不起人的意思的。

諸位萬萬不可以為自己是一個小孩子，是一個小和尚，一切不妨隨便些；也不可說我是一個平常的出家人，哪裡敢希望做高僧做大菩薩。凡事全在自己做去，能有高尚的志向，沒有做不到的。

諸位如果作這樣想：我是不敢希望做高僧、做大菩薩的，那做事就隨隨便便，甚至自暴自棄，走到墮落的路上去了，那不是很危險的麼？諸位應當知道：年紀雖然小，志氣卻不可不高啊！

我還有一句話，要向大家說：我們現在依佛出家，所處的地位是非常尊貴的，就以剃髮、披袈裟的形式而論，也是人天師表，國王和諸天人來禮拜，我們都可端坐而受。你們知道這道理麼？自今以後，就當尊重自己，萬萬不可隨便了。

以上四項，是出家人最當注意的，別的我也不多說了。我不久就要閉關，不能和諸位時常在一塊兒談話，這是很抱歉的。但我還想在關內講講律，每星期約講三、四次，諸位碰到例假，不妨來聽聽！今天得和諸位見面，我非常高興。我只希望諸位把我所講的四項，牢記在心，作為永久的紀念！

時間講得很久了，費諸位的神。抱歉！抱歉！

本文為丙子年（一九三六年，民國二十五年）正月，在南普陀寺佛教養正院的演講內容。法師時年五十七歲，春天因患臂瘡，至廈門就診，調治數月方癒。

敬三寶

三寶者，佛、法、僧也。其義甚廣，今唯舉其少分之義耳。

今言佛者，且約佛像而言，如木石等所雕塑及紙畫者也。

今言法者，且約經律論等書冊而言，或印刷或書寫也。

今言僧者，且約當是凡夫僧而言，因菩薩羅漢等附入，敬佛門也。

一、敬佛

略舉常人所應注意者數條：

禮佛時宜洗手漱口，至誠恭敬，緩緩而拜，不可急忙，寧可少拜，不可草率。佛几清潔，供香端直，供佛之物，以烹調精美，人所能食者為宜。今多以食物之原料及罐頭而供佛者，殊為不敬。蕅益大師大悲行法中，曾痛斥之。又供佛宜在午前，不宜過午也。供水果亦宜午前，供水宜捧奉式。供花，花瓶水宜常換。

紙畫之佛像，不可僅以綾裱，恐染蠅糞等穢物也（少蠅者或可）。宜裝入玻璃鏡中。

木石等雕塑者，小者應入玻璃龕中，大者應作寶蓋罩之，並須常拂拭像上之塵土也。

凡大殿及供佛之室中，皆不宜踞坐談笑，如對於國王大臣乃至賓客之前尚應恭敬，慎護威儀，何況對佛像耶？不可佛前晒衣服，宜偏側。不得在大殿前用夜壺水澆花。若臥室中供佛像者，眠時應以淨布遮障。

二、敬法

略舉常人所應注意者數條：

讀經之時，必須洗手漱口拭几，衣服整齊，威儀嚴肅，與禮佛時無異。蕅義大師云：「展卷如對活佛，收卷如在目前，千遍萬遍，寤寐不忘。」如是乃能獲讀經之實益也。

對於經典，應十分恭敬護持，萬不可令其污損。又翻篇時，宜以指腹輕輕翻之，不可以指爪劃，又不應折角，若預記誌，以紙片加入可也。

若經典殘缺亦不可燒。臥室中几上置經典者，眠時應以淨布蓋之。

請參看附表如下頁：

每日誦經時儀式

- 禮佛：多少不拘。
- 讚佛：經偈或天上天下無如佛等，阿彌陀佛身金色等
  （爐香乍熱不是讚佛）。
- 供養：願此香華雲等。
- 讀經
- 迴向：不拘。或用我此普賢殊勝行等。

三、敬僧

略舉常人所應注意者數條：

凡剃髮披袈裟者，皆是釋迦佛子，在家人見之，應一率生恭敬心，不可分別持戒、破戒。

若皈依三寶時，禮一出家人為師而作證明者，不可妄云皈依某人；因所皈依者為僧，非皈依某一人。應於一切僧眾若賢若愚，生平等心，至誠恭敬，尊之為師，自稱弟子，則與皈依僧伽之義，乃符合矣。

供養僧者亦爾。不可專供有德者，應於一切僧生平等心普遍供之，乃可獲極大之功德也。專供一人者功德小，供眾者功德大。

出家人若有過失，在家人聞之萬不可輕言。此為佛所痛誡者最宜慎之。以上略言敬三寶義竟。茲附有告者，廈門泉州神廟甚多，在家敬神每用豬雞等物。豈知神皆好善而惡殺，今殺豬雞等物而供神，神不受享，有安能降福而消災耶？惟願自今以後，痛革此習慣，凡敬神時，亦一律改用素，則至善矣。

本文為癸酉年（一九三三年，民國二十二年）五月五日在泉州大開元寺講演內容。法師時年五十四歲。

改習慣

吾人因多生以來之夙習，及以今生自幼所受環境之熏染，而自然現於身口意者，多曰習慣。

習慣有善、不善，今且言其不善者。常人對於不善之習慣，而略稱之曰習慣，今依俗語而標題也。

在家人之教育以矯正習慣為主；出家人亦爾。但近世出家人，唯尚談玄說妙。於自己微細之習慣，固置之不問，即自己一言一動，極粗顯易知之習慣，亦罕有加以注意者，可痛歎也。

余於三十歲時即覺知自己惡習慣太重，頗思盡力對治。出家以來，恆戰戰兢兢，不敢任情適意。但自愧惡習太重，二十年來，所矯正者，百無一二。自今以後，願努力痛改。更願有緣諸道侶，皆奮袂興起，同致力於此也。

吾人之習慣甚多，今欲改正，宜依如何之方法耶？若臚列多條，而一時改正，則心勞而效少，以余經驗言之，宜先舉一條，乃至三四條，逐日努力檢點，既已改正後再逐漸增加可耳。

今春以來有道侶數人，與余同研律學，頗注意於改正習慣，數月以來，稍有成效。今願述其往事，以告諸公，但諸公欲自改其習慣，不必盡依此數條，儘可隨宜酌定。余今所述者，特為諸公作參考耳。

學律諸道侶，已改之習慣，有七條：

一、食不言：

現時中等以上之各寺院皆有此制，故改正甚易。

二、不非時食：

初講律時，即由大眾自己發心，同持此戒。後來學者亦爾，遂成定例。

三、衣服樸素整齊：

或有舊製，色質未能合宜者，暫作內衣，外罩如法之服。

四、別修禮誦等課程：

每日除聽講研究抄寫，及隨寺眾課誦外，皆別自立禮誦等課程，盡力行之。或有每晨於佛前跪讀者《法華經》；或有讀《華嚴經》者；或有讀《金剛經》者；或每念佛一萬以上者。

五、不閒談：

出家人每喜聚眾閒談，虛喪光陰，廢弛道業，可悲可痛。今諸道侶已能漸除此習，每於食後或傍晚休息之時，皆於樹下檐邊，或經行或端坐，若默誦佛號，若朗讀經文，若淨心攝念。

六、不閱報：

各地日報，社會新聞欄中，關於殺盜淫妄等事記載最詳。而淫欲諸事，尤描摹盡致，雖無淫欲之人，常閱報紙，亦必受其熏染，此為現代世俗教育家所痛慨者。夫在家人所以須閱報者，為職業事務之關係，不得已也。若出家人，應修戒定慧，日夜精進，如救頭然，何須披閱報紙而消遣耶。故學律諸道侶，近已自己發心不閱報紙。

七、常勞動：

出家人性多懶惰，不喜勞動。今學律諸道侶，皆已發心，每日掃除大殿及僧房檐下，並奮力做其他種種勞動之事。

以上為已改正之習慣，共有七條。

尚有近來待實行改正之二條，亦附列於下：

一、食碗不剩飯粒：

印光法師最不喜此事。若見剩飯粒者，即當面痛喝斥之。所謂施主一粒米，恩重大如山也。但若爛粥爛麵留滯碗上，不易除去者，則非此限。

二、坐時注意威儀：

垂足坐時，雙腿平列，不宜左右互相翹架；更不宜聳立或直伸，余於在家時已改此習慣。

且現在出家人普通之威儀，亦不許如此。想此習慣，不難改正也。

總之，學律諸道侶，改正習慣時，皆由自己發心，絕無人出命令而禁止也。

本文為癸酉年（一九三三年，民國二十二年）在泉州承天寺講演內容。

改過實驗談

今值舊曆新年，請觀廈門全市之中，新氣象充滿，門戶貼新春聯，人多著新衣，口言恭賀新禧、新年大吉等。我等素信佛法之人，當此萬象更新時，亦應一新乃可。我等所謂新者何？亦如常人貼新春聯、著新衣等以為新乎？曰：不然，我等所謂新者，乃是改過自新也。但「改過自新」四字範圍太廣，若欲演講，不知從何說起。今且就余五十年來修省改過所實驗者，略舉數端為諸君言之。

余於講說之前，有須預陳者，即是以下所引諸書，雖多出於儒書，而實合於佛法。因談玄說妙修證次第，自以佛書最為詳盡。而我等初學之人，持躬敦品、處事接物等法，雖佛書中亦有說者，但儒者所說，尤為明白詳盡適於初學。故今多引之，以為吾等學佛法者之一助焉。以下分為總論、別示二門。

總論者即是說明改過之次第：

一、學

須先多讀佛書儒書，詳知善念之區別及改過遷善之法。倘因佛儒諸書浩如煙海，無力遍讀，而亦難於了解者，可以先讀《格言聯璧》一部。余自兒時，即讀此書。歸信佛法以後，亦常常翻閱，甚覺其親切而有味也。此書有排印本甚精。

二、省

既已學矣，即須常常自己省察，所有一言一動，為善歟？為惡歟？若為惡者，即當痛改。除時時注意改過之外，又於每日臨睡時，再將一日所行之事，詳細思之。能每日寫錄日記，尤善。

三、改

省察以後，若知是過，即力改之。諸君應知改過之事，乃是十分光明磊落，足以表示偉大之人格。故子貢云：「君子之過也，如日月之食焉；過也人皆見之，更也人皆仰之。」古人云：「過而能知，可以謂明。知而能改，可以即聖。」諸君可不勉乎！

別示者，即是分別說明余五十年來改過遷善之事。但其事甚多，不可勝舉。今且舉十條為常人所不甚注意者，先與諸君言之。《華嚴經》中皆用十之數目，乃是用十以表示無盡之意。今余說改過之事，僅舉十條，亦爾；正以示余之過失甚多，實無盡也。此次講說時間甚短，每條之中僅略名大意，未能詳言，若欲知者，且俟他日面談耳。

一、虛心

常人不解善惡，不畏因果，絕不承認自己有過，更何論改？但古聖賢則不然。今舉數例：孔子曰：「五十以學易，可以無大過矣。」又曰：「聞義不能徙，不善不能改，是吾憂也。」

蘧伯玉為當時之賢人，彼使人於孔子。孔子與之坐而問焉，曰：「夫子何為？」對曰：「夫子欲寡其過而未能也。」聖賢尚知如此虛心，我等可以貢高自滿乎！

二、慎獨

吾等凡有所作為，起念動心，佛菩薩乃至諸鬼神等，無不盡知盡見。若時時作如是想，自不敢胡作非為。曾子曰：「十目所視，十手所指，其嚴乎！」又引《詩》云：「戰戰兢兢，如臨深淵，如履薄冰。」此數語為余所常常憶念不忘者也。

三、寬厚

造物所忌，曰刻曰巧。聖賢處事，惟寬惟厚。古訓甚多，今不詳錄。

四、吃虧

古人云：「我不識何等為君子，但看每事肯吃虧的便是。我不識何等為小人，但看每事好便宜的便是。」古時有賢人某臨終，子孫請遺訓，賢人曰：「無他言，爾等只要學吃虧。」

五、寡言

此事最為緊要。孔子云：「駟不及舌。」可畏哉！古訓甚多，今不詳錄。

六、不說人過

古人云：「時時檢點自己且不暇，豈有工夫檢點他人。」孔子亦云：「躬自厚而薄責於人。」以上數語，余常不敢忘。

七、不文己過

子夏曰：「小人之過也必文。」我眾須知文過乃是最可恥之事。

八、不覆己過

我等倘有有得罪他人之處，即須發大慚愧，生大恐懼。發露陳謝，懺悔前愆。萬不可顧惜體面，隱忍不言，自誑自欺。

九、聞謗不辯

古人云：「何以息謗？曰：無辯。」又云：「吃得小虧，則不至於吃大虧。」余三十年來屢次經驗，深信此語真實不虛。

十、不瞋

瞋息最不易除。古賢云：「二十年治一怒字，尚未消磨得盡。」但我等亦不可不盡力對治也。《華嚴經》云：「一念瞋心起，百萬障門開。」可不畏哉！

因限於時間，以上所言者殊略，但亦可知改過之大意。最後，余尚有數言，願為諸君陳者：改過之事，言之似易，行之甚難。故有屢改而屢犯，自己未能強作主宰者，實由無始宿業所致也。務請諸君更須常常持誦阿彌陀佛名號，觀世音、地藏諸大菩薩名號，至誠致敬，懇切懺悔無始宿業，冥冥中自有不可思議之感應，承佛菩薩慈力加被，業消智朗，則改過自新之事，庶幾可以圓滿成就，現生邁入聖賢之城，命中往生極樂之邦，此可為諸君欲賀者也。

常人於新年時，彼此晤面，皆云恭喜，所以賀其將得名利。余此次於新年時，與諸君晤面，亦云恭喜，所以賀諸君將能真實改過不久將為賢為聖；不久決定往生極樂，速成佛道，分身十方，普能利益一切眾生耳。

本文為癸酉年（一九三三年，民國二十二年）正月，於廈門妙釋寺演講內容。

律學要略

我出家以來，在江浙一帶並不敢隨便講經或講律，更不敢赴什麼傳戒的道場，其緣故是因個人感覺著學力不足。三年來在閩南雖曾講過些東西，自心總覺非常慚愧的。這次本寺諸位長者再三地喚我來參加戒期勝會，情不可卻，故今天來與諸位談談，但因時間匆促，未能預備，參考書又缺少，兼以個人精神衰弱，擬在此共講三天。今天先專為求授比丘戒者講些律宗歷史，他人旁聽，雖不能解，亦是種植善根之事。

為比丘者應先了知戒律傳入此土之因緣，及此土古今律宗盛衰之大概。由東漢至曹魏之初，僧人無歸戒之舉，惟剃髮而已。魏嘉平年中，天竺僧人法時到中土，乃立羯磨受法，是為戒律之始。當是時可算是真實傳授比丘戒的開始，漸漸達至繁盛時期。

大部之廣律，最初傳來的是《十誦律》，翻譯斯部律者，係姚秦時的鳩摩羅什法師，廬山淨宗初祖遠公法師亦竭力勸請贊揚。六朝時此律最盛於南方。其次翻譯的是《四分律》，時期和《十誦律》相去不遠，但遲至隋朝乃有人弘揚提倡，至唐初乃大盛。第三部是《僧祇律》，東晉時翻譯的，六朝時北方稍有弘揚者。劉宋時繼《僧祇律》後，有《五分律》，翻譯斯律之人，即是譯六十卷《華嚴經》者，文精而簡，道宣律師甚讚，可惜罕有人弘揚。至其後有《有部律》，乃唐武則天時義淨法師的譯著，乃是西藏一帶最通行的律。當初義淨法師在印度有二十餘年的歷史，博學強記，貫通律學精微，非至印度之其他僧人所能及，實空前絕後的中國大律師。義淨回國，翻譯終畢，他年亦老了，不久即圓寂，以後無有人弘揚，可惜！可惜！此外諸部律論甚多，不遑枚舉。

關於《有部律》，我個人起初見之甚喜，研究多年；以後因朋友勸告即改研《南山律》，其原因是《南山律》依《四分律》而成，又稍有變化，能適合吾國僧眾之根器故。現在我即專就《四分律》之歷史大略說些。

唐代是《四分律》最盛時期，以前所弘揚的是《十誦律》，《四分律》少人弘揚；至唐初《四分律》學者乃盛，共有三大派：一、「相部律」，依法礪律師為主；二、「南山律」，以道宣律師為主；三、「東塔律」，依懷素律師為主。

法礪律師在道宣之前，道宣曾就學於他。懷素律師在道宣之後，亦曾親近法礪、道宣二律師。斯律雖有三大派之分，最盛行於世的可算南山律了。南山律師著作浩如淵海，其中《行事鈔》最負盛名，是時任何宗派之學者皆須研《行事鈔》。自唐至宋，解者六十餘家，唯靈芝元照律師最勝，元照律師尚有許多其他經律的注釋。元照後，律學漸漸趨於消沉，罕有人發心弘揚。

南宋後禪宗益盛，律學更無人過問，所有唐宋諸家的律學撰述數千卷悉皆散失。迨至清初，惟存南山《隨機羯磨》一卷，如是觀之，大足令人興嘆不已！明末清初有蕅益、見月諸大師等，欲重興律宗，但最可憾者，是唐宋古書不得見。當時蕅益大師著述有《毗尼事義集要》，初講時人數已不多，以後更少；結果成績頹然。見月律師弘律頗有成績，撰述甚多，有解《隨機羯磨》者，毗尼作持，與南山頗有不同之處，因不得見南山著作故！此外尚有最負盛名的《傳戒正範》一部，從明末至今，傳戒之書獨此一部，傳戒尚存之一線曙光，惟賴此書；雖與南山之作未能盡合，然其功甚大，不可輕視；但近代受戒儀軌，又依此稍有增減，亦不是見月律師《傳戒正範》之本來面目了。

南宋至清七百餘年，關於唐宋諸家律學撰述，可謂無存；清光緒末年乃自日本請還唐宋諸家律書之一部分，近十餘年間，在天津已刊者數百卷。此外《續藏經》中所收尚未另刊者猶有數百卷。

今後倘有人發心專力研習弘揚，可以恢復唐代之古風，凡蕅益、見月等所欲求見者今悉俱在；我們生此時候，實比蕅益、見月諸大師幸福多多。

但學律非是容易的事情，我雖然學律近二十年，僅可謂為學律之預備，窺見了少許之門徑；再預備數年，乃可著手研究，以後至少須研究二十年，乃可稍有成績。奈我現在老了，恐不能久住世間，很盼望你們有人能發心專學戒律，繼我所未竟之志，則至善矣。

我們應知道：現在所流通之《傳戒正範》，非是完美之書，何況更隨便增減，所以必須今後恢複古法乃可；此皆你們的責任，我甚希望大家共同勉勵進行！（第一天所講已畢）第二天、第三天所講的是三皈、五戒，乃至菩薩戒之要略。

三皈、五戒、八戒、沙彌、沙彌尼戒、式叉摩那戒、比丘、比丘尼戒、菩薩戒等。就普通說：菩薩戒為大乘，餘皆小乘，但亦未必盡然，應依受者發心如何而定。我近來研究南山律，內中有云：「無論受何戒法，皆要先發大乘心。」由此看來，哪有一種戒法專名為小乘的呢？再就受戒方法論，如：三皈、五戒、沙彌、沙彌尼戒，皆用三皈依受；至於比丘、比丘尼戒、菩薩戒，則須依羯磨文受；又如式叉摩那則是作羯磨與學戒法，不是另外得戒，與上不同。再依在家出家分之：就普通說，在家如三皈、五戒、八戒等，出家如沙彌、比丘等，實而言之，三皈、五戒、八戒，皆通在家、出家。諸位聽著這話，或當懷疑，今我以例證之，如：明靈峰蕅益大師，他初亦受比丘戒，後但退作三皈人，如是言之，只有三皈亦可算出家人。

又若單受五戒亦可算出家人，因剃髮以後，必先受五戒，後再受沙彌戒，未受沙彌戒前，止是五戒之出家人。故五戒通於在家、出家，有在家優婆塞、出家優婆塞之別；例如：明蕅益大師之大弟子成時、性旦二師，皆自稱為出家優婆塞。成時大師為編輯《淨土十要》及《靈峰宗論》者，性旦大師為記錄《彌陀要解》者，皆是明末的高僧。

八戒何為亦通在家出家？《藥師經》中說：「比丘亦可受八戒，比丘再受八戒，為欲增上功德故。」這樣看起來，八戒亦通於僧俗。

以上略判竟，以下一一分別說之。

三皈

不屬於戒，僅名三皈。三皈者：皈依佛，皈依法，皈依僧。未受以前必須要瞭解三皈道理，並非糊裡糊塗地盲從瞎說，如這樣子皆不得三皈。

所謂三寶有四種之別：一、理體三寶，二、化相三寶，三、住持三寶，四、一體三寶。盡講起來，很深奧複雜，現在且專就住持三寶來說。三寶意義是什麼？佛，法，僧。所謂佛即形像，如：釋迦佛像、藥師佛像、彌陀佛像等；法即佛所說之經，如：《法華經》、《楞嚴經》

等，皆佛金口所流露出來之法；僧即出家剃髮受戒有威儀之人。以上所說佛、法、僧道理，可謂最淺近，諸位諒皆能明瞭吧？

皈依即回轉的意義，因前背捨三寶，而今轉向三寶，故謂之皈依。但無論出家在家之人，若受三皈時，最重要點有二：第一，要注意皈依三寶是何意義？第二，當受三皈時，師父所說應當十分明白，或師父所講的話，全是文言不能瞭解，如是絕不能得三皈；或隔離太遠，聽不明白，亦不得三皈；或雖能聽到大致瞭解，其中尚有一二懷疑處，亦不得三皈。

又正授之時，即是「皈依佛」、「皈依法」、「皈依僧」三說，此最要緊，應十分注意；以後之「皈依佛竟」，「皈依法竟」，「皈依僧竟」，是名三結，無關緊要；所以諸位發心受戒，應先了知三皈意義，又當正授時，要在先「皈依佛」等三語注意，乃可得三皈。

以上三皈說已。下說五戒。

五戒

就五戒言，亦要請師先為說明。五戒者：殺、盜、淫、妄、酒。當師父說明五戒意義時，切要用白話，淺近明瞭，使人易懂。受戒者聽畢，應先自思量如是諸戒能持否，若不能全持，或一，或二、或三、或四，皆可隨意；寧可不受，萬不可受而不持！且就殺生而論，未受戒者，犯之本應有罪，若已受不殺戒者犯之，則罪更加重一倍，可怕不可怕呢？你們試想一想，如果不能受持，勉強敷衍，實是自尋煩惱！據我思之：五戒中最容易持的，是：不邪淫、不飲酒；諸位可先受這兩條最為穩當；至於殺與妄語，有大小之分，大者雖不易犯，小者實為難持；又五戒中最為難持的莫如盜戒，非於盜戒戒相研究十分明瞭之後，萬不可率爾而受。所以我盼望諸位對於盜戒一條緩緩再說，至要！至要！

但以現在傳戒情形看起來，在這許多人眾集合場中，實際上是不能如上一一別受；我想現在受五戒時，不妨合眾總受五戒，俟受戒後，再自己斟酌取捨，亦未為不可；於自己所不能奉持的數條，可以在引禮師前或僧人前捨去，這樣辦法，實在十分妥當，在授者減麻煩，諸位亦可免除煩惱。另外還有一句要緊的話，倘有人懷疑於此大眾混雜擾亂之時，心中不能專一注想，或恐猶未得戒者，不妨請性願老法師或其他善知識，再為重授一次，他們當即慈悲允許。諸位！你們萬不可輕視三皈五戒！

我有句老實話對諸位說：菩薩戒不是容易得的，沙彌戒及比丘戒是不能得的，無論出家或在家人所希望者，唯有三皈五戒，我們倘能得三皈五戒，那就是很好的了。因受持五戒，來生定可為人；既能持五戒，再說念阿彌陀佛名號，求生西方，臨終時定能往生西方極樂世界，豈不甚好。就我自己而論，對於菩薩戒是有名無實，沙彌戒及比丘戒決定未得：即以五戒而言，亦不敢說完全，只可謂為出家多分優婆塞而已，這是實話。所以我盼望諸位要注意三皈五戒；當受五戒，應知於前說三皈正得戒體，最宜注意；後說五戒戒相為附屬之文，不是在此時得戒。又須請師先為說明五戒之廣狹；例如：飲酒一戒，不惟不飲泉州酒店之酒，凡盡法界虛空界之戒緣境酒，皆不可飲。殺、盜、淫、妄，亦復如是。所以受戒功德普遍法界，實非人力所能思議。

寶華山見月律師所編《三皈五戒正範》，所有開示多用駢體文，聞者萬不能瞭解，等於虛文而已；最好請師譯成白話。此外我更附帶言之：近有為人授五戒者於不飲酒後加不吸菸一句，但這不吸菸可不必加入；應另外勸告，不應加入五戒文中。

以上說五戒畢，以下講八戒。

八戒

具云八關齋戒。「關」者禁閉非逸，關閉所有一切非善事。「齋」是清淨的意思，絕諸一切雜想事。八關齋戒本有九條，因其中第七條包含兩條，故合計為八條。前五與五戒同，後三條是另加的。後加三者，即：

第六、華香瓔珞香油塗身：這是印度美麗裝飾之風俗，我國只有花香，並無瓔珞等；但所謂香如吾國香粉、香水、香牙粉、香牙膏及香皂等，皆不可用。

第七、高勝床上坐，作倡伎樂故往觀聽：這就是兩條合為一條的；現略為分析：「高」是依佛制度，坐臥之床腳，最高不能超過一尺六寸；「勝」是指金銀牙角等之裝飾，此皆不可。但在他處不得已的時候，暫坐可開：佛制是專為自製的須結正罪，如別人已做成功的不是自製的，罪稍輕。做倡伎樂故往觀聽，音樂影戲等皆屬此條；所謂故往觀聽之「故」字要注意，於無意中偶然聽到或看見的不犯。以上高勝床上坐，做倡伎樂故往觀聽，共合為一條。受八關齋戒的人，皆不可為。

第八、非時食：佛制受八關齋戒後，自黎明至正午可食，倘越時而食，即叫做非時食——即平常所說的「過午不食」。但正午後，不單是飯等不可食，如牛奶水果等均不可用。如病重者，於不得已中，可在大家看不到地方開食粥等。

受八關齋戒，普通於六齋日；受六齋日者，即：初八，十四，十五，廿三，及月底最後二日；倘能發心日日受，那是最好不過了。受時要在每天晨起時，期限以一日一夜——天亮時至夜，夜至明早——受八關齋戒後，過午不食一條，應從今天正午後至明日黎明時皆不可食。又八戒與菩薩戒比較有區別；因為八戒與菩薩戒，是頓立之戒（但上說的菩薩戒，是局就《梵網》、《瓔珞》等而說的；若依《瑜伽戒》本，則屬於漸次之戒）。這是什麼緣故呢？未受五戒、沙彌戒、比丘戒，皆可即受菩薩戒或八戒，故曰頓立；若漸次之戒，必依次第，如先五戒，次沙彌戒，次比丘戒，層層上去的。以上所說八關齋戒，外江居士受的非常之多；我想閩南一帶，將來亦應當提倡提倡！若嫌每月六日太多，可減至一日或兩日亦無不可；因僅受一日，即有極大功德，何況六日全受呢！

沙彌戒

沙彌戒諸位已知道了吧？此乃正戒，共十條。其中九條同八戒，另加「手不捉錢寶」一條，合而為十。但手不捉錢寶一條，平常人不明白，聽了皆怕；不知此不捉錢寶是易持之戒，律中有方便辦法，叫做「說淨」，經過說淨的儀式後，亦可照常自己捉持；最為繁難者，是正戒十條外於比丘戒亦應學習，犯者結罪。我初出家時不曉得，後來學律才知道。這樣看起來，持沙彌戒亦是不容易的一回事。

沙彌尼戒

即女眾，法戒與沙彌同。

式叉摩那戒

梵語式叉摩那，此云學法女；外江各叢林，皆謂在家貞女為式叉摩那，這是錯誤的。閩南這邊，那年開元寺傳戒時，對於貞女不稱式叉摩那，只用貞女之名，這是很通；平常人多不解何者為式叉摩那，我現在略為解釋一下：

哪一種人可以受式叉摩那戒呢？要已受沙彌尼戒的人於十八歲時，受式叉摩那法，學習二年，然後再受比丘尼戒；因為佛制二十歲乃可受戒，於十八歲時，再學二年正當二十歲。於二年學習時，僧作羯磨，與學戒法；二年學畢乃可受比丘尼戒；但式叉摩那要學三法：一、根本法，即四重戒。二、六法：染心相觸，盜減五錢，斷畜命，小妄語，非時食，飲酒。行法：大尼諸戒，及威儀。

此僅是受學戒法，非另外得戒故與他戒不同。以下講比丘戒。

比丘戒

因時間很短，現在不能詳細說明，惟有幾句要緊話先略說之：

我們生此末法時代，沙彌戒與比丘戒皆是不能得的，原因甚多甚多！今且舉出一種來說，就是沒有能授沙彌戒、比丘戒的人；若受沙彌戒，須二比丘授，比丘戒至少要五比丘授；倘若找不到比丘的話，不單比丘戒受不成，沙彌戒亦受不成。我有一句很傷心的話要對諸位講：從南宋迄今六七百年來，或可謂僧種斷絕了！以平常人眼光看起來，以為中國僧眾很多，大有達至幾百萬之概；據實而論，這幾百萬中，要找出一個真比丘，怕也是不容易的事！如此怎樣能受沙彌比丘戒呢？既沒有能授戒的人，如何會得戒呢？我想諸位聽到這話，心中一定十分掃興；或以為既不得戒，我們白吃辛苦，不如早些回去好，何必在此辛辛苦苦做這種極無意味的事情呢？但如此懷疑是大不對的：我勸諸位應好好地、鎮靜地在此受沙彌戒比丘戒才是！雖不得戒，亦能種植善根，兼學種種威儀，豈不是好；又若想將來學律，必先掛名受沙彌比丘戒，否則以白衣學律，必受他人譏評：所以你們在這兒發心受沙彌比丘戒是很好的！

這次本寺諸位長老喚我來講律學大意，我感覺有種種困難之點；這是什麼緣故？比方我在這兒，不依據佛所說的道理講，一味地隨順他人顧惜情面敷衍了事，豈不是我害了你們嗎？若依實在的話與你們講，又恐怕因此引起你們的懷疑；所以我覺著十分困難。因此不得已，對於諸位分作兩種說法：

一、老實不客氣地，必須要說明受戒真相，恐怕諸位出戒堂後，妄自稱為沙彌或比丘，致招重罪，那是不得了的事情！我有種比方，譬如：泉州這地方有司令官等，不識相的老百姓亦自稱我是司令官，如司令官等聽到，定遭不良結果，說不定有槍斃之危險！未得沙彌比丘戒者，妄自稱為沙彌或比丘，必定遭惡報，亦就是這個道理。我為著良心的驅使，所以要對諸位說老實話。

二、以現在人情習慣看起來，我總勸諸位受戒，掛個虛名，受後俾可學律；不然，定招他人誹謗之虞；這樣的說，諸位定必明瞭吧！

更進一層說，諸位中若有人真欲紹隆僧種，必須求得沙彌比丘戒者，亦有一種特別的方法；即是如蕅益大師《禮察懺儀》，求得清淨輪相，即可得沙彌比丘戒；除此以外，無有辦法。故蕅益大師云：「末世欲得淨戒，捨此占察輪相之法，更無別途。」因為得清淨輪相之後，即可自誓總受菩薩戒而沙彌比丘戒皆包括在內，以後即可稱為菩薩比丘。禮《占察懺》得清淨輪相，雖是極不容易的事，倘諸位中有真發大心者，亦可奮力進行，這是我最希望你們的。以下說比丘尼戒。

比丘尼戒

現在不能詳說。依據佛制，比丘尼戒要重複受兩次；先依尼僧授本法，後請大僧正授，但正得戒時，是在大僧正授時；此法南宋以後已不能實行了。最後說菩薩戒。

菩薩戒

為著時間關係，亦不能詳說。現在略舉三事：一、要有菩薩種性，又能發菩提心，然後可受菩薩戒。什麼是種性呢？就簡單來說，就是多生以來所成就的資格。所以當受戒時，戒師問：「汝是菩薩否？」應答曰：「我是菩薩！」這就是菩薩種性。戒師又問：「既是菩薩，已發菩提心否？」應答曰：「已發菩提心。」這就是發菩提心。如這樣子才能受菩薩戒。二、平常人受菩薩戒者皆是全受；但依《瓔珞本業經》，可以隨身分受，或一或多；與前所說的受五戒法相同。三、犯相重輕，依舊疏、新疏有種種差別，應隨個人力量而行；現以例說，如：妄語戒，舊疏說大妄語乃犯波羅夷罪，新疏說，小妄語即犯波羅夷罪。至於起殺盜淫妄之心，即犯波羅夷，乃是為地上菩薩所制。我等凡夫是做不到的。

所謂菩薩戒雖不易得，但如有真誠之心，亦非難事；且可自誓受，不比沙彌比丘戒必須要請他人授；因為菩薩戒、五戒、八戒皆可自誓受，所以我們頗有得菩薩戒之希望！

今天《律學要略》講完，我想在其中有不妥當處或錯誤處，還請諸位原諒。最後我尚有幾句話：諸位在此受戒很好。在近代說，如外江最有名望的地方，雖有傳戒，實不及此地完備，這是這裡辦事很有熱心，很有精神，很有秩序，誠使我佩服，使我讚美。就以講律來說，此地戒期中講《沙彌律》、《比丘戒本》、《梵網經》，他方是難有的。幾年前泉州大開元寺於戒期中提倡講律，大家皆說是破天荒的舉動。本寺此次傳戒之美備，實與數年前大開元寺相同；並有露天演講，使外人亦有種植善根之機緣，誠辦事周到之處。本年天災頻仍，泉州亦不在例外，在人心慘痛、境遇蕭條的狀況中，本寺居然以極大規模，很圓滿地傳戒，這無非是諸位長老及大護法的道德感化所及；我這次到此地，心實無限歡喜，此是實話，並非捧場；此次能碰著這大機緣與諸位相聚，甚慰衷懷，最後還要與諸位恭喜。

本文為乙亥年（一九三五年，民國二十四年）十一月，應泉州承天寺之請，於律儀法會上演講的內容，由萬泉記錄。法師時年五十六歲。

南閩十年之夢影

我一到南普陀寺，就想來養正院和諸位法師講談講談，原定的題目是「余之懺悔」，說來話長，非十幾小時不能講完；近來因為講律，須得把講稿寫好，總抽不出一個時間來，心裡又怕負了自己的初願，只好抽出很短的時間，來和諸位談談，談我在南閩十年中的幾件事情！

我第一回到南閩，在民國十七年的十一月，是從上海來的。起初還是在溫州，我在溫州住得很久，差不多有十年光景。

由溫州到上海，是為著編輯《護生畫集》的事，和朋友商量一切；到十一月底，才把《護生畫集》編好。

那時我聽人說：尤惜陰居士也在上海。他是我舊時很要好的朋友，我就想去看一看他。一天下午，我去看尤居士，居士說要到暹羅國去，第二天一早就要動身的。我聽了覺得很喜歡，於是也想和他一道去。

我就在十幾小時中，急急地預備著。第二天早晨，天還沒大亮，就趕到輪船碼頭，和尤居士一起動身到暹羅國去了。從上海到暹羅，是要經過廈門的，料不到這就成了我來廈門的因緣。十二月初，到了廈門，承陳敬賢居士的招待，也在他們的樓上吃過午飯，後來陳居士就介紹我到南普陀寺來。那時的南普陀，和現在不同，馬路還沒有建築，我是坐著轎子到寺裡來的。

到了南普陀寺，就在方丈樓上住了幾天。時常來談天的，有性願老法師、芝峰法師等。芝峰法師和我同在溫州，雖不曾見過面，卻是很相契的。現在突然在南普陀寺晤見了，真是說不出的高興。

我本來是要到暹羅去的，因著諸位法師的挽留，就留滯在廈門，不想到暹羅國去了。

在廈門住了幾天，又到小雲峰那邊去過年。一直到正月半以後才回到廈門，住在閩南佛學院的小樓上，約莫住了三個月工夫。看到院裡面的學僧雖然只有二十幾位，他們的態度都很文雅，而且很有禮貌，和教職員的感情也很不差，我當時很贊美他們。

這時芝峰法師就談起佛學院裡的課程來。他說：「門類分得很多，時間的分配卻很少，這樣下去，怕沒有什麼成績吧？」因此，我表示了一點意見，大約是說：「把英文和算術等刪掉，佛學卻不可減少，而且還得增加，就把騰出來的時間教佛學吧？」他們都很贊成。聽說從此以後，學生們的成績，確比以前好得多了！

我在佛學院的小樓上，一直住到四月間，怕將來的天氣更會熱起來，於是又回到溫州去。

第二回到南閩，是在民國十八年十月。起初在南普陀寺住了幾天，以後因為寺裡要做水陸，又搬到太平巖去住。等到水陸圓滿，又回到寺裡，在前面的老功德樓住著。

當時閩南佛學院的學生，忽然增加了兩倍多，約有六十多位，管理方面不免感到困難。雖然竭力的整頓，終不能恢複以前的樣子。

不久，我又到小雪峰去過年，正月半才到承天寺來。

那時性願老法師也在承天寺，在起草章程，說是想辦什麼研究社。

不久，研究社成立了，景象很好，真所謂「人才濟濟」，很有一種難以形容的盛況。現在妙釋寺的善契師、南山寺的傳證師，以及已故南普陀寺的廣究師等等，都是那時候的學僧哩！研究社初辦的幾個月間，常住的經懺很少，每天有工夫上課，所以成績卓著，為別處所少有。

當時我也在那邊教了兩回寫字的方法，遇有閑空，又拿寺裡那些古版的藏經來整理整理，後來還編成目錄，至今留在那邊。這樣在寺裡約莫住了三個月，到四月，怕天氣要熱起來，又回到溫州去。

民國二十年九月，廣洽法師寫信來，說很盼望我到廈門去。當時我就從溫州動身到上海，預備再到廈門；但許多朋友都說：時局不大安定，遠行頗不相宜，於是我只好仍回溫州。直到轉年（即民國二十一年）十月，到了廈門，計算起來，已是第三回了！

到廈門之後，由性願老法師介紹，到山邊巖去住；但其間妙釋寺也去住了幾天。那時我雖然沒有到南普陀來住，但佛學院的學僧和教職員，卻是常常來妙釋寺談天的。

民國二十二年正月廿一日，我開始在妙釋寺講律。這年五月，又移到開元寺去。當時許多學律的僧眾，都能勇猛精進，一天到晚的用功，從沒有空過的工夫；就是秩序方面也很好，大家都嘖嘖地稱讚著。

有一天，已是黃昏時候了，我在學僧們宿舍前面的大樹下立著，各房燈火發出很亮的光；誦經之聲，又復朗朗入耳，一時心中覺得有無限的歡慰！可是這種良好的景象，不能長久的繼續下去，恍如曇花一現，不久就消失了。但是當時的景象，卻很深的印在我的腦中，現在回想起來，還如在大樹底下目睹一般。這是永遠不會消滅，永遠不會忘記的啊！

十一月，我搬到草庵來過年。

民國二十三年二月，又回到南普陀。當時舊友大半散了；佛學院中的教職員和學僧，也沒有一位認識的！我這一回到南普陀寺來，是準了常惺法師的約，來整頓僧教育的。後來我觀察情形，覺得因緣還沒有成熟，要想整頓，一時也無從著手，所以就作罷了。此後並沒有到閩南佛學院去。

講到這裡，我順便將我個人對於僧教育的意見，說明一下：

我平時對於佛教是不願意去分別哪一宗、哪一派的，因為我覺得各宗各派，都各有各的長處。但是有一點，我以為無論哪一宗哪一派的學僧，卻非深信不可，那就是佛教的基本原則，就是深信善惡因果報應的道理——善有善報，惡有惡報；同時還須深信佛菩薩的靈感！這不僅初級的學僧應該這樣，就是升到佛教大學也要這樣！善惡因果報應和佛菩薩的靈感道理，雖然很容易懂；可是能徹底相信的卻不多。這所謂信，不是口頭說說的信，是要內心切切實實去信的呀！咳！這很容易明白的道理，若要切切實實的去信，卻不容易啊！我以為無論如何，必須深信善惡因果報應和諸佛菩薩靈感的道理，才有做佛教徒的資格！須知善有善報，惡有惡報，這種因果報應，是絲毫不爽的！又須知我們一個人所有的行為，一舉一動，以至起心動念，諸佛菩薩都看得清清楚楚！一個人若能這樣十分決定的信著，他的品行道德，自然會一天比一天地高起來！要曉得我們出家人，就所謂「僧寶」，在俗家人之上，地位是很高的。所以品行道德，也要在俗家人之上才行！

倘品行道德僅能和俗家人相等，那已經難為情了。何況不如？又何況十分的不如呢？咳！這樣他們看出家人就要十分的輕慢，十分的鄙視，種種譏笑的話，也接連的來了。

記得我將要出家的時候，有一位在北京的老朋友寫信來勸告我，你知道他勸告的是什麼？他說：「聽到你要不做人，要做僧去。」咳！我們聽到了這話，該是怎樣的痛心啊！他以為做僧的，都不是人，簡直把僧不當人看了！你想，這句話多麼厲害呀！出家人何以不是人？為什麼被人輕慢到這地步？我們都得自己反省一下！我想：這原因都由於我們出家人做人太隨便的緣故，種種太隨便了，就鬧出這樣的話柄來了。至於為什麼會隨便呢，那就是由於不能深信善惡因果報應和諸佛菩薩靈感的道理的緣故。倘若我們能夠真正生信，十分決定的信，我想就是把你的腦袋斫掉，也不肯隨便的了！

以上所說，並不是單單養正院的學僧應該牢記，就是佛教大學的學僧也應該牢記，相信善惡因果報應和諸佛菩薩靈感不爽的道理。

就我個人而論，已經是將近六十的人了，出家已有二十年，但我依舊喜歡看這類的書——記載善惡因果報應和佛菩薩靈感的書。

我近來省察自己，覺得自己越弄越不像了，所以我要常常研究這一類的書。希望我的品行道德，一天高尚一天。希望能夠改過遷善，做一個好人。又因為我想做一個好人，同時我也希望諸位都做好人。

這一段話，雖然是我勉勵我自己的，但我很希望諸位也能照樣去實行。

關於善惡因果報應和佛菩薩靈感的書，印光老法師在蘇州所辦的弘化社那邊印得很多，定價也很低廉，諸位若要看的話，可託廣洽法師寫信去購請，或者他們會贈送也未可知。

以上是我個人對於僧教育的一點意見。下面我再來說幾樣事情：

我民國二十四年到惠安淨峰寺去住。到十一月，忽然生了一場大病，所以我就搬到草庵來養病。這一回的大病，可以說是我一生的大紀念！我於民國二十五年的正月，扶病到南普陀寺來。在病床上有一隻鐘，比其他的鐘總要慢兩刻，別人看到了，總是說這個鐘不準，我說：「這是草庵鐘。」別人聽了「草庵鐘」三字還是不懂，難道天下的鐘也有許多不同的麼？現在就讓我詳詳細細地來說個明白。

我那一回大病，在草庵住了一個多月。擺在病床上的鐘，是以草庵的鐘為標準的。而草庵的鐘，總比一般的鐘要慢半點。我以後雖然移到南普陀，但我的鐘還是那個樣子，比平常的鐘慢兩刻，所以「草庵鐘」就成了一個名詞了。這件事由別人看來，也許以為是很好笑的吧！但我覺得很有意思。因為我看到這個鐘，就想到我在草庵生大病的情形了，往往使我發大慚愧，慚愧我德薄業重。我要自己時時發大慚愧，我總是故意地把鐘改慢兩刻，照草庵那鐘的樣子；不止當時如此，到現在還是如此，而且願盡形壽，常常如此。

以後在南普陀住了幾個月，於五月間，才到鼓浪嶼日光巖去。十二月仍回南普陀。到今年民國二十六年，我在閩南居住，算起來，首尾已是十年了。回想我在這十年之中，在閩南所做的事情，成功的卻是很少很少，殘缺破碎的居其大半，所以我常常自己反省，覺得自己的德行，實在十分欠缺。因此近來我自己起了一個名字，叫「二一老人」。什麼叫「二一老人」呢？這有我自己的根據。

記得古人有句詩：「一事無成人漸老。」清初吳梅村（偉業）臨終的絕命詞有：「一錢不值何消說。」這兩句詩的開頭都是「一」字，所以我用來做自己的名字，叫做「二一老人」。因此我十年來在閩南所做的事，雖然不完滿，而我也不怎樣的去求它完滿了。

諸位要曉得，我的性情是很特別的，我只希望我的事情失敗，因為事情失敗、不完滿，這才使我常常發大慚愧，能夠曉得自己的德行欠缺，自己的修善不足，那我才可努力用功，努力改過遷善。一個人如果事情做完滿了，那麼這個人就會心滿意足，洋洋得意，反而增長他貢高我慢的念頭，生出種種的過失來。所以還是不去希望完滿的好。不論什麼事，總希望它失敗，失敗才會發大慚愧，倘若因成功而得意，那就不得了啦！

我近來，每每想到「二一老人」這個名字，覺得很有意味。這「二一老人」的名字，也可以算是我在閩南居住了十年的一個最好的紀念。

本文為丁丑年（一九三七年，民國二十六年）二月十六日在南普陀寺，佛教養正院的演講內容，由高文顯筆記。法師時年五十八歲。

泉州開元慈兒院講錄

我到閩南，已有十年，來到貴院，也有好幾回，一回到院，都覺得有一番進步，這是使我很喜歡的。貴院各種課程，都有可觀，其最使我滿意讚歎的，就是早晚兩堂課誦。古語道：「人身難得，佛法難聞。」諸生倘非夙有善根，怎得來這裡讀書，又復聞佛法哩！今這樣，真是好極了。諸生得這難得機緣，應各各起歡喜心，深自慶幸才是。

我今講本師釋迦牟尼佛在因地中為法捨身幾段故事給諸位聽，現在先引《涅槃經》一段來說。

釋迦牟尼佛在無量劫前，當無佛法時代，曾做婆羅門，這位婆羅門，品格清高，與眾不同，發心訪求佛法，那時忉利天王在天宮瞧見，要試此婆羅門，有無真心，化為羅剎鬼，狀極凶惡，來與婆羅門說法，但是僅說半偈（印度古代的習慣以四句為一偈）。婆羅門聽了羅剎鬼所說的半偈很喜歡，要求羅剎再說後半偈，羅剎不肯。婆羅門力求，羅剎便向婆羅門道：「你要我說後半偈，也可以，你應把身上的血給我飲，身上的肉給我吃，才可許你。」婆羅門為求法故，即時答應道：「我甚願將我身上的血肉給你。」羅剎以婆羅門既然誠懇地允許，便把後半偈說給他聽。婆羅門得聞了後半偈，真覺心滿意足，不特自己歡喜，並且把這偈書寫在各處，遍傳到人間去。婆羅門在各處樹木山巖上書寫此四句偈後，為維持信用，便想應如何把自己肉血給羅剎吃呢？他就要跑上一棵很高很高的樹上，跳躍下來，自謂可以喪了身命，便將血肉給羅剎吃。羅剎那時，看婆羅門不惜身命求法，心中十分感動，當婆羅門在高處捨身躍下，未墜地時，羅剎便現了天王的原形把他接住，這婆羅門因得不死。羅剎原係忉利天王所化，欲試試婆羅門的，今見婆羅門求法如此誠懇，自然是十分歡喜讚歎。若在婆羅門因志求無法上正法，雖棄捨身命亦何所顧惜呢！剛才所說：婆羅門如此求法困難，不惜身命。諸位現在不要捨身，而很容易的得聞傳法。真是大可慶幸呀！

還有一段故事，也是《涅槃經》上說。

過去無量劫時候，釋迦牟尼佛，為一很窮困的人，當時有佛出世，見人皆先供養佛然後求法，已則貧窮無錢可供，他心生一計，願以身賣錢來供佛，就到大街上去賣自己的身體。當在大街上喊賣身時，恰巧遇一病人，醫生叫他每日應吃三兩人肉，那病人看見有人賣身，便十分歡喜，因向貧人說：「你每日給我三兩人肉吃，我可以給你五枚金錢。」這位窮人，聽了這話，與那病人商洽說：你先把五枚金錢拿來，我去買東西供養佛，求聞佛法，然後每日把我身上的肉割下給你吃。當時病人應允，即先付金錢。這窮人供佛聞法已畢，即天天以刀割身上的三兩肉給病人吃，吃到一個月，並才痊癒。當窮人每天割肉的時候，他常常念佛所說的偈，精神完全貫注在法的方面，竟如沒有痛苦，而且不久他的身體也就平復無恙了。這窮人因求法之故，發心做難行的苦行有如此勇猛。諸生現今在這院裡求學，早晚皆得聞佛法，不但每日毋須割去若干肉，而且有衣穿，有飯吃，這豈不是很難得的好機緣嗎？

再講一段故事，出於《賢愚經》。

釋迦牟尼佛在因地時候，有一次身為國王，因厭惡終其身居於國王位，沒有什麼好處，遂發心求聞佛法。當時來了一位婆羅門，對這國王說：「王要聞法，可能把身體挖一千個孔，點一千盞燈來供佛嗎？若能如此，便可為你說法。」那國王聽婆羅門這句話，便慨然對他說：「這有何難，為要聞法，情願捨此身命，但我現有些少國事未了，容我七天，把這國事交下著落，便就實行。」到第七天，國事辦完，王便欲在身上挖千個孔，點千盞燈，那時全國人民知道此事，都來勸阻。謂大王身為全國人民所依靠，今若這樣犧牲，全國人民將何所賴呢？國王說：「現在你們依靠我，我為你們做依靠，不過是暫時，是靠不住的，我今求佛得佛，將來成佛，當先度化你們，可為你們永遠的依靠，豈不更好，請大家放心，切勿勸阻。」那時國王馬上就實行起來。呼左右將身上挖了一千孔，把油燈盛好，燈心安好，欣然對婆羅門說：「請先說法，然後點燈。」婆羅門答應，就為他說法。國王聽了，無限的滿足，便把身上一千盞燈齊點起來，那時萬眾驚駭呼號。國王乃發大誓願道：「我為求法，來捨身命，願我聞法以後，早成佛道，以大智慧光普照一切眾生。」這聲音一發，天地都震動了，燈光晃耀之下，諸天現前，即問國王：「你身體如此痛苦，你心裡也後悔嗎？」國王答：「絕不後悔。」後來國王復向空中發誓言：「我這至誠求法之心，果能永久不悔，願我此身體即刻回復原狀。」話說未已，至誠所感，果然身上上千個火孔，悉皆平復，並無些少創痕。剛才所說，聞法有如此艱難，諸生現在聞法則十分容易，豈不是諸生有大幸福嗎！自今以後，應該發勇猛精進心，勤加修習才是！

以前我曾居住開元寺好幾次，即住在貴院的後面，早晚聞諸生念佛念經很如法。音聲亦甚好聽，每站在房門外聽得高興。因各種課程固好，然其他學校也是有的，獨此早晚二堂課誦，是其他學校所無，而貴院所獨有的，此皆是貴院諸職教員善於教導，和你們諸位努力，才有這十分美滿的成績，我希望貴院，今後能夠繼續精進努力不斷的進步，規模日益擴大，為全國慈兒院模範，這是我最後殷勤的希望。

本文為戊寅年（一九三八年，民國二十七年）二月，於泉州開元寺慈兒院的演講內容，由吳棲霞記錄。時法師五十九歲。

心經大意

自今日始，講三日，先說此次講經之方法。《心經》雖僅二百餘字，攝全部佛法。講非數日，一二月，至少須一年。今講三日，豈能盡。僅說簡略大意，及用通俗的淺顯講法（無深文奧義，不釋名相，一解大科）。

效果

一、令粗解法者及未學法者，皆稍得利益。

二、又對常人（已信佛法）僅謂心經為空者，加以糾正。

三、又對常人（未信佛法）謂佛法為消極者，加以辨正。

經題

（先經題，後經文。）

般若波羅密多心經

前七字為別題，後一字為總題。

般若——梵語也，譯為智慧。

- 常人之小智小慧
- 學者之俗智俗慧
- 二乘之空智空慧
——非
- 照見五蘊皆空，能除一切苦，真實不虛之大智大慧。

- 小智慧（小聰明、小巧）——亦云有智慧，與佛法相遠。
- 俗智慧　研學問，上等人甚好，亦云有智慧，但與佛法無涉。
- 空智慧　小乘人。

波羅密多，譯為到彼岸（就一事之圓滿成功言）。

若以渡河為喻

動身處……此岸

欲到處……彼岸

以舟渡河竟……到彼岸

約法言之

此岸……輪迴生死　須依般若舟，乃能渡到彼岸。

彼岸……圓滿佛果　而離苦得樂。

心，有數釋。一釋心乃比喻之辭，即是般若波羅密多之心。

（心為一身之必要，此經為般若之精要。）

引證

- 《大般若經》云：餘經猶如枝葉，般若猶如樹根。
- 又云：不學般若波羅密多，證得無上正等菩提，無有是處。
- 又云：般若波羅密多能生諸佛，是諸佛母。

案般若部，於佛法中甚為重要。佛說法四十九年，說般若者二十二年。而所說《大般若經》六百卷，亦為藏經中最大之部。《心經》雖二百餘字，能包六百卷大般若義，毫無遺漏，故曰心也。

經，梵語修多羅，此翻契經。契為契理契機。經謂貫穿攝化。

經者，織物之直線也。與橫線之緯對。

此外尚有種種解釋。

此經有數譯（七譯），今常誦者，為唐三藏法師玄奘所譯。

已略釋經題竟。於講正文之前，先應注意者。

研習《心經》者最應注意不可著空見。因常人聞說空義，誤以為著空之見。此乃大誤，且極危險。經云：「寧起有見如須彌山，不起空見如芥子許。」因起有見者，著有而修善業，猶報在人天。若著空見者，撥無因果則直趣泥犁。故斷不可著空見也。

若再進而言之，空見既不可著，有見亦非盡善。應（一）不著有，（二）亦不著空，乃為宜也。

一、若著有者，執人我皆實有。既分人我，則有彼此。不能大公無私，不能有無我之偉大精神，故不可著有。須忘人我，乃能成就利生之大事業。

二、若著空，如前所說撥無因果且不談。即二乘人僅得空慧而著偏空者，亦不能作利生事業也。

故佛經云┌真空（非偏空、偏空不真）

　　　　└妙有（非實有、實有不妙）┘┐常人以為空有相反，今乃相合。

真空者，即有之空，雖不妨假說有人我，但不執著其相。

妙有者，即空之有，雖不執著其相，亦不妨假說有人我。

如是終日度生，實無所度。雖無所度，而又決非棄捨不為。若解此意，則常人所謂利益眾生者，能力薄弱、範圍小、時不久、不徹底。若欲能力不薄弱，範圍大者，須學佛法。了解真空妙有之理，精進修行，如此乃能完成利生之大事業也。

或疑《心經》少說有，多說空者，因常人多著於有，對症下藥，故多說空。雖說空，乃即有之空，是真空也。若見此真空，即真空不空。因有此空，將來作利生事業乃成十分圓滿。

合前三、非消極者，是積極，當可了然。世人之積極，不過積極於暫時，佛法乃永久。

般若法門具有空與不空二義，以無所得故已前之經文，皆從般若之空一方面說。依此空義，於常人所執著之妄見，打破消滅一掃而空，使破壞至於徹底。菩提薩埵已下，是從般若不空方面說，復依此不空義，而熾然上求佛法，下化眾生，以完成其圓滿之建設。

亦猶世間行事，先將不良之習慣等一一推翻，然後良好建設乃得實現也。世有謂佛法唯是消極者，皆由不知佛法之全系統，及其精神所在，故有此誤解也。

今講正文，講時分科。今唯略舉大科，不細分。

大科 心經大科

- 初顯了般若
  - 初經家敘引
  - 二正說般若
- 二祕密般若

由序 再就說法之由序言，此譯本不詳。按宋施護譯本，先云：世尊在靈鷲山中入三摩提（三昧、譯言正定等）。舍利子白觀自在菩薩言。若有欲修學甚深般若法門者，當云何修學。而觀自在菩薩遂說此經云云。

正文 觀自在菩薩

觀自在（即觀世音）

- 約智　觀理事無礙之境，而了達自在。……自利之妙用
- 約悲　觀一切眾生之機，而化度自在。……利他之妙用

智悲雙運利自利他，故得觀自在之名。

菩薩，「菩提薩埵」之省文，是梵語。

- 菩提——覺……以智上求佛法。
- 薩埵——有情（即眾生）……以悲下化眾生。

故稱菩提薩埵此外有多釋。

行深般若波羅密多時

深

- 淺……人空般若——二乘人入。（人空者，人體為五蘊之假和合，其中無有真實之我體）
- 深……法空般若——菩薩入。（法空者，五蘊亦空，如後所明。）

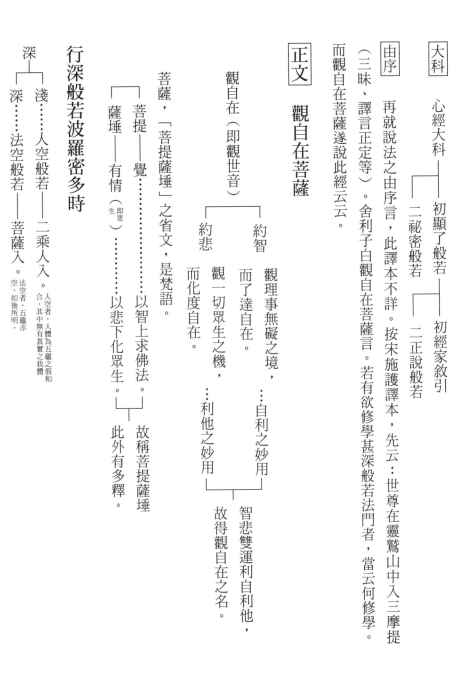

照見五蘊皆空

五蘊，即舊譯之五陰也。世間萬法無盡。欲研高深哲理及正當人生觀。應先於萬法有整個之認識，有統一之概念。佛法既含有高深之哲理及正當人生觀，應知亦爾。

此五蘊，即佛教用以總括世間萬法者。故僅研五蘊，與研究一切萬法無異。蘊者，蘊藏積聚也。五蘊亦稱為五法聚，亦即五類之義。乃將一切精神物質之法歸納於此五類中也。

五蘊
- 色蘊…障礙義　即一切相障有礙之處境。與物質之義相似而較廣。（境處）
- 受蘊…領納義　即對於外境或苦，或樂及不苦不樂等之感受。此與今時人所習用之感情一詞（即是隨官感印象而生之官感感情）甚合。若作了別解之感覺釋之則非，因了別乃屬識蘊也。
- 想蘊…取像義　即取著感受之印象而思想。
- 行蘊…造作義　即對外境之動作。
- 識蘊…了別義　即了別外境，變出外境之本體。

（受蘊至識蘊：內心）

由外境色……而感著種種受
由種種受……而引起種種想
由種種想……而發起種種行
由種種行……而薰習內心之識
由內心之識……而變成外境之色

輪轉生死循環不絕

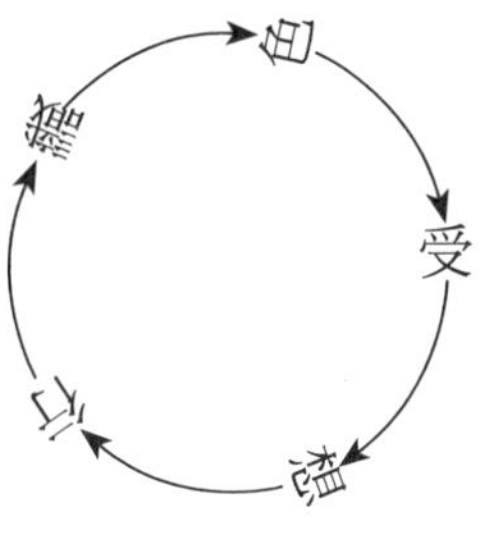

空，此空之真理及境界，須行深般若時，乃能親見實證。

今且就可能之範圍略說。

五蘊中最難了解其為空者，即色蘊。因有物質、有阻礙、似非空也。凡夫迷之，認為實有，起諸分別。其實乃空。且舉二義。

一、無常：若色真實不虛者，應常恆不變，但外境之色蘊，乃息息變動。山河大地因有滄海桑田之感，即我自身，今年去年，今月上月，今日昨日，所謂我者亦不相同。即我鼻中出入息，此一息我，非前一息我。後一息我，非此一息我。因於此一息中，我身已起無數變化。最顯者，我全身之血，因此一呼吸遂變其性質成分，位置及工作也。

若進言之，匪惟一息有此變化，即剎那剎那中亦悉爾也。既常常變化，故知是空。

二、所見不同：若色真實不空者，應何時何人所見悉同。但我等外境之色蘊，乃依時依人而異。

如恆河水
- 魚龍認為窟宅
- 天眾認為琉璃
- 人間認為波流
- 餓鬼認為猛燄

皆依其識、而所見不同

故外境之色，唯是我識妄認，非有真實。

有如喜時，覺天地皆春。憂時，覺景物愁慘。於同一境中，一喜一憂所見各異。

既所見不同，故知是空。

上略舉二義，未能詳盡。

既知色空，其他無物質無阻礙之受想行識，謂為是空，可無疑矣。

照見者非肉眼所見，明見也。

度一切苦厄

苦，生死苦果。

厄，煩惱苦因。能厄縛眾生。

此二皆由五蘊不空而起。由妄認五蘊不空，即生貪瞋癡等煩惱。由有煩惱，即種苦因，由種苦因，即有苦果。

度，若照見五蘊皆空，自能解脫一切苦厄。解脫者，超出也。

舍利子等

以上為結經家敘引，以下乃正說般若。皆觀自在菩薩所說，故先呼舍利子名。

舍利子

是佛之大弟子，舍利此云百舌鳥，其母辯才聰利，以此鳥為名。舍利子又依母為名，故名舍利子。以上皆依法華玄贊釋。

色不異空空不異色色即是空空即是色

即前云五蘊皆空之真理，以五蘊與空對觀，顯明空義。

能知色不異空，無聲色貨利可貪，無五欲塵勞可戀。即出凡夫境界。能知空不異色，不入二乘涅槃，而化度眾生。即出二乘境界。如是乃菩薩之行也。

故應於不異與即是二義詳研，不得僅觀空之一邊，乃善學般若者也。

不異——粗淺色與空互較不異。仍是二事。

即是——深密色與空相即。空依色、色依空、非空外色、非色外空。乃是一事。

受想行識亦復如是

受想行識不異空，空不異受想行識。
受想行識即是空，空即是受想行識。

依上所云不異即是二者觀之。五蘊乃根本空，徹底空。

又由此應知前云之空

- 非
  - 斷滅空
  - 偏空
  - 離有之空
  - 與有對立之空
- 是
  - 即有即空
  - 不空而空之空
  - 離空有二邊之空

舍利子是諸法空相

諸法，前言五蘊，此言諸法，無有異也。

空相，此相字宜注意，上段說諸法空性，此處說諸法空相。所謂空者，非是但空，是諸法之有上所顯之空，是離空有二邊之空。最宜注意。

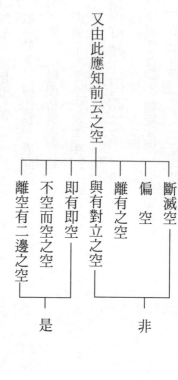

不生不滅不垢不淨不增不減

世間諸法、由凡夫觀之（五蘊不空）有

- 出生、消滅 → 體
- 垢染、清淨 → 相
- 增加、減少 → 用

菩薩依般若之妙用，既照見五蘊皆空，則無生滅諸相。故云不生等也。

生滅等相↑起分別心執著我見↑五蘊不空。

五蘊空↓不執著我見↓不起分別心↓諸法空相、不生不滅等。

由此可知生死即涅槃，煩惱即菩提，眾生即佛，而不厭離生死，怖畏煩惱，捨棄眾生。乃能證不生等境界。如此乃是菩薩，乃是般若，乃是自在。

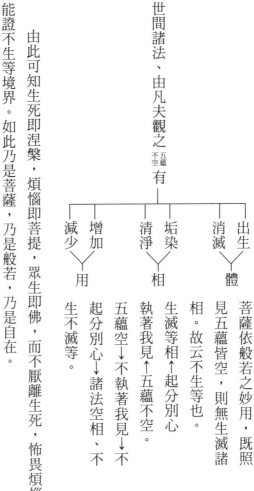

是故空中無色無受想行識無眼耳鼻舌身意無色聲香味觸法無眼界乃至無意識界

以下廣說五義皆空之義分為三段

- （一）空凡夫法（經文）是故空中無色（乃至）無意識界。
  - 五蘊如上所明，為迷心重者說五蘊。
  - 十二處（六根六塵名十二處）　亦云十二入，入者根塵互相涉入之義，為迷色重者說十二處。
    - 眼處
    - 耳處
    - 鼻處
    - 舌處
    - 身處
    - 意處
    - 色處
    - 聲處
    - 香處
    - 味處
    - 觸處
    - 法處
  - 十八界　界者區分為義。十八種作用不同故。為色心俱迷者說十八界。
    - 六根界
      - 眼界
      - 耳界
      - 鼻界
      - 舌界
      - 身界
      - 意見
    - 六塵界
      - 色界
      - 聲界
      - 香界
      - 味界
      - 觸界
      - 法界
    - 六識界
      - 眼識界
      - 耳識界
      - 鼻識界
      - 舌識界
      - 身識界
      - 意識界
- （二）空二乘法（經文）無無明（乃至）無苦集滅道。
- （三）空大乘法（經文）無智亦無得以無所得故。

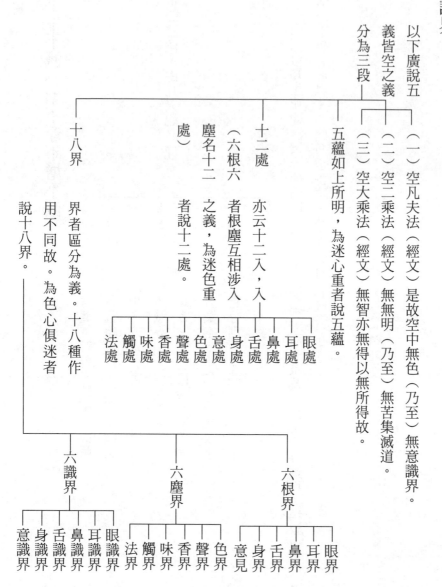

雖分三科，皆總括一切法而說。因學者根器不同，而開合有異耳。

蘊處界三科經文
- 是故空中無色，無受想行識。
- 無眼耳鼻舌身意，無色聲香味觸法。
- 無眼界乃至無意識界。

無無明亦無無明盡乃至無老死亦無老死盡　無苦集滅道

此乃空二乘法，上四句約緣覺言，下一句約聲聞言。

緣覺者，常觀十二因緣而悟道。

聲聞者，（聞佛聲教）觀四諦而悟道。

十二因緣
- 無明、行 —— 過去所作之因
- 識、名色、六入、觸、受 —— 現在所受之果

此十二因緣，乃說人生之生死苦果之起源及次序。藉流傳還滅二門以顯示世間及出世間法。流轉者，無明乃至老死之世間法。還滅者，無明盡乃至老死盡之出世間法。若行般若者，世間法空。故經云：無無明乃至無老死。出世間法亦空，故經云：無無明盡乃至無老死盡。

十二因緣
- 愛、取——現在所作之因
- 有
- 生、老死——未來作受之果

四諦（諦者真也）
- 苦諦　生死報—世間苦果
- 集諦　煩惱業—世間苦因
- 滅諦　涅槃果—出世間樂果
- 道諦　菩提道—出世間樂因

亦分二門，前二流轉，後二還滅。若行般若者，世間及出世間法皆空。故經云：無苦集滅道。

無智亦無得以無所得故

此乃空大乘法。

大乘菩薩求種種智，以期證得佛果。故超出聲聞緣覺之境界。但所謂智，所謂得，皆不應執著。所謂智者，用以破迷。迷時說有智，悟時即不待言，故云「無智」。所謂得者，乃對未得而言。既得之後，便知此事本來具足、在凡不減，在聖不增，亦無所謂得，故云「無得」。

以無所得故一句，證其空之所以。

以上經文中，無字甚多，亦應與前空字解釋相同。乃即有之無，非尋常有無之無也。若常人觀之，以為無所得，則實有一無所得在，即有一無所得可得。非真無所得也。若真無所得或亦即是有所得。觀下文所云佛與菩薩所得可知。

菩提薩埵（乃至）三藐三菩提

菩提薩埵等　說菩薩乘依般若而得之益。

三世諸佛等　說佛乘依般若而得之益。

菩提薩埵依般若波羅密多故心無罣礙無罣礙故無有恐怖遠離顛倒夢想究竟涅槃

菩提薩埵，即菩薩之具文。

三世諸佛依般若波羅密多故得阿耨多羅三藐三菩提

阿耨多羅者，無上也。

三藐三菩提者，正等正覺也。

故知般若波羅密多是大神咒是大明咒是無上咒是無等等咒能除一切苦真實不虛

咒者，祕密不可思議，功能殊勝。此經是經，而今又稱為咒者，極言其神效之速也。

是大神咒者，稱其能破煩惱，神妙難測。

是大明咒者，稱其能破無明，照滅癡闇。
是無上咒者，稱其令因行滿，至理無加。
是無等等咒者，稱其令果德圓，妙覺無等。
真實不虛者，約般若體。
能除一切苦者，約般若用。

故說般若波羅密多咒即說咒曰揭諦揭諦波羅揭諦波羅僧揭諦菩提薩婆訶

以上說顯了般若竟，此說祕密般若。
般若之妙義妙用，前已說竟。尚有難於言說思想者，故續說之。
咒文依例不釋。但當誦持，自獲利益。

歲次戊寅二月十八日寫訖。依前人撰述略錄。
未及詳審，所有誤處，俟後改正。演音記。

學佛語錄選

弘一大師在出家後，於修行之餘，精選古之賢人、高僧大德的法語，編輯成集。《晚情集》是大師摘錄對身心修養有益的經文，編排而成的語錄集，總共一〇一條。又將他所鍾愛的清・金纓所編《格言聯璧》一書，再次篩選、刪改、分類、繕寫，精編而成《格言別錄》。從兩本語錄中可見大師強調佛教徒應嚴格堅守戒律與學佛成道的信念。

晚晴集

弘一律師，自號晚晴老人，蓋取李義山詩：「天意憐幽草，人間愛晚晴」一句。律師於辛巳年掩關本寺，集佛經祖語警句二卷，以晚晴名焉。

福州怡山 西禪寺沙門 傳貫 謹識

- 若失本心，即當懺悔；懺悔之法，是為清涼。金剛三昧經
- 菩薩若能隨順眾生，則為隨順供應諸佛。若於眾生尊重承事，則為尊重承事如來。若令眾生生歡喜者，則令一切如來歡喜。華嚴經普賢行願品
- 我若多瞋及怨結者，十方現在諸佛世尊皆應見我。當作是念：「云何此人欲求菩提，而生瞋恚以及怨結？此愚癡人，以瞋恨故，於自諸苦不能解脫，何由能救一切眾生？」華嚴經修慈分
- 迦葉白佛：「我等從今，當於一切眾生，生世尊想；若生輕心，則為自傷。」佛言：「善哉快論！」首楞嚴三昧經依寶王論節文
- 應代一切眾生受加毀辱，惡事向自己，好事與他人。梵網經
- 離貪嫉者，能淨心中貪欲雲翳，猶如夜月，眾星圍繞。理趣六波羅蜜多經
- 生死不斷絕，貪欲嗜味故。養怨入丘塚，虛受諸辛苦！大寶積經富樓那會

• 是身如掣電，類乾闥婆城。云何於他人，數生於喜怒？諸法集要經

• 瞋恚之害，則破諸善法，壞好名聞，今世後世，人不喜見。佛遺教經

• 行少欲者，心則坦然無所憂畏，觸事有餘，常無不足。佛遺教經

• 身、語、意業不造惡，不惱世間諸有情。正念觀知欲境空，無益之苦當遠離。有部律（周利槃陀伽尊者，三月不能誦得，即此伽陀也）

• 名譽及利養，愚人所愛樂，能損害善法，如劍斬人頭。有部律

• 世間色聲香味觸，常能誑惑一切凡夫，令生愛著。智者大師

• 瞋，是失佛法之根法；墜惡道之因緣；法樂之冤家；善心之大賊；種種惡口之府藏。智者大師

• 凡夫學道法，唯可心自知；造次向他道，他即反生誹。諦觀少言說，人重德能成，遠眾近靜處，端坐正思惟。但自觀身行，口勿說他短，結舌少論量，默然心柔軟。無知若聾盲，內智懷實寶，頭陀樂閑靜，對修離懈惰。道宣律師

• 處眾處獨，宜韜宜晦。若啞若聾，如癡如醉。埋光埋名，養智養慧。隨動隨靜，忘內忘外。翠巖禪師

• 我且問你：「忽然臨命終時，你將何抵敵生死？」須是閒時辦得下，忙時得用，多少省力。休待臨渴掘井，做手腳不迭。前路茫茫，胡鑽亂撞。苦哉！苦哉！黃檗禪師

• 鼻有墨點，將鏡惡墨，但揩於鏡，其可得耶！好惡是非，對之前境，不了自心，但尤於境，其可得耶？洗分別之鼻墨，則一鏡圓淨矣！萬境咸真矣！執石成寶矣！眾生即佛矣！

飛錫法師

• 修行人大忌說人長短是非，乃至一切世事非干己者，口不可說，心不可思。但口說心思，便是昧了自己。若專鍊心，常搜己過，那得工夫管他家屋裡事？粉骨碎身，唯心莫動。收拾自心如一尊木雕聖像坐在堂中，終日無人亦如此！旛蓋簇擁香花供養亦如此！讚歎如此！毀謗亦如此！修行人常常心上無事，時時刻刻體究自己本命元辰端的處。盤山禪師

• 元無我人，為誰貪瞋？圭峰法師

• 報緣虛幻，不可強為。浮世幾何，隨家豐儉。苦樂逆順，道在其中。動靜寒溫，自愧自悔。佛眼禪師

• 學道人逐日但將檢點他人的工夫，常自檢點，道業無有不辦。或喜或怒、或靜或鬧，皆是檢點時節。大慧禪師

• 化人間幻土，谷響答泉聲；欲達吾宗旨，泥牛水上行。永明禪師

• 千峰頂上一茅屋，老僧半間雲半間，昨夜雲隨風雨去，到頭不似老僧閑。歸宗芝菴禪師

• 過去事已過去了，未來不必預思量，只今便道即今句，梅子熟時梔子香。石屋禪師

• 即今休去便休去，若時了時無了時。雲峰禪師

• 瑣瑣含生營營來去者，等彼器中蚊蚋，紛紛狂鬧耳！一化而生，再化而死，化海漂蕩，竟何所之？夢中復夢，長夜冥冥，執虛為實，曾無覺日！不有出世之大覺大聖，其孰與而覺之歟？仁潮禪師

• 縱宿業深厚，不能頓斷；當方便制抑，自勸其心。妙叶禪師

- 放開懷抱，看破世間，宛如一場戲劇，何有真實？**蓮池大師**
- 達宿緣之自致，了萬境之如空，而成敗利鈍，興味蕭然矣！**蓮池大師**
- 伊庵權禪師用功甚銳。至晚，必流涕曰：「今日又只恁麼空過！未知來日工夫如何？」師在眾，不與人交一言。**蓮池大師**
- 畏寒時欲夏，苦熱復思冬，妄想能消滅，安身處處同。草食勝空腹，茅堂過露居，人生解知足，煩惱一時除。**蓮池大師**
- 人之過惡深重者，亦有效驗。或心神昏塞轉頭即忘；或無事而常煩惱；或見君子而赧然消沮；或聞正論而不樂；或施惠而人反怨；或夜夢顛倒；甚則妄言失志，皆作孽之相也。苟一類此，即須奮發舍舊圖新，幸勿自誤！**袁了凡**
- 只「強順人情，勉就世故」八個字，誤卻你一生大事。道業未成，無常至速！急宜斂跡韜光，一心向道，不得再誤！**西方確指**
- 深潛不露，是名持戒；若浮於外，未久必敗。有口若啞，有耳若聾，絕群離俗，其道仍崇。**西方確指**
- 種種惡逆境界，盡情看作真實受益之處。名利、聲色、飲食、衣服、讚譽、供養，種種順情境界，盡情看作毒藥毒箭。**蕅益大師**
- 將身心世界全體放下，作一超方特達之觀。**蕅益大師**
- 善友罕逢，惡緣偏盛，非咬釘嚼鐵，刻骨鏤心，何以自拔哉？**蕅益大師**
- 何不趁早放下幻夢塵勞，勤修戒定智慧？**蕅益大師**

• 勿貪世間文字詩詞，而礙正法！勿逐慳、貪、嫉妒、我慢、鄙覆習氣，而自毀傷！蕅益大師

• 內不見有我，則我無能；外不見有人，則人無過；一味癡呆，深自慚愧！劣智慢心痛自改革！蕅益大師

• 籬菊數莖隨上下，無心整理任他黃，後先不與時花競，自吐霜中一段香。誦帚禪師

• 從今以後，願遯世不見知而不悔，作一齋公齋婆，向廚房灶下安隱過日。今生不敢復作度人妄想。彭二林

• 幸賴善緣，得聞法要，此千生萬劫轉凡成聖之時。尚復徘徊岐路，乍前乍卻，則更歷千生萬劫轉凡成聖之時。尚復徘徊岐路，乍前乍卻，則更歷千生萬劫，亦如是而止耳！況輾轉淪陷，更有不可知者哉？彭二林

• 輪轉生死中，無須臾少息，猶復熙熙如登春臺？曾不知佛與菩薩，為之痛心而慘目也！彭二林

• 汝信心頗深，但好張羅及好遊、好結交，實為修行一大障。祈沉潛杜默，則其益無量。戒之！印光法師

• 汝是何等根機，而欲法法咸通耶？其急切紛擾，久則或致失心！印光法師

• 當主敬、存誠於二六時中，不使有一念虛浮怠忽之相。及與世人酬酢，唯以忠恕為懷。則一切時、一切處，惡念自無從而起。印光法師

• 直須將一個「死」字（原註云：「此字好得很。」），掛到額顱上。印光法師

- 若善男子、善女人，聞說淨土法門，心生悲喜，身毛為豎如拔出者，當知此人，此過去宿命已作佛道來也。無量清淨平等覺經依迦才淨土論引文
- 汝今亦可自厭生死老病痛苦，惡露不淨，無可樂者！無量壽經
- 無憂惱處，我當往生，不樂閻浮提濁惡世也。觀無量壽經
- 才有病患，莫論輕重；便念無常，一心待死。善導大師
- 我未曾見聞，慈悲而行惱；互共相瞋恚，願生阿彌陀。若人如恆河，惡口如刀杖，如是皆能忍，則生清淨土。諸法無行經
- 生宏律範，死歸安養，平生所得，唯二法門。靈芝元照律師
- 凡聞惡聲，則念阿彌陀佛以消禳之，願一切人不為惡行；凡見善事，則念阿彌陀佛以贊助之，願一切人皆為善行；無事則默念阿彌陀佛，常在目前，便念念不忘；能如此者，其於淨土決定往生。王龍舒
- 人生能有幾時？電光眨眼便過！趁未老、未病，抖身心，撥世事；得一日光景，念一日佛名；得一時工夫，修一時淨業；由他命終，我之盤纏預辦，前程穩當了也。若不如此，後悔難追。天如禪師
- 如就刑戮若在狴牢：怨賊所追，水火所逼；一心求救，願脫苦輪。天如禪師
- 於此土聲色諸境，作地獄想、苦海想，火宅想。諸寶物，作苦具想。飲食、衣服，如膿血鐵皮想。妙叶禪師
- 此界釋迦已滅，彌勒未生，賢聖隱伏。眾生奔波苦海，猶失父之兒；若不以極樂願王為

歸，誰為救護？妙叶禪師

• 惟名聞利養；甜愛軟賊；及瞋心瞋火，雖有佛力，不能救焉！行者當深加精進，以攘卻之！妙叶禪師

• 又復當護人心，勿使誇嫌，動用自若；息世雜善；不貪名利；將過歸己；捐棄伎能；惟求往生。妙叶禪師

• 娑婆有一愛之不輕，則臨終為此愛所牽；矧多愛乎？極樂有一念之不一，則臨終為此念所轉；矧多念乎？幽溪法師

• 若生恩愛時，當念淨土眷屬無有情愛，何當得生淨土？遠離此愛。若生瞋恚時，當念淨土眷屬無有觸惱。何當往生淨土？得離此瞋。若受苦時，當念淨土無有眾苦；但受諸樂。若受樂時，當念淨土之樂無央無待。凡歷緣境，皆以此意而推廣之，則一切時處，無非淨土之助行也。幽溪法師

• 如何說得娑婆苦？苦事紛紛等蝟毛！西齋禪師

• 當屏人獨處，自辦道業，以設像為師，經論為侶。袁宏道

• 五濁惡世寒熱苦惱，穢相熏炙，不容一刻居住。袁宏道

• 問人不信淨土，恐只是本來福薄？答：「此言甚是！」蓮池大師

• 余下劣凡夫，安分守愚，平生所務，惟是南無阿彌陀佛六字。今老矣！倘有問者？必以此答。蓮池大師

• 當生大歡喜，切勿懷憂惱，萬緣俱放下，但一心念佛。往生極樂國，上品蓮華生，見佛悟

無生，還來度一切。蓮池大師

• 世情淡一分，佛法自有一分得力。娑婆活計輕一分，生西方便有一分穩當。蕅益大師

• 彈指歸安養，閻浮不可留。蕅益大師

• 歸命大慈父，早出娑婆闗。蕅益大師

• 世之最可珍重者，莫過精神；世之可愛惜者，莫過光陰；一念淨即佛界緣起，一念染即九界生因；凡動一念即十界種子，可不珍重乎？是日已過，命亦隨滅，一寸時光即一寸命光，可不愛惜乎？茍如精神之可珍重，則不浪用，則念念執持佛名。光陰不虛度，則刻刻熏修淨業。徹悟禪師

• 悲哉眾生！欲念未除，道根日壞。佛之視汝，將何以堪？彭二林

• 子等歸向極樂，全須打得一副全鐵心腸，外不為六塵所染，內不為七情所錮，污泥中便有蓮華出現也。彭二林

• 蓮華種子，榮悴由人。時不相待，珍重！珍重！彭二林

• 上品見佛速，下品見佛遲；雖有遲速異，終無退轉時。參禪病著相，念佛貴斷疑，實實有淨土，實實有蓮池。張守約

• 念阿彌陀佛，正覺圓滿之名；觀極樂世界，清淨莊嚴之相；如此滯著，只怕未能切實；果能切實，則世間種種幻化、妄緣，自當遠離。悟開禪師

• 隨忙隨閑，不離彌陀名號。順境逆境，不忘往生西方。印光法師（以下悉同）

• 誠與恭敬，實為超凡入聖、了生脫死之極妙祕訣。

• 業障重、貪瞋盛、體弱、心怯，但能一心念佛，久之自可諸疾咸癒。

• 佛固不見棄於罪人，當承茲行以往生耳。

• 須信娑婆實實是苦，極樂實實是樂，深信佛言，了無疑惑。

• 應發切實誓願，願離娑婆苦，願得極樂樂。其願之切，當如墮廁坑之急求出離，又如繫牢獄之切念家鄉；己力不能自出，必求有大勢力者提拔令出。

• 業識未消，三昧未成，縱談理性，終成畫餅。

• 入理深談，且緩數年。

• 一句南無阿彌陀佛，只要念得熟，成佛尚有餘裕！不學他法，又有何憾？

• 汝雖於淨土法門，頗生信心；然猶有好高騖勝之念頭，未能放下，而未肯以愚夫愚婦自命！

• 其有平日自命通宗通教，視淨土若穢物，恐其污己者；臨終多是手忙腳亂，呼爺叫娘。

• 汝妄想之心遍天遍地，不知息心念佛；所謂：「向外馳求，不知返照回光。」

• 今見好心出家在家四眾，多是好高騖遠，不肯認真專修淨業；總由宿世善根淺薄，今生未遇通人。

• 當今之時，其世道局勢，有如安臥積薪之上，其下已發烈火；尚猶悠忽度日，不專志求救於一句佛號，其知見之淺近甚矣！

• 心跳惡夢，乃宿世惡業所現之兆；然現境雖有善惡，轉變在乎自己；惡業現而專心念佛，則惡因緣為善因緣。

- 當恪守淨宗列祖成規，持齋念佛，改惡修善，知因識果，植福培德；以企現生消除業障，臨終正念往生；庶不虛此一生，及親為如來弟子耳。
- 但當志心念佛，以消舊業；斷不可起煩躁心，怨天尤人。
- 具縛凡夫，若無貧窮疾病等苦，將日奔馳於聲色名利之場，而莫之能已！誰肯於得意烜赫之時，回首作未來沉溺之想乎？
- 欲得佛法實益，須向恭敬中求；有一分恭敬，則消一分罪業，增一分福慧。
- 念佛，要時常作將死，將墮地獄想；則不懇切亦自懇切，不相應亦自相應；以怖苦心念佛，即是出苦第一妙法；亦是隨緣消業第一妙法。
- 末世眾生，無論有善根、無善根，皆當決定專修淨土；善根有，固宜努力！無，尤當篤培！
- 汝須自知好歹，修行要各盡其分，潛修默契方可！急急改過攝心念佛！

格言別錄

學問類

- 凜閒居，以體獨。卜動念，以知幾。謹威儀，以定命。敦大倫，以凝道。備百行，以考德。遷善改過，以作聖。劉忠介人譜六條
- 觀天地生物氣象，學聖賢克己工夫。
- 為善，最樂。讀書，便佳。
- 茅鹿門云：「人生在世多行救濟事，則彼之感我，中懷傾倒，浸入肝脾，何幸而得人心如此哉？」
- 諸君到此何為？豈徒學問文章，擅一藝微長，便算讀書種子？在我所求亦恕，不過子臣弟友，盡五倫本分，共成名教中人！廣州香山書院楹聯
- 何謂至行？曰：「庸行。」何謂大人？曰：「小心。」

存養類

- 宜靜默。宜從容。宜嚴謹。宜簡約。
- 謙退是保身第一法。安詳是處事第一法。涵容是待人第一法。恬淡是養心第一法。

• 劉念臺云：「涵養，全得一緩字，凡言語、動作皆是。」

• 應事接物常覺得心中有從容閒暇時，才見涵養。

• 劉念臺云：「易喜易怒輕言輕動只是一種浮氣用事。此病根最不小。」

• 呂新吾云：「心平氣和四字，非有涵養者不能做。功夫只在箇定火。」

• 陳榕門云：「定火功夫，不外以理制欲，理勝，則氣字平矣。」

• 以和氣迎人，則乖沴滅。以正氣接物，則妖氛消。以浩氣臨事，則疑畏釋。以靜氣養身，則夢寐恬。

• 輕當矯之以重，浮當矯之以實；褊當矯之以寬；躁急當矯之以和緩；剛暴當矯之以溫柔；淺露將矯之以沉潛；谿刻當涵之以渾厚。

• 尹和靖云：「莫之之禍，接起於須臾之不能忍，不可不謹。」

• 逆境順境，看襟度。臨喜臨怒，看涵養。

• 自家有好處，要掩藏幾分，這是涵育以養深。別人不好處，要掩藏幾分，這是渾厚以養大。

• 以虛養心。以德養深。以仁養天下萬物。以道養天下萬世。

• 一動於欲，欲迷則昏。一任乎氣，氣偏則戾。

• 劉直齋云：「存心養性，須要耐煩、耐苦、耐驚、耐怕，方得純熟。」

• 寡欲，故靜有主則虛。

• 不為外物所動之謂靜。不為外物所實之謂虛。

‧敬守此心則心定。斂抑其氣則氣平。

‧青天白日的節義，自暗室屋漏中培來。旋乾轉坤的經綸，自臨深履薄處得力。

‧氣，忌盛。心，忌滿。才，忌露。

‧意粗、性躁，一事無成；心平、氣和，千祥駢集。

‧衝繁地，頑鈍人，拂逆事，此中最好養火。若決烈憤激，不但無益。而事卒以僨；人卒以怨；我卒以無成；是謂至愚。耐得過時，便有無限受用處。

‧人性褊急，則氣盛；氣盛，則心粗；心粗，則神昏；乖舛謬戾，可勝言哉。

‧自處超然，處人藹然。無事澄然，有事斬然。得意淡然，失意泰然。

持躬類

‧聰明睿知，守之以愚笨。道德隆重，守之以謙。

‧富貴，怨之府也。才能，身之災也。聲名，謗之媒也。歡樂，悲之漸也。

‧只是常有懼心，退一步做見益而思損，持滿而思溢，則免於禍。

‧人生最不幸處，是偶一失言而禍不及；偶一失謀而事倖成；偶一恣行而獲小利；後乃視為故常，而恬不為意。則莫大之患，由此生矣。

‧學一分退讓，討一分便宜。增一分享用，減一分福澤。

‧不自重者，取辱。不自畏者，招禍。

‧舉世功勞，當不得一個矜字。彌天罪惡，當不得一個悔字。

• 事當快意處，須轉。言到快意時，須住。

• 殃咎之來，未有不始於快心者。故君子得意而憂，逢喜而懼。

• 物，忌全勝。事，忌全美。人，忌全盛。

• 安莫安於知足。危莫危於多言。

• 行己恭。責躬厚。接眾和。立心正。進道勇。擇友以求益。改過以全身。

• 心不妄念，身不妄動，口不妄言，君子所以存誠。內不欺己，外不欺人，上不欺天，君子所以慎獨。

• 心術，以光明篤實為第一。容貌，以正大老成為第一。言語，以簡重真切為第一。平生無一事可瞞人，此是大快。

• 以情恕人。以理律己。

• 以恕己之心恕人，則全交。以責人之心責己，則寡過。

• 唐荊川云：「須要刻刻檢點自家病痛；蓋所惡於人許多病痛處，若真之反己，則色色有之也。」

• 緩字，可以免悔。退字，可以免禍。

• 大著肚皮，容物。立定腳跟，做人。

• 儘前行者，地步窄。向後看者，眼界寬。

• 花繁柳密處撥得開，方見手段。風狂雨驟時立得定，才是腳跟。

• 人當變故之來只宜靜守，不宜躁動，即使萬無解救，而志正守確；雖事不可為，而心終可白；否則必致身敗而名亦不保，非所以處變之道。

- 步步佔先者，必有人以擠之。事事爭勝者，必有人以挫之。
- 度量，如海涵春育。持身，如潔冰清。襟抱，如光風霽月。氣概，如喬嶽泰山。
- 心志要苦。意趣要樂。氣度要宏。言動要謹。
- 書有未曾經我讀。事無不可對人言。
- 心思要縝密，不可以瑣屑。操守要嚴明，不可激烈。
- 聰明者，戒太察。剛強者，戒太暴。
- 以淡字交友，以聾字止謗，以刻字責己。以弱字禦侮。居安、慮危。處治、思亂。
- 事事難上難，舉足常虞失墜。件件想一想，渾身都是過差。
- 怒，宜實力消融。過，要細心檢點。
- 事，不可做盡。言，不可道盡。
- 胡文定公云：「人家最不要事事足意，常有事不足處，方好；才事事足意，便有不好事出來，歷事歷驗。邵康節詩云：『好花看到半開時，最為親切有味。』」
- 精細者，無苛察之心。光明者，無淺露之病。
- 識不足，則多慮。威不足，則多怒。信不足，則多言。
- 足恭偽態，禮之賊也。苛察歧疑，智之賊也。

敦品、處事類

- 處難處之事愈宜寬。處難處之人愈宜厚。處至急之事愈宜緩。
- 敦詩書、尚氣節、慎取與、謹威誼，此惜名也。競標榜、邀權貴、務矯激、惜模稜，此市名也。惜名者，靜而休。市名者，躁而拙。
- 辱身喪名，莫不由此！求名適所以壞名，名豈可市哉？
- 必有容德乃大。必有忍事乃濟。
- 呂新吾云：「做天下少，既度德量力，又須審勢擇人。『專欲難成，眾怒難犯』，此八字，不獨妄動邪為者宜慎；雖以至公無私之心，行正大光明之事，亦須調劑人情，發明事理，俾大家信從；然後動有成，事可久。蓋群情多闇於遠識，小人不便於私已，群起而壞之，雖有良法，胡成？胡久？」
- 強不知以為知，此乃大愚。本無事而生事是謂薄福。
- 白香山詩云：「我有一言君記取，世間自取苦人多。」
- 無事時，戒一偷字。有事時，戒一亂字。
- 劉念臺云：「學者遇事不能應，總是此心受病處，只有鍊心法更無鍊事法。鍊心之法，大要只是胸無一事而已。無一事，乃能事事，此事主靜工夫得力處。」
- 處事大忌急躁；急躁則先自處不暇，何暇治事？
- 論人，當節取其長，曲諒其短。做事，必先審其害，後計其利。

• 無心者，公。無我者，明。

接物類

• 持己，當從無過中求有過，非獨進德，亦且免患。待人，當於有過中求無過，非但存厚，亦且解怨。

• 何以息謗？曰：「無辯。」何以止怨？曰：「不爭。」

• 人之謗我也，與其能辯，不如能容。人之侮我也，與其能防，不如能化。

• 張夢復云：「受得小氣，則不至於受大氣。吃得小虧，則不至於吃大虧。」

• 又云：「凡事最不可想佔便宜。便宜者，天下人之所共爭也。我一人據之，則怨萃於我矣；我失便宜，則眾怨消矣；故終身失便宜，乃終身得便宜也。此余數十年閱歷有得之言，其遵守之！毋忽！余生平未嘗多受小人之侮，只有一善策，能轉彎早耳。」

• 忍與讓足以消無窮之災悔。古人有言：「終身讓路，不失尺寸。」

• 任難任之事要有力而無氣。處難處之人要有知而無言。

• 窮寇，不可追也。遁辭，不可攻也。

• 恩，怕先益後損。威，怕先鬆後緊。

• 先益後損，則恩反為讎，前功盡棄。先鬆後緊，則管束不下，反招怨怒。

• 善用威者，不輕怒。善用恩者，不妄施。

• 輕信輕發，聽言之大戒也。愈激愈厲，責善之大戒也。

• 呂新吾云：「愧之，則小人可使為君子。激之，則君子可使為小人。」

• 激之而不怒者，非有大量，必有深機。

• 處事，須留餘地。責善，切戒盡言。

• 曲木惡繩，頑石惡攻，責善之言，不可不慎也。

• 呂新吾云：「責善要看其人何如？又當盡長善救失之道，無指摘其所忌；無盡數其所失；無對人；無峭直；無長言；無累言；犯此六戒，雖忠告非善道矣。」

• 又云：「論人須帶三分渾厚，非直遠禍，亦以留人掩蓋之路；觸人悔悟之機；養人體面之餘；猶天地含蓄之氣也。」

• 使人敢怒而不敢言者，便是損陰騭處。

• 凡勸人不可遽指其過，必須先美其長；蓋人喜，則言易入；怒，則言難入也。善化人者，心誠、色溫、氣和、詞婉，容其所不及，而諒其所不能；恕其所不知，而體其所不欲；隨事講說，隨時開導；彼樂接引之誠，而喜於所好；感督責之寬，而愧其不材；人非木石，未有不長進者。我若嫉惡如讎，彼亦趨死如鶩，雖欲自新而不可得。哀哉！

• 先哲云：「覺人之詐，不形於言；受人之侮，不動於色；此中有無窮意味，亦有無限受用。」

• 論人之非，當原其心，不可徒泥其跡。取人之善，當據其跡，不必深究其心。

• 呂新吾云：「論人情，只向薄處求；說人心，只從惡邊想；此是私而刻底念頭，非長厚之道也。」

• 修己，以清心為要。涉世，以慎言為先。

• 惡，莫大於縱己之欲。禍，莫大於言人之非。

• 施之君子，則喪吾德。施之小人，則殺吾身。（案：此指言人之非者）

• 人褊急，我受之以寬宏。人險仄，我待之以坦蕩。

• 律己，宜帶秋氣。處世，須帶春風。

• 盛喜中，勿許人物，盛怒中，勿答人書。

• 喜時之言，多失信。怒時之言，多失體。

• 靜坐，常思己過。閒談，莫論人非。

• 面諛之詞，有識者，未必悅心。背後之議，受憾者，常若刻骨。

• 臨事，須替別人想。論人，先將自己想。

• 惠不在大，在乎當厄。怨不在多，在乎傷心。

• 毋以小嫌，疏至戚。毋以新怨，忘舊恩。

• 劉直齋云：「好合不如好散，此言極有理；蓋合者始也，散者終也，至於好散，則善其終矣。凡處一事，交一人，無不皆然。

• 嚴著此心以拒外誘，須如一團烈火，遇物即燒。寬著此心以待同群，須如一片春陽，無人不暖。

• 凡一事而關人終身，縱確見實聞，不可著口。凡一語而傷我長厚，雖閒談戲謔，慎勿形言。

• 結怨讎，招禍害，傷陰騭，皆由於此。

• 遇事只一味鎮定從容，雖紛若亂絲，終當就緒。待人無半毫矯偽欺詐，縱狡如山鬼，亦自獻誠。

• 公，生明。誠，生明。從容，生明。

• 公生明者，不蔽於私也。誠生明者，不雜以偽也。從容生明者，不淆於惑也。

• 窮天下之辯者，不在辯在訥。伏天下之勇者，不在勇而在怯。

• 以仁義之存心。以忍讓接物。

• 林退齋臨終，子孫還跪請訓。曰：「無他言！爾等只要學吃虧。」

• 寬厚者，毋使人有所恃。精明者，不使人無所容。

• 喜聞人過，不若喜聞己過！樂道己善，何如樂道人善？

• 持身不可太皎潔，一切污辱垢穢要茹納得。處世不可太分明，一切賢愚好醜要包容得。

• 精明須藏在渾厚裡作用，古人得禍，經名人十居其九，未有渾厚而得禍者。

• 德盛者其心和平，見人皆可取，故口中所許多者多。德薄者，齊心刻傲，見人皆可憎，故目中所鄙棄者眾。

• 呂新吾云：「世人喜言無好人，此孟浪語也。推原其病，皆從不忠不恕所致，自家便是箇不好人！更何暇責備他人乎。」

• 攻人之惡毋太嚴，要思其堪受。教人以善毋過高，當使其可從。

• 事有急之不白者，緩之或自明，毋急躁以速其戾。人有操之不從者，縱之或自化，毋苛刻以益其頑。

- 己性不可任，當用逆法制之，其道在一「忍」字。人性不可拂，當用順法調之，其道在一「恕」字。
- 欲論人者，先自論。欲知己者，先自知。
- 凡為外所勝者，皆內不足。凡為邪所奪者，皆正不足。
- 今人見人敬慢，輒生喜慍心，皆外重者也。此迷不破，胸中冰炭一生。
- 小人樂聞君子之過。君子恥聞小人之惡。
- 此存心厚薄之分，故人品因之而別。

齊家、從政、惠吉類

- 群居，守口。獨坐，防心。
- 造物所忌，曰刻、曰巧。萬類相感，以誠、以忠。
- 「謙」卦、六爻皆吉「恕」字，終身可行。
- 知足常足，終身不辱。知止常止，終身不恥。
- 明鏡止水，以澄心。泰山喬嶽，以立身。青天白日，以應事。霽月光風，以待人。
- 談玄說妙修次第，自以佛書最為詳盡，而我等初學之人，持躬敦品，處世接物等法，雖佛書中亦有說者，但儒書所說，尤為明白詳盡，適於初學，故今多引之，以為吾等學佛法者之一助焉。（摘自晚晴老人《改過實驗談》講稿）

悖凶類

• 盛者，衰之始。福者，禍之基。

卷三

二十文章驚海內：詩詞文章

文章選

辛丑北征淚墨

遊子無家，朔南馳逐。值茲離亂，彌多感哀。城郭人民，慨愴今昔。耳目所接，輒志簡篇，零句斷章，積焉成帙。重加釐削，定為一卷，不書時日，酬應雜務，百無二三。顏曰北征淚墨，以示不從日記例也。辛丑初夏，惜霜識於海上李廬。

光緒二十七年春正月，擬赴豫省仲兄，將啟行矣。填〈南浦月〉一闋海上留別詞云：「楊柳無情，絲絲化作愁千縷。惺忪如許，縈起心頭緒。誰道銷魂，盡是無憑據。離亭外，一帆風雨，只有人歸去。」

越數日啟行，風平浪靜，欣慰殊甚。落日照海，白浪翻銀，精采眩目。群鳥翻翼，迴翔水面。附海諸島，若隱若現。是夜夢至家，見老母室人作對泣狀，似不勝離別之感者。余亦潸然涕下。比醒時淚痕已濕枕矣。

途經大沽口，沿岸殘壘敗竈，不堪極目。〈夜泊塘沽〉詩云：「杜宇聲聲歸去好，天涯何處無芳草。春來春去奈愁何，流光一霎催人老。新鬼故鬼鳴喧嘩，野火磷磷樹影遮。月似解人離別苦，清光減作一鉤斜。」

晨起登岸，行李冗贅，至則第一次火車已開往矣。欲尋客邸暫駐行蹤，而兵燹之後，舊時旅館率皆頹壞。有新築草舍三間，無門窗牀几，人皆席地坐。杯茶盂饌，都嘆闕如。強忍饑渴，兀坐長喟。至日暮始乘火車赴天津。路途所經，廬舍大半燒毀。抵津城，而城牆已拆去，十無二三矣。僑寄城東姚氏廬，逢舊日諸友人，晉接之餘，忽忽然如隔世。唐句云：乍見翻疑夢相悲。各問年其此境乎。到津次夜，大風怒吼，金鐵皆鳴，愁不成寐。詩云：「世界魚龍混，天心何不平？豈因時事慼，偏作怒號聲。燭盡難尋夢，春寒況五更。馬嘶殘月墜，笳鼓萬軍營。」

居津數日，擬赴豫中。聞土寇蜂起，虎踞海隅，屢傷洋兵，行人惴惴，余自是無赴豫之志矣。小住二旬，仍歸棹海上。

天津北城舊地，拆毀甫畢，塵積數寸，風沙漫天，而曠闊逾恆，行道者便之。

晤日本上岡君，名巖太，字白電，別號九十九洋生。赤十字社中人，今在病院。筆談竟夕，極為契合。蒙勉以盡忠報國等語，慼愧殊甚。因成七絕一章以當詩云：「杜宇啼殘故國愁，虛名遑敢望千秋。男兒若論收場好，不是將軍也斷頭。」越日又偕趙幼梅師、大野捨吉君、王君曜忱及上岡君，合拍一照於育嬰堂。蓋趙師近日執事於其間也。

居津時，日過育嬰堂，訪趙幼梅師，談日本人求趙師書者甚多。見予略解分布，亦爭以縑素囑寫，頗有應接不暇之勢。追憶其姓名，可記者曰神鶴吉、曰大野捨吉、曰大橋富藏、曰井上信夫、曰上岡巖太、曰塚崎飯五郎、曰稻垣幾松。就中大橋君有書名，予乞得數幅，又丐趙師轉求千郁治書一聯，以千葉君尤負盛名也。海外墨緣於斯為盛。

北方當仲春天氣，猶凝陰積寒，撫事慼時，增人煩惱。旅館無俚，讀李後主〈浪淘沙〉詞「簾外雨潺潺，春意闌珊。羅衾不耐五更寒」句，為之悵然。久之既而風雪交加，嚴寒砭骨，身著重裘，猶起栗也。

〈津門清明〉詩云：「一杯濁酒過清明，腸斷樽前百感生。辜負江南好風景，杏花時節在邊城。」

世人每好作感時詩文，余雅不喜此事，曾有詩以示津中同人。詩云：「千秋功罪公評在，我本紅羊劫外身。自分聰明原有限，羞從事後論旁人。」

北地多狂風，今歲益甚。某日夕，有黃雲自西北來，忽焉狂風怒號，飛沙迷目。彼蒼蒼者其亦有所感乎！

二月杪，整裝南下。第一夜宿塘沽旅館，長夜漫漫，孤燈如豆。填〈西江月〉一闋詞云：「殘漏驚人夢裡，孤燈對景成雙。前塵渺渺幾思量，祇道人歸是謊。誰說春宵苦短，算來竟比年長。海風吹起夜潮狂，怎把新愁吹漲？」

越日，日夕登輪詩云：「感慨滄桑變，天邊極目時。晚帆輕似箭，落日大如箕。風捲旌旗走，野平車馬馳。河山悲故國，不禁淚雙垂。」

開輪後，入夜管弦嘈雜，突驚幽夢，倚枕靜聽，音節斐靡，溫溫動人。昔人詩云：「我已三更鴛夢醒，猶聞簾外有笙歌。」不圖於今日得之。

舟泊煙台，山勢環拱，帆檣雲集，海水瑩然，作深碧色。往來漁舟，清可見底。登高眺遠，幽懷頓開。詩云：澄澄一水碧琉璃，長鳴海鳥如兒啼。晨日掩山白無色，□□□□青天低。午後偕友登燕台岸小憩，歸來已日暮□□□開輪。午餐後，同人又各奏樂器，笙琴笛管，無美不□。迭奏未已，繼以清歌，愁人當此雖可差解寂寥。然河滿一聲奈何空喚，適足增我迴腸蕩氣耳。枕上口占一絕云：「子夜新聲碧玉環，可憐腸斷〈念家山〉。勸君莫把愁顏破，西望長安人未還。」

西湖夜遊記

壬子七月，予重來杭州，客師範學舍。殘暑未歇，庭樹肇秋，高樓當風，竟夕寂坐。越六日，偕姜、夏二先生遊西湖。於時晚暉落紅，暮山被紫，遊眾星散，流螢出林。湖岸風來，輕裾致爽。乃入湖上某亭，命治茗具。又有菱芰，陳粲盈几。短童侍坐，狂客披襟，申眉高談，樂說舊事。莊諧雜作，繼以長嘯，林鳥驚飛，殘燈不華。起視明湖，瑩然一碧；遠峰蒼蒼，若現若隱，頗涉遐想，因憶舊遊。曩歲來杭，故舊交集，文子耀齋，田子毅侯，時相過從，輒飲湖上。歲月如流，倏逾九稔。生者流離，逝者不作，墜歡莫拾，酒痕在衣。劉孝標云：「魂魄一去，將同秋草。」吾生渺茫，可喟然感矣。漏下三箭，秉燭言歸。星辰在天，萬籟俱寂，野火暗暗，疑似青燐；垂楊沉沉，有如酣睡。歸來篝燈，斗室無寐，秋聲如雨，我勞何如？目瞑意倦，濡筆記之。

詩詞作品選

弘一大師不但是佛教高僧，也是藝術家與詩人。其詩詞作品，可說是思想行為的凝聚，也可隱見他過人的天賦才華與豐沛真摯的情感。本節依創作時間，編排、摘選大師的精彩詩詞，並間輔以簡短編按說明相關背景，以利讀者更深入理解大師在人生、心境和情感上的變化。

古詩斷句

人生猶似西山日，富貴終如草上霜。

李叔同幼年所作古詩斷句，初見於胡宅梵〈記弘一大師之童年〉內文。亦有說為大師十五歲時作。

詠山茶花

瑟瑟寒風剪剪催，幾枝花發水雲隈。淡妝寫出無雙品，芳信傳來第二回。春色鮮鮮淡似錦，粉痕豔豔瘦於梅。本來桃李羞同調，故向百花頭上開。

右余近作山花詩也，格效東瀛詩體，愧鮮形貌之似；近讀東瀛山根立庵先生佳作，而拙作益覺如土飯塵羹矣。先生〈詠山茶花〉詩云：「前身嘗住建溪濱，國色由來幽意貧。凌雪如非青女匹，耐寒或與水仙親。豐腴坡老詩中相，明豔涪翁賦裡人。莫被渡江梅柳妒，群芳凋日早回春。」己亥歲暮之月，惜霜仙史成蹊。

作於一八九九年暮冬，李叔同從天津遷居上海的第二年。此時，他二十歲，剛在上海文壇嶄露頭角。

清平樂 贈許幻園

城南小住。情適〈閑居賦〉。文采風流合傾慕。閉戶著書自足。
陽春常駐山家。金樽酒進胡麻。籬畔菊花未老，嶺頭又放梅花。

此詞作於一九〇〇年至一九〇一年間。許幻園（一八七八～一九二八），名鑅，李叔異姓結拜兄弟，為當時才士，創辦「城南文社」。

和宋貞題城南草圖原韻

門外風花各自春，空中樓閣畫中身。而今得結烟霞侶，休管人生幻與真。

庚子初夏，余寄居草堂，得與幻園朝夕聚首。曩幻園於丁酉冬作二十歲自述詩，張蒲友孝謙為題詞云：「無真非幻，無幻非真。」可謂深知幻園者矣。李成蹊。

一九〇一年，李叔同承許幻園之邀，住在城南草堂，寫下此詩。宋貞（一八七七～一九〇二），號夢仙，嫁許幻園為妻，頗具文藝才華，長於篆刻書畫，能作詩賦詞。

老少年曲

梧桐樹，西風黃葉飄，夕日疏林杪。花事匆匆，零落憑誰弔？朱顏鏡裡凋，白髮愁邊繞。一霎光陰，底是催人老，有千金，也難買韶華好。

蔡小香四絕

眉間愁語燭邊情，素手摻摻一握盈。豔福者般真羨煞，侍人個個喚先生。

雲髻蓬鬆粉薄施，看來西子捧心時。自從一病懨懨後，瘦了春山幾道眉。

輕減腰圍比柳姿，劉楨平視故遲遲。佯羞半吐丁香舌，一段濃芳是口脂。

願將天上長生藥，醫盡人間短命花。自是中郎精妙術，大名傳遍滬江涯。

一八九八年，李叔同參與許幻園創辦的城南文社，與蔡小香、許幻園等人結為莫逆。蔡小香（一八六二～一九一二），名鍾駿，號軼鷗。江蘇寶山縣人。以中醫為業，尤精婦科。此為李叔同與之結為「天涯五友」前後，寫贈給這位婦科名醫的戲謔之作。

南浦月 將北行矣，留別海上同人

楊柳無情，絲絲化作愁千縷。惺忪如許，縈起心頭緒。誰道銷魂，盡是無憑據。
離亭外，一帆風雨，只有人歸去。

夜泊塘沽

杜宇聲聲歸去好，天涯何外無芳草。春來春去奈愁何，流光一霎催人老。
新鬼故鬼鳴喧嘩，野火磷磷樹影遮。月似解人離別苦，清光減作一鉤斜。

遇風愁不成寐 到津次夜大風怒吼，金鐵皆鳴，愁不成寐。

世界魚龍混，天心何不平？豈因時事感，偏作怒號聲。燭盡難尋夢，春寒況五更。馬嘶殘月墮，笳鼓萬軍營。

感時

杜宇啼殘故國愁，虛名況敢望千秋。男兒若論收場好，不是將軍也斷頭。

津門清明

一杯濁洒過清明，腸斷樽前百感生。辜負江南好風景，杏花時節在邊城。

示津中同人

千秋功罪公評在，我本紅羊劫外身。自分聰明原有限，羞從事後論旁人。

日夕登輪詩

感慨滄桑變，天邊極目時。晚帆輕似箭，落日大如箕。風捲旌旗走，野平車馬馳。河山悲故國，不禁淚雙垂。

西江月

殘漏驚人夢裡，孤燈對景成雙。前塵渺渺幾思量，祇道人歸是謊。誰說春宵苦短，算來竟比年長。海風吹起夜潮狂，怎把新愁吹漲？

輪中枕上聞清歌口占

子夜新聲碧玉環，可憐腸斷念家山。勸君莫把愁顏破，西望長安人未還。

一九〇〇年八國聯軍攻佔北京，李叔同二兄攜全家逃往河南。李叔同聞訊前往河南探望，後因路途危險不寧，取消計畫，返回上海。〈南浦月〉至此諸詩，皆作於這段期間，李叔同耳聞目睹八國聯軍戰後的慘況，發而為詩。

重遊小蘭亭口占

重遊小蘭亭，風景依稀，心緒殊惡，口占二十八字題壁。時壬寅九月望前一日也。

一夜西風驀地寒，吹將黃葉上欄干。春來秋去忙如許，未到晨鐘夢已闌。

為滬學會撰《文野婚姻新戲冊》既竟，繫之以詩

牀笫之私健者恥，為氣任俠有奇女。鼠子膽裂國魂號，斷頭臺上血花紫。
東鄰有兒背佝僂，西鄰有女猶含羞。蟪蛄寧識春與秋，金蓮鞋子玉搔頭。
河南河北間桃李，點點落紅已盈咫。自由花開八千春，是真自由能不死。
誓度眾生成佛果，為現歌臺說法身。孟旃不作吾道絕，中原滾地皆胡塵。

滬學會，一九〇四年於上海創辦以宣傳講究衛生、移風易俗為宗旨的文化社團，提倡辦學堂、培養人才，期望使國家富強。李叔同遷居上海後，曾票演過京劇，並動筆創作寫戲，此《文野婚姻新戲冊》即為其作。

甲辰二月望日歌筵賦此疊韻

莽莽風塵窣地遮，亂頭粗服走天涯。樽前絲竹銷魂曲。眼底歡嬉薄命花。濁世半生人漸老，中原一髮日西斜。祇今多少興亡感，不獨隋堤有暮鴉。

前塵 七月七夕在謝秋雲妝閣有感，詩以謝之

風風雨雨憶前塵，悔煞歡場色相因。十日黃花愁見影，一彎眉月懶窺人。冰蠶絲盡心先死，故國天寒夢不春。眼界大千皆淚海，為誰惆悵為誰顰？

謝秋雲為當時上海藝妓。李叔同當時在上海結識多位女伶、藝妓，與之往還。多年後他對自己這首詩的評價為「格調卑弱，音節曼靡，殊自惡也」。

金縷曲 贈歌郎金娃娃

秋老江南矣，忒匆匆、春餘夢影，樽前眉底。陶寫中年絲竹耳，走馬胭脂隊裡。怎到眼、都成餘子？片玉崑山神朗朗，紫櫻桃、慢把紅情繫。愁萬斛，來收起。

泥他粉墨登場地，領略他、英雄氣宇，秋娘情味。雛鳳聲清清幾許，銷盡塡胸盪氣。笑我亦、布衣而已。奔走天涯無一事，問何如聲色將情寄。休怒罵，且遊戲。

這首詞創作於一九〇四年。金娃娃是當時上海的京劇演員。

〈滑稽傳〉題詞四絕

斗酈亦醉石亦醉，到心唯作平等觀。此中消息有盈朒，春夢一覺秋風寒。

——淳於髡

中原一士多奇姿，縱橫宇合卑莎維。人言畢肖在鬚眉，茫茫心事疇誰知？

——優孟

嬰武伺人工趣語，杜鵑望帝淒春心。太平歌舞且拋卻，來向神州懍陸沉。

——優旃

南山豆苗肥復肥，北山猿鶴飛復飛。我欲蹈海乘風歸，瓊樓高處斜陽微。

——東方朔

贈語心樓主人

天末斜陽淡不紅，蝦蟆陵下幾秋風。將軍已死圓圓老，都在書生倦眼中。

道左朱門誰痛苦？庭前枯木已成圍。衹今憔悴江南日，不似當年金縷衣。

菩薩蠻 憶楊翠喜

燕支山上花如雪，燕支山下人如月。額髮翠雲鋪，眉彎淡欲無。　夕陽微雨後，葉底秋痕瘦。生小怕言愁，言愁不耐羞。

曉風無力垂楊懶，情長忘卻遊絲短。酒醒月痕低，江南杜宇啼。　癡魂銷一捻，願化穿花蝶。簾化隔花陰，朝朝香夢沉。

此詩作於一九〇五年，楊翠喜，清末馳名北方，兼有娼優身分的名伶。十四歲初露頭角，後為慶親王奕劻之子戴振看中，被買下贈與戴振為妾，但此事受御史參奏查辦，後又被富商王益孫以三千五百元買去為婢。

為老妓高翠娥作

殘山剩水可憐宵，慢把琴樽慰寂寥。頓老琵琶妥娘曲，紅樓暮雨夢南朝。

金縷曲 將之日本，留別祖國，並呈同學諸子

披髮佯狂走。莽中原、暮鴉啼徹，幾枝衰柳。破碎河山誰收拾，零落西風依舊。便惹得、離人消瘦。行矣臨流重太息，說相思、刻骨雙紅豆。愁黯黯，濃於酒。

漾情不斷淞波溜。恨年來、絮飄萍泊，遮難回首。二十文章驚海內，畢竟空談何有？聽匣底、蒼龍狂吼。長夜淒風眠不得，度群生、那惜心肝剖？是祖國，忍孤負？

東京十大名士追薦會即席賦詩

蒼茫獨立欲無言，落日昏昏虎豹蹲。剩卻窮途兩行淚，且來瀛海弔詩魂。

故國荒涼劇可哀，千年舊學半塵埃。沉沉風雨雞鳴夜，可有男兒奮袂來？

朝遊不忍池

風泊鸞飄有所思，出門悵惘欲何之。曉星三五明到眼，殘月一痕纖似眉。秋草黃枯菡萏國，紫薇紅濕水仙祠。小橋獨立了無語，瞥見林梢升曙曦。

喝火令 哀國民之心死

故國鳴鷤鴂，垂楊有暮鴉。江山如畫日西斜。新月撩人，窺入碧窗紗。陌上青青草，樓頭豔豔花。洛陽兒女學琵琶。不管冬青一樹屬誰家，不管冬青樹底影事一些些。

這首詞成於一九〇六年。此時李叔同在日本考取東京美術學校西畫科，九月底開學前，由東京短暫返回天津。這是此次回國時，受到當時國內革命風潮興起影響而寫的作品。

高陽台 憶金娃娃

十日沉愁，一聲杜宇，相思啼上花梢。春隔天涯，劇憐別夢迢遙。前溪芳草經年綠，只風情、孤負良宵。最難拋，門巷依依，暮雨瀟瀟。　而今未改雙眉嫵，只江南春老，紅了櫻桃。忒煞迷離，匆匆已過花朝。游絲苦挽行人駐，奈東風、冷到溪橋，鎮無聊，記取離愁，吹徹瓊簫。

醉時

醉時歌哭醒時迷，甚矣吾衰慨鳳兮。帝子祠前芳草綠，天津橋上杜鵑啼。空梁落月窺華髮。無主行人唱〈大堤〉。夢裡家山渺何處，沉沉風雨暮天西。

春風

春風幾日落紅堆，明鏡明朝白髮摧。一顆頭顱一杯酒，南山猿鶴北山萊。秋娘顏色嬌欲語，〈小雅〉文章淒以哀。昨夜夢遊王母國，夕陽如血染樓臺。

昨夜

昨夜星辰人倚樓，中原咫尺山河浮。沉沉萬綠寂不語，梨葉一枝紅小秋。

人病

人病墨池乾，南風六月寒。肺枯紅葉落，身瘦白衣寬。入世兒儕笑，當門景色闌。昨宵夢王母，猛憶少年歡。

這首五言律詩大約成於一九〇六年至一九一一年之間。李叔同幼年身體健康狀態不佳，成年後則為肺病所苦。一九〇六年，他二十六歲，發現罹患肺病，此後半生皆受此宿疾影響。

《茶花女遺事》演後感賦

東鄰有女背佝僂，西鄰有女猶含羞。蟪蛄寧識春與秋，金蓮鞋子玉搔頭。

誓度眾生成佛果，為現歌臺說法身。孟旃不作吾道絕，中原滾地皆胡塵。

此詩是一九〇七年李叔同在日本參與《茶花女遺事》演出後，重錄一九〇五年撰寫的兩首詩，作為〈東京演茶花女〉編後的感賦。當時李叔同與曾孝谷等人建立了「春柳社文藝研究會」，正好遭遇江蘇、安徽一帶發生嚴重水災，於是在日的中國留學生們便於一九〇七年二月舉辦賑災募款遊藝會，公演《茶花女遺事》。李叔同反串女主角茶花女，為了扮演好這個角色，他剔去鬍鬚，自製多套漂亮的女西裝。演出後引發日本劇壇轟動。

初夢

雞犬無聲天地死，風景不殊山河非。妙蓮華開大尺五，彌勒松高腰十圍。恩仇恩仇若相忘，翠羽明珠繡裲襠。隔斷紅塵三萬里，先生自號水仙王。

簾衣

簾衣一桁晚風輕，豔豔銀燈到眼明。薄倖吳兒心木石，紅衫孃子喚花名。秋於涼雨燕支瘦，春入離絃斷續聲，後日相思渺何許？芙蓉開老石家城。

滿江紅 民國肇造誌感

皎皎崑崙，山頂月、有人長嘯。看囊底、寶刀如雪，恩仇多少。雙手裂開鼷鼠膽，寸金鑄出民權腦。算此生、不負是男兒，頭顱好。　荊軻墓，咸陽道。聶政死，屍骸暴。盡大江東去，餘情還繞。魂魄化成精衛鳥，血花濺作紅心草。看從今、一擔好山河，英雄造。

這闋詞作於一九一二年。李叔同受一九一一年十月武昌起義勝利，第二年元旦，中華民國的成立鼓舞而寫。

詠菊

姹紫嫣紅不耐霜，繁華一霎過韶光。生來未藉東風力，老去能添晚節香。風裡柔條頻損綠，花中正色自含黃。莫言冷淡無知己，曾有淵明為舉觴。

春遊

春風吹面薄於紗，春人妝束淡於畫。遊春人在畫中行，萬花飛舞春人下。梨花淡白菜花黃，柳花委地芥花香。鶯啼陌上人歸去，花外疏鐘送夕陽。

玉連環影 為丏尊題小梅花屋圖

屋老，一樹梅花小。住個詩人，添個新詩料。愛清閑，愛天然；城外西湖，湖上有青山。

甲寅立春節，息翁。

這首小令是李叔同在一九一四年為朋友夏丏尊的〈小梅花屋〉圖所撰寫的題詠。

題夢仙花卉橫幅

夢仙大姊，幼學於王弢園先輩，能文章詩詞。又就靈鶼京卿學，畫宗七薌家法，而能得其神韻，時人以出藍譽之。是畫作於庚子九月，時余方奉母城南草堂。花晨月夕，母輒招大姊說詩評畫，引以為樂。大姊多病，母為治藥餌，視之如己出。壬寅荷花生日，大姊逝。越三年乙巳，母亦棄養。余乃亡命海外，放浪無賴。回憶曩日，家庭之樂，唱和之雅，恍惚殆若隔世矣。今歲幻園姻兄示此幅，索為題辭。余惘逝者之不作，悲生者之多艱。聊賦短什，以誌哀思。

人生如夢耳，哀樂到心頭。灑剩兩行淚，吟成一夕秋。慈雲渺天末，明月下南樓（今春過城南草堂舊址，樓台楊柳，大半荒蕪矣）。壽世無長物，丹青片羽留。

甲寅秋七月　李息時客錢塘

此詩作於一九一四年農曆七月。李叔同之舊友許幻園出示亡妻宋貞所繪的花卉橫幅，由李叔同題辭。緬懷往昔奉母居住於許家的城南草堂時光，李叔同於是寫下這首短詩。

題陳師曾荷花小幅

師曾畫荷花，昔藏余家。癸丑之秋，以貽聽泉先生同學。今再展玩，為綴小詞。時余將入山坐禪，「慧業」云云，以美荷花，亦以是自劭也。丙辰寒露。

一花一葉，孤芳致潔。昏波不染，成就慧業。

此為一九一六年，李叔同即將至虎跑寺試驗斷食前所作。

貽王海帆先生孤山歸寓，成小詩書扇，貽王海帆先生

文字聯交誼，相逢有宿緣（前年五月，南社同人雅集湖上，始識先生）。社盟稱後學（先生長余三十二歲），科第亦同年（歲壬寅，余與先生同應浙江鄉試，先生及第）。撫碣傷禾黍（今歲余侍先生遊孤山，先生撫古墓碑，視「皇清」二字未磨滅，感喟久之），怡情醉管絃（孤山歸來，顧曲於湖上歌臺）。西湖風月好，不慕赤松仙（近來余視見世為樂土，先生亦贊此說）。

淨峰種菊臨別口占

乙亥四月，余居淨峰。植菊盈畦，秋晚將歸去，猶復含蕊未吐。口占一起，聊以誌別。

我到為植種，我行花未開。豈無佳色在？留待後人來。

此詩撰於一九三五年，弘一大師首次到惠安，在淨峰寺掛褡。

為紅菊花說偈辛巳初冬，積陰凝寒。貫師贈余紅菊花一枝，為說此偈

亭亭菊一枝，高標矗勁節。云何色殷紅？殉教應流血。

此詩撰於一九四一年冬季，弘一大師駐錫閩南福林寺，託菊寄興言志，作了此偈。自從抗日戰爭爆發後，大師決心捨身護教，一再借菊花明志，時常引用北宋韓琦的〈九日水閣〉詩句「莫嫌老圃秋容淡，猶有黃花晚節香」，表達殉教的決心。

聯語作品選

贈法輪長老聯

永日視內典

深山多大年

贈閩南會泉長老聯

會心當處即是

泉水在山乃清

泉州開元寺齋堂聯

坐享檀施豈易

自忖己德何如

贈轉逢和尚聯

焰口千壇昔度孤魂同歸安養

功德無量迴施眾生齊證菩提

贈廣義法師聯

願盡未來，普代法界一切眾生，備受大苦

誓捨身命，宏護南山四分律教，久住神州

尊勝院南山律學苑聯

南山律教，已八百年湮沒無傳，何幸遺編猶存東土

晉水僧園，有十餘眾承習不絕，能令正法再住世間

轉道和尚七秩壽聯

老圃秋殘，猶有黃花標晚節

澄潭影視，仰觀皓月鎮中天

抗日戰爭時期題承天寺聯

念佛不忘救國
救國必須念佛

草庵門聯

草積不除，時覺眼前生意滿
庵門常掩，毋忘世上苦人多

光明寺石佛像對聯

石壁光明，相傳為文佛現影
史乘載記，於此有名賢讀書

淨峰寺客堂門聯

自淨其心，有若光風霽月

他山之石，厥惟益友明師

淨峰寺仙祖殿門聯

是真仙靈，為佛門作大護法

殊勝境界，集僧眾建新道場

淨峰寺自勉聯

誓作地藏真子

願為南山孤臣

永春十利律院門聯

閉門思過

依教觀心

百原寺聯

教門千百喻如梵網
佛道本原其唯戒光

檀林福林寺聯

勝福無邊，豈惟人天福
檀林建立，是為功德林

福林寺清涼園門聯

福德因緣一一殊勝
林園花木欣欣向榮

萬石巖山門聯

一句彌陀聲傳鷺島

千年常住業紹廬山

惠安龍安佛寺柱聯

龍勝空宗傳竺土
安清古澤冠中邦
佛曦高照閣浮境
寺利巍峩建法幢

贈靈應寺轉應法師聯

閩南砥柱
佛法金城

贈晉江杜安人醫師聯

安寧萬邦，正需良藥

人我一相，乃謂大慈

題晉江適南亭聯

適願往生極樂國

南巡參禮洛迦山

護生畫集題詞選

《護生畫集》為弘一大師與弟子豐子愷合作製作的圖文書。全書收錄豐子愷手繪護生畫五十幅，並配以大師引用之古人詩詞，或創作題詞。主要目的是勸人愛惜生命，戒除殘殺，以達到長養仁愛的目的，序文有言「護生即是護心」，可謂本書之主旨。

倘使羊識字

倘使羊識字，淚珠落如雨，口雖不能主，心中暗叫苦。

淒音

人在牢獄，終日愁欷；鳥在樊籠，終日悲啼。聆此哀音，淒入心脾。何如放捨，任彼高飛。

投宿

夕日落江渚，炊烟起村墅。小鳥赤歸家，殷殷戀舊主。

母之羽

雛兒依殘羽，殷殷戀慈母。母亡兒不知，猶復相環守。念此親愛情，能勿淒心否。

生機

小草出牆腰，亦復饒佳致。我為勤灌溉，欣欣有生意。

農夫與乳母

憶昔襁褓時，嘗啜老牛乳。年長食稻粱，賴爾耕作苦。念此養育恩，何忍相忘汝。念此養育恩，何忍相忘汝。

西方之學者，倡人道主義。不啖老牛肉，淡泊樂蔬食。卓哉此美風，可以昭百世！

肉食者鄙

肉食者鄙，不為仁人。況復飲酒，能令智昏。誓於今日，改過自新。長夜悲心，成就慧身。

生離歟？死別歟？

生離嘗惻惻，臨行復回首：此去不再還，念兒兒知否？

惻怛

見其生，不忍見其死；聞其聲，不忍食其肉。應起悲心，勿貪口腹。

開罐

惡臭陳穢，何云美味？掩鼻傷心，為之墮淚！智者善思，能毋悲媿？

眾生

是亦眾生，與我體同；應起悲心，憐彼昏蒙。普勸世人，放生戒殺；不食其肉，乃謂愛物。

老鴨造象

罪惡第一為殺，天地大德曰生。老鴨札札，延頸哀鳴；我為贖歸，畜於靈囿。功德迴施群生，願悉無病長壽。

戊辰十一月，余乘番舶，見有老鴨囚於樊，將齎送他鄉，以餉病者。謂食其肉，可以沉[illegible]。余憫鴨老而將受戮，乃乞舶主，為之哀請，以三金贖老鴨。歸屬子愷圖其形，補入畫集，聊誌遺念。

懺悔

人非聖賢，其孰無過？猶如素衣，偶著塵涴。改過自新，若衣拭塵，一念慈心，天下歸仁。

一卷四一

能使無情盡有情：藝文創作

藝術修養

弘一大師多才多藝，在詩詞、書畫、篆刻、音樂、戲劇、文學創作等方面都有極高的造詣。出家後，諸藝皆棄，唯獨書藝一道不廢。其書法早期脫胎魏碑，後期自成一體，溫婉清拔，出家後的作品，質樸而澹遠。他曾自言：「朽人之字所示者，平淡、恬靜、沖逸之致也。」本節選錄法師傳授〈談寫字的方法〉一文，以感受大師深邃的修養與博大的藝術境界。

談寫字的方法

我到閩南這邊來，已經有十年之久了。

前幾年冬天的時候，我也常常到南普陀寺來，看到大殿、觀音殿及兩廊旁邊的欄杆上，排列了很多很多的花，尤其正在過年的時候，更是多得很、多得很。

其中有一種名叫「一品紅」的，顏色非常的鮮明、非常的好看，可以說是南國特有的一種風味、特有的色彩。每當殘冬過去、春天快到來的時候，把它擺出來，好像是迎春的樣子，而氣象確也為之一新。

我於去年冬天到這裡來，心中本來預料著，以為可以看到許多的「一品紅」了。豈知一到的時候，空空洞洞的，所看到的盡是其他的花草，因而感到很傷心。為什麼？以前那麼多的「一品紅」，現在到哪裡去了呢？找來找去，找了很久，只在那新功德樓的地方，發現了三棵，都是憔悴不堪，顏色不大鮮明，很愁慘的樣子。也沒有什麼人要去賞玩了。於是使我聯想到佛教養正院過去的時候，也曾經有很光榮的歷史，像那些「一品紅」一樣，欣欣向榮，有無限的生機；可是現在則有些衰敗的氣象了。

養正院開辦已經三年了，這期間，自然有很多可紀念的事跡，可是觀察其未來，則很替它悲觀，前途不堪設想。我現在在南普陀這裡，還可以看到養正院的招牌，下一次再來的時候，恐怕看不到了。這一次，也許可以說是我「最後的演講」。

這一次所要講的，是這裡幾位學生的意思，要我來講「關於寫字的方法」。

我想寫字這一回事，是在家人的事，出家人講究寫字有什麼意思呢？所以，這一次講寫字的方法，我覺得很不對。因為出家人假如只會寫字，其他的學問一點都不知道，尤其不懂得佛法，那可以說是佛門的敗類。須知出家人不懂得佛法，只會寫字，那是可恥的。出家人唯一的本分，就是要懂得佛法，要研究佛法。不過，出家人並不是絕對不可以講究寫字的，但不可用全副精神，去應付寫字就對了。出家人固應對於佛法全力研究，而於有空的時候，寫寫字也未嘗不可。寫字如果寫到了有個樣子，能寫對子、中堂來送與人，以作弘法的一種工具，也不是無益的。

倘然只能寫得幾個好字，若不專心學佛法，雖然人家讚美他字寫得怎樣的好，那不過是「人以字傳」而已。我覺得出家人字雖然寫得不好，若是很有道德，那麼他的字是很珍貴的，結果都是能夠「字以人傳」；如果對於佛法沒有研究，而且沒有道德，縱能寫得很好的字，這種人在佛教中是無足輕重的了，他的人本來是不足傳的。即能「人以字傳」，這是一樁可恥的事，就是在家人也是很可恥的。

今天雖然名為講寫字的方法，其實我的本意是要勸諸位來學佛法的。因為大家有了行持，能夠研究佛法，才可利用閒暇時間，來談談寫字的法子。

關於寫字的源流、派別，以及筆法、章法、用墨……古人已經講得很清楚了，而且有很多的書可以參考，我不必多講。現在只就我個人關於寫字的心得及經驗，隨便來說一說。

諸位寫字的成績很不錯。但是每天每個人只限定寫一張，而且只有一個樣子，這是不對的。每天練習寫字的時候，應該將篆書、大楷、中楷、小楷四個樣子，都要多多地寫與練習。如果沒有時間，關於中楷可以略掉，至於其他的字樣，是缺一不可的，且要多多地練習才對。我有一點意見，要貢獻給諸位，下面所說的幾種方法，我認為是很重要的。

我對於發心學字的人，總是勸他們：先由篆字學起。為什麼呢？有幾種理由：

一、可以順便研究《說文》，對於文字學，便可以有一點常識了。因為一個字一個字都有它的來源，並不是憑空虛構的，關於一筆一畫，都不能隨隨便便亂寫的。若不學篆書，不研究《說文》，對於字學及文字的起源就不能明白——簡直可以說是不認得字啊！所以寫字若由篆書入手，不但寫字會進步，而且也很有興味的。

二、能寫篆字以後，再學楷書，寫字時一筆一畫，也就不會寫錯的了。我以前看到養正院幾位學生所抄寫的稿子，寫錯的字很多很多。要曉得，寫錯了字是很可恥的——這正如學英文的人一樣，不能把字母拼錯一個。若拼錯了字，人家怎麼認識呢？寫錯了我們自己的漢文字，更是不可以的。我們若先學會了篆書，再寫楷字時，那就可以免掉很多錯誤。

此外，寫篆字也可以為寫隸書、楷書、行書的基礎。學會了篆字之後，對於寫隸書、楷書、行書就都很容易，因為篆書是各種寫字的根本。

若要寫篆字的話，可先參看《說文》這一類的書。有一部清人吳大澂[31]的《說文部首》，那不可缺少的。因為這部書很好，便於初學，如果要學寫字的話，先研究這一部書最好。

既然要發心學寫字的話，除了寫篆字而外，還有大楷、中楷、小楷，這幾樣都應當寫。我以前小孩子的時候，都通通寫過的。至於要學一尺二尺的字，有一個很簡便的方法，那就可用大磚來寫。平常把四塊大磚拼合起來，做成桌子的樣子，而且用架子架起來，也可當桌子用；要學寫大字，卻很方便，而且一物可供兩用了。

大筆怎樣得到呢？可用麻紮起來做大筆，要寫時，就可以任意揮毫。大磚在南方也許不多，這裡倒有一個方法可以替代：就是用水門汀[32]拼起來成為桌子。而用麻來寫字，都是一樣的。這樣一來，既可練習寫字，而紙及筆，也就經濟得多了。

篆書、隸書乃至行書都要寫，樣樣都要學才好；一切碑帖也都要讀，至少要瀏覽一下才可以。照以上的方法學了一個時期以後，才可專寫一種或專寫一體。這是由博而約的方法。

至於用筆呢？算起來有很多種，如羊毫、狼毫、兔毫等。普通是用羊毫，紫毫及狼毫亦可用，並不限定哪一種。最要注意的一點，就是寫大字須用大筆，千萬不可用小筆！用小的筆寫大字，那是很錯誤的。寧可用大筆寫小字，不可以用小筆寫大字。

還有紙的問題。市上所售的油光紙是很便宜的，但太光滑，很難寫。若用本地所產的粗紙，就無此毛病的了。我的意思，高年級的同學可用粗紙，低年級的可用油光紙。

此地所用的有格子的紙，是不大適合的，和我們從前的九宮格的紙不同。以我的習慣而

31 清代文字學家，江蘇吳縣人，精於古文字學，著有《說文部首》、《字說》、《說文古籀補》等文字學著作多部，在字學上頗具創見。

32 蘇杭方言，即指水泥，出自英語 cement 的諧音。

論，我用九宮格的方法，就不是這個樣子。現在畫在下面，並說明我的用法。

若用這種格子的紙，寫起字來，是很方便的。這樣一來，每個字都有規矩繩墨可守的。如寫大楷時，兩線相交的地方，成了一個十字形，就不致上下左右不相對稱了。要曉得，寫字總不能隨隨便便。每個字的地位要很正，要不偏左不偏右、不上不下，要有一定的標準。因為線有中心點，初學時注意此線，則寫起來，自然會適中、很「落位」了。

弘一大師的九宮格寫字法

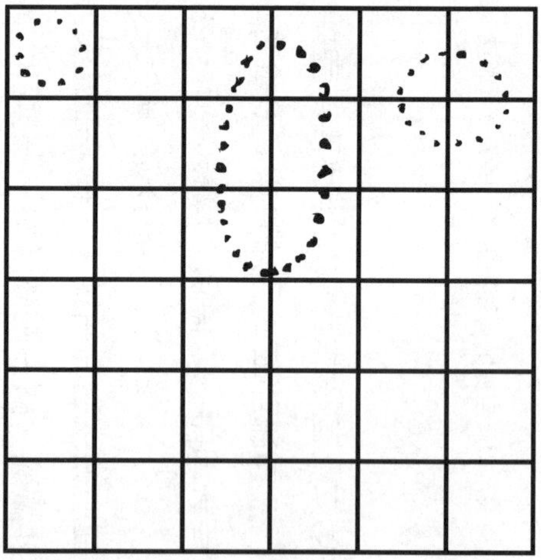

平常寫字時，寫這個字，眼睛專看這個字，其餘的字就不管，這也是不對的。因為上面的字，與下面的字都有關係的；即全部分的字，不論上下左右，都須連貫才可以。這一點很要緊，須十分注意。不可以只管寫一個字，其餘的一切不去管它。因為寫字要使全體都能夠配合，不能單就每個字去看的。

再有一點須注意的，當我們寫字的時候，切不可倚在桌上，須使腕高高地懸起來，才可以運用如意。寫中楷懸腕固好，假如肘部要倚著，那也無妨。至於小楷，則可以倚在桌上，不必懸腕的。

以上所說的，是寫字的初步法門。現在順便講講關於寫對聯、中堂、橫披、條幅等的方法。

我們寫對聯或中堂，就所寫的一幅字而論，是應該有章法的。普通的一幅中堂，論起優劣來，有幾種要素須注意的。現在估量其應得的分數如下：

章法五十分，字三十五分，墨色五分，印章十分。

就以上四種要素合起來，總分數可以算一百分。其中並沒有平均的分數。我覺得其差異及分配法，當照上面所分配的樣子才可以。

一般人認為每個字都很要緊，然而依照上面的計分，只有三十五分。大家也許要懷疑，為什麼章法反而分數佔多數呢？就章法本身而論，它之所以佔著重要地位的原因，理由很簡單。在藝術上有所謂三原則，即：一、統一；二、變化；三、整齊。

這在西洋繪畫方面是認為很重要的。我便借來用在此地，以批評一幅字的好壞。我們隨便寫一張字，無論中堂或對聯，普通將字排起來，或橫或直，首先要能夠統一，字與字之間，彼此必須相聯絡、互相關係才好。但是單止統一也不能的，呆板也是不可以的，須有變化才好。若變化得太厲害，亂七八糟，當然不好看。所以必須注意彼此互相聯絡、互相關係才可以的。

就寫字的章法而論，大略如此。說起來雖很簡單，卻不是一蹴可就的。這需要經驗，多多地練習，多看古人的書法以及碑帖，養成賞鑑藝術的眼光。自己能常去體認，從經驗中體會出來，然後才可以慢慢地養成，有所成就。

所謂墨色要怎樣才可以？即質料要好，而墨色要光亮才對。還有，印章蓋壞了，也是不可以的。蓋的地方要位置適中，很落位才對。所謂印章，當然要刻得好，印章上的字須寫得好。至於印色，也當然要好的。蓋用時，可以蓋一顆兩顆。印章有圓的方的、大的小的不一，且有種種的區別。如何區別及使用呢？那就要於寫字之後再注意蓋用，因為它也可以補救寫字時章法的不足。

以上所說的，是關於寫字的基本法則。可當作一種規矩及準繩講，不過是一種呆板的方法而已。

寫字最好的方法是怎樣？用哪一種的方法才可以達到頂好頂好的呢？我想諸位一定很熱心的要問。

我想了又想，覺得想要寫好字，還是要多多地練習，多看碑、多看帖才對，那就自然可以寫得好了。

諸位或者要說，這是普通的方法，假如要達到最高的境界須如何呢？我沒有辦法再回答。曾記得《法華經》有云：「是法非思量分別之所能解。」我便借用這句子，只改了一個字，那就是「是字非思量分別之所能解」了。因為世間上無論哪一種藝術，都是非思量分別之所能解的。

即以寫字來說，也是要非思量分別才可以寫得好的。同時要離開思量分別，才可以鑑賞藝術，才能達到藝術的最上乘的境界。

記得古來有一位禪宗的大師，有一次人家請他上堂說法，當時臺下的聽眾很多，他登臺默然坐了一會兒以後，即說：「說法已畢。」便下堂了。所以今天就寫字而論，講到這裡，我也只好說「談寫字已畢了」。

假如諸位用一張白紙，完全是白的，沒有寫上一個字，送給教你們寫字的法師看，那麼他一定說：「善哉，善哉！寫得好，寫得好！」

諸位聽了我所講的以後，要明白我的意思。學佛法最為要緊。如果佛法學得好，字也可以寫得好的。不久會泉法師[33]要在妙釋寺講《維摩經》，諸位有空的時候，要去聽講，要注意研究。經典要多多地參究，才能懂得佛法。

我覺得最上乘的字或最上乘的藝術，在於從學佛法中得來。要從佛法中研究出來，才能達到最上乘的地步。所以，諸位若學佛法有一分的深入，那麼字也會有一分的進步，能十分的去學佛法，寫字也可以十分的進步。

今天所說的，已經很夠了。奉勸諸位，以後要勤求佛法，深研佛法。

一九三七年三月二十日講於佛教養正院

33 閩南佛教界名宿，曾任南普陀寺住持多年。

詞曲創作選

弘一大師是詞曲創作的大家，也是中國歷史上第一個使用五線譜作曲者，編輯了第一份音樂刊物《音樂小雜誌》。一九〇五年（清光緒三十一年）出版《國學唱歌集》，其歌曲創作內容廣泛、形式眾多，歌詞琅琅上口，易於流傳，因此影響深遠，許多歌謠成為經典之作，至今膾炙人口。

喝火令

故國今誰主？胡天月已西。朝朝暮暮笑迷迷，記否天津橋上杜鵑啼？記否杜鵑聲裡藏色順民旗？

哀祖國

〈小雅〉盡廢兮，出車采薇矣。豺狼當途兮，人類其非矣。鳳鳥兮，河圖兮，夢想為勞矣。冉冉老將至兮，甚矣吾衰矣。

愛

愛河萬年終不涸，來無源頭去無谷。滔滔聖賢與英雄，天地毀時無終窮。　願我愛國家，願國家愛我；願國家愛我，靈魂不死者我。

化身

化身恆河沙數，發大音聲。爾時千佛出世，瑞靄氤氳。歡喜、歡喜人天，夢醒兮不知年。翻倒四大海水，眾生皆仙。

此歌詞創作時間難確，最初收錄在李叔同於一九〇五年五月編印的《國學唱歌集》中的「附錄：雜歌十章」。可以說是李叔同第一首弘揚佛教的歌曲。

追悼李節母之哀辭

松柏兮翠姿，涼風生德闈。母胡棄兒輩，長逝竟不歸！　兒寒復誰卹？兒饑復誰思？哀哀復哀哀，魂兮歸乎來！

此歌詞創作於一九〇五年七月，李叔同為其亡母王氏舉行追悼會時。據其姪女李孟娟撰寫〈弘一法師的俗家〉中回憶：「喪儀為西式，有人致悼詞（不是孝子跪地讀祭文），叔祖父彈鋼琴，唱悼歌。待客是吃中西餐兩種，全家穿黑色衣裳送葬（未穿白色孝袍）。這件事情在親朋中轟動，說是『李三爺辦了一件奇事』。」

婚姻祝辭

《詩》三百，〈關雎〉第一，倫理重婚姻。夫婦制定家族成，進化首人群。天演界，雌雄淘汰，權力要平分。遮莫說男尊女卑，同是一般國民。

祖國歌

乙巳二月，滬學會補習科用歌

上下數千年，一脈延，文明莫與肩。縱橫數千里，膏腴地，獨享天然利。國是世界最古國，民是亞洲大國民。嗚呼，大國民！嗚呼，唯我大國民！幸生珍世界，琳琅十倍增聲價。我將騎獅越崑崙，駕鶴飛渡太平洋。誰與我仗劍揮刀？嗚呼，大國民！誰與我鼓吹慶昇平？

我的國

東海東，波濤萬丈紅。朝日麗天，雲霞齊捧。五洲惟我中央中。二十世紀誰稱雄？請看赫赫神明種。我的國，我的國，我的國萬歲，萬歲萬萬歲！

崑崙峰，縹緲千尋聳。明月天心，眾星環拱。五洲惟我中央中。二十世紀誰稱雄？請看赫赫神明種。我的國，我的國，我的國萬歲，萬歲萬萬歲！

隋堤柳

甚西風吹醒隋堤衰柳，江山非舊，只風景依稀淒涼時候。零星舊夢半沉浮，說閱盡興亡、遮難回首。昔日珠簾錦幕，有淡烟一抹、纖月盈鉤。剩水殘山故國秋，知否知否，眼底離離麥秀。說甚無情，情絲踠到心頭。杜鵑啼血哭神州，海棠有淚傷秋瘦，深愁淺愁難消受，誰家庭院笙歌又？

春遊

春風吹面薄於紗，春人妝束淡於畫。遊春人在畫中行，萬花飛舞春人下。梨花淡白菜花黃。柳花委地芥花香。鶯啼陌上人歸去，花外疏鐘送夕陽。

〈春遊〉，亦題〈春遊曲〉。是李叔同於一九一三年在浙江第一師範學校任教時為教學所作，為中國近代合唱歌曲創作中，第一首三部合唱曲。

送別

長亭外，古道邊，芳草碧連天。晚風拂柳笛聲殘，夕陽山外山。　天之涯，地之角，知交半零落。一瓢濁酒盡餘歡，今宵別夢寒。

這首歌詞創作於一九一四年。同樣為教學需要，於是創作這首填詞歌曲。問世後流傳極廣，影響至深。

憶兒時

春去秋來，歲月如流，遊子傷飄泊。回憶兒時，家居嬉戲，光景宛如昨。茅屋三椽，老梅一樹，樹底迷藏捉。高枝啼鳥，小川游魚，曾把閑情託。兒時歡樂，斯樂不可作。兒時歡樂，斯樂不可作。

早秋

十里明湖一葉舟，城南烟月水西樓。幾許秋容嬌欲流，隔著垂楊柳。　遠山明淨眉尖瘦，閑雲飄忽羅紋皺。天末涼風送早秋，秋花點點頭。

悲秋

西風乍起黃葉飄，日夕疏林梢。花事匆匆，夢影迢迢，零落憑誰弔？鏡裡朱顏，愁邊白髮，光陰催人老。縱有千金，縱有千金，千金難買年少。

月夜

纖雲四捲銀河淨，梧葉蕭疏搖月影。翦徑涼風陣陣緊，暮鴉棲止未定，萬里空明人意靜。呀！是何處，敲徹玉磬？一聲聲，清越度幽嶺。呀！是何處，聲相酬應？是孤雁、寒砧並。想此時此際，幽人應獨醒，倚欄風冷。

夢

哀遊子煢煢其無依兮，在天之涯。惟長夜漫漫而獨寐兮，時恍惚以魂馳。夢偃臥搖籃以啼哭兮，似嬰兒時。母食我甘酪與粉餌兮，父衣我以綵衣。月落烏啼，夢影依稀，往事知不知？汩半生哀樂之長逝兮，感親之恩其永垂。　哀遊子愴愴而自憐兮，吊形影悲。惟長夜漫漫而獨寐兮，時恍惚以魂馳。夢揮淚出門辭父母兮，嘆生別離。父語我眠食宜珍重兮，母語我以早歸。月落烏啼，夢影依稀，往事知不知？汩半生哀樂之長逝兮，感親之恩其永垂。

長逝

看今朝樹色青青，奈明朝落葉飄零。看今朝花開灼灼，奈明朝落紅飄泊。惟春與秋其代序兮，感歲月之不居。老冉冉以將至，傷青春其長逝。

春夜

金谷園中，黃昏人靜，一輪明月，恰上花梢。月圓花好，如此良宵，莫把這似水光陰空過了！　英雄安在，荒塚蕭蕭。你試看他青史功名，你試看他朱門錦繡。繁華如夢，滿目蓬蒿；天地逆旅，光陰過客。無聊！　倒不如閑是閑非盡拋去，逍遙！倒不如花前月下且遊遨，將金樽倒；海棠睡去，把紅燭燒；荼蘼開未，把羯鼓敲。莫教天上嫦娥，將人笑！

鶯

喜春來日暖風和，園林花放新鶯啼。聽花間清音百囀：嚦嚦，嚦嚦。聽花間清音百囀：嚦嚦，嚦嚦嚦嚦；嚦嚦，嚦嚦，嚦嚦，嚦嚦。

採蓮

採蓮復採蓮，蓮花蓮葉何蹁躚。露華如珠月如水，十五十六清光圓。採蓮復採蓮，蓮花蓮葉何蹁躚。

秋夜

眉月一彎夜三更，畫屏深處，寶鴨篆烟青。唧唧唧唧，唧唧唧唧，秋蟲繞砌鳴。小簟涼多睡味清。

冬

一簾月影黃昏後，疏林掩映梅花瘦。牆角嫣紅點點肥，山茶開幾枝？　小閣明窗好伴侶，水仙淩波淡無語。嶺頭不改青蔥蔥，猶有後凋松。

西湖

看明湖一碧，六橋鎖烟水。塔影參差，有畫船自來去。垂楊柳兩行，綠染長堤。颺晴風，又笛韻悠揚起。　看青山四圍，高峰南北齊。山色自空濛，有竹木媚幽姿。探古洞烟霞，翠撲鬢眉。雪暮雨，又鐘聲林外啟。　大好湖山如此，獨擅天然美。明湖碧，又青山綠作堆。漾晴光瀲灩，帶雨色幽奇。靚妝比西子，儘濃淡總相宜。

豐年

五日一風，十日一雨，太平樂利賡多黍。穀我婦子，娛我黃耇，歡騰熙洽歌大有。年豐國昌，惟天降德垂嘉祥。穰穰，穰穰，穰穰，歲復歲兮富康。　我倉既盈，我庾惟憶，頌聲載路慶豐給。萬寶告成，萬物生茂，躋堂稱觴介眉壽。年豐國昌，惟天降德垂嘉祥。穰穰，穰穰，穰穰，歲復歲兮富康。

人與自然界

嚴冬風雪擢貞榦，逢春依舊鬱蒼蒼。吾人心志宜堅強，歷盡艱辛不磨滅，惟天降福俾爾昌！　浮雲掩星星無光，雲開光彩逾芒芒。吾人心志宜堅強，歷盡艱辛不磨滅，惟天降福俾爾昌！

歸燕

幾日東風過寒食，秋來花事已闌珊。疏林寂寂雙燕飛，低徊軟語呢喃。呢喃，呢喃，呢喃，呢喃。雕梁春去夢如烟，綠蕪庭院罷歌絃。烏衣門巷捐秋扇，樹杪斜陽淡欲眠。天涯芳草離亭晚，不如歸去歸故山。故山隱約蒼漫漫。泥喃，泥喃，呢喃，呢喃。不如歸去歸故山。

幽居

唯空谷寂寂，有幽人抱貞獨。時逍遙以徜徉，在山之麓。撫磐石以為床，翳長林以為屋。眇萬物以達觀，可以養足。　唯清溪沉沉，有幽人懷靈芬。時逍遙以徜徉，在水之濱。揚素波以濯足，臨清流以低吟。睇天宇之廓寥，可以養真。

幽人

深山之麓，三椽老茅屋，中有幽人抱貞獨。當風且振衣，臨流可濯足。放高歌震空谷：嗚，嗚，嗚，嗚，嗚，嗚！濁世泥塗污，濁世泥塗污。道孤，道孤，行殊。行殊，吾與天為徒，吾與天為徒。

天風

雲滃滃，雲滃滃，擁高峰，氣蔥蔥，極巃嵸。蒼聳聳，蒼聳聳，凌絕頂。側足縹緲乘天風。咳唾生明珠，吐氣嘘長虹。俯視培塿之壘壘，烟斑黛影半昏蒙。仰觀寥廓之明明，天風迴碧空。天風盪吾心魄兮，絕於塵埃之外，遊神太虛。天風振吾衣袂兮，超乎萬物之表，與世長遺。

莽洋洋，莽洋洋，浮巨溟。紛矇矇，紛矇矇，接蒼穹。浪洶洶，浪洶洶，攢鋩鋒。揚洩汗漫乘天風。散髮粲雲霞，長嘯驚蛟龍。俯視積流之茫茫，百川四瀆齊朝宗。仰觀寥廓之明明，天風迴碧空。天風盪吾心魄兮，絕於塵埃之外，遊神太虛。天風振吾衣袂兮，超乎萬物之表，與世長遺。

落花

紛紛，紛紛，紛紛，紛紛；紛紛，紛紛，紛紛，紛紛，惟落花委地無言兮，化作泥塵。寂寂，寂寂，寂寂，寂寂；寂寂，寂寂，寂寂，寂寂，何春光長逝不歸兮，永絕消息。憶東風之日暄，芳菲菲以爭妍。既垂榮以發秀，倏節易而時遷，春殘！覽落紅之辭枝兮，傷花事其闌珊，已矣！春秋其代序以遞嬗兮，俛念遲暮。榮枯不須臾，盛衰有常數，人生之浮年若朝露兮，泉壤興衰。朱華易消歇，青春不再來。

朝陽

觀朝陽耀靈東方兮，燦莊嚴偉大之榮光。彼長眠之空暗暗兮，流絳彩以輝煌。

觀朝陽耀靈東方兮，燦莊嚴偉大之榮光。彼瞑想之海沉沉兮，盪金波以飛揚。惟神，惟神，惟神！創造世界，創造萬物，錫予光明，錫予幸福無疆。觀朝陽耀靈東方兮，感神恩之久長。

月

仰碧空明明，朗月懸太清。瞰下界擾擾，塵欲迷中道！惟願靈光普萬方，蕩滌垢滓揚芬芳。虛渺無極，聖潔神祕，靈光常仰望！　仰碧空明明，朗月懸太清。瞰下界暗暗，世路多愁嘆！惟願靈光普萬方，拔除痛苦散清涼。虛渺無極，聖潔神祕，靈光常仰望！

晚鐘

大地沉沉落日眠，平墟漠漠晚烟殘，幽鳥不鳴暮色起，萬籟俱寂叢林寒。浩蕩飄風起天杪，搖曳鐘聲出塵表。綿綿靈響徹心絃，眑眑幽思凝冥杳。眾生病苦誰扶持？塵網顛倒泥塗污，惟神憫恤敷大德，拯吾罪過成正覺。誓心稽首永皈依，瞑瞑入定陳虔祈。倏忽光明燭太虛，雲端彷彿天門破。莊嚴七寶迷氤氳，瑤華翠羽垂繽紛。浴靈光兮朝聖真，拜手承神恩！仰天衢兮瞻慈雲，若現忽若隱隱。鐘聲沉暮天，神恩永存在。神之恩，大無外。

〈朝陽〉、〈月〉、〈晚鐘〉皆成於一九一三到一九一八年間，李叔同任教於浙江時期，有可能是出家前之作。

清涼

清涼月，月到天心，光明殊皎潔。今唱清涼歌，心地光明一笑呵。　清涼風，涼風解慍，暑氣已無蹤。今唱清涼歌，熱惱消除萬物和。　清涼水，清水一渠，滌蕩諸污穢。今唱清涼歌，身心無垢樂如何！　清涼，清涼，無上究竟真常！

山色

近觀山色蒼然青，其色如藍。遠觀山色鬱然翠，如藍成靛。山色非變，山色如故，目力有長短。自近漸遠，易青為翠；自遠漸近，易翠為青，時常更換，是由緣會。幻相現前，非唯翠幻，而青亦幻。是幻，是幻，萬法皆然。

花香

庭中百合花開。晝有香，香淡如；入夜來，香乃烈。鼻觀是一，何以晝夜濃淡有殊別？白晝眾喧動，紛紛俗務縈。目視色，耳聽聲，鼻觀之力分，於耳目喪其靈。心清聞妙香，「用志不分，乃凝於神。」古訓好參詳。

世夢

卻來觀世間，猶如夢中事，人生自少而壯，自壯而老，自老而死。俄入胞胎，俄出胞胎，又入又出無窮已。生不知來，死不知去，濛濛然，冥冥然、千生萬劫不自知，非真夢歟？枕上片時春夢中，行盡江南數千里。今貪名利，梯山航海，豈必枕上爾！莊生夢蝴蝶，孔子夢周公，夢時固是夢，醒時何非夢？擴大劫來，一時一刻皆夢中。破盡無明，大覺能仁，如是乃為夢醒漢，如是乃名無上尊。

〈清涼〉、〈山色〉、〈花香〉、〈世夢〉等歌詞，約為一九二九年秋天作品。時弘一法師已經出家十數年，夏丏尊、劉質平等人相約拜訪，勸請撰寫歌曲歌詞。弘一法師後來撰寫若干首富含佛教哲理的歌曲，集結而成《清涼歌集》。

卷五

須知諸相皆非相：書信與日記

書信節選

最初整理弘一大師書信者，是大師生前的摯友夏丏尊。他在《晚晴山房書簡》序文中闡述初衷：「師為一代僧寶，梵行卓絕，以身體道，不為戲論。書簡即生活實錄，舉凡師之風格及待人接物之狀況，可於此彷彿得之。」本節篇幅有限，選錄大師寄予豐子愷、夏丏尊、劉質平等師友們的部分書信。透過信件文字，可窺大師「君子之交，其淡如水」但赤誠交心的情誼。

致豐子愷

（一九二八年四月十九日，溫州慶福寺，時年四十九歲）

前復一函，計達慧覽。城垣拆毀過半，又復中止（因有人反對）。故寓樓之前，尚未有喧擾之虞。惟將來如何，未可預料耳。曏承仁者及夏居士為謀建築庵舍，似非所急（因太費事吃力）。朽意且俟他年緣緣堂建成，當依附而居。今後如無大變化可不移居，若有變化擬暫寄居他處，以待勝緣成就，諸希仁等酌之。質平宿疾已癒否？甚念。溫州產有一種土草藥，名曰人字草，治勞傷吐血極靈。丁福保、俞鳳賓二醫士曾作文讚譽（今春聶氏家言曾載此事）。便中乞詢問質平，如彼決定信仰此藥，願服用者，希示知，當以郵奉。

李居士乞代致候。前答彼一信片，想已收到。《戒殺》畫文字甚願書寫。又李居士所著《楞嚴經科解》（上次所寄信片中曾托以一冊寄予鴻梁，彼近讀《楞嚴》，極有興味），請再惠賜一冊，寄至溫州（鄰居羽士數人，根器甚利，喜閱《禪宗語錄》及《楞嚴經》等，今擬以此贈彼）。甚感，不宣。

子愷居士

四月十九日　演音疏

（一九二八年舊八月十四日，溫州慶福寺）

子愷居士：

初三日惠書，誦悉。茲條複如下：

△周居士動身已延期。網籃恐須稍遲，乃可帶上。

△《佛教史迹》已收到，如立達[34]僅存此一份，他日仍擬還。

△護生畫，擬請李居士[35]等選擇（因李居士所見應與朽人同）。俟一切決定後，再寄來由朽人書寫文字。

△不錄《楞伽》等經文，李居士所見，與朽人同。

△畫集雖應用中國紙印，但表紙仍不妨用西洋風之圖案畫，以二色或三色印之。至於用線穿訂，擬用日本式。即是此種之式，係用線索結紐者，與中國佛經之穿訂法不同。朽人之意，以為此書須多注重於未信佛法之新學家一方面，推廣贈送。故表紙與裝訂，須極新穎警目。俾閱者一見表紙，即知其為新式之藝術品，非是陳舊式之勸善圖畫。倘表紙與尋常佛書相似，則彼等僅見《護生畫集》之籤條，或作尋常之佛書同視，而不再披閱其內容矣。故表紙與裝訂，倘能至極新穎美觀奪目，則為此書之內容增光不小，可以引起閱者滿足歡喜之興味。內容用中國紙印，則鄉間亦可照樣翻刻。似與李居士之意，亦不相違。此事再乞商之。

34 指上海立達學園。西元一九二六年由夏丏尊、豐子愷等人創辦。

35 指李圓淨。

△李居士屬書籤條，附寫奉上。

△「不請友」三字之意，即是如《華嚴經》云「非是眾生請我發心，我自為眾生作不請之友」之意。因尋常為他人幫忙者，應待他人請求，乃可為之。今發菩提心者，則不然。不待他人請求，自己發心，情願為眾生幫忙，代眾生受苦等。友者，友人也。指自己願為眾生之友人。

△周孟由居士等，諄諄留朽人於今年仍居慶福寺。謂過一天，是一天，得過且過，云云。故朽人於今年下半年，擬不他往。俟明年至上海諸處時，再與仁者及丏翁等，商量築室之事。現在似可緩議也。

△近病痢數日，已癒十之七八。惟胃腸衰弱，尚須緩緩調理，仍終日臥床耳。然不久必癒，乞勿懸念。承詢需用，現在朽人零用之費，擬乞惠寄十圓。又慶福寺貼補之費（今年五個月），約二十圓（此款再遲兩個月寄來亦不妨）。此款請舊友分任之。至於明年如何，俟後再酌。

△承李居士寄來《梵網經》、萬鈞氏書札，皆收到。謝謝。

病起無力，草草復此。其餘，俟後再陳。

子愷居士

八月十四日　演音上

（一九二八年舊八月，溫州慶福寺）

前迭上二函一片，想悉收到。昨今又續成白話詩四首。

《夫婦》：人倫有夫婦，家禽有牝牡。雙棲共和鳴，春風拂高柳。
　　盛世樂太平，民康而物阜。方類咸喁喁，同浴仁恩厚。

按此詩雖不佳，而得溫柔敦厚之旨。以之冠首，頗為合宜。

《暗殺一》：若謂青蠅污，揮扇可驅除。豈必矜殘殺，傷生而自娛。

《蠶的刑具》：殘殺百千命，完成一襲衣。唯知求適體，豈毋傷仁慈。

《懺悔》：人非聖堅，其孰無過。猶如素衣，偶著塵涴。
　　改過自新，若衣拭塵。一念慈心，天下歸仁。

按此詩雖無佛教色彩，而實能包括佛法一切之教義。仁者當能知之。

此外，唯有《母之羽》及《平和之歌》二首，尚未作。擬俟仁者畫稿寄來，再觀察畫之形狀，然後著筆，較為親切也。

朽人已數十年來嘗作詩。至於白話詩，向不能作。今勉強為之。初作時，稍覺吃力。以後即妙思泉湧，信手揮寫，即可成就。其中頗有可觀之作，是誠佛菩薩慈力冥加，匪可思議者矣。但念生死事大，無常迅速。俟此冊畫集寫畢，即不再作文作詩及書寫等。唯偶寫佛菩薩名號及書籤，以結善緣耳。

此畫集中，題詩並書寫，實為今生最後之紀念。而得與仁者之畫及李居士之戒殺白話文合冊刊行，亦可謂殊勝之因緣矣（但朽人作此白話詩事，乞勿與他人談及）。

（一九二八年舊八月廿日，溫州慶福寺）

今日午前掛號寄上一函及畫稿一包，想已收到？頃又作成白話詩數首，寫錄於左。

（一）《倘使羊識字》（因前配之古詩，不貼切。故今改作）

倘使羊識字，淚珠落如雨。
口雖不能言，心中暗叫苦！

（二）《殘廢的美》

好花經摧折，曾無幾日香。
憔悴剩殘姿，明朝棄道旁。

（三）《喜慶的代價》（原配一詩，專指慶壽而言。此則指喜事而言。故擬與原詩並存。共二首。或者僅用此一首，而將舊選者刪去。因舊選者其意雖佳，而詩筆殊拙笨也。）

喜氣溢門楣，如何慘殺戮。
唯欲家人歡，哪管畜生哭！

（四）原題為《懸梁》

日暖春風和，策杖遊郊園。

雙鴨泛清波，群魚戲碧川。
為念世途險，歡樂何足言！
明朝落網罟，繫頸陳市纏。
思彼刀砧苦，不覺悲淚潸。

按此原畫，意味太簡單，擬乞重畫一幅。題名曰《今日與明朝》。將詩中「雙鴨泛清波，群魚戲碧川」之景，補入。與「繫頸陳市纏」，相對照。共為一幅。則今日歡樂與明朝悲慘相對照，似較有意味。此雖是陳腐之老套頭，今亦不妨採用也。俟畫就時，乞與其他之畫稿同時寄下。

再者：畫稿中《母之羽》一幅，雖有意味，但畫法似未能完全表明其意，終覺美中不足。倘仁者能再畫，較此為優者，則更善矣。如未能者，仍用此幅亦可。

前所編之畫集次序，猶多未安之處。俟將來暇時，仍擬略為更動，俾臻完善。

子愷居士慧覽

演音上　八月廿日

此函寫就將發，又得李居士書。彼謂畫集出版後，擬贈送日本各處。朽意以為若贈送日本各處者，則此畫集更須大加整頓。非再需半年以上之力，不能編纂完美。否則恐貽笑鄰邦，殊未可也。但李居士急欲出版，有迫不及待之勢。朽意以為如僅贈送國內之人閱覽，則現在所編輯者，可以用得。若欲贈送日本各處，非再畫十數葉，從新編輯不可。此事乞與李居士酌之。

再者，前畫之《修羅》一幅（即已經刪去者），現在朽人思維，此畫甚佳，不忍割愛，擬仍舊選入。與前畫之《肉》一幅，接連編入。其標題，則謂為《修羅一》、《修羅二》（即以《肉》為《修羅一》，以原題《修羅》者為《修羅二》）。再將《失足》一幅刪去。全集仍舊共計二十四幅。

附呈兩紙，乞仁者閱覽後，於便中面交李居士。稍遲亦無妨也。

廿三晨

（一九二八年八月廿四日，溫州慶福寺）

新作四首，寫錄奉覽。

淒音

小鳥在樊籠，悲鳴音慘淒。
惻惻斷腸語，哀哀乞命詞。
向人說困苦，可憐人不知：
猶謂是歡嬉，娛情盡日啼。

農夫與乳母

憶昔襁褓時，嘗啜老牛乳。
年長食稻粱，賴爾耕作苦。
念此養育恩，何忍相妄汝！

西方之學者，倡人道主義。
不啖老牛肉，淡泊樂蔬食。
卓哉此美風，可以昭百世！

麟為仁獸，靈氣所鐘，不踐生草，不履生蟲。緊吾人類，應知其義，舉足下足，常須留意，既勿故殺，亦勿誤傷。去我慈心，存我天良。

〔附註〕：兒時讀《毛詩・麟趾章》，注云：「麟為仁獸，不踐生草，不履生蟲。」余諷其文，深為感嘆。四十年來，未嘗忘懷。今撰護生詩歌，引述其義。後之覽者，幸共知所警惕焉。

我的腿（舊配之詩，移入《修羅二》）

我的腿，善行走。
將來不免入汝手，
鹽漬油烹佐春酒。
我欲乞哀憐，
不能作人言。
願汝體恤豬苦命，
勿再殺戮與熬煎！

畫集中《倒懸》一幅，擬乞改畫。依原配之詩上二句，而作景一幅（即是「秋來霜露……芥有孫」之二句）。畫題亦須改易，因原畫之趣味，已數見不鮮，未能出色；不如改作為景物畫較優美有意味也。再者《刑場》與《平等》二幅，或可刪，亦可留，乞仁者酌之。

八月廿四日　論月

（一九二八年舊八月廿六日，溫州慶福寺）

子愷居士慧覽：

將來排列之次序，大約是：

（一）《夫婦》，（二）《蘆菔生兒芥有孫之畫》，（三）《沉溺》，（四）《淒音》等。中間數幅，較前所定者，稍有變動。至《農夫與乳母》以下，悉仍舊也。

再者，《蘆菔生兒芥有孫》之畫，乞僅依「秋來霜露滿東園，蘆菔生兒芥有孫」二句之意畫之。至末句中雞豚，乞勿畫入。

以前數次寄與仁者之信函，乞作畫或改題者，茲再彙記如下：

△增畫者：《懺悔》、《平和之歌》，共二幅。

△改畫者：《蘆菔生兒芥有孫》之畫（舊題為《倒懸》，今乞改題）、《今日與明朝》（舊題為《懸梁》）、《母之羽》，共三幅。

△修改畫題者：《沉溺》（原作《溺》）、《淒音》（原作《囚徒之歌》）、《誘惑》（原作《誘殺》）、《修羅一》（原作《肉》）、《修羅二》（原作《修羅》），共五處。

以上所寫，倘有未明了處，乞檢閱前數函即知。

八月廿六日　演音上

今年夏間，由嘉興蔡居士寄玻璃版印《華嚴經》二冊至尊處（江灣），想早已收到（當時仁者在鄉里），前函未提及，故再奉詢。

（一九二九年九月初四日，溫州慶福寺，時年五十歲）

子愷居士：

前復信片，想達慧覽。尚有白話詩二首，亦已作就。附寫如下：

母之羽

雛兒依殘羽，殷殷戀慈母。母亡兒不知，猶復相環守。念此親愛情，能勿淒心否？

此下有小注，即述蝙蝠之事云云。俟後參考原文，再編述。

平和之歌

昔日互殘殺，今朝共舞歌。一家慶安樂，大地頌平和。

附短跋云：李、豐二居士，發願流布《護生畫集》。蓋以藝術作方便，人道主義為宗趣。雖曰導俗，亦有可觀者焉。每畫一頁，附白話詩。選錄古德者□首，餘皆賢瓶道人補題。纂修既成，請余為之書寫，並略記其梗概。

新作之詩共十六首，皆已完成。但所作之詩，就藝術上而論，頗有遺憾。一以說明畫中之意，言之太盡，無有含蓄，不留耐人尋味之餘地。一以其文義淺薄鄙俗，無高尚玄妙之致。就此二種而論，實為缺點。但為導俗，令人易解，則亦不得不爾。然終不能登大雅之堂也。

畫稿之中，其畫幅大小，須相稱合。如《!!!》一幅，似太大。《母之羽》一幅，似稍小。

仁者能再改畫，為宜。雖將來攝影之時，可以隨意縮小放大，但終不如現在即配合適宜，俾免將來費事。且於朽人配寫文字時，亦甚蒙其便利也。

附二紙，為致李居士者。乞仁者先閱覽一過，便中面交與李居士，稍遲未妨也。

九月初四日　演音上

（一九二九年舊八月廿九日，上虞白馬湖）

子愷居士：

前日已至白馬湖承張居士代表招待一切，至用感慰。

茲有四事，奉託如下。

（一）乞畫澄照律祖像一幅。別奉樣式一紙，乞檢閱。此像在《續藏經》中，今依彼原稿，略為縮小。如別紙中，朱筆所畫輪廓為限。如以原稿太繁密者，乞仁者以己意稍為簡略。但仍以工筆細線畫之為宜。畫紙乞用拷碑紙，因將刻木板也。此畫像，能於舊曆九月中旬隨夏居士返家之便帶下，為感。

（二）前存尊處之馬一浮居士圖章一包，乞於便中託人帶至杭州，交還馬居士。但此事遲早不妨，雖遲至數月之後亦可。馬居士寓杭州聯橋及弼教坊之間，延定巷舊第五號（或第四第六號）門牌內。

（三）福建蘇居士，今春在鼓山，定印《華嚴疏論纂要》多部（此書係康熙古版，外間罕有流傳。每部大約六十冊，實費二十元）。擬以十二部分贈與日本各宗教大學及圖書館等，託內山書店代為分配及轉寄。又以二部贈與上海功德林流通。附寫信二紙，乞於便中轉交內山書店及功德林佛經流通處為感。

四、有人以五元託仁者向功德林代請購下記之書：

△《華嚴處會感應緣起傳》一冊。

△其餘之資，皆請購（功德林藏版）《地藏菩薩本願經》若干冊及其郵費。此書代為郵寄溫州大南門外慶福寺因弘法師收。無須掛號。此款乞暫為墊付，俟他日託夏居士帶奉。種種費神，感謝無盡！

惟淨法師偕來，諸事甚為妥善。秋後朽人或雲遊他方，仍擬請惟靜法師在晚晴山房居住，管理物件及照料一切。彼亦有願久住山房之意。

閱仁者近就開明編輯之事，想甚冗忙，如少閑暇，九月中旬可以不來白馬湖。俟他時朽人至上海，仍可晤談也。俗禮幸勿拘泥，為禱。不具。

舊八月廿九日　演音疏

（一九二九年舊九月十二日，溫州慶福寺）

昨晚獲誦惠書，忻悉一一。茲復如下：

△續畫之畫稿，擬乞至明年舊曆三月底為止（因溫州春寒殊甚，未能執筆書寫。須俟四月天暖之後，乃能動筆）。由此時至明春三月，乞仁者隨意作畫，多少不拘。朽人深知此事不能限期求速就（寫字作文等亦然）。若興到落筆，乃有佳作。所謂「妙手偶得之」也。至三月底

即截止。由朽人用心書寫。大約五月間，可以竣事。

仁者新作之畫，乞隨時絡續寄下（又以前已選入之畫稿及未選入者，並乞附入，便中寄下）。即由朽人選擇。其選入者，並即補題詩句。

△白居易詩，「香餌」云云二句，係以魚喻彼自己，或諷世人，非是護生之意。其義寄託遙深，非淺學所能解。乞勿用此詩作畫。

△研究《起信論》，譯佛教與科學之事，暫停無妨。禮拜念佛功課未嘗間斷，戒酒已一年，至堪歡喜讚嘆。近來仁者諸事順遂，實為仁者專誠禮拜念佛所致。念佛一聲，能消無量罪，能獲無量福。惟在於用心之誠懇恭敬與否，不專在於形式上之多少也。

△網籃遲至年假時帶去，無妨。

△珂羅版《華嚴經》，乞贈李圓淨居士一冊。

△以後作畫，無須忙迫。至畫幅之多少，亦不必預計。如是乃有佳作。

△倘他日集中畫幅再增多之時，則已刪去之畫，如《倒懸》、《眾生》（又名《上法場》）等，或仍可配合選入，俟他日再詳酌。

△許居士如願出家，當為設法。

△明年大約仍可居住慶福寺。因公園以籌款不足，停止進行，故尚安靜可住。承諸友人贈送之資，至為感謝。此次寄來之廿元，擬留充明年自己之零用。至於明年，尚需貼補寺中全年食費約六十元。又於地藏殿裝玻璃門，及《續藏經》書櫃之木架等費，朽人擬贈與寺中三十元。共計九十元。倘他日有友人送款資至仁者之處，乞為存積。俟今年陰曆年底，朽人再斟酌

情形。倘需用此款者，當致函奉聞，請仁者於明年春間便中匯下。此事須今年年底酌定，故所有款資，擬先存仁者之處，乞勿匯下。

△明年朽人能於秋間至上海否，難以預定。或不能來，亦未可知。因近來擬息心用功，專修淨業。恐出外雲遊，心中浮動，有礙用功也。統俟明年再為酌定。

△明年與後年，兩年之中，擬暫維持現狀。至於夏居士所云建造房舍之事，俟辛未年再行斟酌。

草草奉復。不具。

子愷居士

演音上　九月十二日

再者，以後惠函，信面之上，乞勿寫「和尚」二字。因俗例，須本寺住持，乃稱和尚。朽人今居客位，以稱大師或法師為宜。

再者，愚夫愚婦及舊派之士農工商，所歡喜閱覽者，為此派之畫。但此派之畫，須另請人畫之。仁者及朽人，皆於此道外行。今所編之《護生畫集》，專為新派有高等小學以上畢業程度人之閱覽為主。彼愚夫等，雖閱之，亦僅能得極少份之利益，斷不能讚美也。故關於愚夫等之顧慮，可以撇開。若必欲令愚夫等大得利益，只可再另編畫集一部，專為此種人閱覽，乃合宜也。

今此畫集編輯之宗旨，前已與李居士陳說。第一、專為新派智識階級之人（即高小畢業以上之程度）閱覽。至他種人，只能隨分獲其少益。第二、專為不信佛法，不喜閱佛之人閱覽（現在戒殺放生之書出版者甚多，彼有善根者，久已能閱其書，而奉行惟謹。不必需此畫集也）。近來戒殺之書雖多，但適於以上二種人之閱覽者，則殊為稀有。故此畫集，不得不編印行世。能使閱者愛慕其畫法嶄新，研玩不釋手，自然能於戒殺放生之事，種植善根也。鄙意如此，未審當否？乞仁等酌之。又白。

（一九三〇年，上虞白馬湖晚晴山房，時年五十一歲）

子愷居士丈室

承寄佛書二冊，頃已收到，至感。余本擬在白馬湖過夏。因是間近來兵士忽至，昨午曾到山房擾亂。又聞夏宅[36]即擬移居上海，今後一人居此，諸事困難。現已決定往金仙寺[37]亦幻法師處或他處，二三日內即擬動身也。夏居士如在上海，乞為致候。所有前託帶來各件，皆乞從緩，不宣。

演音疏

（一九三八年四月十八日，泉州承天寺，時年五十九歲）

子愷居士文席：

惠書誦悉，至用歡慰。朽人於去夏初，往青島講律，秋末返廈門。途經上海，曾與夏、章諸居士晤談。居廈門數月。至舊年暮，到草庵度歲。戊寅元旦始，在庵講《行願品》十日。二月初一日始，在泉州承天寺復講。此外於泉州各地及惠安，演講甚忙，寫字極多，居泉不滿兩月，已逾千件。幸身體康健，不畏其勞也。數日後，須往廈門法會演講三日。下月初旬，復往福州城內演講。講畢，或即返泉州。以後惠書，乞寄承天寺（泉州城內）轉交為妥。朽人出家以來，恆自韜晦，罕預講務。即今歲正月至泉州後，法緣殊勝，昔所未有，幾如江流奔騰不可歇止。朽人亦發願為法捨身。雖所居之處，飛機日至數次（大炮疊鳴，玻璃窗震動），又與軍隊同住（軍人住寺內），朽人亦安樂如恆，蓋已成為習慣矣。幸在各地演講，聽者甚眾，皆悉歡喜。於兵戈擾攘時，朽人願盡棉力，以安慰受諸痛苦驚惶憂惱諸眾生等，當為仁者所贊喜。但常慎惟自慚道德學問皆無成就，冒充善知識，虛受信施，濫膺恭敬，至為痛心，時以赧顏。但常慎重審慮，戰戰兢兢，如臨深淵，如履薄冰，不敢任性率情，庶幾無大過歟。

泉州鄭健魂居士，為立達學園畢業生，時憶念仁者。甚盼仁者攜眷居住泉州鄉間，彼願盡力輔助一切，可以決無危險之虞也（城市危而鄉村甚安）。朽人近在泉州弘法，鄭居士熱心助理，情殊可感。率復，不宣。

四月十八日　演音

廣洽師已往南洋，養正院星散，南普陀駐兵。

36 夏宅，即夏丏尊住宅。

37 按林子青註解，原文為「金山寺」，《晚晴山房書籍》誤作「金仙寺」。金山寺在鎮江，而金仙寺在浙江慈溪鳴鶴場。

（一九三八年舊五月十一日，漳州瑞竹巖）

子愷居士道席：

前復一函及信片，寄至長沙，想已轉送。今由泉州寄至四月二十一日惠書，具悉一一。宣紙未收到，茲先寫小幅二葉，俟時局安定再別寫大者奉上也。廈門變難前四日，朽人已至漳州講經。爾來車路毀壞，一時未能返泉州，故在漳州東鄉瑞竹巖暫住，即在此度夏也。朽人居此，人地生疏。時有所需，未便向他人請求。由漢口至漳州倘能郵匯者，乞仁者有以資助，至感。不宣。

五月十一日　演音疏

通信處，由祈保亭轉交。其地址，如信面所寫。

廈門亂後，漳州物價昂貴，有增至九倍者。惟漳州為閩中產米最多之處，雖久困居於此，必不致絕糧也。乞勿念。

近閱明蕅益大師集，有詩一首云：

赤日攬作鏡[38]，海水挹作盆。照我忠義膽，浴我法塵魂。九死心不悔，塵劫願猶存。為檄虛空界，何人共此輪。

又讀古人詩云：「莫嫌老圃秋容淡，猶有黃花晚節香。」朽人近恆發願，願捨身護法（為壯烈之犧牲），不願苟且偷安獨善其身也。仁者與馬居士通信時，乞代致候。附白。

（一九三八年九月三十日，漳州瑞竹巖）

子愷居士文席：

惠書誦悉，至用感慰。屏聯俟後寫奉。朽人居閩南已時年，緇索諸善友等護法甚力。朽人年來老態日增，不久即往生極樂。故今春在泉州及惠安盡力弘揚佛法，近在漳州亦爾。誠自慚智識不及，亦藉是以報答諸善友之厚誼耳。猶如夕陽，殷紅絢彩，隨即西沉。吾生亦爾，世壽將盡，聊作最後之紀念耳。漳州弘法諸事尚未能了，緣是不克他往。桂林諸居士若有屬書者，乞隨時示知。宿任甚願以書迹廣結善緣，與在桂林居住無異也。謹謝厚誼，並復。不宣。

九月三十日　演音啟

（一九三九年舊三月廿四日，泉州承天寺，時年六十歲）

子愷居士澄覽：

前託夏居士郵奉復書及寫件，想已收到。前日復獲夏居士轉送兩書，誦悉。曼達師所寄二函，於昨日下午始獲披閱。別寫復箋一紙，乞代填入今名（昔名曼達未知今出家後何名？乞仁者代為填寫），便中轉寄為禱。朽人近年來，身體雖可勉強支持，但舊病未除，新疾時增。故自去秋閉門養靜，謝絕見客及普通信訊。惟有關係於《護生畫集》等諸要事，乃親自通訊耳。

38　林子青於編纂弘一大師書信時曾註解：「赤日攬作鏡」，乃「日輪挽作鏡」之誤。應以見於致郁智朗函中引《靈峰宗論》（明蕅益大師著）詩句為正。此信件中因憑記憶引文，故有誤。

所復曼達師書，甚簡略。因精神恍惚，未能多陳。乞仁者致意於師，請其亮宥（並乞告云：朽人於外間罕通信訊，今致師之復箋，乞勿轉示他人云）。謹復，不具。

音啟　農曆三月廿四日

致劉質平

（一九一五年九月三日，杭州，時年三十六歲）

質平[39]仁弟足下：

頃奉手書，敬悉。《和聲學》亦收到。尊狀近若何，致以為念！人生多艱，「不如意事常八九」，吾人於此，當鎮定精神，勉於苦中尋樂；若處處拘泥，徒勞腦力，無濟於事，適自苦耳。吾弟臥病多暇，可取古人修養格言（如《論語》之類）讀之，胸中必另有一番境界。下半年仍來杭校甚善。不佞固甚願與吾弟常相敘首也。祇詢近佳

息[40]上　九月三日

不佞於本學年兼任杭、寧二校課程，汽車[41]往來千二百里，亦一大苦事也。遊日本未及到東京，故章程尚未覓到。詳情容後復。

39 劉質平（一八九四～一九七八），浙江人，為李叔同在浙江第一師範學校任教時的學生。因擅長音樂，畢業後得李叔同鼓勵，留日專攻音樂，最後一年因學費不繼，由李叔同出資資助，因此劉質平終身不忘師恩。

40 李叔同任教杭州時，曾改名為李息。

41 此指火車。

（一九一五年九月十六日，杭州）

質平仁弟足下：

頃接手書，誦悉。吾弟病勢未減，似宜另擇一靜僻之地療養為佳。家庭瑣事，萬勿介意。張拱璧已到海寧，曾晤面否？鄙人後日往南京，又須二星期乃可返杭。匆復，祗訊

痊安

吾弟如稍癒，到杭療養何如？

李息上　九月十六日

（一九一六年八月十九日，杭州，時年三十七歲）

質平仁弟：

來函，誦悉。日本留學生向來如是[42]。雖亦有成績佳良者，然大半為日人作殿軍或並殿軍之資格而無之。故日人說起留學生輒作滑稽訕笑之態。不佞居東八年，固習見不鮮矣。君之志氣甚佳，將來必可為吾國人吐一口氣。但現在宜注意者如下：

一、宜重衛生，避免中途輟學（習音樂者，非身體健壯之人不易進步。專運動五指及腦，他處不運動，則易致疾。故每日宜為適當之休息及應有之娛樂，適度之運動。又宜早眠早起，食後宜休息一小時，不可即彈琴）。

二、宜慎出場演奏，免人之忌妒（能不演奏最妥，抱璞而藏，君子之行也）。

三、宜慎交遊，免生無謂之是非（留學界品類尤雜，最宜謹慎）。

四、勿躐等急進（吾人求學須從常規，循序漸進，欲速則不達矣）。

五、勿心浮氣躁（學稍有得，即深自矜誇，或學而不進〔此種境界他日有之〕，即生厭煩心，或抱悲觀，皆不可。必須心氣平定，不急進、不間斷。日久自有適當之成績）。

六、宜信仰宗教，求精神上之安樂（據餘一人之所見，確係如此，未知君以為如何？）

附錄格言數則呈閱。

不佞近來頗有志於修養，但言易行難，能持久不變尤難，如何如何！今秋因經先生[43]堅留，情不可卻，南京之兼職似可脫離。君暇時乞代購マンドリン[44]弦E二根、A二根、D三根、G二根，封入信內寄下。六七日內擬匯款五圓存尊處，尚有他物乞代購也。君如須在滬杭購物，不佞可以代辦，望勿客氣，隨時函達可也。

君在校師何人？望示知。聽音樂會之演奏，有何感動？此不佞所願聞者也。此復，即頌

旅吉

李嬰[45]　八月十九日

門先生[46]乞為致意，他日稍暇，當作書奉候。並謂現在不佞求學不得，如行夜路，視門先

---

42 劉質平於一九一六年，前往日本學，入東京音樂學校，主修音樂理論與鋼琴。

43 指經亨頤，時任浙江第一師範校長。

44 曼陀林（mandoline）的日文。一種發源於義大利的撥弦類樂器。

45 李叔同在虎跑試驗過斷食後，改名為「李嬰」。

46 李叔同留學日本時的友人。

生若在天上矣。

（一九一七年一月十八日，杭州，時年三十八歲）

手書誦悉，清單等皆收到。愈學愈難，是君之進步，何反以是為憂？B氏[47]曲君習之，似躐等，中止甚是。試驗時宜應試，取與不取，聽之可也。不佞與君交誼致厚，何致因此區區云對不起？但如君現在憂慮過度，自尋苦惱，或因是致疾，中途輟學，是真對不起鄙人矣。從前鄙人與君函內解勸君之言語，萬萬不可忘記，宜時時取出閱看。能時時閱看，依此實行，必可免除一切煩惱。從前牛山充[48]入學試驗落第四次，中山晉平[49]落第二次，彼何嘗因是灰心？總之，君志氣太高，好名太甚，「務實循序」四字，可為君之藥石也。

中學畢業免試科學，是指畢業於日本中學者；君能否依此例，須詳詢之。證明書容代為商量。五日後返滬，補匯四元廿錢。前君投稿於《教育週報》，得獎銀十六元。此款擬匯至日本可否？望示知！

此復，即頌

近佳

李嬰上　一月十八日

（一九一七年一月，杭州）

鄙人擬於數年之內，入山為佛弟子（或在近一二年亦未可知，時機遠近，非人力所能定也）。現已絡續結束一切。君春秋尚盛，似不宜即入此道。但如現在之遇事憂慮，自尋苦惱，恐不久將神經混雜，得不治之疾，鄙人可以斷言。鄙意以為，君此時宜詳審堅決。如能痛改此息，耐心向學，最為中正之道。倘自己仍無把握，不能痛改此息，將來必至學而無成，反致惡果；不如即拋卻世事，入山為佛弟子，較為安定也。叨在至好，故盡情言之。閱後付丙。

（一九一七年三月，杭州）

質平仁弟：

來書誦悉。借款無復音，想無可希望矣（某君昔年留學，曾受不佞補助。今某君任某官立銀行副經理，故以借款商量，雖非冒昧，然不佞實自志為褻人矣，於人何尤！）。不佞自知世壽不永（僅有十年左右），又從無始以來，罪業至深，故不得不趕緊發心修行。自去臘受馬一浮大士之薰陶，漸有所悟。世味日淡，職務多荒。近來請假，適課時之半，就令勉強再延時日，必外貽曠職之譏（人皆謂余有神經病），內受疚心之苦。君能體諒不佞之意，良所歡喜讚嘆！不佞即擬宣布辭職，暑假後不再任事矣。所藏音樂書，擬以贈君，望君早返國收領（能在五月內最妙），並可為最後之暢聚。不佞所藏之書物，近日皆分贈各處，五月以前必可清楚。

47 指德國音樂家貝多芬。
48 牛山充為日本音樂學家。
49 中山晉平，日本近代著名作曲家。

秋初即入山習靜，不再輕易晤人。剃度之期，或在明年。前寄來之木箱，已收到。豐仁[50]君習木炭畫極勤。即頌

旅祉

李嬰

附匯日金二十圓，望收入。

前曾與經先生談及，君今年如返國，可否在一師校任事？經先生謂君在東，曾誹謗母校師長，已造成惡感。倘來任事，必無良果云云。附以直達，望以後發言，宜謹慎也。

不佞擬再託君購佛學數種，俟後函達。

（一九一七年，杭州）

質平仁弟足下：

來書誦悉。《菜根譚》及M經，前已收到，曾致復片，計已查收。官費事可由君訪察他人補官費之經過情形，由君作函寄來。上款寫經、夏二先生及不佞三人，函內詳述他省補費之辦法。此函寄至不佞處，由不佞與經、夏二先生商酌可也。君在東言行謹慎，甚佳。交友不可勉強，寧無友，不可交尋常之友，雖無損於我（或不盡然），亦徒往來酬酢，作無謂之談話，周旋消費力學之時間耳。門先生忠厚長者，可以為君之友人。此外不再交友，亦無妨礙。始親終疏，反致怨尤，故不如於始不親之為佳也。不佞前致君函有應注意者數條，宜常閱之。又格言數則，亦不可忘。不佞無他高見，惟望君按部就班用功，不求近效。進太銳者恐難持久。不可

心太高，心高是灰心之根源也。心倘忐忑不定，可以習靜坐法。入手雖難，然行之有恆，自可入門（君有崇信之宗教，信仰之尤善，佛、伊、耶皆可）。音樂書前日已掛號寄奉。附一函乞轉交門先生。此復，即頌

近佳

李嬰

（一九一七年，杭州）

質平仁弟：

前日寄一函，計達覽。昨晤經先生，將尊函及門先生函呈去（本擬約夏先生同往，據夏先生云：前得君函時，已與經先生談過，故此次不願再去）。經先生將尊函閱一過，門先生之函並未詳閱。據云：此函無意思，因會長[51]不能管此事也（此說不必與他人道）。總之，經先生對於此事頗冷淡。先云：「須由君呈請，余不能言。」後鄙人再四懇求，始允往詢。但因新廳長初到任甚忙，現在不便去，何日去難預定也。

鄙人謂浙江女生補費之事，可否援以為例？經先生云：「不能。」後經先生遂痛論請補官費之難，逆料必不成功。又有「薦一科長與廳長尚易，請補一官費生殊難」之說。鄙人不待其

50 即指豐子愷。

51 按林子青所注，似指當時浙江省教育會會長。

辭畢，即別去，不歡而散，殊出人意外也。但平心思之，經先生事務多忙，本校畢業生甚多，經先生倘一一為之籌畫，殊做不到。故以此事責備經先生，大非恕道。經先生人甚直爽，故能隨意暢談。若深沉之士，則當面以極圓滑之言敷衍恭維，其結果則一也。故經先生尚不失為直士。若夏先生向來不喜管閑事，其天性如是。總之官費事，以後鄙人不願再向經先生詢問。鄙人於數年之內，絕不自己辭職。如無他變，前定之約，必實踐也。望安心求學，毋再以是為念！此信閱畢，望焚去。言人是非，君子不為。今述其詳，願君知此事之始末。

嬰上

（一九一七年，杭州）

質平仁弟：

昨上一函一片，計達覽。請補官費之事，不佞再四斟酌，恐難如願。不佞與夏先生素不與官廳相識，只可推此事於經先生。經先生多忙，能否專為此事往返奔走，亦未可知。即能任勞力謀，成否亦在未可知之數（總而言之，求人甚難）。此中困難情形，可以意料及之也。君之家庭助君學費，大約可至何時？如君學費斷絕，困難之時，不佞可以量力助君。但不佞寠人也，必須無意外之變，乃可如願。因學校薪水領不到時，即無可設法。今將詳細之情形述之如下：

不佞現每月入薪水百零五元

出款：

上海家用四十元　年節另加
天津家用廿五元　年節另加
自己食物十元
自己零用五元
自己應酬費買物添衣費五元

如依是正確計算，嚴守此數，不再多費，每月可餘廿元。

此廿元即可以作君學費用。中國留學生往往學費甚多，但日本學生每月有廿元已可敷用。不買書、買物、交際遊覽，可以省錢許多。將來不佞之薪水，大約有減無增。但再減去五元，仍無大妨礙（自己用之款內，可以再加節省）。如再多減則覺困難矣。

又不佞家無恆產，專恃薪水養家。如患大病，不能任職，或由學校辭職，或因時局不能發薪水；倘有此種變故，即無法可設也。以上所述，為不佞個人之情形。

倘以後由不佞助君學費，有下列數條，必須由君承認實行乃可。

一、此款係以我輩之交誼，贈君用之，並非借貸與君。因不佞向不喜與人通借貸也。故此款君受之，將來不必償還。

一、贈款事只有吾二人知，不可與第三人談及。君之家族、門先生等皆不可談及。家族如追問，可云有人如此而已，萬不可提出姓名。

一、贈款期限，以君之家族不給學費時起，至畢業時止。但如有前述之變故，則不能贈款（如減薪水太多，則贈款亦須減少）。

一、君須聽從不佞之意見，不可違背。不佞並無他意，但願君按部就班用功，無太過不及。注重衛生，俾可學成有獲，不致半途中止也。君之心高氣浮是第一障礙物（自殺之事不可再想），必痛除。

以上所說之情形，望君詳細思索，寫回信復我。助學費事，不佞不敢向他人言，因他人以誠意待人者少也。即有裝面子暫時敷衍者，亦將久而生厭，焉能持久？君之家族，尚不能盡力助君，何況外人乎？若不佞近來頗明天理，願依天理行事，望君勿以常人之情推測不佞可也。

此頌

近佳

李嬰

此函閱後焚去。

（一九一八年三月初九日，杭州，時年三十九歲）

兩次託上海家人匯上之款，計已收入。致日本人信已改就，望察收。去年由運送店寄來之物，尚未收到，便乞催詢。

不佞近耽空寂，厭棄人事。早在今夏，遲在明年，將入山剃度為沙彌。刻已漸漸準備一切（所有之物皆贈人），音樂書籍及洋服，擬贈足下。甚盼足下暑假時能返國一晤也[52]。

質平仁弟

李嬰　三月初九日

正月十五日，已皈依三寶，法名演音，字弘一。

（一九一八年舊三月廿五日，杭州）

質平仁弟：

書悉。君所需至畢業為止之學費，約日金千餘圓。頃已設法借華金千元，以供此費。余雖修道念切，然絕不忍置君事於度外。此款倘可借到，余再入山；如不能借到，余仍就職至君畢業時止。君以後可以安心求學，勿再過慮。至要至要！即頌

近佳

演音　三月廿五日

（一九二〇年舊四月十八日，杭州招賢寺，時年四十一歲）

六日歸臥西湖，養痾招賢，謝絕訪問，屏除緣務。題字率寫奉覽，他人不得援是為例。有

屬書者，幸為婉辭致謝。曩尤居士賚佛書數種於尊右，有暇幸披尋，並以轉貽友人。此未委

悉。

質平居士丈室

曇昉疏　四月十八日

潘、姚二居士，希為致意。

52 是年夏季，李質平回國，受贈李叔同所有樂理、曲譜、音樂名著等書籍。李叔同隨後出家。

（一九二〇年十一月初二日，衢州蓮花寺）

久未通訊，時以為念。朽人今歲多病，九月間來衢州。不久將返溫州養痾；惟乏行旅之貲及零用等費。倘承布施，希寄衢州蓮花村蓮花寺內朽人妥收，至感。率上，不具。

弘一　十一月初二日

（一九二一年舊三月十九日，溫州慶福寺，時年四十二歲）

質平居士慧鑒：

茲奉託，購二物，惠施。於便中，託人帶下。

一、綠色鐵絲紗（此名不知其詳。即係鐵絲編成之紗網，夏天用以罩於窗上，俾受蚊蠅飛入）。今擬購一尺，用以自做佛前之燈罩。

一、乞向舊式銅器店，定做小荷葉二隻，即係書箱門上所用。另有樣子奉上，乞照此樣子大小，定做兩隻。

亦用薄銅做，並釘子八隻，一並交下（原樣仍乞帶還）。費神，至感。

丁居士不久或奉訪仁者。彼若來時，倘詢問贈余之物，乞仁者阻止，勸其不必購買。因彼家境清寒也。

三月十九日　演音疏

（一九二一年舊六月初一，溫州寶嚴寺）

前月始來溫州（因衢州諸友人婉留，故續居數月），染患濕疾，今漸痊癒。頃有道侶，約往茶山寶嚴寺居住。其地風景殊勝，舊有寮舍三椽，須稍加修改，需費約二十元以內。尊處倘可設法，希以布施（以此二十元修理房舍，倘有餘剩，概以充零用）。屢次瑣求，叨在至好，諒不見異。惠示仍寄溫州大南門外慶福寺轉交弘一手收，因彼處亦慶福之屬寺也。

質平居士丈室

弘一疏　舊六月初一日

（一九二一年舊六月十四日，溫州慶福寺）

頃獲尊函，並承惠施廿金，感謝無盡。朽人居甌飯食之資，悉承周群錚居士布施，其他雜用等，每月約一二元，多至三元。出家人費用無多。其善能儉約者，每年所用不過二元。若朽人者，比較猶為奢侈者也。今後惠書，仍寄大南門外慶福寺，因擬在此掩關，預定五年，暫不他往也。此覆

質平居士

弘一疏答　舊六月十四日

（一九二一年舊七月九日，溫州慶福寺）

前復一函，計達慧覽。承施修理房舍之資，當以奉本寺主；彼謙讓不受。今斟酌變通，以

是中十金奉呈寺主，充佛像裝金之需（今年本寺全佛像裝金），即以此功德為仁者消除災障，增長善根。其餘十金，以為朽人請經及其他之用。謹此詳覆，並致謝念。

質平居士丈室

七月九日　弘一疏

（一九二一年十二月初五日，溫州慶福寺）

別久時以馳念。朽人居甌，頗能安適。仁者近仍居南通不？歲晚天寒，想當歸里。為致短簡，略述近狀，以慰遠想。附郵手寫三經影印本一冊，希察覽。江山遼夐，此未委悉。

質平居士

演音

居溫州南門外城下寮　嘉平初五日

子顗、增庸，仍居日本不？

（一九二三年十一月十九日，衢州蓮花寺，時年四十四歲）

比獲尊書，並承施三十金，感謝無已。此數已可足用。他日萬一有所需時，再當致函奉聞。我輩至好，絕不客氣也。明春或赴溫州，臨時再奉達。前月來衢，曾寫佛號，廣結善緣。茲檢奉四幅，一付仁者，一贈海粟居士[53]；其二即贈前來太平寺二同學（與仁者同來者）。率復，不具。

質平居士慧覽

十一月十九日　弘一疏答

（一九二六年四月初九日，杭州招賢寺，時的四十七歲）

曩承過談，歡慰無盡。來杭月餘，舊友大半已晤談。自十三日始，謝客習靜。以後有訪問者，皆暫緩晤面。弘傘師諄留居此間，一時恐未能他適。仁者如須佛號贈人，希以時告知，即可寫奉，不具。

質平居士丈室

四月初九日　曩昉疏

（一九二八年十二月十二日，廈門南普陀寺，時年四十九歲）

質平居士：

今晨天氣驟寒，已結冰。適奉到惠施衣褲二件，至感。白布包附寄還，乞收入，不具。

音啟　十二月十二日

53 指劉海粟，原名槃，學名季芳，自號海栗。我國近代著名畫家、美術教育家。時任上海美術專科學校校長。

（一九二九年舊十月廿五日，廈門太平巖，時年五十歲）

質平居士慧鑒：

有數事奉陳如下：

△作歌之事，已詳細思維。最難者為取材，將來或僅能作五十首。倘歌材可以多得者，或可至百八首。現在不能預定也。

△現已擬定十首（尚未撰就），但皆是高中、專科所用者。恐將來全集之中，多屬於此類。其普通用及小學用者，或僅有一二首，或竟無有也。因選擇此類歌材，甚為困難故。

△仁者意中如有歌材，乞寫示，以備參考。

△將來此書編就後，能否適用，不可知。但余必欲完成此事（至少亦有五十首）。

△他人舊作歌句之佳者，及歌曲形式之多變化者（如數部輪唱等類），乞抄示，以備參考。

△《白馬湖放生記》，稍遲再作。作就後，別寫一紙贈與仁者。

△前存網籃內，有包好之書籍兩包（包紙上標寫寄至泉州等字樣），如尚未寄出者，乞暫存尊處。俟他日需用時，再通信，託仁者寄來。

以後通訊乞寄廈門南普陀閩南佛學院轉交弘一（以掛號為妥）。（泉州寺中駐兵，故即居住廈門）。

舊十月廿五日　演音上

（一九二九年舊十一月廿五日，廈門太平巖）

質平居士：

兩奉惠書，具悉一一。寄存之物，承為照護，至用感謝。其他諸事，別答如下。

一、歌集應如尊囑成百八首。擬分作十編，絡續出版（第十編有十八首。其餘每編十首）。先不拘定深淺之次序，隨作隨出版。俟全書百八首完成之後，再編次序重印。

二、就現在擬定之材料中，尚不滿十首（尚有數首材料，不甚佳，擬緩用。故合計尚不滿十首）。今僅先作十首，於明年可以先印第一編出版。惟此編之作，意義多深，然頗有興味（此以余意所想而然，不知他人之意如何）。

三、以後倘有材料，即可續作。若無材料，不妨重緩。以是之故，將來九編之歌集，或每年出一冊，或一年出兩冊，兩年出一冊，皆不能預定。總期首首有精采，絕不敷衍了事。所謂寧緩勿濫也。

四、尊處所寄之歌曲成範，至今未收到。故一時不能動筆。大約至遲至明年夏間，總可將此十首作好，下半年即可出版也。

五、旋律宜將歌意曲折一一表出，此點甚為不易，以後隨作一歌，擬將拙見作曲之大概奉告，以備仁者參考。

六、此間參考書籍無多。且諸事未便，心緒不整。或須至明年春暖，返浙之後，再動筆，亦未可知。余所以緩緩者，欲慎重從事，非是懈怠延遲也。

七、前存尊處各物，皆乞代為收存。俟明春暖後，再斟酌辦法奉聞。

八、以後擬即暫不通信。倘歌詞能先作一二首者，即先掛號郵寄。否則須俟明夏再動筆耳。

舊十一月廿五日　演音

（一九三〇年舊四月，上虞白馬湖，時年五十一歲）

質平居士：

《集聯》已書寫，但衹能書一種體。因目力昏花，久視則痛疼，故不能書他體也。茲奉上樣子四紙（格式甚好看），乞收入（此是寫廢者，乞隨意贈人，大約至舊曆四月底，必可寫齊也）。

《贊佛偈》，稍有更動增減，如下所記。

說戒迴向偈：（共三首）

過去諸菩薩，已於是中學。未來者當學，現在者今學。

此是佛行處，聖主所稱嘆。我已隨順說，福德無量聚。

迴以施眾生，共同一切智。願聞是法者，疾得成佛道。

迴向偈

天阿修羅交叉等，來聽法者應至心，云云。

此文，載於無常經中。乞仁者到佛學書局，請購《佛說無常經》一冊，價六分。乞檢經後，即有此文。共數首，每七言四句一首。此書並乞仁者於將來到法界寺時帶來。因余處無有此書也。

凡迴向偈、發願偈，皆於佛學完了之時而結束用者。其贊佛偈、說戒偈、佛三身贊、贊諸菩薩偈等，皆於佛事開端時用之。其開端（即開始）時用者，拍子宜緩慢。結束時用者，拍子宜稍快。且意境亦各不同。

（一九三〇年夏，上虞白馬湖）

質平居士：

前復信片，想已收到。夏衣已有，乞勿添製。歌集，於去冬居廈門時，曾竭思力，卒不能成一首。今春在泉州受兵士之擾亂，腦神經已負重傷。歸途又與軍隊同舟，故返至溫州時，身心疲勞已極。反復思維，仁者屬撰歌集之事，及夏居士屬寫銅模字型之事，恐現在難以著手。夏居士處已致函謝罪，請其原諒。今對於仁者，亦殊為抱歉。余年老力衰，屢為食言之事，問心實慚愧萬分也。近為仁者書寫佛經及字幅多種，附掛號寄上，聊以解仁者之憂悶。余爾來手顫，左臂痛，不易高舉。以後寫字，當甚困難。茲所寫者，可為最後之紀念耳。所寫之《華嚴經行願品》共五十一頁。另寄書一冊，其次序乞依此書排之，不可紊亂。此書余已讀誦十數年。甚盼仁者自今以後，亦能受持讀誦也（或讀全冊，或僅讚贊語，即余所寫者）。仁者收到之後，乞復一明信片。余不久或雲遊他方，臨行之時，再當通知可也。不具。

演音疏

（一九三〇年夏，上虞白馬湖）

質平居士：

惠書誦悉。佳兒殤逝[54]，至可悲感。數月前，聞仁者云：依星命者說，今歲暑假期內，令堂或有意外之變故。今母存而子殤，或是因仁者之孝思，感格神明，致有此報歟？若母亡則不可再得，子殤猶可再誕佳兒。務乞仁者退一步想，自可不生憂戚；而反因萱堂康健，更生慶慰之心矣。務乞仁者自今以後，多多積德，上祝萱堂延年益壽，下願再誕佳兒，繼續家業。如是乃可於事有濟。若徒悲戚，未為得也。務望仁者放開懷抱，廣積善德，至禱至禱！

音啟

（一九三〇年新八月廿一日，上虞白馬湖）

至於書寫之時，須再遲一月以後，病體復元，乃絡續書寫。寫時尚須由仁者磨墨並幫忙，因一人力有不支也（對聯須幫忙，小立軸可以一人緩緩寫之）。法界寺可以住宿，米飯甚好，菜蔬大約可食。否則或由仁者自帶罐頭，亦可。居此數日，想可以安適也。晚晴山房正中方桌抽屜內，有關罐頭之鐵器。仁者他日來時，可以順便攜來。此復，不具。

新八月廿一日　音復

（一九三〇年閏六月十日，上虞白馬湖）

質平居士：

惠書誦悉。余甚願為書寫。惟前寄之紙，不甚合宜。乞於他日住滬時，購奏本紙，照此大小裁好寄下。共計一百八十餘張。除前寄上若干張外，尚缺多少，乞照裁之。並乞示知其數目。尊宅戒殺，甚善甚善。此紙為開明新印者，名曰「護生信箋」。不宣。

閏月十日　音上

如無奏本紙，乞購夾貢宣紙（俗稱），又名玉版宣（上海稱），又名煮硾夾宣（杭州稱）。購四尺者，照裁為宜（此紙海寧亦有）。

來函請於陽曆八月十一、二號，即往上海。開學何太早耶？

他日仁者來寧時，乞購科學糊精（即是洋式漿糊）一盒，惠施帶下，至感。

（一九三〇年舊九月廿四日，慈谿金仙寺）

質平居士：

前承遠送，至為感謝。至紹興後，又患傷風。近乃痊癒。前日至金仙寺。聞將講經，擬即在此暫住聽經。以後惠函，乞寄寧波慈北鳴鶴場金仙寺弘一收。但第四中學諸教員及其他諸出家人處，乞暫勿通知。倘有詢問者，乞僅云：「近在寧紹各地。」無須告知地名及寺名也。此達，不具。

九月廿四日　演音

54　劉質平長子雪羽因痢疾早夭。

再乞仁者暇時，往北火車站寶山路口佛學書局，購請下記之書，以惠施朽人，至為感謝。

一、《一切經音義》一部，一元二角六分。

二、地藏菩薩像，大張一張四分，不著色彩的。

三、北京版《梵網經菩薩戒本》，《半月誦戒儀式》，同本一冊，三角二分。

四、又目錄三冊。

以上各書，乞付郵寄下。

又《海潮音》第十一卷第三期內，《法海叢談門》，第五頁以下，有《法味》長文一篇，內載余前年至廈門時之瑣事。仁者如願閱覽，亦可向佛學書局購買一冊。

《清涼歌注釋》，已託芝峰法師撰。近日每日服「百齡機」三丸，甚好。附白。

（一九三〇年舊十一月十四日，慈谿金仙寺）

質平居士：

上月下旬（大約二十天以前）至金仙寺後，曾寫一函，寄至寧波，未知收到否？余現在此間，聽靜權法師[55]講經。將來或在此間過年，或返法界寺過年，未能定也。恐前函遺失，致勞遠念，再以奉聞。以後通訊，寄寧波轉慈北鳴鶴場金仙寺弘一收，不宣。

十一月十四日　演音

（一九三一年正月初三日，溫州慶福寺，時年五十二歲）

質平居士：

前寄甬函，想已收到。《清涼歌》屏幅已寫就，付郵掛號寄上，乞收入。朽人近來精力衰頽，遠不如前。不久即擬往遠方閉關，息心用功，不問世事。前云《清涼歌》冊頁，未暇書寫，祇可作罷。又前屬書聯對，尚有未寫者，今僅以已寫好之六對奉上。其餘亦擬不奉上。紙張，即請仁者贈與朽人，亦未能奉還也。諸乞原宥為禱。贈與然慶老法師[56]之聯，想已帶至白馬湖夏宅矣。此達，不宣。

朽人不久即離溫州。

舊正月三日　音上

（一九三一年舊二月，上虞法界寺）

質平居士：

前奉惠書，具悉一一。《華嚴集聯》，在商務出版，已決定否？其辦法如何？籤條未書寫，是否即排仿宋體字，便中乞示知。

十日以來患病，近已漸癒。有暇乞到藥房，購「安加里丸」（多福大藥廠）一瓶，「第威

55　靜權法師（一八八六～一九六〇），俗姓王，名壽安。浙江仙居人。一九三〇年在慈谿金仙寺宣講《地藏經》時，適弘一法師駐錫該寺，曾參席聽講，深受感動，潸然淚下。詳細可見卷一中釋亦幻所著〈弘一大師在白湖〉。

56　為浙江上虞橫塘鎮法界寺的住持，弘一法師常時掛搭於法界寺中。

德潤腸丸」兩瓶。「安加里丸」，如藥房無售者，乞向先施、永安等化妝部購之，付郵寄下，為禱。

音啟

（一九三一年四月，上虞法界寺）

質平居士再覽：

《華嚴集聯》，若排版，因格式複雜，排列不易。擬改由余自己書寫行書字。照像石印二千冊。

便中乞到棋盤街（四馬路附近）藝學社，購奏本紙三十張，價約二圓左右（樣紙附貼呈），交二馬路畫錦里附近民局福潤信局。寄至甬紹鐵路驛亭站橫塘廟鎮壽春堂藥店轉交法界寺弘一收為感。以後如寄物件，皆交民局。若信函，或交郵局，或交民局，皆可（交民局，乞寫驛亭站，交郵局，乞寫百官）。仁等若寄補品，以桂圓肉為宜（不可多），他種皆不用。上海廣東藥店售者甚佳，價廉。

（一九三一年舊四月初一日，上虞法界寺）

將來屬寫歌詞大幅屏，仍以夾貢紙（即夾宣紙煮硾者）為宜。因單宣紙不甚好寫，且大幅尤為不宜也。

後園開門之事，余曾再四詳思，仍以不開為宜。因有客人來時，余可以繞至當家師房內而出也。其餘一切，皆做好。後面庭園大加修飾，甚為美觀。

舊四月初一日　音白

（一九三一年四月初八日，上虞法界寺）

惠書誦悉。畫，箱式，甚好。箱門題款，附寫奉。施資十圓，甚感。余今年恐不能返浙，此款即可作零用也。

《世夢曲》，乞先付油印（珍筆版）。（曲及伴奏，中文歌詞及法文歌詞，務乞詳校無訛）印就，以數十份寄下，俾廣贈諸學者。

又以前之三首，亦乞譯為法文歌詞，再付油印（並印伴奏），亦寄下數十份。先以此油印者流通。俟《香花曲》撰就，再總付印，製鋅版可也。謹復，不具。

余在此講律，甚忙。半月後，仍繼續講。身體甚健也。

質平居士丈室

四月初八日　演音啟

此信仁者收到後，乞示復。

（一九三一年舊五月廿四日，上虞法界寺）

質平居士慧鑒：

前上一函，後即奉到尊書。今午又得二十一日所發之書，悉知一切。贊偈，未能增減，乞仍依前所定，斟酌作曲為感。

尤玄父居士，人甚忠厚。於去冬，曾寄《募資緣起》至法界寺。至今春正月返寺時，乃披誦，因允其請。其時佛學書局印拙書佛經之事，尚未發起也。今佛學書局既已顯印，似應即託其經手，為宜。至尤玄父居士所募之資，亦交書局附印。將來出書，仍交尤居士。但此後募資之事，似可截止。因此經頁數無多（至多不過十頁——中國頁），需資大約僅數百元耳（夾貢紙石印摺本）。今余已據此意，寫信與尤居士。附奉。乞轉寄程品生君交尤居士，為感。集聯，已寫就三分之二，後附之文，尚未撰好。大約遲至舊四月底（新六月十五日）必可完成。全體格式尚佳。但學校作為習字範本，則未甚宜耳（因字體不通俗）。奉復，不具。

音白　五月廿四日

尤居士既託仁者募資，仁者宜代為募百餘元，已足。因尤居士在臺州，不易集資，且彼家境不豐，難以資助。以余懸擬，尤居士募集之資，能得三百元左右，或可附印千冊耳。

（一九三一年新六月二日，慈谿金仙寺）

質平居士：

前復函，想已收到。《華嚴集聯．例言》及後附之《入門次第》，今日已作好。再有三天，即可全部書寫竣事矣。下次仁者至寺時，余擬將應書寫之件（如歌詞等），一切寫畢。因有事未了，心中常懸念也。磨墨，須俟仁者來時，再磨。若由上海磨好帶來，已隔一二日，即不適用。下次來寺時，乞帶餅乾數包（泰豐公司出品，名曰素餅乾，即無牛乳者。因余近來恆不願食牛乳之製品）。又乞購薄牛皮紙二三十張，惠施，為感。

新六月二日　音疏

（一九三一年六月，慈谿五磊寺）

質平居士：

葉家行李已領到，感謝無盡。

「大音希聲」等四首之題目，擬用《學道四箴並序》，共六個字。屏條寫就，附奉上。其蓋印之地位，已忘記。茲另紙印一方，裝裱之時，託匠人剪出貼上可也。以後寄信，乞寫寧波慈谿鳴鶴場五磊寺，即可寄到。

音白

收到後即惠復。

「大音希聲」等四首，其重要之處，在「不音之音，名曰至音」（主要者）等八句之頌文。以前一段之駢體文，不過先敘說其大意耳（附屬者）。四首皆然。作曲時，乞注意於此。

（一九三一年七月廿六日，上虞法界寺）

質平居士：

頃由夏居士帶來藥及食品，已收到。參不須服，靜養可漸癒耳。前寄新華一函，想早收到。此事乞斟酌詳示，為盼。

七月廿六日　音上

（一九三一年舊六月廿五日，上虞法界寺）

質平居士：

前寄明信，想已收到。昨獲惠寄黃線及白紙，甚感。擬以此白紙百張，皆書「清涼」二字（後記年月名字），以為歌集出版之紀念。

略復，不具。

音疏

居法界寺甚安，氣候不甚熱。至高之日，不過八十九度[57]，亦僅二三日耳。

舊六月廿五日

（一九三一年舊六月廿九日，上虞法界寺）

質平居士：

惠書誦悉。茲掛號寄上拙書一包。「清涼」先奉上五葉，其餘俟晤時交上。又聯三封，併呈。此次所寫者，欲裱裝時，皆須注意。八字之小幅，為用宿墨書寫者，最易污散，宜多注意。

線球甚佳，敬謝。

下半年兼任寧滬等三處功課，似宜於滬校功課託人代授。仁者僅每半月往滬一次，視察一切，兼以宣傳著作。若每週往滬，則太辛勞矣。諸乞酌之。

奏本紙樣子附奉上。三年前，曾在上海四馬路棋盤街藝學社（其名大約如此，係文具店。在四馬路五馬路之間，面東）購買九十餘張，價僅五元。今或增價矣。

他日仁者至滬時，乞向北京路舊貨店購熱水瓶用木塞數個。其式樣大小附奉。因此塞較大，內地無處求見也。此復，不具。

舊六月廿九日　一音

以後來信，乞寫杭州轉百官橫塘鎮，較為迅速，否則將由寧波轉也。

（一九三一年九月廿九日，上虞法界寺）

質平居士：

廿五日自甬寄來之函，誦悉。近日身體已如常。終日勞動，亦不甚疲倦。乞釋遠念。書件已寫畢（惟除大聯二十八對，未寫）。如此功德圓滿，可為慶慰。俟仁者來寺之後小住，或朽人與仁者同暫時出外，雲遊紹、嘉、杭、滬、甬諸處。約一二月，再歸法界寺。統俟晤面時，再約定也。不宣。

九月廿九日夕　一音疏

乞購大塊之墨一方帶下。

57 此為華氏溫度，約為攝氏三十一度左右。

附寫四聯句：

今日方知心是佛
前身安見我非僧
事業文章俱草草
神仙富貴兩茫茫
凡事須求恰好處
此心常懷自欺時
事能知足心常愜
人到無求品自高

（一九三一年舊十一月十一日，慈谿金仙寺）

質平居士：

五磊寺講律事，已由金仙寺亦幻法師代為解勸，完全取消前議，脫離關係。余昨日已移居金仙寺。即擬在此過冬。棉衣褲尺寸，俟後開寫奉上。余在此居住甚安，精神愉快，諸乞釋念為禱。

腐乳一罐，乞交民局（即舊式信局福潤局或全盛局皆可）寄下。照例，須附寫信一封，交民局同寄。交民局寄者，乞寫餘姚北鄉鳴鶴場金仙寺（無信則不能寄）。交郵局寄者，乞寫慈谿北鄉鳴鶴場金仙寺。因地屬慈谿，而水路由餘姚故也（不往溫州矣）。

十一月十一日　音啟

（一九三一年舊十一月底，慈谿金仙寺）

質平居士：

承寄腐乳及尊函，今晨已收到。前懇轉寄廈門及紹興之《華嚴經集聯》，乞早付郵掛號寄出，為禱。

張辰伯尊翁、葉居士，屬書之件，附掛號寄上，乞轉交。又佛書數冊，亦贈與張辰伯之尊翁者，並付郵寄上。

照像如印出，乞各寄下一張。

律學院事[58]，因內部意見不一，決定停辦。現已料理清楚。余自此以後，可以身心安寧。居金仙寺，閉關謝客靜養。謹達，不宣。

音啟

乞在寧波購小瓶「痰敵」一瓶，付郵寄下。因近患痰嗽，久而不止。尺寸單，附奉上。

（一九三一年舊十二月十三日，鎮海伏龍寺）

質平居士慧鑒：

58　弘一法師本擬在五磊寺辦律學院，以該寺住持倡此化緣，遂未實現。

惠書誦悉，別答如下：

是間氣候不寒，無須添製衣服。

余現住伏龍寺，明春仍在此否，未定。俟明春仁者欲來遊時，再以路徑寫奉。

以後余仍可常常寫字，以結善緣。

曾研習之佛書加以圈點註釋音，擬檢數種，於明年便中奉上，而誌紀念。

造像若送他處，亦可。仁者至寧波後，乞示知。先此略復。

舊十二月十三日　音啟

（一九三二年春，鎮海伏龍寺，時年五十三歲）

余於病後，神衰腰痛。乞仁者向大藥房，購「兜安氏保腎丸」一二瓶。惠施，至感。其他補品，皆乞勿購。

（一九三二年舊二月六日，慈谿金仙寺）

質平居士慧鑒：

惠書誦悉。尊恙已痊，至慰。陳嘉庚公司已寄到經書三箱。《清涼歌曲》已成就否？為念。往龍山事，現未能定也。謹復，不宣。

演音啟　舊二月六日

（一九三二年三月，慈谿金仙寺）

質平居士：

前云做衣之布尚有餘者，如仍存貯寧波尊寓，乞託工人做小衫二件（若無布料，不妨從緩，尺寸另紙寫）。余於新曆二十三日後，天晴時，即往伏龍寺。仁者如願來遊，乞於新曆二十七日至四月十日之間，惠臨甚宜。如有屬書之件，乞隨帶來。四月十八日以後，余或即返金仙寺也（舊端陽節前，仍往伏龍寺避暑）。

（一九三二年舊三月十六日，鎮海伏龍寺）

往伏龍寺之路程

清晨，在江北岸，乘「鎮北」輪船。或云八時開，或云六時開，乞預早數日詢問寧波三北公司可也。其碼頭，似在永川附近。至龍山，統艙六角，甚舒適。到龍山海邊，約十二時前。即乘火車（僅二里無票），至龍山三北公司門首。由此步行上山五里，即至伏龍寺。

山嶺甚高，如步行者，宜著布底鞋或草鞋。

由公司門首上山之路，略繪如上方。……之記號，即是行路之線。近山頂有涼亭，可以休息。

公司門首有轎否？不知其詳。即有者，亦是元寶籃耳。

如攜帶物件，乞存在伏龍寺下院，俟翌日囑工人往取。公司至下院，甚近，不足半里。至下院時，乞交老嫗收至妥。下院中，僅彼一人看守。謹達，不具。下山坡後，即至伏龍寺，由後門入，門首無字。

音啟　三月十六日

（一九三二年四月三十日，慈谿金仙寺）

惠書誦悉。前帶各物，悉收到。桂圓餅乾，皆存貯甚多，數月內無須再購。丁居士所交來各物，乞暫存寧波（筍乾宜貯於洋鐵箱內，不然則潮而失味。丁居士前函所言也）。俟秋涼往溫州時，攜於轉贈寺中也。佛經宜熟讀，自能漸漸了解。昔周軼生居士學經論時，即依此法也。

質平居士

演音疏　四月三十日

（一九三二年六月下旬，上虞白馬湖）

劉質平居士：

安心頭陀[59]匆匆來此，諄約余同往西安一行[60]，義不容辭。余準於星期六（即二日）十一時半到寧波。一切之事，當與仁者面談。

弘一上

（一九三二年六月下旬，上虞白馬湖）

遺囑

劉質平居士披閱：

余命終後，凡追悼會、建塔及其他紀念之事，皆不可做。因此種事，與余無益，反失福也。

倘欲做一事業與余為紀念者，乞將《四分律比丘戒相表記》印二千冊。以一千冊，交佛學書局（閘北新民路國慶路口〔即居士林旁〕）流通。每冊經手流通費五分，此資即贈與書局。請書局於《半月刊》中，登廣告。以五百冊，贈與上海北四川路底內山書店存貯，以後隨意贈與日本諸居士。以五百冊分贈同人。

此書印資，請質平居士募集。並作跋語，附印書後，仍由中華書局石印（乞與印刷主任徐曜堃居士接洽。一切照前式，惟製訂改良）。

此書原稿，存在穆藕初居士處。乞託徐曜堃往借。

此書可為余出家以後最大之著作。故宜流通，以為紀念也。

弘一書

59 安心頭陀（一八六三～一九三八），浙江鄞縣人。原經營米業，五十歲始為僧。時任寧波白衣寺住持兼孤兒院院長。

60 是年，寧波白衣寺住持安心頭陀以籌濟陝災，至白馬湖請弘一法師同往西安。弘一法師許之。已上船，劉質平以師病後，不勝長途跋涉，負之返岸，遂未果行。詳細內容可見劉質平〈弘一上人史略〉。

（一九三二年七月，上虞法界寺）

質平居士：

前過談，為慰。近來老體仍衰弱。稍勞動，即甚感疲倦。再遲十數日，夏居士必返白馬湖。當與彼商量，預備後事，並交付遺囑，可作此生一結束矣。

此次為新華同學諸君書寫字幅，本為往生西方臨別之紀念。深愧精力不足，未能滿足諸君之願，但亦可稍留紀念，字之工拙大小多少可以不計也。余因未能滿足諸君之願，甚為抱歉。此意乞向新華諸君言之，請多多原諒，為禱。

書法佳者，不必紙大而字多。故小幅之字，或較大幅為佳。因年老多病，精力不足，寫大幅時，常敷衍了事也。但以前交來之大直幅，決定書寫，但留紀念，不計工拙也。

承惠寄藥品，收到，敬謝。

演音疏

下次仁者來時，乞購商務印書館精製大楷純羊毫（湖南筆）二枝帶下。注意筆名勿錯。

（一九三二年新七月廿一日，鎮海伏龍寺）

半月前，曾寄函至海寧，久未得復，想仁者尚未返里。新曆七月六日，海印法師來余處，歷述以前對仁者失言之事，甚用抱歉，囑為轉達。案此事，實由余不德，致諸位各有不歡之意。余亦應向仁等告罪也。諸乞亮宥，為禱。

寄慈居士刻印，已就。余囑其交陳倫孝居士，俟開學時轉奉仁者。附白。

質平居士

新七月二十一日　演音啟

（一九三二年舊七月二十日，鎮海伏龍寺）

惠書誦悉。尊疾想已痊癒。

前託為崇德法師書畫件，乞請人加墨，即由上海付郵局掛號寄去為感（附奉上地址一紙，乞貼於包皮上）。因余以後雲遊各方，居處無定。若為轉寄，反多未便也。

雲遊大約在中秋後，以後惠書仍寄伏龍寺。俟移居時，再奉達。

崇德法師之書畫件，能早寄去尤感。

又以後倘有人詢問余之住處者，乞概置勿答，至禱。

質平居士

舊七月二十日　演音啟

（一九三二年秋，鎮海伏龍寺）

質平居士：

惠書具悉。腰痛本是閃傷，屬於外科；故前服清補腰部之藥，無效。近用止痛藥水擦之（外科用），頗有效力。想不久即可痊癒也。服「百齡機」已數日，甚為合宜，以後擬繼續服之。茲奉上洋四元，乞代購：

「兜安氏止痛藥水」，二瓶。買時，乞細看包紙上「兜安氏」三字及「止痛藥水」字樣。牛奶餅乾，一大盒。牛奶本是素物，可以供佛。但余近年來，不甚願食。今因病後，虛弱太甚，不得不食是以滋補也。

費神，至感。不宣。

演音疏

（一九三二年秋，鎮海伏龍寺）

前復函，想已收到。茲有數事奉達：

△大約中秋節後，往金仙寺；不久，即往溫州。

△金仙寺中，猶有經物行李數件。此次擬於到金仙寺後，即檢出交鳴鶴場航船（又名快船）帶至餘姚站，託站長運至寧波。

△乞仁者訪陳倫孝居士，託彼寫信兩封與餘姚站長。此兩封信，皆乞（掛號）寄至余處。俟至金仙寺，將寄物時，先發一信，預為通知。另有一函，即交船夫帶去。此信必須兩封。若僅一封交於船夫，恐彼遺失，則無憑據矣。此兩函之大意，附寫出，乞交與陳居士閱之（附一紙）。

△金仙寺之行李，即由餘姚站長運至寧波交陳倫孝居士家中，最妥。因永川輪船之陳君，與寄慈同居，住在倫孝居士附近。將來轉送至陳君處，甚便也。

△以前由仁者第一次帶至寧波之網籃兩隻，及此次由金仙寺運去之行李數件。皆乞仁者於

收到後，即託永川陳君運往溫州（乞附交彼搬運費一元或二元）。

仁者第二次帶往寧波之經書等，一網籃一麻袋，仍乞暫為存貯寧波。俟以後余到廈門時，再斟酌情形，或託仁者轉交上海陳嘉庚公司轉運至廈門，或仍存尊處，皆未可預定也。

△仁者便中，乞訪永川輪船陳君一談。有二事奉詢：一為永川輪船，今秋何時修理？（每年秋季修理，停航月餘。）二者，船期是否仍為星期二到，星期四開。以上兩事，詢問後，乞示知。

△余所居處，鼠害為患。擬請仁者到上海先施公司，購西式捕鼠器一件（但必須不傷害鼠命者乃購之，否則不購）。如無者，乞於便中至上海城隍廟，購鐵絲編成長方形之捕鼠器亦可（此物絕不傷鼠命，但不甚靈驗耳）。此捕鼠器，俟余至寧波面交。

又前存陳倫孝居士處，有寄慈製印五方，亦乞取來，俟余至寧波時交下。

△餅乾尚存甚多，桂圓（不甚合宜）擬不再食。此二物乞勿購買，為禱。

△仁者如於新曆九月十五日寄信至伏龍寺，仍可收到。以後乞勿寄。

演音啟

行李數件。乞永川輪船稽查員陳居士，帶至溫州。送交大南門外東城下飛霞洞前面（即是以前居住之處）慶福寺內，住持因宏法師收。費神，至感。

弘一敬託

（一九三二年十月四日，上虞法界寺）

前惠書誦悉。擬於新曆十月十三日（即星期四）到寧波。約於下午三點零五分鐘抵寧波車站。即登平陽輪船（此船星期四到，星期六開。賣票員及茶房皆素相識。）以前存尊處之行李，惟有兩件帶往溫州。俟與仁者晤面後，再詳談可也。

質平居士慧鑒

演音疏　十月四日

（一九三二年十月八日，上虞法界寺）

六日惠書，頃已披閱。永川開行，甚善。余擬於新曆十九日（即星期三）下午三時零五分，到寧波。先此奉達。數日後，再致函詳陳，掛號寄至寧校61。乞仁者於十九日晨到校時，即向門役索閱掛號信可也。

質平居士

演音疏　十月八日

（一九三二年十月十四日，上虞法界寺）

前寄至上海一函，想已收到。

余決定於十九日（星期三）下午三時，到寧波車站（風雨無阻。但若小船因風大或其他特別事故，不能開行，則須改至再下星期三，即廿六日）。乞仁者預早與林君商定船室。最好仍住買辦房中（即上次所住者），因行李甚多，此房極大，可以存置也。

行李本擬不多帶，今因仍搭永川輪船，故改為多帶數件。計如下所記：

△仁者第一次由伏龍寺帶去之網籃兩隻。

△一月前，由陳倫孝居士託餘姚站帶上行李三件（計書箱二隻，鋪蓋一件）。

以上共五件，乞仁者預早搬入船內。俟余到甬後，即可逕上船也。

此外，尚有仁者第二次帶甬之書籍等（一網籃、一麻袋），則乞仍存仁者之處，無須移動也。

種種費神，感謝無盡。

演音啟　十月十四日

質平居士丈室

（一九三二年十一月六日，上虞法界寺）

前書，想已收到。茲有懇者，仁者第二次由伏龍寺帶至寧波書籍之中，乞將下記兩種檢出寄下。

△《華嚴集聯》，兩冊。

△石印拙書《梵網經》，一冊。

61 指寧波四中，時劉質平在該校教音樂課。

（前帶去書籍，大致大小相似。惟有上二種特別。一為闊大之形，一為長狹之形。乞觀其包裹之形式，即可知之）

以上三冊，乞付郵掛號寄至溫州南門外慶福寺弘一收。費神，至感。

質平居士

十一月六日　演音啟

（一九三二年新十一月廿二日，寧波）

函寄《集聯》及經，已收到，感謝無已。四日後即往廈門，船已定好（由局長招待甚優，諸事穩妥，乞勿念）。俟到廈門後，再以住址奉告也。

新十一月廿二日　演音啟

（一九三三年六月十二日，泉州開元寺）

質平居士：

惠書承悉。仁者克盡孝道，為慰。開弔之日，宜用素齋，萬不可殺生，致為亡人增其罪戾也。乞與令兄商之。《心經》及簽，寫就附郵奉，不宣。

六月十二　演音啟

（一九三四年舊四月十三日，廈門南普陀寺，時年五十五歲）

質平居士道席：

久不通訊，甚念。不久將閉關用功，謝絕諸事。茲寄上拙書一包，以為紀念。《清涼歌集》能出版否？開明、世界（現蔡丏因任編輯事）及佛學書局，皆可印行，不須助印費。仁者僅任編訂校對之事，即可成就也。前謄寫版所印《清涼歌集》五首，如有存者，乞先寄與下記二處：

廈門南普陀寺高文顯居士三份。

廈門轉泉州大開元寺慈兒院葉宗擇居士三份。

閉關以後，未能常通信。草草書此奉聞，不具。

舊四月十三日　演音啟

（一九三四年八月，廈門南普陀寺）

質平居士道鑒：

惠書誦悉。承施十金及心經像葉，感謝無盡。近來無有病苦，希釋懷可耳。

《心經》，友人請求者甚多，乞再寄下二三包。

音樂書面，十日內可以寫好郵奉。歌集，能於今年出版為宜，諸友屢屢詢問也。出版時，乞往佛學書局（膠州路七號），與沈彬翰居士接洽一切。印法形式，皆可由仁者主之，並隨時檢校樣本（此最要緊）。仁者認為十分滿意後，乃以付印。佛學書局有分局數處，流通甚廣，較開明為適宜也。印刷諸費，亦可由佛學書局負任。諸乞與沈居士商酌可也。近託彼處印《地藏菩薩九華垂迹圖》一部（盧居士畫十二頁，用十三色珂羅版印。余題字十二頁，用一色珂羅版印）。中華書局印刷。每部實費五元，為吾國罕見之彩色印本。其印費，悉由沈居士籌備。樣本已印就，不就即可出版也。

以後惠書，乞寄廈門南普陀寺。不宣。

音啟

（一九三四年冬，廈門）

前郵函及寫件，想已收到。昨奉惠書，具悉一一。書面字，附寫呈（書面字隨意寫之，俟製鋅版時可以斟酌縮小）。前年由仁者代寄伏龍寺書籍等，交陳嘉庚公司時，尚餘有稿紙諸物，存在新華，內有《華嚴經觀自在章》寫本（昔年曾由仁者抄寫一卷），乞檢出寄下（內夾紙片，亦乞寄下）。因仁者抄寫者，前送他處，彼已遺失，不能付印；故請將余之寫本寄下，以資讀誦，或付印也。

質平居士道鑒

演音啟

（一九三四年十一月，廈門萬壽巖）

前年由伏龍寺運送書物至廈門時，有未及裝箱者諸稿件等，存貯新華校中。今擬請將此稿件諸物檢出，送交寧波，轉寄廈門，應需用也。乞煩尊校國文教師，檢尋晚唐詩人韓偓傳，抄寫寄下，為禱。

寧波江夏街捷美行（輪胎經理處）

辜士輝先生轉送廈門吳厝巷四號

葉天銘居士轉交　弘一□□收

仁者仍任寧波四中教務否，併乞示知。

質平居士道席

演音疏

（一九三五年舊四月五日，泉州溫陵養老院，時年五十六歲）

質平居士文席：

兩次惠書，於昨午始收到。對聯已受雨濕，可知牛皮紙無用，舊式油紙或較佳也。對聯增加上款，則筆迹不符，格式參差，故不寫款。另書小堂幅小聯，分贈四居士，舊聯（單款）亦可附贈耳。又拙書若干紙，附郵奉，乞隨宜結緣。寫小楷用之水筆，乞購數支寄下。因閩製之筆不適用也（余所需者為水筆，非羊毫，亦非兼毫，乞勿誤會）。以後通信，乞寄泉州大開元寺轉交。舊存廢稿若干紙，並奉上。油紙，乞寄回。謹復，不宣。

農曆四月五日　音啟

（一九三六年五月，鼓浪嶼日光巖，時年五十七歲）

前復明信，想已收到。歌集出版，乞惠施十冊（寄南普陀廣洽法師轉）。歌集中乞仁者作序或跋一篇，詳述此事發起及經過之情形。余近居鼓浪嶼閉關，其地為外國租界，至為安穩。但通信，仍寄前寫之處轉交也。屬寫小聯紙，尚未收到。俟秋涼時，用心書寫。並擬寫多葉結緣物也。以後與仁者通信，寄至寧波四中，妥否，乞示知。附奉上拙書一葉，為今年舊元旦晨朝起床，坐床邊所寫。其時大病稍有起色，正九死一生之時。其時共寫四葉，今以一葉贈與仁者，可為紀念也。此次大病，為生平所未經歷，亦所罕聞。自去年舊十一月底，發大熱兼外症，一時併作。十二月中旬，熱漸止，外症不癒。延至正月初十，乃扶杖勉強下床步行（以前不能下床）。中旬，到廈門就醫。醫者為留日醫學博士黃丙丁君（泉州人，人甚誠實）。彼久聞余名，頗思晤談。今請彼醫，至為歡悅，十分盡心。至舊四月底（舊曆有閏三月），共百餘日，外症乃漸痊癒。據通例，須醫藥電療注射（每日往電療一次）等費約五六百金。彼分文不收，深可感也。謹陳。

質平居士道席

演音疏

（一九三六年五月三十日，鼓浪嶼日光巖）

仁者歸後，前人未嘗一至余處。想是已有悔過之意。乞仁者恕其既往，毋復介懷，為禱。知勞遠念，謹以奉達。

現需用宣紙數種，如下記者。乞便中寄下，為感。

△四尺，對裁開。如舊式對聯形者，三對。

△新式狹長聯形者，五對（闊與長不拘）。

質平居士玄鑒

演音啟　五月三十日

（一九三六年舊十月十一日，鼓浪嶼日光巖）

質平居士文席：

前函及寫件，想已收到。余不久往山寺居住（山中四季有蚊），需精密之蚊帳一件，乞便中向上海三友實業社購已製成之蚊帳（夏季用，宜甚透風，紗質宜堅固。又紗孔宜小，恐小蚊入內），即託三友社代為交郵局（依包裹例，乞仁者付與寄費），寄至廈門鼓浪嶼日光巖弘一收，至妥。因余尚須在日光巖居住月餘，可以收到此物也。此陳，不宜。

舊十月十一晨燈下　演音啟

（一九三六年舊十一月，鼓浪嶼日光巖）

惠書誦悉。暫不往山中。不久移居南普陀。以後惠款，乞寄廈門南普陀寺養正院廣洽法師轉交弘一收。謹復。

演音啟

（一九三七年二月，廈門南普陀寺，時年五十八歲）

惠書誦悉。承施資，至感。蚊帳合宜，無須重做。又余住處無定，床量大小不一，無有固定之標準也。以後惠書，仍寄南普陀寺養正院廣洽法師轉交。

演音啟

（一九三七年四月，廈門中巖）

質平居士：

惠書誦悉。茲念殷厚，感謝無盡。南閩冬暖夏涼，頗適老病之軀，故未能返浙也。稍遲有便，或往南洋（夏亦不甚熱）。承施資，擬以充往南洋船費。僅復，並致謝忱。附奉一聯，乞受收。

演音啟

（一九三七年五月二十日，青島湛山寺）

今晨安抵青島，諸事順適，乞勿念。以後五個月內通信，乞寄青島湛山寺弘一收。便中乞寄下四尺煮硾單宣紙若干張，命紙店工人對裁開捲好，惠施與朽人為感。不宣。

五月二十日　演音啟

託世界書局寄上余所編輯《佛學叢刊》，乞收入。

（一九三七年六月廿五日，青島湛山寺）

惠書誦悉。甚慰。教材已收到。謹復，不具。

齊州　演音啟　六月廿五日

（一九三七年七月，青島湛山寺）

質平居士文席：

兩奉惠書，具悉一一。承施資財，至感。此次到青島後，如入歐美鄉村，其建築風景，為國內所未見也。前有友人勸余編輯兒童唱歌一卷，約初小程度，略含佛教淺理而無宗教之色彩，以備佛教信者及他教信徒用之。未知仁者有暇任此事否？《清涼歌集》出版後現象如何？仁者於下半年仍居寧波否？便乞示及。謹復，不宣。

演音啟

（一九三七年九月，青島湛山寺）

承施宣紙，已收到，敬謝，不具。

青島　演音白

（一九三七年舊九月，廈門萬石巖）

質平居士道席：

惠書誦悉。承施資，甚感。宣紙已收到。茲寄上七言聯若干副，結緣件十五份。又前為韓偓寫《藥師經》一卷，亦以奉贈。俟余六十歲時，或可同人集資印此經，以為紀念也。仁者如以後常讀《藥師經》，尤喜。附寄上注解一冊，可以參考也。此注解中之經為後代流通本，余所寫者依古藏原本，故稍有不同處也。謹復，不宣。

演音啟

（一九三七年舊九月晦日，廈門萬石巖）

質平居士文席：

前函及寫件，想已收到。不久或移居鄉間，通訊未便，故復續寫若干件寄上。以後乞暫勿來信。如有要事，乞寄廈門南普陀寺養正院內廣洽法師轉交弘一收，或須遲至兩三個月，乃依便人帶到，亦未可知也。

今年寫者最多，約四五百件矣。謹陳，不具。

舊九月晦日　演音啟

（一九三八年舊三月廿三日，廈門南普陀寺，時年五十九歲）

前郵明信及寫件，想已收到。近為事忙，尚未能住永春！以後惠函，仍寄廈門南普陀寺。謹達，不具。

演音啟　三月廿三晨燈下

（一九三八年四月，廈門南普陀寺）

質平居士文席：

惠書誦悉。《阿彌陀佛經》，擬俟余往生西方時再印，以為紀念（用袋裝置甚善）。寫件寄上二包，請收入。室小几小，又無人幫助，故七、八、十言聯，皆不易書寫。但寫小幅，以分送同人，為紀念也。

此次寄上者甚多，想可敷用。今年即不再寫奉，且俟明年有暇，再書寫也。

宣紙，在此購置甚便，以後乞勿寄下。

《地名山名及寺名院名表》，改訂奉上（夾在寫件包中）。又略考五紙，可以附編入文內。謹復，不宣。

演音啟

郵局須用漿糊或膠水貼牢固，否則易致脫落。前來函之郵票，已落去。

（一九三八年舊五月廿五日，漳州瑞竹巖）

惠書誦悉，至慰遠念。事事皆退一步想，當可無憂惱也。又仁者及眷屬，皆應常念觀世音菩薩名號，必可轉危為安，逢凶化吉。茲先寄上七言二聯。此外擬絡續寫二尺小堂幅一二百葉，須俟秋後冬初，余入城時，乃可寄奉。今居高山之上，距城約四十里，託人轉送，殊未妥也。承施資，至感謝。略復，不宣。

質平居士

農曆五月廿五日　音啟

（一九三八年新八月一日，漳州瑞竹巖）

質平居士澄覽：

前復書，想早收到。茲奉上拙書數紙，其中大佛字為新考案之格式，甚為美觀。以後暇時，擬書若干紙，俟時局平靖，再以郵奉也。謹陳，不備。

音啟　新八月一日

（一九三九年舊四月十四日，永春普濟寺，時年六十歲）

質平居士文席：

變亂以來，時為懸念。去年曾致信片於海寧，由郵局退還。近奉惠書，至用忻慰！朽人近二年來，諸事順遂，未經災難。一月餘前，移居永春山中。以後惠函，乞寄福建永春縣蓮壺鄉弘一收，即可達到。是間僅有郵局代辦所，寄物未便。朽人近無所需，希勿遠念。近兩年來，寫字極多，將來暇時，擬寫若干紙，寄與仁者廣結法緣（今年世壽六十）；但郵局寄遞非易，或須俟時局稍定乃能寄上耳。不宣。

音啟　農曆四月十四日

（一九三九年舊四月二十一日，永春普濟寺）

質平居士澄覽：

惠書誦悉，歡慰無量。承施資，至用感謝。拙書一幅又廢稿四紙，並附奉上。謹復，不宣。

音啟　農曆四月二十一日

（一九三九年秋，永春普濟寺）

質平居士：

尊函今日始收到。因鄉間傳遞頗遲滯，或延至一星期乃至十日也。余前患傷寒及痢，甚重。今已痊癒；惟身體甚弱，尚須調養，乃能復原耳。余以殘盡之年，又多疾病，甚願為諸同學多寫字迹，留為記念。

茲改定辦法如下。是否合宜，乞酌之。因余書寫長聯，字數尚少。書寫之時，若有人在旁幫助，尚不十分吃力。若小立軸，則字數較多，頗費時間矣。惟應寫魏碑體，或帖體（《護生畫集》字體），可以於紙上一一標明（隨各人意）。又欲寫上款，亦須標明。又小立軸之佛號，有三式。亦由屬書者指定一式。

（一九三九年舊九月二十九日，永春普濟寺）

質平居士文席：

惠書，於二十二日收到。承施資，擬俟明年正月初旬在本寺供麵結緣，與在朽人誕辰無以異也。奉上拙書七葉，其先後次序，以紙首之二字標寫如左：

釋門、敬奉、所以、於是、文中、睡癡、不禮。依此即可知其先後也。謹復，並謝。不宣。

農曆九月二十九日　善夢啟　六旬初度後九日

（一九四〇年舊九月三十日，永春普濟寺，時年六十一歲）

質平居士文席：

前致書並聯字，想悉收到。朽人世壽周甲已過。擬自下月中旬始，至明年除夕止，謝絕俗務，專心修持，須俟農曆壬午元旦，乃可與仁等通信也。謹達，不宣。

音啟　九月三十日

農曆辛巳十一月，乞仁者寫通信地址，寄與夏居士，或李圓晉居士，轉交與朽人。李居士寓上海靜安寺路底蝶來新邨二十五號。

（一九四一年正月十九日，南安靈應寺，時年六十二歲）

質平居士智覽：

惠書誦悉，至用忻慰。承施資，領受，敬謝。茲奉達數事如下：

寄上寫件一包，乞收入。以後再絡續郵奉。

包裹用之牛皮紙及細麻繩，皆缺乏。此次寄上者，乞仍寄還。尊處如存有舊牛皮紙及繩，亦乞一併寄下，以備需用。乞檢無用之書籍寄下，即以此牛皮紙多層包裹，再以許多之麻繩縛之，即可妥寄。

朽人之寫件，四邊所留剩之空白紙，於裝裱時，乞囑裱工，萬萬不可裁去。因此四邊空白，皆有意義，甚為美觀。若隨意裁去，則大違朽人之用心計畫矣。

對聯之句，皆重複，但不可亂配。因筆畫字體各有不同。茲由朽人於每聯，用紙貼合之，各對別貼，乞細心輕輕檢查。

《清涼歌集》已絕版。將來時局平靖，乞仁者託上海慕爾嗚路一百十一弄六號大法輪書局陳海量居士經理，重印流通。以攝影製版為宜。其印資，請彼向菲律濱性願法師商酌，絕無困難。

《華嚴集聯》亦可重印，託陳海量居士最妥。字宜縮小，上下之空白紙宜多，乃美觀也。

《華嚴集聯》書冊之形式，宜改為長形，與《四分律戒相表記》相同，上下多留空白，至要。

補記。餘俟後陳，不宣。

正月十九日　音啟

（一九四一年舊七月十三日，晉江福林寺）

質平居士澄覽：

前函及聯對，想已收到。茲寄上拙書一包（郵局能寄否未能定，或須遲寄亦未可知），乞勿急於贈送，暫為存貯可也。朽人近兩年來，身體雖健，精神日衰。不久當往生極樂國。以後能再續寄拙書否，未可定也。又小字文稿二紙（又鈔序二紙），併奉上，以為紀念。謹陳，不備。

農曆七月十三日　音啟

（一九四一年九月八日，晉江福林寺）

質平居士澄覽：

惠書誦悉。承施資，至用感謝。閩南自去秋以來，物價昂貴。近封鎖海口，滬港貨物不能運入，故價益昂。米價已漲至每石百二十元（去年僅五元餘），小而薄之毛巾，現價一元（昔僅值洋數分）。宣紙價，前曾聞友人云：每張四元，故現在未能在此購買宣紙。仁者所寄五元，乞以施與朽人雜用。俟時局平靖，由朽人自備宣紙，書聯寄奉可也。茲附郵奉八言長聯（去年元旦寫，今秋題款），乞收入（此聯紙重，茲先寄上一紙，其下聯俟下次寄）。尚存（舊寫）五言聯一對，亦宣紙者，俟後隨信寄上。前寄上大佛字之紙，為閩特產。若裝裱後，甚為美觀。謹復，不具。

九月八日　音啟

（一九四一年，泉州）

質平、希一居士同鑒：

友人林葆宜居士，欲請人函授圖畫、音樂二科。乞為斟酌妥當辦法，介紹一切為感。林居士篤信佛法，品行端正，為當代希有之青年。乞善為護念，至禱。謹陳，不宣。質平所寄墨已收到矣。

演音啟

（一九四二年舊九月，泉州溫陵養老院，時年六十三歲）

質平居士文席：

朽人已於（九）月（初四）日謝世。曾賦二偈，附錄於後：

君子之交，其淡如水。執象而來，咫尺千里。

問余何適，廓爾亡言。華枝春滿，天心月圓。

前所記月日，係依農曆也。謹達，不宣。

音啟

致夏丏尊

（一九一八年六月十八日，杭州虎跑寺，時年三十九歲）

賜箋，敬悉。居士戒除葷酒，至善至善。父病日劇，宜為說念佛往生之法。臨終一念，最為緊要（臨終時，多生多劫，小來善惡之業，一齊現前，可畏也）。但能正念分明，念佛不輟，即往生可必（釋迦牟尼佛所說，十方諸佛所普贊，豈有虛語）。自力不足，居士能助念之，尤善。勸親生西方，脫離生死輪迴，世間大孝，寧有逾於是者（臨終時，萬不可使家人環繞，妨其正念。氣絕一小時，乃許家人入室舉哀，至要至要）。《淨土經論集說》，昭慶經房皆備，可以請閱。聞范居士將來杭，在佚生校內講《起信論》。父病少間，居士可以往聽。《紫柏老人集》（如未送還）希託佚生轉奉范居士。不慧入山[62]後，氣體殊適，可毋念。

丏尊大士座下

演音稽首　六月十八日

（一九一八年中秋前二日，杭州虎跑寺）

丏尊居士：

頃有暇，寫小聯額貽仁者。前屬樓子啟鴻刻印，希為詢問。如已就，望即送來。衲暫不他適。暇時幸過談，不具。

釋演音　中秋前二日

（一九一八年舊九月，杭州虎跑寺）

示悉。師傅有他事不克依尊命，已由演音代請本寺宏祥師及永志師二位，於初十晨八時前至尊府，念普佛一日，至晚八時止（不放燄口）。二師道行崇高，為演音所深知，故敢紹諸仁者。是日二師來時，不帶香燈，師由尊處命茶房一人，布置伺候一切。布置大略圖說附奉。務請於事前布置完善，俾免臨時匆促。牌位二位附呈。佛位已寫好。靈位

生於……
顯考……………………靈位
歿於……………男……奉祀

請仁者自填，並須做位架二具，張列牌位。靈位供靈前，又靈前亦須上茶上供及香燭。二師貺儀由演音酌定，共送拾圓。因宏祥師極不易請到，永志師亦非常僧，故宜從豐以結善緣也。今日料理一切極忙，草草奉復，明晨第二次車準赴嘉興。

丏尊居士　　演音

62 即入杭州大慈山虎跑寺，當時李叔同雖未落髮，但已皈依佛，故用法名演音。

宏祥師送經卷及演音送經卷附奉。請於初十日供靈前，是晚隨牌位焚化。

（一九一八年十月，嘉興精嚴寺）

銀銖、古研敬受。「判教」[63]宜先看「五教」[64]，再閱四教[65]，「選佛譜」[66]宜每日擲數次。名位繁瑣，非如是不易記憶也。率復

丏尊居士

小額附奉。　　演音

（一九一九年三月十一日，杭州玉泉寺，時年四十歲）

前日葉子來談，藉悉起居勝常為慰。南京版《四書小參》、《中庸直指》，仁者如已請來，希假一誦（否則乞詢佚生或有之，俟他日有人來帶下，不急需也）。《歸元鏡》（昭慶版）頗有可觀（鼎以其為戲曲，甚輕視之。今偶檢閱，詞旨警切，感人甚深）。願仁者請閱，並傳示同人。近作一偈，附寫奉覽。不具。

丏尊居士

釋演音　三月十一日

（一九二〇年舊六月廿五日，新城，時年四十一歲）

丏尊居士文席：

曩承遠送，深感厚誼。來新[67]居樓居士家數日，將於二日後入山[68]。七月十三日掩關，以是日為音剃染二周年也。吳建東居士前屬撰揚溪尾惠濟橋記，音以掩關期近，未暇構思，願賢首[69]代我為之。某氏所撰草稿附奉，以備參考。撰就希交吳居士收。相見無日，幸各努力，勿放逸。不一。

演音　六月廿五日

（一九二一年八月廿七日，溫州慶福寺，進年四十二歲）

江干之別，有如昨日。吳子書來，知仁歸臥湖上，脫屣塵勞，甚善甚善。余以是歲春殘，始來永寧，掩室謝客，一心念佛，將以二載，圓成其願。仁者邇來精進何似？衰老寖至，幸宜早自努力。義海淵微，未易窮討，念佛一法，最契時機。印老文鈔，宜熟覽玩味，自知其下手

---

63 判教亦稱「教判」，即教相判釋。謂將釋迦一代所說教法，就說法次第與義理淺深，加以判別之意。

64 五教即指賢首宗的判教。即小、始、終、頓、圓五教。

65 謂天台宗的判教，即化儀四教與化法四教。

66 亦稱「選佛圖」，是從前僧侶間的一種遊戲。

67 即新城，舊稱新登，屬浙江省。

68 即入新城之貝山。

69 猶言賢者、尊者。佛典常作為第二人稱，即「您」之意。

處也（可先閱其書札一類）。仁或來甌，希於半月前先以書達，當可晉接。秋涼，惟珍重不具。

丏尊居士

演音　八月廿七夕

寓溫州南門外城下寮（便中代求松煙墨二錠寄下）。

（一九二九年陽曆五月六日，溫州慶福寺，時年五十歲）

惠書誦悉。承詢所需。至用感謝。此次由閩至溫，旅費甚省。故尚有餘資。宿疾本因路途辛勞所致，今已癒十之九。銅模字即可書寫。擬先寫千餘字寄上。俟動工鐫刻後，再繼續書寫其餘者。今細檢商務鉛字樣本，至為繁雜。有應用之字而不列入者。有《康熙字典》所未載之僻字及俗體字，而反列入者。若依此書寫，殊不適用。今擬改依《中華新字典》所載者書寫，而略增加。總以適用於排印佛書及古書等為主。倘有欠缺，他時尚可隨時補寫也。墓誌造像不列目錄，甚善。《佛教大辭典》，是否仍存在尊處？因嘉興前來書謂未曾收到。如未送去，仍以存尊處為宜。陽曆四月十九日寄掛號信與上海美專劉質平居士。至今半月餘，無有復音。乞為探詢，質平是否仍在美專，或在他處？便中示知為感！

演音　陽曆五月六日

（一九二九年舊三月晦日，溫州慶福寺）

丏尊居士：

到溫後，即奉上明信，想已收到。銅模字已試寫二頁，奉上。乞與開明主人[70]酌核。余近來精神衰頽，目力昏花。若寫此體或稍有把握，前後可以大致一律。若改寫他體，恐難一律。故先以此樣子奉呈。倘可用者，余即續寫。否則擬即作罷（他體不能書寫）。所存之格紙，擬寫「小經」[71]一卷，以奉開明主人，為紀念可耳。此次旅途甚受辛苦。至今喉痛及稍發熱，咳嗽、頭昏等症，相繼而作。近來余深感娑婆之苦，欲早命終往生西方耳。謹陳，並候回玉。

舊三月晦日　演音

（一九二九年舊四月一日，溫州慶福寺）

昨復一片，想已收到。此次寫銅模字，悉據商務《新字典》（前片云《中華新字典》者非也）所載之字。去其鈣、腺、呎等新造之字，而將拾遺門之字擇要增入。並再參考《康熙字典》，增加其適用之字（如丏字等）。先依此寫成一部。以後倘有缺少者，可以隨時增入也。擬先寫卅紙奉上，計一千〇五十字。俟動工鐫刻後，乞即示知，再當續寫。前寄樣紙兩張，作廢，今擬重新書寫也。大約十天後，即可寫就奉上。書寫模字最應注意者，為全部之字，須筆

70　即開明書店的發行人章錫琛，字雪村。

71　為《阿彌陀經》之俗稱。

畫粗細及結構相同。必能如是，將來拆開排列之時，其字乃能勻稱。又寫時，於紙下襯一格紙。每字中畫一直線。依此直線書寫，則氣乃連貫。將來拆開排列時，氣亦連貫矣。今夏，或遲至秋中，余決定來白馬湖正式嚴格閉關。詳情後達。先此略白。山房存米甚多。乞令他人先取食之。俟余至山房，再買新米。

演音

（一九二九年舊四月十二日，溫州慶福寺）

丏尊居士：

前奉上二片，想已收到。銅模已試寫三十頁。費盡心力，務求其大小勻稱。但其結果，仍未能滿意。現由余細詳思維，此事祇可中止。其原因如下：

一、此事向無有創辦者，想必有困難之處。今余試之，果然困難。因字之大小與筆畫之粗細及結體之或長或方或扁，皆難一律。今余書寫之字，依整張之紙看之，似甚齊整。但若拆開，以異部之字數紙（如口卩亻匚儿等），拼集作為一行觀之，則弱點畢露，甚為難看。余曾屢次試驗，極為掃興，故擬中止。

二、去年應允此事之時，未經詳細考慮。今既書寫，乃知其中有種種之字，為出家人書寫甚不合宜者。如刀部中殘酷凶惡之字甚多，又女部中更不堪言，尸部中更有極穢之字。余殊不願執筆書寫。此為第二之原因（此原因甚為重要）。

三、余近來眼有病。載眼鏡久，則眼痛，將來或患增劇，即不得不停止寫字。則此事亦終不能完畢。與其將來功虧一簣，不如現在即停止，此為第三之原因。

余素重然諾，絕不願食言。今此事實有不得已之種種苦衷。務乞仁者在開明主人之前，代為求其寬恕諒解，至為感禱。所餘之紙，擬書寫短篇之佛經三種（如《心經》之類是），以塞其責，聊贖余罪。

前寄來之碑帖等，余已贈與泉州某師。又《新字典》及鉛字樣本並未書寫之紅方格紙，亦乞悉贈與余。至為感謝。

余近來精神衰頹，遠不如去秋晤談時之形狀。質平前屬撰之《歌集》，亦屢構思，竟不能成一章。止可食言而中止耳。余年老矣，屢為食言之事。日夜自思，殊為抱愧，然亦無可如何耳。務乞多多原諒。至感至感。已寫之三十張奉上，乞收入。

舊四月十二日　演音上

（一九二九年舊八月廿九日，上虞白馬湖）

丏尊居士：

惠書誦悉。至白馬湖後，諸事安適。至用忻慰。廁所及廚灶已動工構造。廚房用具等，擬於明後日請惟淨法師偕工人至百官[72]購買。彼有多年理事之經驗，諸事內行，必能措置妥善也。山房可以自炊，不用侍者。今日擬向章君處領洋十五元，購廚房用具及食用油鹽米豆等

72 指曹娥江畔小鎮。

物。其將來按月領款辦法，俟與仁者晤面時詳酌。立會經理此款資，甚善。擬印請發起人為董事。其名目乞仁者等酌定，以後每月領取之食用費，作為此會布施之義而領受之。（每月數目不能一定。因有時住二人，或有時僅一人，或三人。此事俟晤面時詳酌。）以後自炊之時，尊園菜蔬，由尊處斟酌隨時布施（此事乞於便中寫家書時提及，由便人送來，不須每日送）。一切菜蔬皆可食，無須選擇也。草草復此，餘俟面談。聯輝居士竭誠招待一切，至可感謝。不宣。

舊八月廿九日　演音上

外五紙乞交子愷居士。

（一九二九年十月三日，上虞白馬湖）

丙尊、子愷居士同覽：

前日寄奉一函，想已收到。至白馬湖後，承夏宅及諸居士輔助一切，甚為感謝。前者仁等來函，曾云山房若住三人，其經費亦可足用云云。朽人因思，現在即迎請弘祥師[73]來此同住。以後朽人每年在外恆勾留數月，則山房之中居住者有時三人，有時二人，其經費當可十分足用也。仁等於舊曆九月月望以後（即陽曆十月十七八日以後），來白馬湖時，擬請由上海繞道杭州，代朽人迎請弘祥師，偕同由紹興來白馬湖。弘祥師之行李，乞仁等代為照料。至用感謝。

迎請弘祥師時，其應注意者，如下數則：

一、仁等往杭州時，宜乘上午火車至閘口，即至閘口虎跑寺，訪弘祥師。仁等即可居住虎跑寺一宿。次晨，偕同過江，往紹興。所以欲仁等正午到杭州者，因可令弘祥師於下午收拾行李，俾次晨即可動身。

二、仁等晤弘祥師時，乞云：「今代表弘一師迎請弘祥師往他處閉關用功。其地甚為幽靜，諸事無慮，護法之人甚多；但不是寺院，亦不能供養多人。僅能請弘祥師一人，往彼處居住。倘有他位法師欲偕往者，一概謝絕。即請弘祥師收拾行李，所有物件，皆可帶去。明晨，即一同動身云云。」

三、弘祥師倘問，其地在何處？仁等可答云：「現在無須問，明日到時便知。」其餘凡有所問，皆不必明答。朽人之意，不欲向他僧眾傳揚此事。因恐他僧眾倘有來白馬湖訪問者，招待對付之事甚為困難，故不欲發表住處之地址也。

四、並乞仁等告知弘祥師云：「此次動身他往，不必告知弘傘師。」恐弘傘師挽留，反多周折也。

五、朽人自昔以來，凡信佛法、出家、拜師傅等，皆弘祥師為之指導一切。受恩甚深，無以為報。今由仁等發起建此山房。故欲迎養，聊報恩德於萬一也。弘祥師所有錢財無多。其由閘口至白馬湖種種費用，皆乞仁等惠施，感同身受。

六、朽人有謝客啟，附奉上一紙，託弘祥師代送虎跑庫房，令眾傳觀。

以上所陳諸瑣碎事，皆乞鑒察。種種費神，感謝無盡。再者，朽人於今春，已與蘇居

73 弘一法師的師兄，原住杭州虎跑寺。

士[74]約定，於秋晚冬初之時，往福建一行。故擬於陰曆九月底，即往上海，或小住數日，或即乘船而行。並乞仁等便中代為詢問，太古公司往廈門及往福州之輪船，其開行之時間，是否有一定之規例（如寧波船決定五時開，長江船決定半夜開之例。此所詢問者，為時間，非是日期，因日期可閱報紙也）。瑣陳，草草不宣。

十月三日　演音上

（一九二九年重陽，上虞白馬湖）

丏尊居士：

惠書，忻悉一一。攝影甚美，可喜。山房建築，於美觀上甚能注意，聞多出於石禪之計畫也。石禪新居，由山房望之，不啻一幅畫圖（後方之松樹配置甚好）。彼云：曾費心力，慘淡經營。良由以也。現在余雖不能久住山房，但因寺院充公之說，時有所聞。未雨綢繆，早建此新居，貯蓄道糧，他年寺制或有重大之變化，亦可毫無憂慮，仍能安居度日。故余對於山房建築落成，深為慶慰。甚感仁者護法之厚意也（秋後往閩閉關之事，是為宿願，未能中止。他年仍可來居山房，終以此處為久居之地也）。以上之意，如仁者與發起諸居士及施資諸居士晤面之時，乞為代達。因恐他人以新居初成，即往他方或致疑訝者。故乞仁者善為之解釋，俾令大眾同生歡喜之心也。數日以來，承尊宅饋贈食品，助理雜務，一切順適，至用感謝！順達，不具。

重陽朝　演音答

（一九二九年舊十月四日，廈門太平巖）

別後，安抵廈門，寓太平巖，暫不往泉州。以後通訊，乞寄廈門南普陀閩南佛學院轉交弘一收。小冊之《護生畫集》，再向李居士請施八十餘冊（再多更善）。寄至佛學院，交余手收。因將以是分贈院中諸學僧及教職員等也。質平處之住址，已記不清楚。乞仁者費神，將余通訊之處告彼。並乞彼將其通訊之處告知余也。夏居士、章居士、陶居士等，乞便中代為致候。並謝余在滬時，承招待之厚情。

演音上　舊十月四日

（一九二九年舊十月，廈門太平巖）

丏尊居士：

來廈門後，居太平巖。擬暫不往泉州，因開元寺有軍隊多人駐紮也。序文[75]寫就附以奉覽。此書出版之後，余不欲受領版稅（即分取售得之資）。因身為沙門，若受此財，於心不安。倘書店願有以酬報者，乞於每版印刷時，贈余印本若干冊，當為之分贈結緣，是固余所歡喜仰望者也。將來字模製就，印佛書時，亦乞依此法，每次贈余原書若干冊，此意便中乞與章居士談之，並乞代為致候。字模之字，決定用時路之體（不固執己見）。其形大致如下（將來

74 蘇慧純（?～一九七八）福建人。曾經商南洋，後親近佛教。在上海開辦大法輪書局，出版《覺有情》雜誌。

75 序文，指〈臨古法書序文〉。

再加練習，可較此為佳）。

字與字之間，皆有適宜之空白。將來排版之時，可以不必另加鉛條隔之。惟雙行小註，仍宜加鉛條間隔耳（或以四小字佔一大字之地位，圈點免去。此事俟將來再詳酌。）是間氣候甚暖。日間僅著布小衫一件，早晚則著兩三件。老病之體，甚為安適。附一紙及匯票，乞交子愷。

演音上

（一九二九年舊十一月，廈門太平巖）

昨日南普陀送來尊函，及格紙一包，白紙一包，悉已收到。所云字典等一包，想不久亦可寄到。《有部毗柰耶》，請李居士轉交四川徐耀遠居士。承夏居士轉到孫居士一函一片，悉已收到（此事於前函中似已提及）。護生信箋，乞即選定並示知其格式，即為書寫。以前屬寫各件，除銅模字須明年乃可奉上，其餘各件，不久即可寫好郵呈。所有書物等，均乞暫存尊處，俟明年再斟酌辦法。

演音

（一九三〇年正月初七日，南安雪峰寺，時年五十一歲）

爾來患神經衰弱甚劇。今年擬即在此靜養，不再他往。晚晴山房若無人居住，恐致朽壞，如惟淨師能來住，甚善。否則，或請弘祥師，或他人，入內住之。此事乞仁者斟酌，為禱。信箋附掛號寄上，乞收入。銅模之字，俟病癒後再執筆。歲晚移居泉州山中。以後惠函，乞寄福建泉州洪瀨[76]雪峰寺弘一收。

正月初七日　演音

子愷居士乞致候

（一九三〇年正月晦日，泉州承天寺）

惠書，昨晚誦悉。是間近來大兵雲集，各大寺院皆住滿。以前所云在此靜修之事，恐難成就。且俟下月再酌定可也。弘祥師之事，今由余詳思，似須余親往商量，決定可否，乃為穩妥。倘余於春暖之時返浙者，即擬親往杭州一行也。旅費已不足，擬請仁等為集資十五元，匯下存貯。倘於春暖返浙，即以此費充之。萬一仍居閩地者，當存貯此費，以備他日旅行用也。惠復乞寄福建泉州城內承天寺轉交弘一收。匯款之時，亦依此地址書寫。以後乞勿再寄洪瀨。因彼處不穩妥，或致遺失也。不具。

子愷居士乞代致候。

正月晦日　演音

（一九三〇年舊二月十一日，泉州承天寺）

前郵信片，想已收到。拙書集出版之時，乞檢三十冊寄福建泉州承天寺性願法師收。再檢

76　洪瀨，為福建泉州有名的市鎮，屬南安縣轄。

三十冊寄溫州大南門外慶福寺因弘法師收。並乞掛號，至為感謝。模字，擬於二三日後，即動手書寫。先寫七百字寄上。俟命工鐫刻時，再繼續書寫他字。附聞。

演音　二月十一日

（一九三〇舊二月望日，泉州承天寺）

惠書並施金，悉收到，感謝無盡。擬於舊三月初旬動身，先至溫州（由福州往，不過上海）。俟下半年，再至白馬湖。因質平屬撰歌詞，須在溫州撰著。彼寺中經書齊備，可資檢閱也。以後惠書，乞寄溫州慶福寺弘一收。謹復。

演音　舊二月望日

（一九三〇年舊四月廿八日，溫州慶福寺）

丏尊居士：

頃誦尊函，並金三十圓，感謝無盡。余近來衰病之由，未曾詳告仁者。今略記之如下：去秋往廈門後，身體甚健。今年正月（舊曆，以下同），在承天寺居住之時，寺中駐兵五百餘人。距余居室數丈之處，練習放槍並學吹喇叭，及其他體操唱歌等。有種種之聲音，驚恐擾亂，晝夜不寧。而余則竭力忍耐。至三月中旬，乃動身歸來。輪舟之中，又與兵士三百餘人同乘（由彼等封船）。種種逼迫（輪船甚小），種種污穢，殆非言語可以形容。共同乘二晝夜，乃至福州。余雖強自支持，但腦神經已受重傷。故至溫州，身心已疲勞萬分。遂即致疾，至今猶未十分痊癒。

慶福寺中，在余歸來之前數日，亦駐有兵士，至今未退。樓窗前二丈之外，亦駐有多數之兵。雖亦有放槍諠譁等事，但較在福建時則勝多多矣。所謂「秋荼之甘，或云如薺」也。余自念此種逆惱之境，為生平所未經歷者。定是宿世惡業所感，有此苦報。故余雖身心備受諸苦，而道念頗有增進。佛說八苦為八師，洵精確之定論也。余自經種種摧折，於世間諸事絕少興味。不久即正式閉關，不再與世人往來矣（以上之事，乞與子愷一談。他人之處，無須提及，為要）。以後通信，唯有仁者及子愷、質平等。其他如廈門、杭州等處，皆致函訣別，盡此形壽不再晤面及通信等。以後他人如向仁者或子愷詢問余之蹤跡者，乞以「雖存如歿」四字答之，並告以萬勿訪問及通信等。

質平處，余亦為彼寫經等，以塞其責，並致書謝罪。

現在諸事皆已結束，惟有徐蔚如編校《華嚴疏鈔》，屬余參訂，須隨時通信。返山房之事，尚須斟酌。俟後奉達（臨動身時當通知）。山房之中，乞勿添製紗窗。因余向來不喜此物，山房地較高，蚊不多也。

余現在無大病。惟身心衰弱。又手顫、眼花、神昏、臂痛不易舉，凡此皆衰老之相耳。甚願早生西方。謹復，不具一一。

舊四月廿八日　演音

馬居士石圖章一包，前存子愷處。乞託彼便中交去。並向馬居士致訣別之意。今後不再通信及晤面矣。

（一九三〇年新曆五月廿九日，溫州慶福寺）

丏尊居士：

前寄寫經，續寄一函，想悉收到。余擬於新曆六月五日（星期四）到寧波。（三日自溫動身）在北門白衣寺暫住二三日。乞仁者於六日（星期五）或七日（星期六）自上海搭輪船來為盼。仁者到寧波時，乞坐人力車，至北門白衣寺（車力約二角餘）。到白衣寺，乞問慧性師。倘云不知，乞問念佛堂內出塵老和尚，由彼二人可以引導與余晤談也。有應商酌之事，統俟面談。乞仁者先去信，託尊府人到山房灑掃。又如有寄與弘一之信，乞代收，云云。《臨古法書》出版後，乞更改寄處如下（前紙作廢）：福建泉州承天寺性願法師二十冊，廈門南普陀大醒法師二十冊，溫州大南門慶福寺因弘法師二十冊，天津河東山西會館南李晉章居士二十冊，白馬湖弘一十冊。共百冊。種種費神，至為感謝。附一紙，乞交豐居士。

新曆五月廿九日　演音

（一九三〇年六月十日，上虞白馬湖）

書悉。自慚涼德，本無可傳。擬自記舊事數則，或足以資他人改過遷善之一助爾。稍遲當寫奉，不宣。

六月十日　演音

（一九三〇年舊六月初，上虞法界寺）

丏尊居士：

移居之事，諸承護念，感謝無盡。居此已數日，至為安適。氣候與普陀相似。蚊蠅等甚稀，用功最為相宜。居此山中，與閉關無以異也。以後出家在家諸師友，有詢問余之蹤跡者，乞告以雲遊他方，謝客用功，未能通訊及晤談，云云。附一紙，便中乞交豐居士。不具。

演音

本市有工人一名，每日至余處送飯、送開水及其他雜事，甚為精勤。每月似應以資酬謝，與贈送寺中伙食費同時交去。每月應付寺中之伙食費及工人費，擬請由山房存款利息內支付。因余居彼居此，無以異也。

前存泉州行李三件，擬託彼覓便人帶至上海，送存江南銀行。乞仁者為寫一憑信，寄至余處，轉為寄去。信函寫：外，行李三件，送交寧波路（乞寫極詳細之地址）江南銀行某人收，云云。信內，乞寫託其收下覓便帶至白馬湖夏寓。寧波路之地址，能繪一圖尤善。因外鄉之人不易尋覓也。附白。

（一九三〇年閏六月十日，上虞法界寺）

丏尊居士：

南京經書已寄到，乞勿念。居法界月餘，甚安，與閉關無以異也。以後倘有出家在家之人，向仁者詢問余之近狀者，乞告以隱遁用功，不再晤面及通信（現住之處勿告彼），云云。

他日仁者返白馬湖時，乞惠臨一談，為禱。

音上　閏月十日

（一九三〇年舊七月八日，上虞白馬湖）

丏尊居士：

惠書，前已誦悉。又由尊宅送到書籍及惠施諸物，至用感謝。宿疾已漸癒。質平前日來此，二宿而去。佩弦居士[77]及尊眷，屬書之幅，已寫就。俟後面呈。《臨古字迹》承為代寄，甚感。謹復，不具。

舊七月八日　演音

廈門南普陀諸師，及溫州之印西師，與其他出家人等，倘有向尊處詢問余之縱跡者，乞答以遁居他方，未能見客及通信。現住之地及寺名，乞勿告知。

（一九三〇年十二月二日，慈谿金仙寺）

丏尊居士：

今晨奉惠書，具悉一一。重陽前後，朽人曾寄信片至開明（通告九月未能返白馬湖），想已遺失。致勞遠念，深為歉然。

日報所載，有傳聞失實處。此書板，舊藏福州鼓山，久無人知。朽人前年無意中見之。乃勸蘇居士印廿五部（以十二部贈與日邦）。案吾國江浙舊經板，經洪楊之亂，皆成灰燼。最古者，惟有北京龍藏板。大約雍正時刻。今此《華嚴經疏論纂要》，為康熙時板，或為吾國現存之最古之經板，亦未可知也（此意便中乞告內山居士）。此外，彼處尚有古板數種，甚盼將來有人印刷流布。

附一紙，乞呈西田大士。並希致候。不宣。

音復　十二月二日

承詢所需，深為感謝。現無需用，俟後奉達。返白馬湖期，俟講經圓滿再訂。現在每日聽靜權法師講《地藏菩薩本願經》。白衣寺孤兒院事，甚為棘手，擬暫緩往。

子愷居士處久未通訊，甚為思念。乞代致候。三年前，往內山居士處時，見其屋隅（即陳列佛書之處）有黃皮厚冊之《華嚴……》（忘其名，為《華嚴概論》之類），現朽人甚思得此書。他日如仁者見內山居士時，乞為一詢。如無，亦無妨也。此書倘承惠寄，乞交二馬路全盛信局，即可寄至慈北鳴鶴場。或交郵局，亦可。附白。

（一九三〇年十二月十四日，慈谿金仙寺）

丏尊居士慧鑒：

前日奉手書，忻悉一一。承寄之書籍，昨日已收到。茲寄上拙書二紙，一贈天香大士，一贈內山居士（附別掛號奉上）。附呈致小樓居士一紙，乞轉交。

77　佩弦居士，即民初著名文學家朱自清（一八九八～一九四八）之字。此時於浙江上虞白馬湖的春暉中學任教，因此結識弘一法師。

又致內山居士三紙[78]，乞轉交。並乞為說明其意，因彼不甚解漢文也。

又請經目錄一紙。乞於晚晴護法會支洋三十元。託人持此目錄，往北火車站東首寶山路口佛學書局購請，並託佛學書局代寄，即將郵資及掛號資付清。所餘之零資，乞購郵票，於他日便中寄下。種種費神，感謝無盡。

又致豐居士一紙，亦乞於便中轉交。

及附奉拙書六紙，乞隨意轉贈他人結緣（此六紙別掛號寄上）。

十二月十四日　演音疏

（一九三〇年十二月廿六日，慈谿金仙寺）

承託佛學書局所寄之書，已收到。感謝無盡。講經即將圓滿。拙人因天氣太寒，骨節凝痛，困苦殊甚。不得已，擬於五六天後，即往溫州，在彼過年。春暖之後，再當返法界寺。知承遠念，謹聞。不宣。

十二月廿六日　音上

以後通訊，乞寄溫州大南門慶福寺。

（一九三〇年立春後一日，溫州慶福寺）

丏尊居士慧覽：

前上書，想已收到。舊曆明年正月元宵後，即擬覓便返法界寺。極遲或延至正月底，必可到法界也。其時當先到尊寓午餐，然後乘船而往。再者，前至寧波時，偶一不慎，將衣袋中之鈔票一包，完全遺落。幸得友人資助，得以動身至溫州。將來由溫返白馬湖時，所需路費及買物等費，仍乞護法會[79]有以施助，至為感荷。以前在閩南過冬兩年，無有所苦。今歲驟值奇寒，老體已不能支持。明冬如仍在世，祇可再往閩南過冬矣。謹達，不具。

音上　立春後一日

（一九三一年正月初九日，溫州慶福寺，時年五十二歲）

昨誦惠書，承施資，至感。已甚足用。山房潮氣全除，至用欣慰。唯此次余返驛亭時，僅攜帶薄棉被一件。其他蚊帳被褥等，皆存在法界寺中，以是之故，未能在山房止宿。且俟秋涼時，再當來山房也。動身之時未定，早者二十左右，至遲者在月底。謹復，不具。

音上　正月初九日

（一九三一年中秋節，慈谿金仙寺）

丏尊居士慧覽：

紹興諸居士等，盼望朽人往彼一遊甚切。擬二三日即動身往紹。將來或順便至杭滬，亦未可定也，俟返法界寺時，再致函奉達。前得黃寄慈居士函，謂彼校頗欲以拙書臨古印本為習字

---

78 弘一法師常以書法贈內山完造，以此轉贈日人。

79 此指「晚晴山房護法會」，由弘一法師的友人夏丏尊所籌，為支持弘一法師所需費用而組織的一個集資團體。

用，惜其定價太昂云云。可否乞仁者轉商諸章居士，另印江南連史紙，粗率裝訂者發行。則定價可在六七角也。不宣。

演音　中秋節

（一九三二年六月下旬，上虞白馬湖，時年五十三歲）

返山房後，諸承照料，感謝無盡。子淵及尊府送來燒餅甚多，乞仁者勿再買餅乾，亦勿買罐頭。閉門用功之廣告，擬即日貼於門外（不俟七月六日）。但此是對外方人，若仁等則非此限也。白衣寺安心頭陀，今日來山房，聲淚俱下，約余往甬。泥水工人，昨日已做工一日，因天氣陰雨無定，囑彼暫止。以後如有出家人在家人等，向尊處或子愷處，詢問余之消息。乞告以不晤客、不通信等。

音上

《佛教大辭典》太笨重，現在亦不披閱，乞仍存滬上。倘他日子愷往嘉興時，乞彼於便中，帶交「第二中學蔡丏因收」。但不必急急也。又白。

（一九三二年八月十九日，上虞法界寺）

丏尊居士：

昔承過談，至為感慰。朽人於八月十一日患傷寒，發熱甚劇，殆不省人事。入夜，兼痢疾。延至十四日乃稍癒。至昨日（十八日）已獲全癒，飲食如常，惟力疲耳。此次患病頗重。

倘療養不能如法，可以纏綿數月。幸朽人稍知醫理，自己覓舊存之藥服之。並斷食一日，減食數日，遂能早痊（此病照例須半月或兩旬）。實出意料之外耳。未曾延醫市藥，故費用無多，僅半元餘耳（買綠豆、冬瓜、蘿蔔等）。前存之痧藥等，大半用罄，惟餘藥水半瓶。乞仁者便中託人代購下記之藥以惠施，他日覓便帶下。因山居若遇急病，難覓醫藥（即非急病，亦甚困難）。故不得不稍有儲蓄耳。（藥名另寫一紙）如此之重病，朽人已多年未患，今以五十之年而患此病，又深感病中起立做事之困難（無有看病之人），故於此娑婆世界，已不再生貪戀之想。惟冀早生西方耳。陽曆九月十日以後，仁者或可返里。其時天氣已漸涼爽（已過白露節）。乞惠臨法界寺，與住持預商臨終助念及身後之事，至為感企。此次病劇之時，深悔未曾預備遺囑（助念等事）。故猶未能一意求生西方，惟希病癒，良用自慚耳。今病已癒，乞仁者萬勿掛念。豐居士並此致候。不具。

八月十九晨　演音

（一九三二年冬，廈門妙釋寺）

久未通訊，甚念。廈門天氣甚暖。石榴花、桂花、晚香玉、白蘭花、玫瑰花等，皆仍開放。又有熱帶之奇花異草甚多。幾不知世間尚有嚴冬風雪之苦矣。近由李圓淨居士，交至尊處之天津寄款二十圓，乞便中託人送至愚園路膠州路七號佛學書局交沉彬翰居士，收入第七六六號弘一存款戶頭中，以備將來請經之用。至為感謝。擬於舊曆正月二十一日，即蕅益大師涅槃之日，在此講《四分律戒本》及《表記》。

演音疏

（一九三三年舊六月初，泉州開元寺，時年五十四歲）

因事留滯泉州，秋晚乃可入山也（今年未能北上）。前承尊戚施眼鏡，甚為適用。但攜帶未能輕便。仁者前用之眼鏡，如已不合用（聞人云，近十年即須換）。乞以惠施。因余猶可適用此光也。且備有兩具，萬一有破碎亦可資急需。至鏡邊金質，可用他物塗之，無有礙也。惟付郵寄下，頗非易事，或致途中破損。乞託眼鏡公司代寄，當妥善也。惠書，仍寄廈門轉泉州大開元寺（二月後乃移居）。

丙尊居士道鑒

演音啟

（一九三三八月廿二日，泉州開元寺）

丙尊居士道席：

惠書具悉。承施目魚（此名馬居士定），感謝無盡。印西師盛意，至用銘感。近年來雖無大病，但衰老日甚，殊畏寒暑。閩南氣候調和，適於療養，故暫未能北上，至用歉然。稍緩，即擬移居山中。

希施資貳拾元，付郵匯下，以備雜用，甚感。謹復，不宣。

八月廿二日　演音疏

（一九三三年冬，晉江草庵）

丏尊居士：

前明信，想已收到。居此甚安，乞釋慈念。茲有懇者，乞匯洋拾圓，致南京延齡巷馬路金陵刻經處。云係弘一購經之款，請彼存貯，云云。費神，至感。

通訊處，尚無有定。信面寫開元寺，但音仍住草庵也。距泉州三十里鄉間。

演音疏

（一九三四年舊二月十七日，廈門南普陀寺，時年五十五歲）

丏尊居士道席：

惠書誦悉。近見仁者所撰《辭通序》，古雅淵懿，至為歡贊。並悉作者為老儒，因寫字一葉贈之，乞託宋居士轉交。不宣。

二月十七日　演音啟

（一九三四年舊二月，廈門南普陀寺）

丏尊居士道鑑：

惠書誦悉，至用感慰。近來老態日增，足力未健，不勝舟車之勞，恐一時未能北上，至用悵然耳。近因研習編輯，請經甚多，乞再匯二十元至金陵刻經處，為禱。附箋，乞併寄去，以後惠書，乞寄廈門南普陀寺轉交弘一收。謹復，不具。

（一九三四年舊三月，廈門南普陀寺）

演音啟

前寄上《辭通》書面字，想已收到。昨承轉寄超伊師函，已達。至感。開明書店出版之《護生畫集》，乞惠施二十冊上下，俾便轉贈同人，為禱。

演音疏

《辭通》出版後，乞惠施一冊。

（一九三五年舊三月，泉州開元寺，時年五十六歲）

惠書誦悉，至用感謝。畫集即可收到。講律尚須繼續，今年或不能北上也。不宣。

演音啟

兩旬之後，擬往百里外山中避暑，乞暫勿來信。將來住處定後，再以奉聞。附白。

（一九三五年舊五月初，惠安淨峰寺）

丙尊居士道鑒：

久未致訊，至念。上月徙居山中，距郵政代辦所八里，投信未便，故諸友處悉無音問也。茲擬向佛學書局請經，附一箋乞轉送，併（乞由晚晴會施）洋三十元附遞，費神，至感。山鄉風俗淳古，男業木、土、石工，女任耕田、挑擔，男四十歲以上多有辮髮者。女子裝束更古，豈惟清初，或是千數百年來之遺風耳。余居此間，有如世外桃源，深自慶喜。開明出版拙書《華嚴集聯》及《李息翁法書》，乞各寄下三冊，以結善緣，感謝無盡。惠書，乞寄廈門轉惠安縣東門外黃坑鋪港仔街回春號藥店劉清輝居士轉交淨峰寺弘一收。

演音疏

（一九三五年舊五月中旬，惠安淨峰寺）

丏尊居士道鑑：

前函想達慧覽。茲擬將《四分律比丘戒相表記》，再版石印二千冊流傳。所需多金，前年曾屬豐居士商諸仁者，由護法會捐助，已荷歡贊。今託上海世界新聞社陳元我居士（太平洋報社舊友）經手辦理一切。需資之時，逕向仁處領取。即依彼說之數目，交付為感。謹陳，不宣。

演音疏

（一九三五年舊五月廿八日，惠安淨峰寺）

丏尊居士道鑑：

惠書具悉。吉子[80]臨終，安詳無苦，是助念佛名力也。余自昨夕始，為誦《華嚴行願

80 為夏丏尊的長女。

品》。又有友人（不須酬資）亦為誦《行願品》及《金剛經》。附奉上誦經證，請於靈前焚化可也。淨峰寺在惠安縣東三十里半島之小山上，三面臨海（與陸地連處僅十分之一），夏季甚為涼爽，冬季北風為山所障，亦不寒也。小山之石，玲瓏重疊，如書齋几上所供之珍品，惜在此荒僻之所無人玩賞耳。附奉《表記附錄》一章，擬附於再版《表記》[81]之後（用小號仿宋字排印）。倘陳無我居士來時，乞面交與。若已來者，乞掛號寄至世界新聞社（大約在慕爾鳴路，乞探詢之）。費神，至感。不宣。

演音復疏　舊五月廿八日

開明出版《子愷漫畫》，其卷首有仁者序文述余往事者，已忘其書名，乞寄贈四冊，以結善緣，至用感謝。

（一九三五年新曆十一月四日，泉州承天寺）

丏尊居士慧鑑：

惠書，於今日始收到（因無便人帶來）。《表記》樣本甚為清楚。余初意以為依小字攝影恐致模糊，今乃得良好之結果，至用歡慰。此事始終承仁者盡心輔助，感謝無量。淨峰寺寺主去職，余亦隨之他往（大約居住草庵）。以後半月內通訊，乞寄泉州城內百源村百源庵（又名銅佛寺）覺徹法師轉交。半月後通訊，乞寄廈門南普陀寺養正院廣洽法師轉交，至妥。謹復，不宣。

新曆十一月四日　演音啟

（一九三五年舊十二月，晉江草庵）

數日前曾上一函，想已收到。十二月十八日尊函，昨始披讀。此次印《表記》，諸承費神，精密周到，至用感謝。寄至廈門四百冊，久已收到。其時代收者或因在泉州，忘寫回信，乞諒之。扶病坐起，書此略復。不宣。

演音啟

（一九三六年正月初八日，晉江草庵，時年五十七歲）

丏尊居士道席：

一月半前，因往鄉間講經，居於黑暗室中，感受污濁之空氣。遂發大熱，神志昏迷，後起皮膚外症極重。此次大病，為生平所未經過，雖極痛苦，幸以佛法自慰，精神上尚能安也。其中有數日病勢凶險，已瀕於危，有諸善友為之誦經懺悔，乃轉危為安。近十日來，飲食如常，熱已退盡。惟外症不能速癒，故至今仍臥床上不能履地，大約再經一二月乃能全癒也。

前年承護法會施資請購日本古書（其書店，為名古屋中區門前町其中堂），獲益甚大。今擬繼續購請。乞再賜日金六百元，託內山書店交銀行匯去，「購書單」一紙附奉上，亦乞託內山轉寄為感。

此次大病，居鄉間寺內，承寺中種種優待。一切費用皆寺中出，其數甚巨；又能熱心看

81 指弘一法師的律學著作《四分律比丘戒相表記》。

病，誠可感也。乞另匯下四十元，交南普陀寺廣洽法師轉交弘一收（但信面乞寫廣洽法師之名，可以由彼代拆信代領款也）。此四十元，以二十元贈與寺中（以他種名義），其餘二十元自用。履荷厚施，感謝無盡。

演音啟　舊正月初八日

以後通信，乞寄廈門南普陀寺養正院廣洽法師轉交。余約於病癒春暖後，移居廈門。又白。

（一九三六年舊二月下旬，廈門南普陀寺）

丙尊居士：

惠書誦悉，承施多資，至用感謝。前擬贈與草庵二十元，彼不肯受。今擬以物件等（價約近十元）贈奉。其餘十餘元，即由音自受用也。

宿疾已漸癒。以後通訊，乞寄廈門南普陀寺養正院廣洽法師轉交弘一收，至為穩妥。雖偶雲遊他處，彼亦可轉送也。前奉託諸事，諸承費神，感激無盡。謹復，不宣。

演音疏

（一九三六年三月，廈門南普陀寺）

前復明信，想已收到。近獲扶桑古書多冊，至用歡忭。彼書常云：鎌倉、南北朝、藤原，乃至德川時代（此外甚多），於每時代中，又分為初期、末期等。閱之，不解其所指何時。日本書中，如有說明種種時代年限之表，乞代購一冊，惠施。又日本古書屢云泉州，是否即在大阪附近？今為何地？便中乞詢內山居士，為感。

演音上

（一九三六年舊二月中旬，廈門南普陀寺）

惠書誦悉。宿病已由日本醫學博士黃丙丁君（泉州人，外科專門）診治，十分穩妥，不久即可痊癒，希釋懷念。其中堂信已直接寄去。江翼時居士所寄之書，已收到。種種費神，至用感謝，不宣。

演音啟

往黃博士處診治，乃由友人介紹，已去十餘次，用電療及注射等需費甚多。將來或唯收實費，或完全贈送，尚未知悉。俟後由友人探詢清楚，再以奉聞。附白。

（一九三六年舊三月廿八日，廈門南普陀寺）

丏尊居士道席：

前復明信，想已收到。宿疾約再遲一月，可以全癒。此次請黃博士治療，彼本不欲收費。惟電火藥物等實費，統計約近百金。若不稍為補助，似有未可。擬贈以廈門日本藥房禮券五十圓一紙及拙書等。此款乞便中於護法會資支寄惠施，至用感謝。此次大病（內外症併發），為生平所未經過，歷時近半載，九死一生。雖肉體頗受痛苦，但於佛法頗能實地經驗，受大利益，亦昔所未有者也。謹陳，不宣。

三月廿八日　演音疏

以後通訊，乞寫廈門南普陀寺養正院轉交。

後天起，在此講律。約一月餘講畢，移居鼓浪嶼。通信處仍舊由養正院轉。

（一九三六年舊四月中旬，廈門南普陀寺）

惠書誦悉。承施資請《辭彙》，至感。拙書附寄上，乞收入。晚晴修理甚善，江居士經手修理至為妥也。謹復，不宣。

前寄下洋五十元，曾兩次託人送與黃博士，彼堅不受。後乃商酌，即以此資做《大藏經》等木箱數個，箱外鐫刻黃博士施助字樣云云。附陳。

演音啟

以後惠書，乞寫寄廈門南普陀寺養正院廣洽法師轉交弘一。

（一九三六年重陽節前，鼓浪嶼日光巖）

丏尊居士道席：

惠書誦悉。拙書附郵奉。又《寒笳集》四冊，以供法喜。惠施諸書，悉收到。《其中堂目錄》，已寄來。擬以前款大多數，請購戒律，餘者請他種佛書，並購俗典近十圓。謹以附聞。不宣。

舊重陽前　演音疏

（一九三六年舊十月，鼓浪嶼日光巖）

前質平來函，謂《歌集》[82]不久即可出版，至用感慰。承寄五十冊，乞分寄下記之二處：十冊寄廈門轉泉州大開元寺內慈兒院葉宗、擇定二居士收。四十冊寄廈門鼓浪嶼日光巖弘一收。以後通訊處，即改為鼓浪嶼日光巖，勿再寄至南普陀也。

音啟

（一九三六年立春前一日，廈門南普陀寺）

丏尊居士道席：

近因友人之約，已移居南普陀寺暫住。附寄《韓偓》草稿一包，為余請高君編者。其原委，乞閱此稿《後記》中，即可知之。是事甚有趣味。想仁者必甚歡贊，樂為出版流布也（此書乍觀之，似為文學書。但其中提倡氣節，摒斥淫靡，亦且倡導佛法，實為益世之佳作）。其原稿，曾由於刪改。今所寄奉者，為第二次抄寫之本，多由幼童書寫，頗有訛字。又高君於著作罕有經驗，雖引證繁博，但恐有訛舛處，其標點記號誤脫處尤多。乞仁者先託人為詳校二次（第一次校正其文字，第二次校正標點記號）。至用感謝。以後惠書，乞寄廈門南普陀寺養正

82　即《清涼歌集》，是弘一法師作歌詞，劉質平及其學生譜曲的歌集。

院廣洽法師轉交弘一收。

立春前一日　演音啟

開明版《護生畫集》，因印刷太多，拙書之字已肥粗不清楚。又杜甫詩，脫落一個字。擬再書寫瘦體之字，重製鋅版印行。倘承贊喜，即書寫奉上也。又及。

（一九三七年正月四日，廈門南普陀寺，時年五十八歲）

丐尊居士道鑒：

惠書誦悉。至為歡慰。偓沒後千載，無有人為之表彰者。今仁者以此稿出版，廣為流布，偓若有知，當深感謝。俟出版後，並希以若干冊贈與朽人，以分致諸道侶也。

《護生畫集》另製版，甚善。所示辦法，甚為贊喜。

茲先書奉《金剛偈》一葉，餘俟後郵上。

余於近六年來，研習《南山律羯磨》，曾講三次，講稿亦改編數回，竭其心力，願為弘闡。今歲明年，更擬重為整理編輯，並自書寫，與前印之《戒相表記》相似，於二十八年老齡六十歲時出版流布，以為紀念。擬即用護法會資製版印刷，所關亦無多也。

前承諸友人為請購日本《佛教大辭彙》六冊，至用感忭。彼於末次寄來時，內附廣告，謂又增編續卷一冊，內有全書索引、年表等，不久即可出版。乞託內山居士，俟出版時，仍乞購以惠施，價約五六圓也。《韓偓》書端，乞請仁者及葉居士[83]撰序冠之，尤善。高君自幼蔬食，其母及姊亦爾。全家信仰佛法，高君與姊不婚不嫁，故其家庭與寺院無異。近編此書甚費心力，余亦為之校改數次。今獲出版，歡慶無盡。謹復，不宣。

正月四日　演音疏

（一九三七年八月二十日，青島湛山寺）

丏尊居士道席：

到青島後，曾上明信，想已收到。此次至青島，預定住至中秋節為止（絕不能早動身）。其時輪船未必有。倘火車尚可通者，則乘火車到杭州（轉濟南，換坐京浦車）。惟北方三等車，較滬杭寧大異，不能安坐。故不得不乘二等車。預算車資及其他雜用，所需甚多。擬請於護法會資中寄下八十圓。若有火車開行，於中秋節後必可動身也。謹陳，不宣。

八月二十日　舊七月十五日　演音啟

（一九三七年舊八月三日，青島湛山寺）

丏尊居士道席：

惠書誦悉。厚意殷勤，感謝無盡。青島平安如常。書店等久已閉門休業。須俟他日開門，再往商酌領取可也。朽人於中秋節後動身否，暫不決定。倘動身者，所缺路資，亦可向同居某

83 葉聖陶（一八九四～一九八八），又名紹鈞，江蘇人，為著名文學家、出版家、教育家。

師借貸，俟將來時局平定時再償還，乞仁者勿以是為慮也。湛山寺居僧近百人，毫無恆產，每月食物至少須三百元。現在住持者不生憂慮，因依佛法自有靈感，不至絕糧也。謹復，不宣。

舊八月三日　演音疏

（一九三七年舊八月初八日，青島湛山寺）

丙尊居士道席：

前復函，想已收到。青島市面已漸恢復。曾向中華書局（即墨路）領款，彼云，未曾接上海開明之信及電話，現不能領取，云云。其他之某堂書店之款，已經領到。將來若乘火車南下，頗費周折，費昂而多勞。擬改為乘船，或直往廈門，或先到上海。北地冬春嚴寒，非衰老之軀所能堪也。謹復，不宣。

若往上海，擬暫廣東泰安棧（新北門外，馬路旁，面南，其地屬法租界之邊也。某銀樓對門，與新北門舊址斜對門，在其西也）。即以電話通知仁者，當獲晤談也。

舊八月初八日　演音啟

（一九三七年中秋，青島湛山寺）

兩處之款，皆已領到。值此時局不寧，彼等能如此損己利人，情殊可感。數日後，即乘船返廈門。因有往香港之大輪船，或停廈門。故不能往上海矣。謹復，不宣。

中秋夕　演音啟

（一九三七年十月十八日，廈門萬石巖）

在滬歡晤，為慰。前日安抵廈門，途中毫無障礙。以後通信，寄廈門中山公園妙釋寺轉交萬石巖弘一收。謹達，不宣。

錫琛居士乞代致候。

十月十八日　演音上

《金剛經》一冊，別郵奉，乞收入。若能常常讀誦，自然身心安寧，無諸煩惱也。附白。

（一九三七年十一月一日，廈門萬石巖）

丏尊、丏因居士同鑒：

廈門近日情形，仁等當已知之。他方有諄勤余遷居避難者，皆已辭謝，決定居住廈門，為諸寺院護法，共其存亡。必俟廈門平靜，乃能往他處也。知勞遠念，謹以奉聞。不宣。

演音啟　十一月一日

前到廈門時，即寄明信，想已收到。

（一九三八年舊二月，泉州承天寺，時年五十八歲）

到廈門後，諸事安適，足慰遠念。近到泉州講經，法緣甚盛。擬請惠寄《清涼歌集》五十冊，分贈諸友。其資乞由護法會內支付，為感。以後通訊，乞寄廈門轉泉州承天寺弘一收。

章居士乞為致候。

（一九三八年舊三月初，惠安科山寺）

丙尊居士道鑑：

前復書，想已收到。近在惠安弘法，擬以《華嚴集聯》十冊施送。乞以護法會資請購此書十冊，寄福建惠安縣城內霞梧街集泉茶莊王頌平居士收。再乞以洋二十元寄與上海佛學書局，附一紙亦乞一併交去。至用感謝。不宣。

演音啟

（一九三八年舊五月一日，漳州瑞竹巖）

今年在閩南各地弘法至忙。於廈門變亂前四天，已至漳州弘法。今居東鄉瑞竹巖靜養。通訊，乞寄漳州南門南山寺轉交。子愷想仍在長沙，便中乞代致意。不宣。

演音啟　舊五月一日

（一九三八年小暑後一日，漳州瑞竹巖）

惠書誦悉。現居鄉間高山之上，雖值變亂亦無妨也。乞勿念。將來汽車通時，擬往泉州或惠安，屆時再奉聞也。不宣。

小暑後一日　演音上

（一九三八年閏七月六日，漳州祈保亭）

近得子愷函，悉仁者殤孫，境緣惡逆，深為歎息。若依佛法言，於一切境，皆應視如幻夢。乞仁者常閱佛書，並誦經念佛。自能身心安寧，無諸煩惱。則惡因緣反成好因緣也。朽人近來漳州城區，弘揚佛法，十分順利。當此國難之時，人多發心歸信佛法也。陳無我居士，寓上海慕爾鳴路一百十一弄六號。仁者若能常常訪談，自必胸懷開脫，獲極大之利益也。謹陳，不宣。

演音啟　閏月六日

（一九三八年中秋節，漳州祈保亭）

丏尊居士文席：

前上書，想悉收到。閩南時局倘無變化，朽人擬再遲月餘返泉州。小住，再往惠安。車路已毀損，由漳至泉州三百里，須乘肩輿，需費甚多。擬請仁者匯資二十圓，乞交上海農民銀行匯漳最妥，因朽人與漳州分行行長相識也（乞勿交郵局匯，領取時甚困難）。謹陳，不宣。

中秋節　演音啟

（一九三八年舊九月，漳州瑞竹巖）

丏尊居士道席：

前上信片，想已收到。茲擬向佛學書局購請佛書，附一函乞託人送去。並乞護法會惠施十五元，一併送去，至用感謝。朽人在漳，諸事安適，一時尚未能返泉州也。謹達，不宣。

演音啟

（一九三八年舊十一月二十日，泉州承天寺）

丏尊居士文席：

惠書誦悉。厚情慇慇，至用感謝。朽人擬於舊十二月一日始（新正月二十日），在承天寺暫時閉關，（短期）用功，不定期限，可以於數月後移往他處也（時局不寧，交通阻礙，明年能往江浙否尚未能定。）閉關後，通信者，惟有仁者一處。子愷或有要事，可以書箋附於仁者函中寄來，亦可入覽也。

再者，前與陳無我、李圓淨二居士商酌，擬重寫《護生畫集》，重製銅鋅之版。此事尚未了結。以後彼二居士，關於畫集之事，欲與朽人通訊者，亦送至尊處，由仁者便中附入寄來。朽人有必須復彼二居士之信，亦寄至仁者之處，乞為轉交也。畫集之事，不久即可了結，非是數數通訊也。以後惟有信面寫仁者姓名，仍可送入關內。其他信件，皆由他人代拆代閱，暫為存貯，絕不送至關內也。

承詢資用之事。前資，餘者甚多，且閉關後，更少需用。乞勿匯寄。俟將來移居他處時，或有所需，當隨時奉達。

附致子愷一紙，乞檢閱，並乞便中加封寄去。遲遲無妨。將來有寫件寄與子愷者，擬寄至尊處。暫為保管，因桂林近況至不安也。

（一九三八年立春前一日，泉州承天寺）

丏尊居士文席：

兩奉惠書，具悉一一。拙師信已轉交。承示懷舊文，厚意殷勤，至用感謝。聞浙中交通多阻，明年恐不能來山房也。前浙一師學生石有紀居士，近任安溪縣長，曾來談一次。彼謂若往山房，須由江山繞道。老體頹唐，不勝此長途汽車之勞也。不宣。

演音啟　十一月二十日

立春前一日　演音啟

（一九三九年舊元旦，泉州承天寺，時年六十歲）

丏尊居士文席：

今日已六十矣。今歲擬多寫字結緣，便中乞惠施廿金，以備購宣紙及其他需用。拙書一紙，附奉慧覽，不宣。

己卯元旦晨　演音啟

近來身體較前強健，齒力、目力皆佳，足力更健，無異少年。但精神頗呈老態耳。知念附聞。

（一九三九年舊二月廿七日，永春普濟寺）

惠片誦悉。前日已移居永春，距泉州百數十里，為閩南最安穩之地。山奧幽僻，古稱桃源。明日即往鄉間居住。以後通訊。乞寄福建永春縣蓬壺新市場華記寶號轉普濟寺弘一收。

舊二月廿七日　音啟

（一九三九年舊四月十四日，永春普濟寺）

丏尊居士文席：

惠書誦悉。《護生畫集》擬先依舊本影印，僅題字重寫，已由佛學書局承印。子愷居士所述之意，擬俟時事安靖再進行可耳。拙書若干紙，稍緩，俟友人入城時寄奉。朽人於前月餘，寄居永春山中。以後惠函，乞寄福建永春縣蓬壺鄉弘一收，即可達到。謹復，不宣。

四月十四日　音啟

（一九三九年舊四月廿二日，永春普濟寺）

丏尊居士淵鑒：

前復書，想已收到。拙書已就。計五言聯八對，七言聯二對，讀律室額一紙，橫幅二紙，斗方一紙，小堂幅（長二尺）二十紙，大堂幅（長二尺餘）二十二紙（內有一紙仲鹽款），共計一包。俟有妥便，送至郵局掛號奉上，或須稍遲也。以後暇時，再為續寫奉上。茲有懇者，便中託人至功德林佛經流通處（以前在北泥城橋堍，未知今遷移否），請購《四分律行事鈔資持記》一部（計二十冊），價約十圓左右，乞護法會施資。即託功德林用皮紙包裹兩層（恐路遠破損），付郵掛號寄下。倘功德林無有，再向佛學書局詢問，以功德林所存者為善也。以後通訊，寄福建永春縣蓬壺鄉華記藥店轉普濟寺。

音啟　四月廿二日

（一九三九年舊五月十二日，永春普濟寺）

丏尊居士道鑒：

惠書誦悉。《問答》一冊，已收到，承詢所需，至用感謝。朽人近居普濟寺中，所有用款皆由寺中支付。寺中住持，兼任南洋寺務，故常寄款資來，以助寺用。畫集緣資五百元，亦其所募集也。故尊處施資，現不需用，乞勿寄下。謹謝，並復。不宣。

五月十二日　音啟

（一九三九年舊六月十九日，永春普濟寺）

丏尊居士澄覽：

惠書兩通，於今午同時收到。信箋稿，寫奉。刻木板時，乞勿移動其地位（印章亦勿移動）。因字形配合，及筆氣連貫處，皆未能變易也。《護生畫集》流布，承代謀畫，甚感。朽人居深山中，諸事如常。永春及泉漳等處居民，多朝散暮歸，唯營夜市，以避機彈，至可愍也。信箋稿之字句，皆出於《華嚴經》。乞代達無我居士，並希致候。不宣。

音啟　六月十九日

（一九三九年中秋後二日，永春普濟寺）

丙尊居士澄覽：

　　惠書誦悉，至用歡慰。書件，附掛號郵奉。以後暇時，擬多寫結緣之書幅，俟時局平靖即可郵寄也。承詢所需，甚感。現無所需。居深山高峰麓，有如世外桃源，永春亦別名桃源也。謹復。不備。

農曆中秋後二日　音啟

　　附一箋及經名三紙，乞費神轉交蔡丙因居士。彼昔居法界環龍路三十號，近未通信，未審住所，乞轉詢之。附白。

（一九三九年舊十一月廿四日，永春普濟寺）

丙尊居士文席：

　　數月前，曾將退回信件之籤條數十紙，交與郵局代辦所，代為張貼退回信件。但仁者之信件則在例外。故以前惠書，悉皆收到。此次則為代辦所執事者誤貼，故未收到，至用歉然。畫集事，具寫致李居士書中，乞披覽。以後惠書，乞於函面，寫「善夢」之名，俾代辦所人可以不致再誤會也。不宣。

善夢啟　十一月廿四日

福建永春縣蓬壺鄉華記藥號轉交善濟寺善夢收。

（一九四〇年舊元旦，永春普濟寺，時年六十一歲）

丏尊居士澄覽：

惠書，於前數日收到。《行事鈔》亦於今晨由寺送至，甚為歡慰。畫稿久已轉郵寺中。附奉上拙書一紙。謹復，不宣。

庚辰元旦清晨　音啟

（一九四〇年二月廿五日，永春普濟寺）

丏尊居士文席：

惠書，忻悉一一。畫集題句，前曾託豐居士轉請浙大同學分撰。俟稿寄到，朽人即可書寫也（朽人精神衰頹，不能構思，故請他人撰句）。蔡居士處之稿，宜俟紙價低廉時印，非急需也。附奉上致李居士箋，乞仁者閱畢，便中轉交。又向佛學書局請購經書單一紙，乞由護法會施資二十元，並此單，託人送去。種種費神，感謝無盡。謹復，不宣。

二月廿五日晨　善夢啟

（一九四〇年舊三月十八日，永春普濟寺）

丏尊居士淵鑒：

惠書誦悉。附奉上致豐居士一箋，及佛字二紙，乞於便中附寄去。又致李居士一箋，乞閱畢，便中轉交，遲遲無妨也。近問郵局，滬閩之間仍不能寄大包印刷品。前承寄《行事鈔資持記》，於元旦晨收到，實為慶幸事也。謹復，不備。

農曆三月十八日　音啟

（一九四一年舊六月六日，晉江福林寺，時年六十二歲）

丏尊、圓晉居士仝覽：

養疴山中，久疏音問。近以友人請住檀林鄉中，結夏安居。故得與仁者特殊通信，發起一重要之事。以《護生畫集》正、續編流布之後，頗能契合俗機。豐居士有續繪三、四、五、六編之弘願。而朽人老病日增，未能久待。擬提前早速編輯成就，以此稿本存藏上海法寶館[84]中。俟諸他年絡續付印可也。茲擬定辦法大略如下。乞仁者廣徵諸居士意見，妥為核定，迅速進行，至用感禱。

一、前年豐居士來信，謂作畫非難，所難者在於覓求畫材。故今第一步為徵求三、四、五、六集之畫材。於《佛學半月刊》及《覺有情》半月刊中，登載廣告，廣徵畫材，其贈品以朽人所寫屏幅、中堂、對聯及初版印《金剛經》（珂羅版印，較再版為優。今猶存十餘冊）等為獎酬。

一、此事擬請仁者及范古農、沈彬翰、陳無我、朱穌典六居士，負責專任其事。仍請圓淨居士任總編輯。

一、預定三集畫七十張，四集八十張，五集九十張，六集一百張。每畫一張，附題句一段。

一、已刊布之初、二集，畫風既有不同，以下三、四、五、六集亦應各異。俾全書六集各具特色，不相雷同。據鄙意，以下四集中，或有一集用連環畫體裁，或有一集純用語體新文字題句，其畫風亦力求新穎，或有一集純用歐美事迹。此為朽人隨意懸擬，不足為據。仍乞六居士妥為商定，務期深契時機，至為切要。

一、每集畫旁之題句，字數宜少。或僅數字，至多不可超過四五十字。因字數多者，書寫既困難，縮印亦未便。

一、徵求畫材之廣告文，乞六居士酌定。徵求既畢，應審核優劣，分別等第，亦乞六居士酌定。至其畫材能適於作畫否，乞穌典居士詳核之。

一、以上且據登廣告徵求畫材而言。依朽人懸揣，應徵之人未必多，寄來之稿亦恐罕能適用。則登廣告徵求畫材一事，將無結果，殊為可慮。不如專請四位負責，每位各編一集之畫材，如是或較為穩妥也。乞六居士詳審之。

84 抗戰前由葉恭綽等人發起設立，地址在上海覺圓淨業社內，專收藏佛教文物。

以後關於此事之通信，乞寄與性常法師轉交朽人至感。

農曆六月六日　音啟

（一九四一年閏六月廿七日，晉江福林寺）

丏尊居士文席：

頃奉惠書，忻悉此事已承仁者盡力規畫，助理一切，至用感慰。徵求期限，似宜再展緩兩月，因遠方郵便遲滯，恆須一二月乃可達也。陳無我居士因修習密宗法，無暇任事，曾來函辭謝。乞仁者再斟酌延請一位，助理此事，為禱。

致穌典居士一紙，乞便中交去。

時事不靖，南閩物價昂至數倍乃至廿餘倍。朽人幸託庇佛門，諸事安適，至用慚惶。舊存寫小字筆已將用罄。乞仁者以護法會資代購「小楷水筆」數枝，封入信內寄下為感。《護生畫》續編事，關係甚大。務乞仁者垂念朽人殷誠之願力，而盡力輔助，必期其能圓滿成就，感激無量。

又有致圓淨居士一紙，乞便中交去，遲遲無妨也。

贈品以拙書為宜，由泉郵遞，可作信件例寄。惟宣紙已無購處，僅能用閩產之紙耳。率復，不宣。

閏六月廿七日　音啟

倘他日因畫材不足未能成就四編者，亦可先輯一二編，其餘俟後絡續成之。附白。

（一九四一年舊十月一日，泉州開元寺）

丏尊居士慧覽：

惠書，誦悉一一。子愷處已久不通信。聞友人云，彼之通訊處，為重慶沙坪霸國立藝術專校（據彼八月廿五日之信云云）。閩中平靜如常。仁者能入閩任職，則生活可無慮矣。泉州物價之昂，自昔以來，冠於全閩。但米價每石亦僅一百七十元左右，其他閩中產米之區，如漳州及閩東等處，則僅五十元左右。泉州街市無乞丐（另設乞丐收容所）。物價亦不甚昂，華僑家族生活亦大致可維持，因努力種植，生產量甚富也。統觀全閩氣象，與承平時代相差無幾。朽人於十四年前，無意中，居住閩南（本擬往暹羅，至廈門而中止）。至今衣食豐足，諸事順遂，可謂徼幸，至用慚愧。唯從前發願編輯律宗諸書，大半未成就。擬於雙十節後，即閉關著書，辭謝通信及晤談等事。以後於尊處亦未能通信。仁者欲知朽人之近狀者，乞常訪問陳無我居士（上海慕爾鳴路一百十一弄六號大法輪書局）及彼處同住之陳海量居士。因泉州諸僧，常與海量通信，彼深知朽人之近狀也。朽人近作，屢載《覺有情》半月刊中（無我所辦），乞仁者定此月刊一份（自今年正月始尤善，每年一元餘），即可常閱覽朽人之近作也。蘇慧純居士，亦為海量之舊友。仁者能常與海量晤談，當獲益匪淺也（指導生活，安慰心靈）。不宣。

十月一日　音啟

附呈相一紙，為去秋九月所攝。佛名二紙，乞結緣。

（一九四一年舊九月三十日，晉江福林寺）

丏尊居士文席：

朽人世壽周甲已過。擬自下月中旬始，至農曆明年辛巳除夕止，掩室靜修。須俟壬午元旦，乃可與仁等通信也。仁者通信之處倘有變動，乞於辛巳十一月寫交李圓淨居士轉送。謹陳，不宣。

九月三十日　音啟

（一九四一年舊十一月七日，泉州開元寺）

丏尊居士道鑒：

戰事紛起，滬上尚平安否？為念。畫材數則附奉上，以備採擇。以後倘有他處贈與朽人資財者，乞代辭謝，因現不需用也。穌典居士乞代致候。不宣。

十一月七日　音啟

近作附錄：南閩道耆宿七秩壽聯：「老圃秋殘，猶有黃花標晚節；澄潭影現，仰觀皓月鎮中天。」

（一九四二年舊四月七日，泉州溫陵養老院，時年六十三歲）

丏尊居士文席：

去冬滬變[85]時，曾致明片，未審收到否？畫集資料，想尚未輯就，無足介意也。因現在諸物昂貴，亦甚難出版。泉州米價將至三百，火柴每一小盒二圓，其他可知。貧民苦矣。朽人幸託庇佛門，食用無慮，諸事豐足，慚愧慚愧。拙書二紙，乞隨意結緣。略陳，不宣。

音啟　四月七日

（一九四二年舊九月，泉州溫陵養老院）

丏尊居士文席：

朽人已於（九）月（初四）日遷化。曾賦二偈，附錄於後：

君子之交，其淡如水。執象而求，咫尺千里。

問余何適，廓爾亡言。華枝春滿，天心月圓。

謹達，不宣。

音啟

前所記月日，係依農曆。又白。

85　此指一九四一年十二月八日，日本發動太平洋戰爭，佔領上海租界之事。

致李圓淨

（一九二八年六月十九日，溫州，時年四十九歲）

圓淨[86]居士慧覽：

書悉。題名為《護生畫集》，甚善！但其下宜增三小字，即「附文字」三字。其式如下：

護生畫集附文字

如是，則凡對照文字及尊著《護生痛言》，皆可包括在內。未識尊見如何？

此封面，請子愷畫好，由朽人題此書名。至若題辭，乞湛翁[87]為之，詩文皆可，但付印須在年內，湛翁能題就否？不可得而知也。

去年晤湛翁，彼甚讚嘆仁者青年好學。故仁者若向彼請求，或可允諾。附寫一箋，往訪時可持此紙。

去年仁者之函，湛翁未復，並無他意。彼之性情如是，即於舊友亦然。絕非疏遠之意也。所以不乞湛翁題封面集名者，因湛翁喜題深奧之名字，為常人所不解，於流布頗有妨礙。故改為由朽人書寫也。

仁者往訪湛翁，乞將畫稿等帶去，說明其格式。彼寓延定巷舊第六號門牌內。如喚人力車，乞云：「城內弼教坊銀錠巷。」因「延定」二字，常人不知也。往訪之時間，宜在上午七時至七時半之間，遲恐彼他出。

將來《護生痛言》排版之時，其字之大小，排列之格式，皆乞與子愷商酌。初校之時，亦令彼一閱其格式合否。

《嘉言錄》[88]中，有大號之黑點「●」，殊損美觀。如必須用，可用再小一號者「•」，或用三角空形「△」，尤善。此書雖流通甚廣，雅俗共賞，但實偏重於學者一流之機。因子愷之畫，朽人與湛翁之字，皆非俗人所能賞識。故應於全體美觀上，十分注意也。裝訂以洋裝為宜。如《到光明之路》之式，最善。

尊撰《護生痛言》，聞已脫稿，至為欣慰。謹復，不具一一。

六月十九日　演音上

湛翁向不輕為人撰文寫字。朽人數年前曾代人託彼撰寫，至今未就。此書題詞，如至九十月間仍未交來者，則改為由朽人撰寫。但衰病不能構思，僅能勉題數語耳。

（一九二八年八月初三日，溫州慶福寺）

圓淨居士慧覽：

86 李圓淨，一作圓晉，名榮祥，廣東人。中年學佛，著有《佛法導論》等書，深受弘一法師稱許。又與豐子愷合編《護生畫集》。

87 湛翁為馬一浮之號，又號蠲戲老人。馬一浮（一八八三～一九六七），近代國學大師，畫法家、篆刻家，有「一代儒宗」之稱。

88 即《印光法師嘉言錄》。

茲有數事奉託，條記如下：

△（一）由周居士送上網籃一只，上層有書三包（包皮寫明交與仁者字樣），乞檢出，將此書暫存尊處。其餘之物及網籃，皆交子愷收。

△（二）《五戒相經》，不久印出再版之精裝本二百冊（連史紙印，磁青紙面子），及《有部毗柰耶》之精裝本二百冊。俟印就後，即由中華書局送至尊處。如收到後，乞檢出各一百五十冊，送至內山書店，託彼轉贈日本諸處。其餘各五十冊，乞尊處代為收藏，俟朽人他日需用時領取。

△（三）又《有部毗柰耶》之普通紙印本一千冊（賽宋紙印），亦由中華書局同時送至處。如收到後，乞檢出五十冊，一併送與內山書店，託彼贈送。此外，又乞仁者斟酌，如有適宜之寺院及僧眾等，亦可贈送（此書係比丘律，在家人處可以不送）。然亦無須多送。其餘之書，乞暫存貯尊處，以待他日覓得適宜之處，再絡續贈送。現在各地僧學校，逐漸興辦。將來此書，應可有適宜贈送之處也。又老輩之中，如印光法師諸處，皆可不送。

△（四）贈與內山書店書籍之事，乞無須與他人談及（並乞轉告子愷）。因現在常人，對於日本國人甚有惡感，盡力排斥。今聞此舉，恐生譏評。故以不宣布為宜也。

△（五）以上各書，皆可無須寄至朽人處。又《戒殺畫集》出版之後，亦乞勿寄下。俟明年至滬時，再披閱可也。

△（六）《戒殺畫集》出版之後，凡老輩舊派之人，皆可不送或少送為宜。因彼等未具新美術之知識，必嫌此畫法不工，眉目未具，不成人形。又對於朽人之書法，亦斥其草率，不合

殿試策之體格（此書贈與新學家，最為逗機[89]。如青年學生，猶為合宜。至尋常之寺院，及守舊之僧俗，皆宜斟酌送之）。

△（七）前存尊處之初版《五戒相經》（普通紙印），乞檢出五十冊。送至北京路通易信託公司內周守良居士收下，轉交溫州周孟由居士收。

△（八）《調查錄》，已朱標記號數處，交尤居士（其改正之詞，另載說明書中）。乞仁者便中索閱。又說明書一紙，亦已交尤居士（按此書等已寄出，乞索閱）。

△（九）《寒山拾得詩》中，有戒殺詩數首。昔人著作中，似未編入。今或可選出，錄入《護生畫集》中。乞酌之（此詩金陵有單行本，名曰《寒山詩》）。

△（十）七月初二日信片，已收到。又承寄《地藏菩薩錄》一包，亦收到。敬謝！

已上奉託諸事，種種費神，感謝無盡。

八月初三日　演音上

（一九二八年八月廿一日，溫州慶福寺）

圓淨、子愷二居士仝覽：

惠書及另寄之畫稿、宣紙等，皆收到。

披閱畫集，至為歡喜讚嘆。但稍有美中不足之處。率以拙意，條述如下，乞仁等逐條詳細

89 逗機，佛教用語。語意近於「投機」，指意見相合。

閱之，至禱！

△案此畫集為通俗之藝術品，應以優美柔和之情調，令閱者生起淒涼悲憫之感想，乃可不失藝術之價值。若紙上充滿殘酷之氣，而標題更用「開棺」、「懸梁」、「示眾」等粗暴之文字，則令閱者起厭惡不快之感，似有未可。更就感動人心而論，則優美之作品，似較殘酷之作品感人較深。因殘酷之作品，僅能令人受一時猛烈之刺激。若優美之作品，則能耐人尋味，如食橄欖然（此且就曾受新教育者言之。若常人，或專喜殘酷之作品。但非是編所被之機。故今不論）。

△依以上所述之意見，朽人將此畫集重為編訂，共存二十二張（尚須添畫兩張，共計二十四張。添畫之事，下條詳說）。殘酷之作品，雖亦選入三四幅。然為數不多，雜入中間，亦無大礙。就全體觀之，似較舊編者稍近優美。至排列之次序，李居士舊訂者固善。今朽人所排列者，稍有不同。然亦煞費苦心。盡三日之力，排列乃定。於種種方面，皆欲照顧周到。但因畫稿不多，難於選定。故排列之次序，猶不無遺憾耳。

△此畫稿尚須添畫二張。

其一、題曰「懺悔」。畫一半身之人（或正面，或偏面，乞詳酌之），合掌恭敬，作懺悔狀。其衣服宜簡略二三筆畫之，不必表明其為僧為俗。

其一、題曰「平和之歌」。較以前之畫幅，加倍大（即以兩頁合併為一幅，如下記之圖形）。其虛線者，即是畫幅之範圍。其上方及兩旁，畫舞台帷幕之形。其中間，畫許多之人物，皆作攜手跳舞、唱歌歡笑之形狀。凡此畫集中，所有之男女人類及禽獸蟲魚等，皆須照其本來之像貌，一一以略筆畫出（其禽獸之已死者，亦令其復活。花已折殘者，仍令其生長地上，復其美麗之姿。但所有人物之像貌衣飾，皆須與以前所畫者畢肖。俾令閱者可以一一回想指出，增加歡喜之興趣）。朽人所以欲增加此二幅者。因此書，名曰《護生畫集》。而集中所收者，大多數為殺生傷生之畫，皆屬反面之作品，以下十九張（惟《農夫與乳母》一幅，不在此類）皆是反面之作品。頗有未安。今依極人排定之次序。其第一頁《夫婦》，為正面之作品，悉為殺生傷生之畫。由微而至顯，復由顯而至微。以後之三張，即是《平等》及新增加之《懺悔》、《平和之歌》，乃是由反面而歸於正面之作品。以《平和之歌》一張作為結束，可謂圓滿護生之願矣。

△集中所配之對照文字，固多吻合。但亦有勉強者，則減損繪畫之興味不少。今擇其最適宜者用之。此外由朽人為作僑話詩，補足之。但此種白話詩，多非出家人之口氣，故託名某某道人所撰。並乞仁等於他人之處，亦勿發表此事（勿謂此詩為余所作）。昔蕅益大師著《辟邪集》，曾別署緇俗之名，雜入集中。今援此例而為之。

△《夫婦》所配之詩，雖甚合宜。但朽人之意，以為開卷第一幅，須用優美柔和之詩。至殘殺等文義，應悉避去。故此詩擬由朽人另作。

△畫題有須改寫者，記之如下。乞子愷為之改寫。

《溺》改為《沉溺》（第二張）

《囚徒之歌》改為《凄音》，原名甚佳，因與末幅《平和之歌》重複，故改之（第三張）

《誘殺》改為《誘惑》（第四張）

《肉》改為《修羅》（第十一張）

《懸梁》能改題他名，為善。乞酌為之（第十三張）

又《刑場》之名，能改題，更善。否則仍舊亦可（第十二張）

△朽人新作之白話詩，已成者數首，貼於畫旁，乞閱之（凡未署名者皆是）。

△對照之詩，所佔之地位，應較畫所佔之地位較小，乃能美觀（至大，僅能與畫相等）。萬不能較畫為大。若畫小字大，則有喧賓奪主之失，甚不好看。故將來書寫詩句之時，皆須依一一之畫幅，一一配合適宜。至以後攝影之時，即令書與畫同一時、同一距離攝之，俾令朽人所配合大小之格式，無有變動。

△最後一張畫，即《平和之歌》，是以兩頁合併為一幅。將來此幅對照之詩，其字數較多，亦是以兩頁合併為一幅。詩後並附短跋數語，故此幅之字數較多也。

△畫集，附掛號寄上。乞增補改正後，再掛號寄下，並畫好之封面，同時寄下。

△將來印刷之時，其書與畫之配置高低，及封面紙之顏色與結紐線之顏色，能與封面畫之顏色相調和否？皆須乞子愷處處注意。又畫後，有排版之長篇戒殺文字，亦須排列適宜。其圈點之大小，與黑色之輕重，皆須一一審定。因吾國排字工人之知識，甚為幼稚，又甚粗心，絕不解美觀二字也。此事至要，慎勿輕忽。

△所有刪去之十數張，將來擇其佳者可以編入二集。茲將刪去之畫，略評如下：

《誘殺（二）》，此畫本可用。但以此種殺法，至為奇妙，他人罕有知者。今若刊布，恐不善之人，以好奇心，學此法殺生。故刪去。

《屍林》、《示眾》、《上法場》、《開棺》，皆佳。但因此類殘酷之作，一卷之內不宜多收，故刪去。將來編二集時，或可編入。但畫題有宜更改者。

《修羅》，此畫甚佳。但因與《肉》重複，故刪去。今於《肉》改題為《修羅》，則此幅《修羅》應改為他名。俟編二集時，可以編入。

《炮烙》亦可用。今因集中，有一花瓶一玻璃瓶，與此洋燈罩之形相似。若編入者，稍嫌重複，故刪去。

《採花感想》，此畫章法未穩。他日改畫後，可以選入二集。

《生的扶持》亦可用。因與《夫婦》略似，故刪去。

《義務警察》，今人食犬肉者罕聞。此畫似可不用。

《楊枝淨水》，此畫可用。將來編二集時，可以此畫置在最後之一幅。

△將來編二集時，擬多用優美柔和之作，及合於畫生正面之意者。至殘酷之作，依此次之刪遺者，酌選三四幅已足，無須再多畫也。

△此次畫集所選入者，以《母之羽》、《倘使羊識字》、《我的腿》、《農夫與乳母》、《殘廢的美》，為最有意味。《肉》，甚有精彩。

△以上所述之拙見，皆乞仁等詳細閱之。畫稿增改後，望早日寄下，為盼！

△子愷所畫之格子，雖然雖未能用。但由朽人保存，以備將來書寫他種文字用之，俾不辜負量畫一番之心血。至此次書寫詩句時，應用之格子，擬由朽人自畫。因須斟酌變通，他人不能解也。

△宿疾已愈。惟精神身體，皆未復元。草草書此，諸希鑒察，為禱！

八月廿一日　演音上

此函發出之時，同時已另寫一明信片，寄與（狄思威路）李居士，請彼即親至江灣索閱此函。故仁者收到此函後，無須轉寄與李居士。恐途中遺失也。如李居士已往他處，一時不能返滬，而欲急閱此函者，乞掛號寄去為宜。

（一九二八年舊八月廿三日，溫州慶福寺）

圓淨居士慧覽：

昨奉惠書，誦悉一一。承寄藏經目，甚感。畫集裝訂之事，於前函及致子愷之函內，已詳言之。即是：

（一）用日本連史紙印，不用洋紙印。

（二）用美麗之封面畫及色彩調和之封面紙（不拘中西）。

（三）用美麗之線，結紐釘之。不用舊式書籍穿釘之式。亦不用洋裝。

若僅贈送國內之人，即依此法裝訂印刷（排印時，無論圖畫與文字，及附錄之長篇白話文，皆不用邊。與子愷之《漫畫集》相同。但所不同者，彼用洋紙，此則用連史紙耳）。若欲贈送日本各處者，則更須添印二三百部，純用中國舊式之紙料（內容之紙及封面之紙皆然）精工印刷。至裝訂，仍不妨用色線結紐。若如是者，乃合日本人之嗜好。倘用洋紙印刷及洋裝等，則彼等視之，殊無意味。此事子愷當深知之。

至於用中國舊式之紙料印刷，以用上等舊式之連史紙為宜。如嫌其價昂，可改用上等舊式之毛邊紙，或許溫州所出之舊式「七刀紙」，皆能合日本人之嗜好。此種紙張，顏色雖不潔白，然亦頗古雅不俗也。總之，若欲投日本人之嗜好，須用中國舊式極雅致之紙料印之。若欲投吾國新學家智識階級之嗜好，須用日本連史或洋紙印之。拙見如是，未審然否？

畫稿俟子愷改正寄來後，朽人當為補題詩句及書寫。大約須費一月左右之力（從畫稿寄到後計算）。倘無疾病，即可以做到。吾人作事，固應迅捷。然亦不可心忙，過於草率。俟全部題寫已畢，再一併寄上，由仁者斟酌募資。吾人為弘法利生，募款印書，固應熱心從事，然亦不能過於勉強。尚因緣未能成熟，止可從緩暫待。穆居士處，久未通訊。朽人近年以來，心灰意懶，殊不願與人交際。即作文寫字等事，至此畫集完成後，亦即截止。以後作文詩之事，決定停止（因神經衰弱）。至寫字之事，惟寫小幅簡單之佛菩薩名號，或偶爾寫書簽耳。諸乞鑒諒為幸！

八月廿三日　演音上

尤居士寄來牛詩，已收到。惜不甚貼切，今擬重作。

（一九二八年舊八月廿八日，溫州慶福寺）

圓淨居士慧照：

頃奉到掛號　尊函及明信一，並《藏經》樣本一包，敬謝！

以前凡得誦尊函及獲子愷函後，皆隨時作復。但有時來另函復與仁者，僅於復子愷函內，附提及，託彼轉達。前得子愷函，謂須寫封面二張，隨即書寫，寄予子愷（大約在八月十六日以前發出）。故未寄與仁者（因仁者之函在後到，仁者函來時，此封面已寄出矣）。此次諸事，所以仁者未能接洽者，或因郵局罷工，信件遲到。或因子愷已返故鄉，朽人凡寄與子愷之函至江灣者，彼皆未能披閱，轉達仁者。故遲遲耳。尚有二原因：其一、為滬溫之間，每週僅開輪船二次（或有時僅一次）。凡尊處與朽人來往之信件，或碰巧者，則二三日即到。若遲者，或至七八日，故往返之間須時半月。又朽人在溫，不能常常出門。凡有信件，皆託人送至郵局。彼人或即送出，或遲數日送出，或經遺失，朽人則不之知也。因此種種緣故，致令仁者時以懸念，至用歉然！

近日寄予子愷之函，記之於下：

八月廿二日，掛號函一件，掛號函稿等一包（同時寄與仁者一信片，請仁者至江灣索閱彼函）。廿三日，函一件；廿四日，信片一張；廿六日，函一件。皆寫新作之詩。

關於畫集之事，乞仁者披閱上記之函片，即可詳悉。朽人重作之詩，除有二首須俟畫集新稿於他日寄到時，乃能依畫著筆外；其餘之詩，皆已作好。現在傳俟子愷將改訂增加之畫稿寄來（連同全部畫稿寄來）。朽人即可補作詩二首，並書寫全文（大約須一個月竣事）。此次關於畫集之事，朽人頗煞費苦心。總期編輯完美，俾無負仁者期望之熱誠耳。不具。

八月廿八日　演音上

將來畫集出版後，除贈送外，或可酌定微價，在各處寄售流通。因贈送之書斷難普及。有時他人願得者，因已送罄，無處覓求，至為遺憾。

（一九二八年九月初四日，溫州慶福寺）

圓淨居士慧覽：

昨奉到尊片，又雙掛號寄到稿本一冊，同時收到。書寫對照文字，須俟畫稿寄到，乃能書寫。因每頁須參酌畫幅之形式，而定其文字所佔之地位（或大或小，或長或方或扁，頁頁不同，皆須與畫相稱）。又每一寫頁時，須參觀全部之繪畫及文字之形式，務期前後統一調和（不能寫一頁，只管照一頁）。故將字與畫分兩回寄上之事，亦勢有所未能。諸乞亮之為幸。

朽意以為此事無須太速，總期假以時日，朽人願竭其心力為之編纂書寫。俾此集可以大體完善，庶不負仁者期望之熱忱耳。

《護生痛言》，至為感佩。擬留此詳讀，俟對照文字寫就，於他日一齊掛號奉上。《調查錄》中所載之各團體，大半有名無實。故凡有贈送之書，宜先贈一冊。並附一明信片告彼等，如願多得者，可再函索，並附寄郵費，云云。如此辦法，最為合宜也。且就朽人所知者而論，各團體多是若有若無，其能聚集數十人而開念佛會者，其中之人，亦大半不識文字。或有少數之人，曾在私塾讀書數年者，文理亦不能通。故各處贈送之書等寄來者，以五彩石印洋紙西方三聖像，為彼等大半所歡迎請求。其次，則為《彌陀經》白文。至於《彌陀經白話解》，亦有少數之人能閱覽。至其他諸書，則能閱者殊希。

前月北京萬居士之流通處，代人分送《陀羅尼》二種。依《調查錄》所載之各機關，各贈送二十冊。此種悲心，固甚可欽佩。但恐閱者不多。其寄至慶福寺者，直無處可以轉送。即朽人亦不願披閱，只可束之高閣而言。

再者，凡贈送之書，必分出若干部，以極廉之價，於各處寄售。因分送之書，不久即罄。他日有人願得者，無處可以覓求，每興向隅之嘆也。

以上兩事（一為不可多贈，一為須分出若干部寄售。朽人之意，非是阻止法寶流通。實願法寶不致虛棄，俾不負施者之意耳）實為朽人多年經驗，所常常眼見者。擬請仁者編輯《新調查錄》時，附以贈送佛書時應注意之事數則刊入（除上記之二事外，乞仁者與尤居士酌增）。俾他日有人依《調查錄》贈送佛書時，可以得良善之辦法也。

關於畫集印刷排列格式之事，俟後再詳陳。仁等對於此事，具有十分之熱忱，至用欽佩。《上法場》一畫，擬不編入。此次未編入之畫稿，雖可希望他年能再出二集。但此事難以預定。且朽人精力衰頹，急欲辦到。此次畫集竣事之後，即謝絕一切，不能再任囑託之事。朽意以為未編入之畫稿，或可附他他種戒殺書中出版（如居士林之洋裝本，最為合宜）。此事將來有便，再乞仁等酌之。

新作之詩，皆已作就，共十六首。務期將全集之調子，調和整齊。但終未能十分滿意耳，不具。

九月初四日　演音上

畫集出版之後，若直接寄贈與各學校圖書館，似乎十分穩妥。應由校中教員轉交，乃為適宜也。現在即可託人調查介紹。如浙江兩級師範圖畫手工專修科，及第一師範畢業生，現在某校任藝術教員者。又如上海美術學校及專科師範畢業生，現在某校任藝術教員者，皆可託子愷及吳夢非等設法調查。其南京兩江師範圖畫手工專修科，可託姜敬廬[90]居士調查。俟畫集出版之後，每校共贈二冊。一贈與此藝術教員，一乞彼轉贈與彼校圖書館。朽意以為不僅限於贈送藝術學校。其他之中等以上之學校，皆可贈送。乞酌之。

或恐此畫集，須遲至明春乃可出版。則延至明春再調查亦可。因可校教員。至年底或須更動也。

（一九二八年九月廿四日，溫州慶福寺）

圓淨、子愷居士同鑒：

朽人現擬移居。以後寄信件等，乞寫溫州蔴行門外江心寺弘一收，為宜，希勿再用「論月」二字，因名字歧異，郵局時生疑議，以專用弘一之名為妥也。

江心寺交通不便，凡有信件，皆寄存城內某店，俟有人入城買物時帶來（由岸至江心寺，須乘船過江，甚為不便）。其寄出之信件，亦須俟有便人，乃可付郵。以是之故，如由上海寄來之信，大約須遲至一個月左右，乃能得回信，甚為遲緩。且因輾轉傳遞，或亦不免遺失也。此事諸乞亮察，為禱。

子愷新作之畫稿，並舊畫稿全份，乞合併聚集為一包，統於明年舊曆三月底寄下，為要。不須絡續而寄。又寄時，必須雙掛號。至於朽人將白話詩題就，並書寫完畢，即連寫序及《護

90 指畫家姜丹書，曾與未出家前的弘一法師共事於浙江第一師範。

生痛言》，共為一包，大約於舊曆五月，可以寄上。當由朽人親身攜往郵政總局，雙掛號寄上，絕不致有錯誤。

依上所陳者，為尊處寄新舊畫稿來時，亦僅一次。又朽人寄出者，亦僅一次。如是較為清楚。

又朽人在江心寺，係方便關閉。一概僧俗諸師友，皆不晤談。又各地常時通信之處，亦已大半寫明信片，通告一切：謂以後兩年三個月之內，若有來信，未能答覆。又寫字、作文等事，皆未能應命云云。自是以後，無十分重大之要事，絕不出門。惟明夏寄上畫稿時，擬出外一次耳。草草書此，不具一一。

九月廿四日　演音上

以後各種寫件，皆擬暫停（如封面等皆不書寫）。因郵寄太費周折，又恐遺失，反令他人懸念，故不如一律不寫之為愈也。

再者，由他處寄至江心寺之函件，須存放某豆腐店，待工人等買豆腐時領取。豆腐店中人等，及工人等，皆知識簡單，少分別心。雖有雙掛號整函件，彼等亦漠然視之，不加注意。以是之故，雖雙掛號，或亦不免遺失。因郵局之責任，僅送至豆腐店為止，以後即不管也。朽人之意，以為舊上海藝術師範畢業生，有二三人在第十中學任教務。擬請子愷居士於明春二月間，詢問是否確實（問吳夢非便知）。倘果有其人者，先致函詢彼。擬將畫稿寄至第十中學，交他手收，令彼親身送至江心寺，可否？彼如允許，再將畫稿雙掛號寄去。總之，此事甚須注意，乞仁等詳酌之（周孟由居士體弱多病，惟在家念佛，不常出外，性情弛緩，諸事不顧與聞。此事萬萬不可託彼轉交，恐反致遺誤延緩也）。

（一九三五年舊十月，惠安，時年五十六歲）

圓淨居士道鑒：

前函想已收到。近因淨峰[91]住持易人，余擬移居鄉間草庵。其地通信地址未定，以後乞暫勿來信。仁者與豐居士通信時，亦乞代達此意，為感！不宣。

演音啟

（一九三八年閏七月五日，漳州祁保寺，時年五十九歲）

承寄《戒本匯解》，已收到。近詳閱仁者前寄來之徐居士遺札，內有痛斥清朝經手刻藏經者之言，實為誤會。朽人前已考證清楚，俟將來到泉州時，檢驗諸書，詳陳一切。朽人今年於閩南各地講經演說甚忙，為昔所無。舊曆三月底，在廈門講經。四月八日到漳州講經，本擬住半月即返廈門泉州，不意三天後廈門難起，遂至今不能歸去。但亦借此機會，在漳州城鄉屢次演說講經及重興念佛會等。近講事多忙，不及詳復為歉。尊撰《佛法導論》，最為精湛。余常常勸人讀誦此書。便中乞惠施若干冊，付郵寄下。如有他種之淺近佛書，亦乞附寄下。至感！

舊閏七月五日　演音上

91　淨峰，即福建惠安的淨峰寺。

（一九三八年舊八月初八日，漳州瑞竹巖）

圓淨居士道席：

閏月十八日惠書，昨始收到。又前寄之科文校稿一紙，亦已收到。朽人處，舊存有道光年間所刻《華嚴疏鈔玄談》一部（已下疏鈔正文亦有，余未藏）。為依明末刊本照樣雕刻（原文之功德人名等皆照刻，決無變動，似以原印紙頁貼於木板上而刻者）。此中文字，曾與金陵流通本對校，完全相同。故知刪節之事，似在明末，而非清代刻藏者所為也。又朽人昔曾檢《弘教藏》中疏鈔別行原本，與今流通會本對校，而補寫其闕略處，已將《玄談》校寫畢。偶詳細披覽，《玄談》原本前數卷之鈔文中所列之科文尚能齊全。《玄談》後數卷中科文則多缺略，或竟全無。由此可知清涼[92]所撰之鈔文益對本中，於科文亦未完全列出。因有別行科文可以對閱，故不須一一列出也。後人或有鑒於此，因將清涼鈔中前後所存列之科文亦遂隨意妄加刪削，以減少字數，而省刻板之費用。此舉雖是冒昧不當，但當時或尚有別行科文存在，似無大妨礙也。又彼等刪節科文時，復變本加勵，順便將鈔文刪去甚多。雖所刪者多無關重要，但亦非所應為也。至清代刻藏時，別行科文似久已不傳，刻藏者於此刪節本不加詳察，遂即依此照刻。以上所言，就朽人所憶記者隨意測度，是否未敢必也。道光年刊《玄談》，存在泉州，不及檢閱。或有忘誤，且俟將來返泉州後，再詳細檢閱奉復也。爾來精神頽唐，惛憒日甚。匆匆復此。倘有文義訛誤處，乞諒之，為幸！不宣。

舊八月初八日　演音啟

（一九三八年冬，泉州溫陵養老院）

惠書誦悉。今年在各地（泉、漳、廈、惠）講經，法緣殊勝，昔所未有。律部參考書，皆存廈門。所擬編之書，完成者二三種，尚須刪訂者二三種。此外多編輯粗成，尚未錄寫。近來身體如常，精神甚衰。倘天假之年，精神康健，能返廈門時，乃可著手編錄也。略復不宣。

音啟

（一九三九年端陽後二日，永春普濟寺，時年六十歲）

圓晉居士澄覽：

前復函，想已收到。茲寄上《匯解序》一紙，表二紙，為數年前仁者所託寫者。豐居士書一紙，九月二十日發。又一紙，陽曆十一月九日發，共五紙。豐居士之前書，即作為畫集續編之序文。此外再乞仁者及夏居士各撰序一首。豐居士之後書，可為仁者撰序時參考之用。以上豐居士之書，共兩通（前一紙，後者五紙），已由朽人允許贈與性常法師。茲先寄至尊處。俟畫集編輯既竟，豐居士之書兩通不需用時，乞徑寄交性常法師收受可也。又朽人之意，皆於豐居士後書中附注。乞裁酌之。《護生畫集》初集及二集，皆由仁者主編。乞皆收入《瑩庵叢書》中，以為永久之紀念。又豐居士發心畫至六集為止（每十年一集）。三集之畫七十幅，四集八十幅，五集九十幅，六集百幅。朽人不久即往生西方，此畫集亦不中止。並乞仁者隨時督

92　清涼，為清涼國師之略。清涼國師名澄觀，字大休，為華嚴宗第四祖，以居清涼山（五台山）大華嚴寺著《華嚴疏鈔》知名。圓寂後謚為清涼國師。

促之。又豐居士於今年三月十六日寄來之信亦述及此事，附以奉覽。此信即存尊處，乞勿寄還也。謹陳，不宣。

附奉上《華嚴集聯》跋二紙。

音啟　端陽後二日

（一九三九年舊九月三十日，永春普濟寺）

圓晉居士文席：

朽人世壽周甲已過。擬自下月中旬始，至農曆明年辛巳除夕止，掩室靜修。須俟壬午元旦，乃可與仁等通信也。仁者之地址倘有變動，乞於辛巳十二月初旬寫交性常法師，於壬午元旦清晨，由彼面交朽人可也。謹陳，不宣。

九月三十日　音啟

《護生畫》初集題句，附寄上。子愷寄畫至尊處，乞勿轉寄。其頁數之字，乞託人代寫。寫之格式，附紙說明。致夏、豐二居士各一紙，乞便中轉交。又與豐居士立幅一紙。

（一九三九年舊十一月廿四日，永春普濟寺）

圓淨居士文席：

畫稿[93]不久可由承天寺轉寄到。朽人近來身體衰弱，天氣亦寒，約須數月，乃可寫就。仁等籌募之事，即可著手。此事決定進行，不能中止。以前所印畫集初編，仍舊出版。佛學書局出版之英譯畫集，係依原稿所攝影製版者，極為清晰，與原稿無異。將來再製版時，畫幅即可依此英文版翻製，與原稿無異。原稿雖焚毀，不足憂也。初編中朽人題字，擬俟明年暇時再寫一組寄上，以備新製版時改換，但文句仍舊不動，以保存舊迹。並為永久之記念也。豐子愷居士處，乞代為致書道謝，恕不另函。

夏曆十一月廿四日　音啟

（一九三九年冬，永春普濟寺）

圓淨居士慧覽：

朽人今歲世壽六十，即擬掩室習靜（暫未能通信）。關於畫集事（第二集），乞與夏居士接洽一切。現在紙張人工皆漲價，稍遲出版無妨。但此續集將來必須出版，未可中止。朽人在世，可任書寫。倘生西者，乞託豐居士書寫可也（乞夏居士作序，無須再請馬居士作）。

音啟

（一九四〇年春分，永春，時年六十一歲）

圓淨居士澄覽：

惠書，欣悉一一。茲奉上《盜戒問答》稿一冊，乞先付印。《南山律在家備覽》，一時未

---

93 即《護生畫集》之畫稿。

易著手編輯。茲擬先輯《南山律在家備覽略編》一部，共三冊。擬分三次出版。第一冊《宗體篇》，第二冊《持犯篇》，第三冊《懺悔督》，《雜行篇》及附錄。第一及第二冊皆可單行。現已著手先編第一冊《宗體篇》，約於農曆四月五月間可以編就奉上。此略編雖不及廣本完備，然已規模粗具，足供學者之研習矣。《宗體篇》所述者，為如何受戒、得戒；《持犯篇》所述者，為如何持戒。故此二冊，皆可各別流通。朽人近年來，精神大不如前，且時有小疾，《在家備覽》廣本，恐難成就，故先輯此略編；又恐不能完成，故令前二冊皆可單獨流通，即使僅輯成第一冊，或僅輯成第二冊，而命終生西，亦無妨也。戰事於今年當可停止。其時朽人倘尚康健者，擬往廈門整理殘稿。但校訂鈔寫皆由朽人自任之，故難以速成也。舊藏榑桑古版律宗典籍甚多，其孤本之佳者有十數部，亦須校訂抄寫乃可寄上也（現階在鼓浪嶼及廈門）。《比丘戒相表記》，前年由開明書店製鋅版，極為精美，戰事起時已毀失。如有因緣，能再製一套，存佛學書局尤善。前開明製版時，即用第一次石印本為底稿，而製鋅版，但須十分精細注意，乃能得良好之結果。第一次石印本，在上海當可覓求而得也。印刷品似可郵寄。農曆舊年底，夏居士寄來《行事鈔記》二大包，已於元旦日收到。尊函所云印經事，宜早期圓成。但朽人因未能返廈，又無助理者，故難速就。今且隨分隨力編就一二；其常了者，俟當來回入娑婆時，必可賡續，圓滿其業也。謹復，不宣。

農曆春分晨　音啟

（一九四〇年舊三月十八日，永春普濟寺）

圓晉居士瑩鑒：

惠書誦悉。諸承關念，至用感慰。朽人近年已來，精力衰頹，時有小疾。編輯之事，僅可量力漸次為之。若欲圓滿成就其業，必須斗生極樂，見佛證果，回入娑婆，乃能為也（古德云：去去就來，回入娑婆，指顧間事耳）。《南山徑在家備覽略編》第一冊《宗體篇》，至今晨已將第二次正稿寫竟。尚須整理增刪，然後再寫第三次正稿。以前預計，四五月間可以將第一冊稿本寄奉。近以目力不佳，精神恍惚，恐須延期至五月以後乃成就也。《南山年譜》[94]，於數年前已編就，今存鼓浪嶼，僅有數紙。以後擬再編《靈芝年譜》[95]，材料甚少，亦僅三四紙。將來即附於《在家備覽》第三冊後也。《羯磨講錄》久已編就（共二冊，或四冊）。將來尚擬再為整理，乃能出版。《戒本講錄》，亦久編就（共二冊，或四冊），後半尚可用，前半須重編。以上兩種，皆須俟編輯《在家備覽》畢乃能著手。吾人修淨土宗者，絕不以弘法事業未畢，而生絲毫貪戀顧惜之心。朽人以上所云編輯諸事，不過始作此想。經云：人命在呼吸間，固不能逆料未來之事也。余與仁者友誼甚厚，故敢盡情言之。乞勿以此信示他人，他人見者成為驚詫也。聶云台居士病狀如何？以後來信時乞便中示及。謹復，不宣。

舊三月十八日　音啟

94 《南山年譜》即唐終南山道宣律師年譜。

95 《靈芝年譜》即宋杭州靈芝寺元照律師年譜。以上二律師，為唐宋兩代律宗代表人物，均有著作行世。

（一九四〇年舊五月十二日，永春普濟寺）

圓晉居士再覽：

仁者致常師[96]書，誦悉一一。承詢之事，其一冊，為《行事鈔》中一部分之科表，唯錄舊科而已。其一冊，為《行事鈔持犯方軌表錄》之初稿。若欲出版，尚須精校重為編訂。朽人近來對於自己之著作，不通輕易出版者：（一）因以凡夫情見僭為編述者，恐未能契理契機。必須先生西方，回入娑婆，乃可負荷弘法之重任。（二）因律學專門之撰述，出版之後，無人能讀，難於流通。昔蔚如居士刻《南山律書》[97]近百餘卷，除贈送之外，罕聞有人出資請購者。即贈送與人，讀者亦希，僅藏置高閣耳。且如朽人近編之《南山律在家備覽略編》，因普被在家人故，將來出版之後，慕名而請購者，或尚有一二百人。若真能披讀而研習了解其義者，或亦僅有仁者及古農、幼希數居士耳。近來目疾增劇，抄錄《備覽》僅及一半，約五十餘頁。尚有一半，未抄錄。謹復，不具。

音啟　五月十二日

附一紙，乞於便中交夏居士為感！此次書寫《備覽》稿，頗為用心。每寫一頁，須一小時以上乃至兩小時。附呈廢稿十善法一紙。

（一九四〇年六月初五日，永春普濟寺）

圓晉居士澄覽：

惠書誦悉。《宗體篇》已於前日寫竟。自今日起，寫畫集題句。俟寫畢，即將畫集依信札例郵奉。題句，決定改為加邊（與畫之邊相同），並題頁數（外國頁數）之數目字。則印刷裝訂時，可以整齊也。《宗體篇》共計九十一頁（中國頁數），俟秋涼久晴時郵奉。謹復，不宣。

六月初五日　音啟

（一九四〇年舊六月十日，永春普濟寺）

圓晉居士瑩鑒：

茲寄上畫六十張，封面二張，扉頁一張，字六十一張，馬序一張（初集）。字與邊，皆照原樣製版。倘因字之筆畫太細，不能製鋅版者，乞先影印若干冊，後再依此影印者製版可也（因影印者，筆畫皆自然加粗故）。每頁下端之數目字，皆連製鋅版（其計數至一百，下為百一、百二等，不用百〇一字樣），共計一百廿一頁（外國頁數）。畫幅上，偶有木炭起草稿之影子。攝影製版時，乞除去。其分甲、乙、丙等，悉依豐居士所標寫者（見每畫幅後，上端鉛筆所寫者）。有四幅以朱筆標寫者，係後寄來之畫，由朽人隨宜標寫。（畫幅後面，上端朱筆所標之一二三等，係畫幅之次序，今已無用。）其補題詩偈者，除學童之名以外，大約係豐居

96 常師，指性常法師。

97 唐道宣在終南山弘揚律宗，所著之書稱《南山律書》。

士所作，隨宜署多名耳。

六月十日　音啟

（一九四一年舊五月，晉江福林寺，時年六十二歲）

圓淨居士文席：

近以友人請住檀林鄉[98]中，結夏安居。故得與仁者特殊通信，發起一重要之事。以《護生畫集》正續編流布之後，頗能契合俗機。豐居士有續繪三、四、五、六編之弘願。而朽人老病日增，未能久待，擬提前早速編輯成就，以此稿本存於上海，俟諸他年陸續付印可也。不宣一一。

音啟

（此札無年月）

《地藏菩薩本迹靈感錄》已達五版，至用欣慰。《地藏十輪經》序品一卷，載讚嘆感應之文甚多，乞仁者暇時披閱此經（金陵版《大集地藏十輪經》，最善。序品以後，亦乞詳閱之，當獲益甚大。又《占察善惡業報經》，金陵版經並疏，亦地藏菩薩所說。惟此經說修唯識真如觀法，不能通俗耳。連《本願經》，共三種，世稱為《地藏三經》。又《金剛三昧經》最後一品，金陵版，亦地藏菩薩所說）。擇其通俗易解者，演為淺顯之文及表記，則彌善矣。他經多稱為地藏菩薩，唯有《大乘本生心地觀經》，稱為地藏王菩薩。以上諸經之外，他經中載地藏菩薩之名者，如《華嚴入法界品》四種譯本（晉譯六十卷內，唐譯八十卷內。西秦別譯，此品名《佛說羅摩伽經》。唐貞元別譯，此品名《普賢行願品》），皆載地藏菩薩之名。但西秦譯曰「持地藏菩薩」，晉譯曰「大地藏菩薩」。）貞元別譯《華嚴十地經》，及《佛說八大菩薩經》等，皆有地藏菩薩之名。此外，又有《百千頌大集經．地藏菩薩請問法身贊》一卷。又祕密部亦有載地藏菩薩者，茲不具錄。朽人受菩薩慈恩甚深，故據所知，拉雜寫出，以奉慧覽。蕅益大師《靈峰宗論》中，屢有關於地藏菩薩之著作，亦乞仁者披閱之。《續藏經》中，有《地藏菩薩發心因緣十王經》，此是偽經，不宜流布。問地藏菩薩經中，亦有往生淨土之言否？答：有。今略舉之。祕密部《地藏菩薩儀軌》云：「地藏菩薩說咒已，復說成就法。若念滅罪生善，生身後生極樂，以草護摩[99]三萬遍。」《地藏十輪經》云：「當生淨佛國，導師之所居，乘於無上乘，速得最勝智。」又云：「當生淨佛土，遠離諸過惡，住彼證菩提，令離諸瞋忿。」又云：「如是菩薩福德智慧速疾圓滿，不久安住清淨佛國。證得無上正等菩提。」又云：「速往淨佛國，證得大菩提。」《占察善惡業報經》云：「地藏菩薩言，若人欲生他方現在淨國者，應當隨彼世界佛之名字，專意誦念，一心不亂。如是觀察者，決定生彼佛淨國。善根增長，速獲不退。」故蕅益大師依《占察經》立懺法，謂欲隨意往生淨佛國土者，應受持修行此懺悔法。懺法中發願文云：「捨生他世，生在佛前。面奉彌陀，歷侍諸佛。親蒙授記，迴

98 檀林鄉，指晉江檀林鄉福林寺。是年弘一法師在此結夏安居。
99 護摩，印度梵語，義為焚燒，即燒火投物其中的火祭，是密宗常行的修法之一。

入塵勞。普會群迷，同歸祕藏。」又懺法有四部：

一、《占察懺儀》（本名《占察行法》，附義疏後，亦有單行本，武昌印一冊）。

二、《梵本地藏懺願儀》（揚州版一冊）。此二種為藕益大師作，最善。

三、《地藏懺儀》（杭州版一冊），簡單可用。

四、《梵本地藏懺》（揚州版三冊）太繁雜。

演音白

致廣洽法師

（一九三一年九月，上海，時年五十二歲）

廣洽[100]大師慈鑒：

前上明信，想達慈覽。本擬即往廈門，茲因上海有人勸阻（因時局不寧），暫緩動身。以後有他處寄與弘一之信函及書籍等送至尊處者，乞暫為收貯。俟明年春夏之際（或遲至下半年）至寧波時，再當奉復，覓便轉寄可也。種種費神，感謝無盡。性願老法師處，乞代致意。

順頌

法安

演音和尚

（一九三二年舊十月十八日，溫州慶福寺，時年五十三歲）

廣洽法師慈鑒：

前寄函，想已收到。音字十四日夜間，患痢疾，至今未癒。倘近日可以痊癒，即搭次班新鎰利輪船往廈。倘一時未能痊癒復原者，則更須延期也。所帶行李不多，乞座下勿至碼頭迎

100 廣洽法師（一九〇〇～一九九四），名照潤，弘一大師為之改名普潤。少時於廈門南普陀寺出家，一九二八年弘一大師入福建，親侍請益，後任佛教養正院學監。抗戰時前往新加坡弘法，後創薝蔔院。

接。因病猶未癒，動身之日難確定也。知勞遠念，謹以奉聞。順頌

法安

當家大師，均此致候。

演音和尚　舊十月十八日

（一九三三年底，晉江草庵，時年五十四歲）

廣洽法師道鑒：

年終二十七日，曾交工人信一件，付安海郵局。本擬掛號，彼不允許，故僅貼郵票五分，未知已收到否？信內所述者，懇為惠施三物：

一、綠豆一大口袋（做稀飯用）。

二、石炭酸一瓶。

三、血清藥水（係內服者）一打，計十二瓶。

因此次生外瘡，血已污濁不清。故今全身常癢，又生小瘡甚多。故必須多服血清藥水，令血清潔，自然諸病自癒矣。但不知血清藥水（內服者）以何種為最好？乞為請問陳天恩。

演音

（一九三五年正月六日，廈門萬壽巖，時年五十四歲）

廣洽法師道鑒：

飲食如常，精神日旺，但外症等須漸漸而癒，為可著忙也。醫士或其他有名之西醫，精為選擇。乞先購十二瓶帶下至感。是瘡甚輕，現已漸癒，乞勿念。

惠安講經之信，至今未收到。未知尊處已寄與福埔站否？近已託人到惠安詢問。倘必欲講《地藏經》者，惟有懇求瑞今法師代往。俟消息確定後，即託傳貫師之父親廣謙師到廈門，迎陪瑞今法師同往，乞先為致意。若不講者，及不來也。順頌

法安

演音啟　正月六日

（一九三五年舊二月十四日，泉州開元寺）

普潤法師道鑒：

前奉上函片，想悉收到，茲有日本書中所夾藏古信箋一張（為清初時亮邃律師所寫，二百數十年之古物也），其意甚為切要。但係草字，字跡模糊，辨認不清。茲付郵掛號寄上，乞託廈門日本有人代為謄寫一紙（漢字用楷書、日本字用片假名），掛號寄還，至用感謝。

付致了智法師一箋，乞轉交。萬壽巖所印之單張《淨宗問辨》乞代請數十張，便中託人帶下。又有一事，附寫於下，乞與性願老人談之。

東石車站附近，僅有菜堂一處，男僧常往食宿，殊多不變。擬請性願老人於講經座上，勸眾僧發心於東石車站附近，興建寺院一處，以便來往男僧食宿，並勸諸居士熱心襄助一切，云云。

二月十四日，演音啟

《彌陀經講錄》，下記之二處，如已寄去則善；如未寄者，乞補寄各一包為感。

溫州大南門外慶福寺因弘法師收。

杭州轉崇德縣（石門）財政局徐世昌居士收。

普潤法師

承寄《九華示迹圖》，不久即可收到。預以奉覆。附白。

演音啟

（一九三五年七月十一日，惠安淨峰寺）

進來惠邑多風，地瓜稍有損失。無有水災也。夏季山中不熱，蚊蟻亦少。余居淨峰，每日標點研習《南山律》約六七小時。精神尚好，無有疾病，足慰慈念。謹上

普潤法師慧鑒：

（一九三五年舊七月，泉州淨峰寺）

惠函及經二冊，悉收到。附一紙，乞轉交王正邦居士，並乞為講解《觀經》發起因緣（並說明求生西方者，非只一人求快樂，應發院，願一切眾人悉皆離苦得樂，往生西方，云云）。名師韋者，即師法韋提希求生西方之迫切。韋提希當日，亦因家庭多故，生厭離心，而求往生，與今正同也。仁者值橫難而無大損傷，是因平日戒行堅固，常有善神護衛，故能轉危為

安，至用欣佩！淨峰寺道風日隆，住出家人五，人，皆持不非時食戒。午後，廚竈不再舉火（炊飯之事，亦出家人自任之）。余字前日始，講《戒本疏行宗記》。身體甚健（左臂已漸痊癒），乞勿念。不宣。

一音啟。

（一九三六年舊四月，廈門南普陀寺，時年五十六歲）

普潤法師：

乙亥（一九三五）歲晚，病皮膚百斯篤[101]，承黃丙丁博士殷勤治療，乃獲除癒。因貯藏其落痂，以為紀念焉。

沙門弘一

（一九三七年舊二月底，廈門南普陀寺，時年五十七歲）

二十六年歲次丁丑，二月六日，初落一齒，十日復落一齒，併奉廣洽法師藏之，以為紀念。

弘一

101 一種皮膚疾病。

（一九四〇年二月初十日，永春普濟寺，時年六十一歲）

廣洽法師道鑒：

別來三載，至用懸念。頃奉惠書，悉仁者欲返祖國，至用歡忭。五十金已受收，感謝無盡。略復。餘俟晤談。不宣。

二月初十日　音啟

性常法師現往泉州，附白。

印光法師致弘一法師書

（一九二〇年）

弘一大師鑒：

昨接手書併新舊頌本，無訛，勿念。書中所說用心過度之境況，光早已料及於此，故有止寫一本之說。以汝太過細，每有不須認真，猶不肯不認真處，故致受傷也。觀汝色立，似宜息心專一念佛，其他教典與現時所傳布之書，一概勿看，免致分心，有損無益。應時之人，須知時事。爾我不能應事，且身居局外，固當置之不問，一心念佛，以期字他同得實益，為惟一無二之章程也。《高僧傳》昨方校完，尚須數日方能寄去。以未過錄我本完，又須略斟酌於所記之疑文處，此事一了，即斟酌山志。山志斟酌好，彼願在山排印，此將就小排法子。每排幾十張，印出再拆散，又排又印耳。待後來再行刻板。書此，順候

禪安

蓮友印光謹復　七月廿六日

上海不去，後三本祈寄普陀。

（寄發年月不詳）

接手書，知發大菩提心，誓證念佛三昧，刻期掩觀，以期遂此大願。光閱之不勝歡喜。所謂最後訓言，光何敢當！然可不盡我之愚誠以奉之乎？雖固知座下用此種絡索不著，而朋友往

還，貧富各盡其分，則智愚何獨不然？但盡愚誠即已，不計人之用得著否耳。竊謂座下此心，實屬不可思議。然於關中用功，當以不而二為主。心果得一，自有不可思議感通。於未一之前，切不可以妄躁心，先求感通。一心之後，定有感通。感通，則心更精一。所謂明鏡當臺，遇影斯映，紜紜自彼，與我何涉？心未一而切求感通，即此求感通知心，便是修道第一大障。況以躁妄格外企望，或致起諸摩事，破壞淨心。大勢至謂都懷六根，淨念相繼，得三摩地，斯為第一。敢為座下陳之。

（寄發年月不詳）

座下勇猛精進，為人所難能。又欲刺血寫經，可謂重法輕身，必得大遂所願矣。雖然，光願座下先專志修念佛三昧。待其有得，然後行此法事。倘最初即行此行，或恐血虧神弱，難為進趨耳。

入道多門，唯人志趣，了無一定之法。其一定者，曰誠、曰恭敬。此二事雖盡未來際諸佛出世，皆不能易也。而吾人以博地凡夫，欲頓消業累，速證無生，不致力於此，譬如木無根而欲茂，鳥無翼而欲飛，其可得乎？

今將辦法之利弊，並前人證驗，略開一二，庶可隨意作法矣。

刺血寫經，有專用血寫者，有合金合硃合墨者。合金一事，非吾人力所能為。憨山大師寫經，係皇太后供給紙與金耳。金書之紙，須用藍色方顯，白紙則不顯。即藍紙金字，亦不如白紙墨字，及硃字之明了。光曾已見過矣。若合金硃墨等，則血但少許，以表其志誠心。如憨山於五臺妙德庵，刺舌血研金，寫《華嚴經》。妙峰日刺舌血為二分，一分研硃書《華嚴經》，一分著《蒙山施食》中，施鬼神。高麗南湖禪師，見《蕅益彌陀要解》，欲廣流通。刺舌血研墨寫要解，用作刻板底樣刻之，冀此書遍法界、盡來際，以流通耳。其寫一字，禮三拜，繞三匝，稱十二聲佛名。可謂識見超拔，修持專摯者也。此三老之刺舌血，當不須另行作法。刺出即研金硃墨而寫之便了。絕非純用血，當仍用水參和之。若專用血寫，刺時先須接於小碗中，用長針盡力周而攪之，以去其筋。則血不糊筆，方可隨意書寫。若不抽筋，則筆被血筋縛住，不能寫矣。

古有刺血寫《華嚴》，以血筋日堆，塑成佛像，有一寸餘之高者。又血性清淡，著紙即散，了無筆畫，成一血團。其紙必須先用白礬礬過，方可用。礬過之紙不滲，最省血。大紙店中有賣的，不須自製。此係備畫工筆者之用也。其礬過之紙，格外厚重，又復經久。如黃紙已染者便堅實，未染之紙頭即磽脆。

古人刺血，或舌或指，或臂或胸前，亦不一定。若身則自心以下，斷不可用，若用則獲罪不淺。不知座下擬書何經？若小部頭，則舌血或可供用；若大部，及專用血書，則舌血恐難足用，須用指及臂血，方可告圓。以舌為心苗，取血過多，恐心力受傷，難於進修耳。

光近見刺血寫經者，直是造業，以了無恭敬。刺血則一時刺許多。春秋時，過二三日即臭，夏日半天即臭，猶用以寫。又有將血晒乾，每寫時，用水研乾血以寫之者。又所寫潦草，毫不恭敬，直是兒戲。不是用血以表志誠，乃用刺血寫經，以博自己真心修行之名耳。

竊謂指血舌血，刺則不至太多。若臂則一刺或可接半碗血。與其久則臭而仍用，及晒乾研而方用。似不若最初即用血合硃作錠，晒乾聽用。為不虛耗血，又不以臭血污經，為兩適其宜矣。然此錠既無膠，恐久則硃落。研時宜用白芨再研，庶不至落。又將欲刺血，先幾日即須減食鹽及大料調和等。若不先戒食此等，則其血腥臊。若先戒食此等，則血便無濁氣。

又寫經不同寫字屏，取其神趣，不必工整。若寫經，宜如進士寫策，一筆不容苟簡。其體必須依正式體。若座下書札體格，斷不可用。古今人多有以行草體寫經者，光絕不贊成。所以寬慧師發心在揚州寫《華嚴經》。已寫六十餘卷，其筆法潦草，知好歹者，便不肯觀。光極力呵斥，令其一筆一畫，必恭必敬。又令作訟過記以訟己過，告誡閱者。彼請光代作，故蕪鈔中錄之。方欲以此斷煩惑，了生死。度眾生，成佛道。豈可以遊戲為之乎。當今之世，談玄說妙者，不乏其人。若在此處檢點，則便寥寥矣。

尤君來書，語頗謙恭。光覆之，已又致謝函，可謂篤信之士。然仍是社會之知見，於佛法中仍不能息心實求其益。何以見之，今有行路之人，不知前途。欲問於人，當作揖合掌。而尤君兩次來函，署名之下，只云合十。是以了生死法，等行路耳。且書札尚不見屈，其肯自屈以禮僧乎。光與座下心交，與尤君亦心交。非責其見慢，實企其獲益耳。

（寄發年月不詳）

接手書。見其字體工整，可依此書經。夫書經乃欲以凡夫心識，轉為如來智慧。比新進士下殿試場，尚須嚴恭寅畏，無稍怠忽。能如是者，必能即業識心成如來藏。於選佛場中，可得狀元。

今人書經，任意潦草。非為書經，特藉此以習字，兼欲留其筆迹於後世耳。如此書經，非全無益。亦不過為未來得度之因。而其褻慢之罪，亦非淺鮮。

座下與尤居士書，彼數日前亦來信。意謂光之為人。唯欲人恭敬。故於開首即稱師尊，而印光法師四字亦不用。光已詳示所以。座下信首，亦當仍用印光二字。不得過為謙虛，反成俗套。至於古人於同輩有一言之啟迪者，皆以作禮伸謝。此常儀也，無閒僧俗。今禮教陵替，故多多皆習成我慢自大之派頭。學一才一藝，不肯下人，尚不能得，況學無上菩提之道乎。此光盡他山石之愚誠也。

刺血寫經一事，且作緩圖，當先以一心念佛為要。恐血耗神衰，反為障礙矣。身安而後道隆。在凡夫地，不得以法身大士之苦行，是則是效。但得一心，法法圓備矣。

弘一大師雖然為律宗傳人，然而深受淨土法門的影響，尤其對於弘揚淨土宗的印光大師極為欽佩，於印光大師面前執弟子之禮。於一九二八年致姚石子信中曾言，印光法師「為當世第一高僧。品格高潔嚴厲，為余所最服膺者」。本書收錄數篇印光大師寫給弘一大師的書信，可見兩人師友勉勵之情。

馬一浮致弘一法師書

一

壁上琴弊。向者足下欲取而彈之，因命工修理，久之始就。曾告徐君，便欲遣童？往；為辱其答，恐左右或金陵。比還杭州，願以暇日，枉過草庵，安弦審律，或猶可備君子之御耳。

叔同先生足下

浮頓首　閏月十七日

二

昨遊殊有勝緣。今晨入大慈山，入晚始歸，獲參所饋上饌，微妙香潔，不啻淨土之供也。長水大師《起信論筆削記》，善申賢首之義，謹以奉覽。故人彭君遜之，耽玩義易有年，今初發心修習禪觀。已為請於法輪長老，蒙假閑寮，將以明日移入。他日得與仁者並成法侶，亦一段因緣爾。

叔同先生足下

馬浮和南　廿八日

法輪長老屬為道念

三

昨復過地藏庵。與楚禪師語甚久。其人深於天台教義。綽有玄風，不易得也。幻和尚因眾啟請，將以佛成道日往主海潮寺，遂於今夕解七。明日之曰，蓋可罷已。海潮梵宇宏廣，幻和尚主之，可因以建立道場，亦其本願之力，故感得是緣。月法師聞於今日荼毗，惜未偕仁者往觀耳。

叔同居士足下

浮和南　初六日

四（一九二八年）

別逡經歲，俗中擾擾不可言。伏維到體安隱，少病少腦。前累蒙惠寄法書，時出展對，如仰身賞，暫可慰念。去冬李榮祥居士見寄尊撰《五戒相經箋要》卅部，以分贈所知，並感垂誘之切，敬請無量。襄時奉對，曾謂欲得《清涼疏鈔》一部。今嘉興陸序茲願以其父無病居士遺書奉贈，謹託同莊為致之。至時希命侍者賜答。有人言，師近入大羅山，誅苑宴坐，未審然否？何時復還錫杭州，兼望未及。不具。

論月大師坐下

馬浮和南　戊辰五月十日

馬一浮與弘一大師約在一九〇二年至一九〇三年之間相識，兩人皆是書法名家，且對音樂都頗有研究，從馬一浮給弘一大師的第一封信件可知，大師雖然學習西洋音樂，但也懂得古琴。後來弘一大師受馬一浮的影響，發學戒之願。

日記節選

弘一大師向佛的轉捩點，與一九一六年（民國五年，時年三十七歲）的斷食體驗有很深的關係。是年冬天十一月三十日至十二月十九日，他於杭州大慈山的虎跑寺試驗斷食，並寫下了《斷食日誌》。在完成這次斷食後，改名為「李嬰」，取號「李欣」，向佛之心日堅，於兩年後正式出家。

斷食日誌

丙辰嘉平一日始。斷食後，易名欣，字俶同，黃昏老人，李息。

十一月廿二日，決定斷食。禱諸大神之前，神詔斷食，故決定之。

擇錄，村井氏說：「妻之經驗。最初四日，預備半斷食。六月五日、六日，粥，梅乾[102]。七日、八日，重湯[103]、梅乾。九日始本斷食，安靜。飲用水一日五合，一回一合，分五六回服用。第二日，飢餓胸燒，舌生白苔。第三、四日，肩腕痛。第四日，腹部全體凝固，體倦就床，晨輕晚重。第五日，同，稍輕減，坐起，一度散步。第六日，輕減，氣氛爽快，白苔消失，胸燒癒。第七日，晨平穩，斷食期至此止。

「後一日，攝重湯，輕二碗三回，梅乾無味。後二日，同。後三日，粥，梅乾，胡瓜[104]，實入吸物。後四日，粥，吸物[105]，少量刺身[106]。後五日，粥，野菜，輕魚。後六日，普通食，起床，此兩三日，手足浮腫。

「斷食期內，或體痛不能眠，或下痢，或嘔。便時以不下床為宜。預備斷食或一周間，粥三日，重湯四日。斷食後或須一週間，重湯三日，粥四日，個半月體量恢復。半斷食時服リチネ[107]。」

到虎跑攜帶品：被褥帳枕，米，梅乾，楊子[108]，齒磨[109]，手巾手帕，便器，衣，漉水布，リチネ，日記紙筆書，番茶，鏡。

預定期間：一日下午赴虎跑。上午聞玉[110]去預備。中食飯，晚食粥，梅乾。二日、三日、四日，粥，梅乾。五日、六日、七日，重湯，梅乾。八日至十七日斷食。十八日、十九日、二十日，重湯，梅乾。廿一日、廿二日、廿三日、廿四日，粥，梅乾，輕菜食。廿五日返校，常食。廿八日返滬。

卅日晨，命聞玉攜蚊帳，米，紙，糊，用具到虎跑。室宜清閑，無人迹，無人聲，面南，日光遮北，以樓為宜。是晚食飯，拂拭大小便器、桌椅。

午後四時半入山，晚餐素菜六簋（音癸，盛食物的圓形器具），極鮮美。食飯二盂，尚未饜，因明日始即預備斷食，強止之。榻於客堂樓下，室面南，設榻於西隅，可以迎朝陽。聞玉設榻於後一小室，僅隔一板壁，故呼應便捷。晚燃菜油燈，作楷八十四字。自數日前病感冒，傷風微嗽，今日仍未癒。口乾鼻塞，喉緊聲啞，但精神如常。八時眠，夜間因樓上僧人足聲時

102 指鹹梅，醃過的梅子。
103 即米湯。
104 胡瓜指黃瓜。
105 指清湯。
106 刺身即生魚片。
107 リチネ，西藥名。日文的蓖麻油。
108 楊子即牙刷。
109 齒磨即牙粉。
110 聞玉是浙江第一師範學校校工。

作，未能安眠。

十二月一日，晴，微風，五十度。斷食前期第一日。疾稍癒，七時半起床。是日午十一時食粥二盂，紫蘇葉二片，豆腐三小方。晚五時食粥二盂，紫蘇葉二片，梅一枚。飲冷水三杯，有時混杏仁露，食小桔五枚。午後到寺外運動。

余平日之常課，為晨起冷水擦身，日光浴，眠前熱水洗足。自今日起冷水擦身暫停，日光浴時間減短，洗足之熱水改為溫水，因欲使精神聚定，力避冷熱極端之刺激也。對於後人斷食者，應注意如下：

（一）未斷食時練習多食冷開水。斷食初期改食冷生水，漸次加多。因斷食時日飲五杯冷水殊不易，且恐腹瀉也。

（二）斷食初期時之粥或米湯，於微溫時食之，不可太熱，因與冷水混合，恐致腹痛。

余每晨起後，必通大便一次。今晨如常，但十時後屢放屁不止。二時後又打嗝兒甚多，此為平日所無。是日書楷字百六十八，篆字百零八。夜觀焰口，至九時始眠。夜微嗽多惡夢，未能入眠。

二日，晴和，五十度。**斷食前期第二日**。七時半起床，晨起無大便。是日午前十一時食粥一盂，梅一枚，紫蘇葉二片。午後五時同。飲冷水三杯，食桔子三枚，因運動歸來體倦故。是日舌苔白，口內粘滯，上牙裡皮脫。精神如常，但過則疲□□。運動微覺疲倦，頭目眩暈。自明日始即不運動。

晚侍和尚念佛，靜坐一小時。寫字百三十二，是日鼻塞。摹大同造像一幅，原拓本自和尚假來，尚有三幅明後續□□。八時半眠，夜夢為升高跳越運動。其處為器具拍賣場，陳設箱櫃几椅並玩具裝飾品等。余跳躍於上，或騰空飛行於其間，足不履地，靈敏異常，獲優勝之名譽。旁觀有德國工程師二人，皆能操北京語。一人謂有如此之技能，可以任遠東大運動會之某種運動，必獲優勝，余遜謝之。一人謂練習身體，斷食最有效，吾二人已二日不食。余即告余現在虎跑斷食，亦已預備二日矣。其旁又有一中國人，持一表，旁寫題目，中並列長短之直紅線數十條，如計算增減高低之表式，是記余跳越高低之順序者。是人持以示余，謂某處由低而高而低之處，最不易跳越，贊余有超人之絕技。後余出門下土坡，屢遇西洋婦人，皆與余為禮，賀余運動之成功，余笑謝之。夢至此遂醒。餘生平未嘗為一次運動，亦未嘗夢中運動，頭腦中久無此思想，忽得此夢，至為可異，殆因胃內虛空有以致之歟？

三日，晴和，五十二度。斷食前第三日。七時半起床。是晨覺饑餓，胸中攪亂，苦悶異常，口乾飲冷水。勉坐起披衣，頭昏心亂，發虛汗作嘔，力不能支，仍和衣臥少時。飲梅茶二杯，乃起床，精神疲憊，四肢無力。九時後精神稍復元，食桔子二枚。是晨無大便，飲藥油一劑，十時半軟便一次，甚暢快。十一時水瀉一次，精神頗佳，與平常無大異。十一時二十分食粥半盂，梅一個，紫蘇一枚。摹普泰造像、天監造像二頁。飲水，食物，喉痛，或因泉水性太烈，使喉內脫皮之故。午後四時，飲水後打嗝篤，食小梨一個，五時食粥半盂。是日感冒傷風已癒，但有時微嗽。是日午後及晚，侍和尚念佛靜坐一小時。八時半眠。入山預斷以來，即不能為長時之安眠，旋睡旋醒，輾轉反側。

四日，晴和，五十三度。斷食前第四日。七時半起床。是晨氣悶心跳口渴，但較昨晨則輕減多矣，飲冷水稍癒。起床後頭微暈，四肢乏力。食小桔一枚，香蕉半個。八時半精神如常，上樓訪弘聲上人，借佛經三部。午後散步至山門，歸來已覺微疲。是日打嗝兒甚多，口時作渴，一共飲冷水四大杯。摹大明造像一頁。寫楷字八十四，篆字五十四。無大便。四時後頭昏，精神稍減，食小桔二枚。是日十一時飲米湯二盂，食米粒二十餘。八時就床，就床前食香蕉半個。自預備斷食，每夜三時後腿痛，手足麻木（余前每逢嚴冬有此舊疾，但不甚劇）。

五日，晴和，五十三度。斷食前第五日。七時半起床。是夜前半頗覺身體舒泰，後半夜仍腿痛，手足麻木。三時醒，口乾，心微跳，較昨減輕。食香蕉半個，飲冷水稍眠。六時醒，氣體甚好。起床後不似前二日之頭暈乏力，精神如常，心胸愉快。到菜園採花供鐵瓶。食梨半個，吐渣。自昨日起，多寫字，覺左腰痛。是日腹中屢屢作響，時流鼻涕，喉中腫爛尚未癒。午後侍和尚念經靜坐一小時，微覺腰痛，不如前日之穩靜。三時食梨半個，吐渣。食香蕉半個。午、晚飲米湯一盂。寫字百六十二。傍晚精神稍佳，惡寒口渴。本定於後日起斷食，改自明日起斷食，奉神詔也。

斷食期內，每日飲梨汁一個之分量，飲桔汁三小個之分量，飲畢漱口。又因信仰上每晨餐神供生白米一粒，將眠，食香蕉半個。是日無大便，七時就床。是夜神經過敏甚劇，加以鼠聲人鼾聲，終夜未安眠。口甚乾，後半夜腿痛稍輕，微覺肩痛。

六日，暖晴，晚半陰，五十六度。斷食正期第一日。八時起床。三時醒，心跳胸悶，飲冷水桔汁及梅茶一杯。八時起床，手足乏力。頭微暈，執筆作字殊乏力，精神不如昨日。八時半飲梅茶一杯。腦力漸衰，眼手不靈，寫日記時有誤字，多遺忘。九時半後精神稍可。十時後精神甚佳，口渴已癒。數日來喉中腫爛亦癒。今日到大殿去二次，計上下二十四級石階四次，已覺足乏力，為以前所無。是日共飲梨汁一個，桔汁二個。傍晚精神不衰，較勝昨日，但足乏力耳。仍時流鼻涕，晚間精神尤佳。是日不覺如何饑餓。晚有便意，僅放屁數個，仍無便。是夜能安眠，前半夜尤穩安舒泰。眠前以棉花塞耳，並誦神人合一之旨。夜間腿痛已癒，但左肩微痛。七時就床，夢變為豐顏之少年，自謂係斷食之效。

七日，陰復晴，夜大風，五十四度。斷食正期第二日。六時半起床。四時醒，心跳微作即癒，較前二日減輕。飲冷水甚多。六時半即起床，因是日頭暈已減輕，精神較昨日為佳，且天甚暖故早起床也。起床後飲桔汁一枚。晨覽《釋迦如來應化事迹圖》。八時後精神不振，打哈欠，口塞流鼻涕，但起立行動如常。午後身體寒益甚，披被稍息。想出食物數種，他日試為之。炒餅、餅湯、蝦仁豆腐、蝦子麵片、什錦絲、鹹胡瓜。三時起床，冷已癒，足力比昨日稍健。是日無大便，飲冷水較多。前半夜肩稍痛，須左右屢屢互易，後半夜已癒。

八日，陰，大風，寒，午後時露日光，五十度。斷食正期第三日。十時起床。五時醒，氣體至佳，如前數日之心跳頭暈等皆無。因天寒大風，故起床較遲。起床後精神甚佳，手足有力，到院內散步。四時半就床，午後益寒，因早就床。是日食欲稍動，有時覺饑，並默想各種食物之種類及其滋味。是夜安眠，足關節稍痛。

九日，晴，寒，風，午後陰，四十八度。斷食正期第四日。八時半起床。四時醒，氣體極佳，與日常無異。起床後精神如常，手足有力。朝日照入，心目豁爽。小便後尿管微痛，因飲水太多之故。自今日始不飲梨桔汁，改飲鹽梅茶二杯。午後因飲水過多，胸中苦悶。是日午前精神最佳，寫字八十四，到菜圃散步。午後寒，一時擁被稍息。三時起床，室內運動。是日不感饑餓。因天寒五時半就床。

十日，陰，寒，四十七度。斷食正期第五日。十時半起床。四時半醒，氣體精神與昨同。起床後精神至佳。是日因寒故起床較遲。今日加飲鹽湯一小杯。十一時楊、劉二君來談至歡。因寒四時就床。是日寫字半頁。近日神經過敏已稍癒。故夜間較能安眠。但因昨日飲水過多傷胃，胃時苦悶，今日飲水較少。

十一日，陰寒，夕晴，四十七度。斷食正期第六日。九時半起床。四時半醒，氣體與昨同。夜間右足微痛，又胃部終不舒暢。是日口乾，因寒起床稍遲。飲鹽湯半杯，飲梨汁。夕晴，心目豁爽。寫字百三十八。坐檐下曝日，四時就床，因寒早就床。是晚感謝神恩，誓必皈依。致福基[111]書。

十二日，晨陰，大霧，寒，午後晴，四十八度。斷食正期第七日。十一時起床。四時半醒，氣體與昨同，足痛已癒，胃部已舒暢。口乾，因寒不敢起床。十一時福基遣人送棉衣來，乃披衣起。飲梨汁及鹽湯、桔汁。午後精神甚佳，耳目聰明，頭腦爽快，勝於前數日。到菜圃散步。寫字五十四。自昨日始，腹部有變動，微有便意，又有時稍感饑餓。是日飲水甚少。晚晴甚佳，四時半就床。

十三日，晨半晴陰，後晴和，夕風，五十四度。斷食後期第一日。八時半起床。氣體與昨同。晨飲淡米湯二盂，不知其味，屢有便意，口乾後癒，飲梨汁桔汁。十一時飲濃米湯一盂，食梅乾一個，不知其味。十一時服瀉油少許，十一時半大便一次甚多。便色紅，便時腹微痛，便後漸覺身體疲弱，手足無力。午後勉強到菜圃一次。是日不飲冷水。午前寫字五十四。是日身體疲倦甚劇，斷食正期未嘗如是。胃口未開，不感饑餓，尤不願飲米湯，是夕勉強飲一盂，不能再多飲。

十四日，晴，午前風，五十度。斷食後期第二天。七時半起床。氣體與昨同，夜間較能安眠。五時飲米湯一盂，口乾，起床後精神較昨佳。大便輕瀉一次，又飲米湯一盂，飲桔汁，食蘋果半枚。是日因米湯梅乾與胃口不合，於十一時飲薄藕粉一盂，炒米糕二片，極覺美味，精神亦驟加。精神復元，是日極愉快滿足。一時飲薄藕粉一盂，米糕一片。寫字三百八十四。腰腕稍痛，暗記誦《神樂歌序章》。四時食稀粥一盂，鹹蛋半個，梅乾一個，是日不感十分饑餓，如是已甚滿足。五時半就床。

十五日，晴，四十九度。斷食後期第三日。七時起床。夜間漸能眠，氣體無異平時。擁衾飲茶一杯，食米糕三片。早食藕粉米糕，午前到佛堂菜圃散步，寫字八十四。午食粥二盂，青菜鹹蛋少許。夕食芋四個，極鮮美。食梨一個、桔二個。敬抄《御神樂歌》二頁，暗記誦一、二、三下目。晚飲粥二盂，青菜鹹蛋，少許梅乾。晚食粥後，又食米糕飲茶，未能調和，胃不合，終夜屢打嗝兒，腹鳴。是日無大便，七時就床。

十六日，晴，四十九度。斷食後期第四日。七時半起床。晨飲紅茶一杯，食藕粉芋。午食薄粥三盂，青菜、芋大半碗，極美。有生以來不知菜芋之味如是也。食桔、蘋果，晚食與午

111 福基是大師未出家時的日藉側室。

同。是日午後出山門散步，誦《神樂歌》，甚愉快。入山以來，此為愉快之第一日矣。敬抄《神樂歌》七葉，暗記誦四、五下目。晚食後食菸一服。七時半就床，夜眠較遲，胃甚安，是日無大便。

十七日，晴暖，五十二度。斷食後期第五日。七時起床。夜間仍不能多眠，晨飲瀉油極少量。晨餐濃粥一盂，芋五個，仍不足，再食米糕三個，藕粉一盂。九時半大便一次，極暢快。到菜圃誦《御神樂歌》。中膳，米飯一盂，粥二盂，油炸豆腐一碗。本寺例初一、十五始食豆腐，今日特因僧人某死，葬資有餘。故以之購食豆腐。午前後到山門外散步二次。擬定出山門後剃鬚。聞玉採蘿蔔來，食之至甘。晚膳粥三盂，豆腐青菜一盂，極美。今日抄《御神樂歌》五葉，暗記誦六下目。作書寄普慈。是日大便後愉快，晚膳後尤愉快，坐檐下久。擬定今後更名欣，字俶同。七時半就床。

十八日，陰，微雨，四十九度。斷食後期最後一日。五時半起床。夜間酣眠八小時，甚暢快，入山以來未之有也。是晨早起，因欲食寺中早粥。起床後大便一次甚暢。六時半食濃粥三盂，豆腐青菜一盂，胃甚漲。坐菜圃小屋誦《神樂歌》，今日暗記誦七下目，敬抄《神樂歌》八葉。午，食飯二盂，豆腐青菜一盂，胃漲大，食菸一服。午後到山中散步，足力極健。採乾花草數枝，松子數個。晚食濃粥二盂，青菜半盂，僅食此不敢再多，恐胃漲也。餐後胸中極感愉快。燈下寫字五十四，輯訂斷食中字課，七時半就床。

十九日，陰，微雨，四時半起床。午後一時出山歸校。囑託聞玉事件：晚飯菜，桔子，做衣服附袖頭，廿二要，轎子油布，轎夫選擇，新蚊帳，夜壺。自己事件：寫真，付飯錢，致普慈信。

〈斷食日誌〉原稿在弘一大師出家時，交由同事堵申甫保存，直至一九四七年由陳鶴卿居士謄寫，發表在上海《覺有情》雜誌。陳鶴卿居士並為此撰寫相關說明：「此為弘一大師於出家前兩年在杭州大慈山虎跑寺試驗斷食時所記之經過。自入山至出山，首尾共二十天。對於起居身心，詳載靡遺。據大師年譜所載，時為民國五年，大師三十七歲。原稿曾由大師交堵申甫居士保存。文多斷續，字跡模糊，其封面蓋有李息翁章，並有日文數字。茲特向堵居士借繕，並與其詳加校對，冀為刊播流通，藉供眾覽。想亦為景仰大師者所喜聞，且得為後來預備斷食者之參考也。後學陳鶴卿謹識。」

附錄一

新編弘一大師年表

新編弘一大師年表

一八八〇年　清光緒六年　庚辰　一歲

農曆九月二十日，生於天津河東地藏庵前陸家胡同。原籍浙江平湖。俗姓李，父名世珍，號筱樓，同治間進士，曾官吏部，時年已六十有八，母王氏年二十餘。長兄早逝，仲兄名桐岡，長師十二歲。大師行三，幼名成蹊。

一八八四年　甲申　五歲

八月五日父筱樓先生卒，年七十二。其家延僧人誦經，大師天真啟發，時效焰口施食之戲。

一八八六年　丙戌　七歲

六七歲時，從仲兄受教。日課《百孝圖》、《玉歷鈔》、《返性篇》、《格言聯璧》等。又攻文選，琅琅成誦，人各異之。

一八八八年　戊子　九歲

乳母劉氏從王孝廉學《大悲咒》、《往生咒》等，大師常從旁聽之，旋亦能背誦。是年從師受業，讀《唐詩》，《千家詩》、《孝經》等。

一八八九年　己丑　十歲

始讀《四子書》及《古文觀止》。

一八九二年　壬辰　十三歲

略習訓詁、《爾雅》《詩頌》之類。喜習《說文解字》，開始臨摹篆帖。

一八九三年　癸巳　十四歲

力摹篆字，尤喜臨《宣王獵碣》。

一八九四年　甲午　十五歲

少時喜畜貓，故畜之頗多。

致力篆書如故，讀《史漢精華錄》及《左傳》。

一八九六年　丙申　十七歲

從天津名士趙幼梅學填詞，又從唐敬嚴學篆書及刻石，石印《唐靜岩司馬真跡》出版。間並習八股文，文理清秀，人咸奇之。

一八九七年　丁酉　十八歲

是年與俞氏結婚。同年入天津縣學，改名文濤，字叔同。

一八九八年　戊戌　十九歲

是年，仍入天津縣學，致力課藝（八股文）；戊戌政變失敗後，遂攜眷奉母南遷上海，加入城南文社，所為詩賦冠一時。

一八九九年　己亥　二十歲

奉母移居城南草堂。主人許幻園書「李廬」二字贈之，遂自號李廬主人。是年與蔡小香、張小樓、袁希濂、許幻園，結為「天涯五友」。

一九〇〇年　庚子　二十一歲

是年作《二十自述詩》，出版《李廬印譜》、《李廬詩鐘》，自為序。

長子準生，自作《老少年曲》一闋。

一九〇一年　辛丑　二十二歲

春，自滬赴津省視仲兄，兄赴河南未遇，月餘南返。著有《辛丑北征淚墨》，記北行見聞，載詩詞若干首。考入上海南洋公學特班，從蔡元培受業，改名李廣平。同學有卲力子、黃炎培、謝無量、洪允祥、王峨孫、胡仁源、殷祖伊、貝壽同等，皆一時之秀。是年秋，赴開封應河南鄉試，未中，旋即回滬。

一九〇二年　壬寅　二十三歲

秋，以嘉興府平湖縣監生資格，赴杭應「補行庚子辛丑恩正併科」鄉試。報罷後，仍歸南洋公學肄業，課餘之暇，並擔任某報筆政。冬，南洋公學發生罷課風潮，大師與同學相率退學。

一九〇三年　癸卯　二十四歲

翻譯《法學門徑書》及《國際私法》二書出版。

一九〇五年　乙巳　二十六歲

南洋公學退學後，與許幻園，黃炎培等創辦「滬學會」，提倡辦補習班，改良風俗。為補習班撰《祖國歌》歌頌祖國，一時流行全國。

四月，母氏王太夫人逝世，扶柩回津，易名李哀，字哀公。秋，東渡日本留學，又名岸，入上野美術專門學校，臨行填金縷曲一闋留別祖國。革命畫師高劍父為師是時同學。到日本後即撰《圖畫修得法》《水彩畫法說略》，刊載於留學生所編之《醒獅》月刊。

一九〇六年　丙午　二十七歲

獨立主編《音樂小雜誌》，在日本印刷，寄回國內發行。是年又編《國學唱歌集》，選《詩經》，《離騷》、唐宋詩詞及崑曲等，譜以新聲或仍其古調，五月再版發行。九月，考入東京美術學校，從名畫家黑田清輝學西洋畫。十月，日本記者聞訊前來採訪，發表《清國人志於洋畫訪問記》於十月四日東京《國民新聞》。

一九〇七年　丁未　二十八歲

春，與東京美術學校同學曾孝谷（延年）組織話劇團體「春柳社」，研究新劇，是為中國話劇團體之始。

在東京美術學校學西洋畫，同時於音樂學校學習音樂。

春柳社在東京初演西洋名劇《茶花女遺事》，自扮茶花女主角。

六月，繼續公演《黑奴籲天錄》，扮演貴婦愛美柳夫人，時歐陽予倩始加入春柳社。

一九一〇年　庚戌　三十一歲

東京美術學校畢業，同年回國。任教天津工業專門學校。

一九一一年　辛亥　三十二歲

執教直隸模範工業學堂。家資數十萬為票號所倒，幾瀕破產。時居天津何東糧店後街六十二號大院，於小花園中構築「洋書房」一所，稱為「意園」。

一九一二年　壬子　三十三歲

春，至上海任《太平洋報．畫報》副刊編輯，兼任城東女學音樂、國文教員。與柳亞子等創立「文美會」，主編《文美雜誌》，同時加入「南社」為社員。秋《太平洋報》停辦，應聘至杭州浙江省立第一師範學校，擔任圖畫音樂教員。改名李息，字息翁。與姜丹書、夏丏尊夜遊西湖，作〈西湖夜遊記〉。是年民國肇建，師填〈滿江紅〉一闋誌感。

一九一三年　癸丑　三十四歲

是年仍在浙江第一師範學校（經亨頤任校長）任教。與同事夏丏尊、姜丹書、單不廠、諸申甫等，最稱莫逆。五月十四日，夏丏尊二十八歲誕辰，摹漢長壽鈎鈎銘，並加題記以祝。

是年五月浙師校友會發行《白陽》刊物，其誕生號封面為他所設計，刊物全部文字，並由他毛筆書寫石印。其所作《春遊》三部合唱歌曲，《音樂小雜誌序》、《西湖夜遊記》、《歐洲文學之概觀》、《西洋樂器種類概說》、《石膏模型用法》諸作，均署名「息霜」於此刊物發表。

一九一四年　甲寅　三十五歲

是年仍在杭州浙江一師任教。暇時嘗涉獵理學與道書。間從金石大家吳昌碩，並加入西冷印社為社員。夏丏尊杭寓，庭有梅樹一株，名「梅花屋」，陳師曾為作圖，朋好多為題詠。大師為題《玉連環影》一詞，書之圖中。

一九一五年　乙卯　三十六歲

是年兼任南京高等師範圖畫音樂教員，每月往來杭寧之間。同年舊友北京高等師範校長陳寶泉遊杭，與之相遇於西湖煙霞洞，力約其北上任高等師範教授，但笑應之，旋復書謝絕。

夏，赴日本避暑。

一九一六年　丙辰　三十七歲

冬，入西湖虎跑定慧寺，試驗斷食十七日，自覺「身心靈化」。斷食後，開始素食、看經、禮佛，改名李嬰。

一九一七年　丁巳　三十八歲

新歲，以居士身居虎跑定慧寺習靜，適馬一浮居士介紹其友彭遜之在寺出家，大受感動，即皈依了悟和尚為在家弟子，取名演音、號弘一，自稱當來沙彌。

一九一八年　戊午　三十九歲

夏間以油畫衣物書籍等，分贈北平國立美專學校、經亨頤、夏丏尊及豐子愷、劉質平等。七月十三日，披剃於虎跑定慧寺，正式稱法名演音，號弘一。

九月，入靈隱寺受具足戒，開堂為慧明法師。受戒後，曾至嘉興精嚴寺小住。因范古農之請，開始書寫經偈與人結緣。

一九一九年　己未　四十歲

春，小住杭州艮山門外井亭庵，不久移居玉泉清漣寺，專治根本說一切有部律。夏居虎跑，從華德禪師學唱贊唄，手錄贊頌，附以記印，據《贊頌輯要弁言》，備贊梵唄之功德。不久仍返玉泉返寺。

一九二〇年　庚申　四十一歲

春，仍居玉泉寺。夏赴新城貝山掩關，專研四分律。八月，遊衢州，住北門外三十里之蓮華寺。

一九二一年　辛酉　四十二歲

正月自新城貝山返杭州，仍居玉泉寺。

三月，自杭州至溫州，居慶福寺，即城下寮。撰《謝客啟》，掩關治律。

一九二二年　壬戌　四十三歲

仍居城下寮，依寺主寂山長老為依止阿闍黎，閉關禁語。是歲始與其俗姪李聖章（麟玉）通信，自述其出家情況。

一九二三年　癸亥　四十四歲

春，自溫州至上虞白馬湖、經紹興杭州至上海。撰〈印造經像之功德〉，附載《印光法師文鈔》。

九月，重至衢州，仍居蓮花寺治律。後又移居東鄉三藏寺。

一九二四年　甲子　四十五歲

四月十九日，自衢州起程，經松陽、青田、至溫州，仍在溫州慶福寺閉關。五月至普陀山，參禮印光法師，六月返溫。八月將赴杭州，至海門遇變亂，遂遊上虞、紹興月餘，十月復還溫州。是月手書《四分律比兵戒相表記》初稿完成。

一九二五年　乙丑　四十六歲

自溫州至寧波，掛搭七塔寺，夏丏尊延至上虞白馬湖小住，不久又回溫州。冬、夏丏尊撰〈子愷漫畫集序〉，刊於上海《文學周報》，介紹大師的生活近況，其名遂廣傳於世。

一九二六年　丙寅　四十七歲

春自溫州至杭州，居西湖招賢寺。從事《華嚴疏鈔》之釐會、修補與校點。夏、與師弟弘傘法師同赴廬山，參加金光明法會。在滬時，與弟子豐子愷同訪舊居城南草堂，並參觀江灣立達學園。又至閘北「世界佛教居士林」開示律要。至廬山，在牯嶺大林寺及五老峰後青蓮寺小住數月，寫經數種。冬初下山回杭。

一九二七年　丁卯　四十八歲

春，閉關杭州吳山常寂光寺。陳敬賢居士夫婦過訪，請開示。時北伐初成，傳有毀寺逐僧之議，致書浙省當局蔡元培、馬敘倫等，建議改革佛教僧侶辦法。四月，其俗姪李聖章自巴黎回國，訪之於常寂光寺，暢敘九日而別。七月，移居靈隱後山本來寺，李石曾至寺相訪。秋間雲遊至上海，居江灣豐子愷家，是時豐氏皈依大師，取名嬰行。率葉紹鈞、李石岑、周予同等參謁印光法師於新閘路太平寺。

一九二八年　戊辰　四十九歲

春夏之間，居溫州。秋至上海，與豐子愷、李圓淨二居，商編《護生畫集》。

冬，聞尤惜陰，謝國樑二居士（尤氏後出家稱演本法師，晚年居南洋，寂於馬來西亞金馬崙三寶寺；謝氏後從閩南轉逢和尚披剃，名寂雲號瑞幢，曾為杭州吳山準提閣住持，晚年改名了性，寂於四川）將往泰國弘法，忽動遠遊之念，即與尤謝二居士同舟南行。十一月至廈門，為陳敬賢居士與性願法師等所留，即居南普陀寺；冬至南安小雪峰寺度歲。

是冬，劉質平、夏丏尊、經亨頤、豐子愷等，施資為築常住之所於上虞白馬湖，顏曰「晚晴山房」；並組「晚晴護法會」，集資支持他的佛教研究和請購經書。

一九二九年　己巳　五十歲

正月，自小雪峰返南普陀。四月離廈，自泉州赴溫州，取道福州，與蘇慧純居士同遊鼓山，於藏經樓發現清初為霖禪師《華嚴經疏論纂要》，因倡緣印布，並以十數部贈予日本諸寺和佛教大學。九月，自溫州至上虞白馬湖，小住晚晴山房，旋返溫州慶福寺。十月，重至廈門南普陀；歲暮復至南安，與太虛法師、轉逢和尚同在小雪峰寺度歲。

一九三〇年　庚午　五十一歲

正月，自小雪峰至泉州承天寺，為寺中所藏古版藏經，編成目錄。四月離閩，至白馬湖，居晚晴山房，圈點《行事鈔》。

五月，於寧白衣寺，晤虛雲禪師與文質和尚，並同攝影留念。

秋、自上虞白馬湖至慈谿鳴鶴場金仙寺，訪亦幻法師，在寺聽靜權法師講《地藏經》，深受感動。冬月歸溫州城下寮。

一九三一年　辛未　五十二歲

是年春，在溫患瘧。二月過寧波，止白衣寺，旋赴白馬湖，繼至橫塘鎮法界寺，於佛前發專學南山律誓願，旋離法界寺至金仙寺。寺王亦幻法師發願創辦律學道場於慈谿五磊寺，請主持弘律，遂移居五磊寺。後因與寺主意見未洽，飄然而去。時廈門廣洽法師函邀赴閩，至滬後，因時局不寧，未果行。旋至杭州，十月至紹興，卓錫戒珠講寺。臘月至鎮海龍山伏龍寺度歲。

是年魯迅先生在滬，曾向內山完造乞得弘一上人書一紙（見一九三一年三月一日《魯迅日記》）。

一九三二年　壬申　五十三歲

春仍住伏龍寺，旋赴鳴鶴場白湖金仙寺，自願發心重講律學，後以因緣尚未成熟，又返伏龍寺。是時為劉質平居士寫楹聯法語頗多。五月赴溫州，於城下寮結夏。秋、至上虞法界寺，大病彌月。病後復至鎮海伏龍寺安居。

十一月雲遊南閩，居廈門萬壽岩（山邊岩）。臘月於妙釋寺講「人生之最後」。

十二月南普陀寺住持太虛法師任滿，常惺法師被請繼任，行受請典禮，並歡迎大師攝影。（見《海潮音》十四卷一號）

一九三三　癸酉　五十四歲

正月初八日，移居妙釋寺，就寺講「改過實驗談」。二月開講《隨機羯磨》，並自編講義，至五月八日圓滿。

五月，應泉州開元寺轉物和尚請，率眾自廈赴泉，安居開元尊勝院，為諸學人講律；並專工圈點南山鈔記，圈畢自記研習始末。十月，偶出泉城。過潘山，發見晚唐詩人韓偓墓道，遂登臨展謁。大師對韓偓之忠烈極為敬仰。冬月至晉江草庵度歲，為草庵撰一聯云：草積不除，時覺眼前生意滿；庵門常掩，勿忘世上苦人多。

一九三四年　甲戌　五十五歲

二月，應常惺、會泉二法師之請，至廈門南普陀寺講律，並囑瑞今法師創辦佛教養正院，培養初學僧侶。

九月，依《一夢漫言》，作《華山見月律師行腳略圖並跋》，對見月之言行，推崇備至。冬、移居萬壽岩，宣講《阿彌陀經》，自編《彌陀義疏擷錄》一卷。

一九三五年　乙亥　五十六歲

正月，居萬壽岩，撰《淨宗問辨》，於淨土法律，剖析至詳。三月，至泉州開元寺講《一夢漫言》；講畢，小住溫陵養老院。四月，弟子廣洽法師陪他，自泉州南門外乘古帆船航海到惠安之崇武，改乘小舟到淨峰寺。愛其泉石之美，有終焉之志。十一月，應泉州承天寺請，於戒期中講《律學要略》。不久，又至惠安弘法，寫有日記。臘月染疾，歸臥泉州草庵。

一九三六年　丙子　五十七歲

春，患臂瘡甚劇。自草庵至廈門就診，醫療數月方癒。五月，移居鼓浪嶼日光岩。是時請得日本大小乘經律萬餘卷，親自整理，編成《佛學叢刊》四冊，交上海世界書局出版。

冬月，文學家郁達夫慕名求訪，由廣洽法師陪至日光巖相見。歸後自福州寄贈一律，甚為景仰。

舊曆十二月初六日，由日光巖移居南普陀。是日高勝進居士為出特刊於廈門《星光日報》，介紹其生平事跡。

是年所作《清涼歌集》，由劉質平、唐學詠等譜曲，上海開明書店出版，釋芝峰為撰《清涼歌集達旨》。

一九三七年　丁丑　五十八歲

陽曆元旦起，在南普陀寺講《隨機羯磨》。二月，在佛教養正院講《南閩十年之夢影》，由高文顯筆記，刊於《佛教公論》（第一卷第九號一九三七年四月）。

三月，應會泉法師之請，移居萬石岩。應請為廈門市第一屆運動大會撰會歌。

四月，青島湛山寺倓虛和尚派夢參法師至廈，請他前往青島講律。即乘輪輪取道上海赴青島，同行者有傳貫，圓拙，仁開諸師。七月盧溝橋事變發生。

九月，講律完畢，離青島經滬返廈門，仍居萬石巖，後移居中岩，與十餘學僧安居講律。

歲暮至泉州草庵度歲。

是年應杭州《越風》雜誌之請，撰《我在西湖出家之經過》（高勝進筆記），刊於《越風》增刊第一集《西湖》專號。

一九三八年　戊寅　五十九歲

元旦，在草庵講《華嚴經普賢行願品》。繼至泉州承天寺，梅石書院講「佛教的源流和宗派」，隨至開元寺、清塵堂及惠安等處講經。

三月下旬，自泉赴廈，至鼓浪嶼了閑別墅講經。

陽曆五月四日（廈門淪陷前四日），離廈至漳州南山寺，不久移居瑞竹岩結夏。七月間曾在尊元經樓等處講經。漳州佛法久乏聞熏，大師至漳，文化界人士為之興起，先後皈依者數十人。

秋，自漳州經同安梵天寺至安海水心亭。為安海民眾講《佛法十疑略釋》等，集為《安海法音錄》一卷。

初冬至泉州承天寺，後移居溫陵養老院。

一九三九年　己卯　六十歲

初春出遊清源山，暫居清源洞。

四月，自泉州入永春，旋入蓬壺毗峰普濟寺，閉戶靜修，著《南山律在家備覽略篇》等書。是年六十初度，弟子豐子愷畫《續護生畫集》六十幅奉壽，大師為之題詞。

秋九月，澳門《覺音月刊》與上海《佛學半月刊》，俱出《弘一法師六秩紀念專刊》。馬一浮、柳亞子、楊雲史、呂碧城及天津舊友王吟笙、曹幼占等均撰詩文祝壽。徐悲鴻在新加坡應廣洽法師之請，為繪油畫像一幅，後數年補寫題記，今存泉州開元寺。

一九四〇年　庚辰　六十一歲

春，仍居永春普濟寺，從事著作，謝絕各方通信。

十月，應請自永春赴南安玳瑁山靈應寺，寺主定眉上人，優禮有加。時值抗戰，南安晉江各縣立小學校長往請謁，詢以教師生活清苦，是否可以改業？大師謂：「小學為栽培人材基礎，關係國家民族至重且大。小學教師目下雖太清苦，然人格實至高尚，未可輕易轉達。」諸校長聞之深為敬重。

一九四一年　辛巳　六十二歲

春，仍居南安靈應寺。四月，重過水雲洞。施之晉江檀林鄉福林寺結夏安居，為學者講《律鈔宗要》。

冬月，入泉城百原寺小住，旋移居開元寺。此次在泉州二十日，見客寫字、至為繁忙。臘月下旬，仍返福林寺度歲。

一九四二年　壬午　六十三歲

二月，應惠安緇素之請，赴靈瑞山講經。但以君子之交，其淡如水，不迎不送，不請齋為約。三月，回泉州百原寺，旋移居溫陵養老院。郭沫若馳書請求法書，為寫《寒山詩》：「我心似明月，碧潭澄皎潔。無物堪比倫，教我如何說！」贈之，落款為「沫若居士澄覽」。郭氏復書致謝，稱之為澄覽大師。

七月，在泉州朱子過化亭，教演出家剃度儀式。

八月，於開元寺尊勝院，講《八大人覺經》。

陰曆八月廿三日漸示微疾，廿八日下午，自寫遺囑三紙。

九月初一，書「悲欣交集」四字，與侍者妙蓮，是為最後之絕筆。九月初四日（即陽曆十月十三日）午後八時作涅槃臥，安詳圓寂於泉州不二祠、溫陵養老院晚晴室。

國家圖書館出版品預行編目資料

人間愛晚晴——弘一大師詩文鈔/曾議漢編. -- 初版. -- 臺北市：
商周, 城邦文化出版：家庭傳媒城邦分公司發行, 民106.12
面； 公分. --（中文可以更好；38）
ISBN 978-986-477-153-0（精裝）

224.512 105021963

中文可以更好 38

人間愛晚晴——弘一大師詩文鈔

編　　者／曾議漢
責任編輯／陳名珉

版　　權／翁靜如
行銷業務／李衍逸、黃崇華
總 編 輯／楊如玉
總 經 理／彭之琬
發 行 人／何飛鵬
法律顧問／台英國際商務法律事務所　羅明通律師
出　　版／商周出版
臺北市中山區民生東路二段 141 號 9 樓
電話：(02) 2500-7008　傳真：(02) 2500-7759
E-mail：bwp.service@cite.com.tw
發　　行／英屬蓋曼群島商家庭傳媒股份有限公司城邦分公司
臺北市中山區民生東路二段 141 號 2 樓
書虫客服專線：(02)2500-7718；(02)2500-7719
24 小時傳真專線：(02)2500-1990；(02)2500-1991
服務時間：週一至週五上午 09:30-12:00；下午 13:30-17:00
劃撥帳號：19863813　　戶名：書虫股份有限公司
E-mail：service@readingclub.com.tw
歡迎光臨城邦讀書花園　網址：www.cite.com.tw
香港發行所／城邦（香港）出版集團有限公司
香港灣仔駱克道 193 號東超商業中心 1 樓
電話：(852) 2508-6231　傳真：(852) 2578-9337
E-mail：hkcite@biznetvigator.com
馬新發行所／城邦（馬新）出版集團【Cité (M) Sdn. Bhd.（458372U）】
41, Jalan Radin Anum, Bandar Baru Sri Petaling,
57000 Kuala Lumpur, Malaysia.
電話：(603) 9057-8822　傳真：(603) 9057-6622
Email：cite@cite.com.my

封面設計／王小美
版型設計／小題大作
排　　版／菩薩蠻數位文化有限公司
印　　刷／韋懋印刷事業有限公司
總 經 銷／聯合發行股份有限公司
電話：(02) 2917-8022　傳真：(02) 2911-0053
地址：新北市231新店區寶橋路235巷6弄6號2樓

■2016年（民105）12月15日初版
ISBN 978-986-477-153-0

城邦讀書花園
www.cite.com.tw

定價／650 元

商周出版

廣 告 回 函
北區郵政管理登記證
台北廣字第000791號
郵資已付，免貼郵票

104台北市民生東路二段141號2樓

英屬蓋曼群島商家庭傳媒股份有限公司　城邦分公司

請沿虛線對摺，謝謝！

商周出版

書號：BK6038C　**書名：**人間愛晚晴──弘一大師詩文鈔　**編碼：**

請於此處用膠水黏貼

商周出版

讀者回函卡

感謝您購買我們出版的書籍！請費心填寫此回函卡，我們將不定期寄上城邦集團最新的出版訊息。

不定期好禮相贈！
立即加入：商周出版
Facebook 粉絲團

姓名：＿＿＿＿＿＿＿＿＿＿＿＿ 性別：□男 □女

生日：西元＿＿＿＿年＿＿＿＿月＿＿＿＿日

地址：＿＿＿＿＿＿＿＿＿＿＿＿＿＿＿＿

聯絡電話：＿＿＿＿＿＿＿＿ 傳真：＿＿＿＿＿＿＿＿

E-mail ：

學歷：□ 1. 小學 □ 2. 國中 □ 3. 高中 □ 4. 大學 □ 5. 研究所以上

職業：□ 1. 學生 □ 2. 軍公教 □ 3. 服務 □ 4. 金融 □ 5. 製造 □ 6. 資訊
□ 7. 傳播 □ 8. 自由業 □ 9. 農漁牧 □ 10. 家管 □ 11. 退休
□ 12. 其他＿＿＿＿＿＿＿＿

您從何種方式得知本書消息？

□ 1. 書店 □ 2. 網路 □ 3. 報紙 □ 4. 雜誌 □ 5. 廣播 □ 6. 電視
□ 7. 親友推薦 □ 8. 其他＿＿＿＿＿＿＿＿

您通常以何種方式購書？

□ 1. 書店 □ 2. 網路 □ 3. 傳真訂購 □ 4. 郵局劃撥 □ 5. 其他＿＿＿＿

您喜歡閱讀那些類別的書籍？

□ 1. 財經商業 □ 2. 自然科學 □ 3. 歷史 □ 4. 法律 □ 5. 文學
□ 6. 休閒旅遊 □ 7. 小說 □ 8. 人物傳記 □ 9. 生活、勵志 □ 10. 其他

對我們的建議：＿＿＿＿＿＿＿＿＿＿＿＿＿＿＿＿

＿＿＿＿＿＿＿＿＿＿＿＿＿＿＿＿

＿＿＿＿＿＿＿＿＿＿＿＿＿＿＿＿

請於此處用膠水黏貼